GÖRG HAVERKATE

Gewißheitsverluste im juristischen Denken

Schriften zur Rechtstheorie

Heft 73

Gewißheitsverluste im juristischen Denken

Zur politischen Funktion der juristischen Methode

Von

Görg Haverkate

DUNCKER & HUMBLOT / BERLIN

Gedruckt 1977 bei Buchdruckerei Bruno Luck, Berlin 65
Printed in Germany
ISBN 3 428 04051 1

Vorwort

Rechtstheorie ist immer zugleich Verfassungstheorie. Deshalb lassen sich Erörterungen über die juristische Methodik nicht auf diese beschränken; sie führen notwendigerweise in die verfassungstheoretisch-politischen Frontstellungen: Auf der einen Seite steht die Ideologiekritik — wenn man unter diesen Begriff alle Denkbewegungen zusammenfassen will, die auf den Zerfall bisheriger kultureller Selbstverständlichkeiten zielen oder sie begleiten. Ideologiekritik problematisiert, „politisiert" das Recht; in ihren radikalen Formen bestreitet sie die Berechtigung des juristischen Denkens, die Zuständigkeit des Juristen zur Bearbeitung des Rechtsstoffes. Auf der anderen Seite die Jurisprudenz, die sich gerade in Deutschland als konservative geistige Gegenmacht gegenüber aller ideologiekritischen Auflösung und Infragestellung des Rechts verstanden hat. Die Jurisprudenz war bemüht, das Recht, zumindest in seiner Anwendung, dem politischen Streit zu entziehen, eine autonome Sphäre des Juristischen zu schaffen — und stützte sich dabei auf die Behauptung, es gebe eine spezifisch juristische Methode, die zugleich die Jurisprudenz als reine — unpolitische — „Wissenschaft" konstituiere.

Die juristische Methode tritt hier auf als Gegenspielerin politischer Ideologie, als entscheidendes Hilfsmittel, um das Eindringen politischer Ideologien in das Recht und seine Bearbeitung durch die Juristen zu verhindern. Von seiten der Ideologiekritik hingegen ist die juristische Methode selbst als politische Ideologie verstanden worden: als Versuch, Rechtsbildungen durch die Vorgabe, sie seien mit Hilfe einer unangreifbaren Methode gefunden, der Kritik von außen zu entziehen. — Beide Aspekte tauchen in verschiedenen historischen Konstellationen des juristischen Denkens auf. Davon wird im folgenden zu reden sein.

Die Wirkungschance ideologiekritischer Strömungen ist heute größer denn je. Der Grund dafür liegt in einem fortschreitenden Abbau des traditionellen juristischen Methodenverständnisses durch die innerjuristische Methodenreflexion. Während ideologiekritische Vorwürfe wie etwa „Klassenjustiz" bislang nicht in die Innenhöfe der Jurisprudenz vordringen konnten, hat die Kritik der juristischen Methode — das will heißen: die Kritik des Glaubens an Erkenntnisvergewisserung durch Methode — immer mehr die Schranken abgebaut, die die Jurisprudenz gegenüber der Ideologiekritik errichtet hatte. Ideologiekritisches Bewußtsein, vordem schlechthin „Außenbewußtsein“, vermag nun in das Rechtssystem einzudringen. Welche Folgen hat dies für das Rechtssystem? Und vor allem: Welche Folgen hat es für das politische System?

Daß alle Rechtstheorie zugleich politische Theorie ist, hat die deutsche Jurisprudenz geleugnet, durchaus mit politischen Absichten. Wo man sich dazu durchgerungen hat, diese politische Rolle offen als solche zu benennen, dort hat man den Anteil des Juristen an der Entstehung des modernen Staates als ordnungs- und friedensstiftender Macht hervorgehoben[1]. Nicht zu Unrecht; doch eine noch bedeutsamere Leistung des Juristen geriet aus dem Blickfeld: der entscheidende Beitrag zur rechtlichen Bändigung dieses Staates durch den Entwurf des gewaltenteilenden Verfassungsstaats, des rechtlich verfaßten Staates[2]. Ohne den Beitrag des Juristen gäbe es keine „Verfassung der Freiheit“. Dieser Zusammenhang gibt allen Erörterungen über das juristische Instrumentarium ihre Bedeutung.

*

Angeregt wurde diese Untersuchung durch Diskussionen im Seminar von Professor Hans J. Wolff in Münster. Ihre Entstehung hat Professor Martin Kriele mit Kritik und Ermunterung, Rat und Widerspruch begleitet. Ohne ihn wäre das Buch nicht entstanden. Während der Niederschrift lud Professor Josef Esser den Verfasser zu einem Vortrag ein. Fragen und Einwände gaben den Thesen in manchem eine neue Wendung.

Ihnen vor allen hat der Verfasser zu danken.

G. H.

---

[1] Vgl. Forsthoff, Zur Problematik der Verfassungsauslegung, 1961, S. 25; Quaritsch, Staat und Souveränität, 1970, S. 16 f.

[2] Zum Anteil des juristischen Denkens an der Entwicklung des Verfassungsstaates s. etwa die Bemerkungen von Sir Maurice Amos, The English Constitution, 1930, S. 33 ff., deren Unbefangenheit die Bruchlosigkeit englischer Verfassungs- und Rechtstradition bezeugt.

Inhaltsverzeichnis

Erstes Kapitel

Ideologiekritik gegen juristische Autonomie

Zweites Kapitel

Die Aktualität des Vernunftrechts

Drittes Kapitel

Juristische Methode als politische Ideologie

Drei Haltepunkte in der deutschen Verfassungsgeschichte des 19. Jahrhunderts

Viertes Kapitel

„Die Auflösung der juristischen Begriffe in Politik“

Fünftes Kapitel

Grenzen einer Ideologiekritik des Rechts?

Erstes Kapitel

Ideologiekritik gegen juristische Autonomie

I. Thesen der Ideologiekritik: die Herausforderung

Das Recht besteht aus irrationalen Wertungen. Es gibt keine „Vernunft“ im Recht. Das Recht ist lediglich eine Überhöhung der politischen Machtverhältnisse. Das Recht ist eine überholte metaphysische Denkkategorie. Die Juristen sind die Theologen der bestehenden politischen Ordnung. Eine aufgeklärte Gesellschaft wird nicht mehr der juristischen Verschleierungen bedürfen, sondern eine offene und damit politische Praxis der Lenkung des sozialen Lebens bevorzugen[3].

In der Klassengesellschaft ist alles Recht Klassenrecht; mit der Abschaffung der Klassengesellschaft wird auch das Recht absterben. Alle Rechtsanwendung ist Klassenjustiz; diese wird erst mit dem Ende der Justiz aufgehoben.

Die Vorstellung, es könne eine im politischen Prozeß neutrale Rechtswissenschaft und eine objektive, „unabhängige“ Rechtsprechung geben, ist Ideologie; die Gleichheit der Rechtsanwendung bedeutet nichts anderes als die Verewigung der Ungleichheit. Der Richter löst keine sozialen Konflikte, sondern verschleiert sie durch symbolische Befriedung; eine nichtideologische Rechtsprechung, soweit sie überhaupt denkbar ist, könnte allenfalls (bis zum Ende der Justiz) die Aufgabe haben, die sozialen Konflikte auszuformulieren; deren Lösung wäre nicht mehr Sache eines „Rechtssystems“, sondern des politischen Systems[4].

Man muß die Ideologiekritiken in diesen schroffen Ausprägungen betrachten, wenn man verstehen will, welche Energien sich auch hinter ihren milderen Erscheinungsformen verbergen. Ebenso begreift man die Gegenbewegungen, die juristischen Abwehrversuche gegen Ideologiekritik, nur, wenn man sich die Wucht des ursprünglichen Angriffs verdeutlicht.

---

[3] Zu dieser Thesengruppe, die die positivistische Tradition widerspiegelt, vgl. unten S. 27 f.

[4] Zu dieser weitgehend marxistisch geprägten Thesengruppe s. unten S. 25 ff.

II. Die Verteidigung der juristischen Autonomie

1. Autonomie des Rechts und juristische Methode

Die Ideologiekritiken haben ein gemeinsames Angriffsziel: Sie bekämpfen die Autonomie des juristischen Denkens; sie bestreiten die Möglichkeit gerechter und vernünftiger Rechtsverwirklichung durch eine eigenverantwortliche juristische Problembearbeitung.

Diese „Autonomie des Rechtssystems": die Eigenständigkeit der juristischen Problembehandlung als Voraussetzung einer objektiven — willkürfreien, gleichmäßigen und nachprüfbaren — und vernünftigen Handhabung des Rechts, bezeichnet zugleich die Verteidigungsstellung der traditionellen Jurisprudenz[5].

Was hält die Jurisprudenz der Ideologiekritik entgegen? ‚Indem die Ideologiekritik die Autonomie der juristischen Problembehandlung leugnet, führt sie zu einem ungehemmten Eindringen politischer Emotionen, zu einer politischen Mediatisierung des Rechts, dessen Ordnungswert damit abgebaut wird; sie bewirkt eine ideologische Aufladung des Rechts, die dessen Wesen und die Eigenart seiner Handhabung nicht mehr in ihrem Wahrheits- und Gerechtigkeitswert sieht, sondern das Recht nur noch als beliebig einsetzbares Instrument eines politischen Veränderungswillens begreifen kann. Das Recht mag soziologisch betrachtet werden, es darf aber nicht soziologisiert werden. Das geltende Recht darf nicht relativiert werden zu einer konservativen Meinung,

[5] Vgl. die eindringliche Beschwörung der „juristischen Autonomie" bei Wieacker, Privatrechtsgeschichte der Neuzeit, 2. Aufl. 1967, S. 69, 131, 135, 353, 402, 441. Esser beschreibt das Autonomiedenken als „einen Denk- und Urteilsstil, der die Freiheit sowohl von unmittelbarer politischer Autorität wie auch von der jeweils aktuellen Meinungsbildung, ihrer Tyrannei und ihren Verlockungen sichern soll und damit erst die moderne Stellung des Richters ermöglicht"; Möglichkeiten und Grenzen des dogmatischen Denkens im modernen Zivilrecht, AcP Bd. 172, 1972, S. 97 ff., 98. Essers Stellungnahme zu diesem Autonomiedenken ist ambivalent; einerseits kritisiert er den scheinhaften Charakter einer angeblich herrschafts- und geschichtsfreien Rechtssphäre (S. 98) und stellt fest, die juristische Entscheidung bedürfe des gesellschaftlichen Konsenses ebenso wie legislative Entscheidungen; Vorverständnis und Methodenwahl, 2. Auflage, 1972, S. 87. An anderer Stelle kommt aber zum Ausdruck, daß der erforderliche Konsens für Esser doch in erster Linie ein professioneller Konsens ist, also nicht consensus omnium, sondern omnium doctorum; Vorverständnis ..., S. 23, 27, 55, 202 f. Die darin angelegte Diskrepanz läßt sich nur überbrücken, wenn man den professionellen Konsens an den „allgemeinen Konsens" anbindet und ihn von dorther kontrollierbar macht — ein nicht nur bei Esser ungelöstes Problem; hierzu ebenfalls Esser, Dogmatik zwischen Theorie und Praxis, Festschrift für Ludwig Raiser, 1974, S. 517 ff., 534 ff. Zur kritischen Einschätzung des Autonomiedenkens vgl. Rottleuthner, Rechtswissenschaft als Sozialwissenschaft, 1973, S. 11 ff., 23, 175 ff., 245 ff., ders., Richterliches Handeln — zur Kritik der juristischen Dogmatik, 1973, S. 3 ff. Die Autonomieproblematik steht ferner im Zentrum der Erörterungen von J. J. Hagen, Soziologie und Jurisprudenz, 1973. Zu aktuellen Versuchen einer Neubegründung der juristischen Autonomie s. u. S. 183 ff., 231 ff.

an deren Stelle man ohne weiteres auch eine andere Meinung setzen kann; es gibt zumindest einen Kernbereich im Recht, der zwar möglicherweise auch nur aus „Meinung", aus menschlichen Überzeugungen besteht, der aber als unveränderlich fingiert werden muß. Es handelt sich beim Recht nicht um einen Gegenstand, über den man klügeln kann, wie über einen beliebigen anderen, der unbegrenzt diskutierbar wäre, ohne daß die Basis des menschlichen Zusammenlebens erschüttert würde. Und dieser Eigenwert des Rechts als einer gegenüber politischem Willen und gesellschaftlichen Interessen neutralen Instanz zur gerechten Lösung von gesellschaftlichen Konflikten verwirklicht sich in der Tätigkeit des Juristen, dem die Aufgabe neutraler Konfliktlösung obliegt[6].'

Von woher der Angriff kommt, ist unschwer auszumachen: von eschatologisch-utopischen Bewegungen; von den Theorien eines Endstadiums, sei es das szientistisch-technokratische Modell eines Endstadiums positiver Wissenschaftlichkeit (Comte) oder das sozialistische der klassenlosen Gesellschaft (Marx). Alle diese säkularen Eschatologien hassen das Gesetz; nicht nur als Inbegriff der (noch) bestehenden gesellschaftlichen Ordnung, sondern auch als Gegenprinzip zum endzeitlichen Utopismus. Jede wie immer entworfene Endzeit ist anarchisch, bedarf keines Gesetzes mehr. Die Juristen aber sind die Verwalter des Gesetzes; daher ist der Haß gegen das Gesetz notwendig ein Haß gegen die Juristen.

Dann wäre die Lösung des Problems einer Ideologiekritik des Rechts einfach? wenn wir uns nur in der Ablehnung des politischen Utopismus einig werden könnten: Mit der Erkenntnis von der Notwendigkeit einer „gesetzlichen" Ordnung könnten wir die grundsätzliche Infragestellung der Zuständigkeit des Juristen als erledigt betrachten. Die Vernunft des Gesetzes — des Gesetzes als solchen — wäre die raison d'etre des Juristenstandes. Der Jurist legitimiert sich durch das Gesetz. Er bedarf dann nur noch einer unanfechtbaren Methode, um seine Entscheidungen mit dem Gesetz zwingend zu verknüpfen. — Der Entwurf einer solchen unanfechtbaren Methode ist die älteste Versuchung des Juristen.

Die Operationsbasis aller Verteidigungsanstrengungen gegenüber der Ideologiekritik ist die *juristische Methode*; in ihr findet der juristische Autonomieanspruch seinen Halt — insbesondere in der Tradition der deutschen Jurisprudenz. „Nichts anderes kennzeichnet den Juristen als solchen als die von ihm befolgte Methode, über die er keine Verfügung hat[7]." Die juristische Methode ist das technische Mittel, durch das eine Art Monopol fachlicher Behandlung des Rechts hergestellt wird. Die

[6] Die hierin enthaltenen Thesen werden im Laufe dieser Untersuchung zu erörtern sein; vgl. vor allem unten S. 183 ff., 221 ff.

[7] Forsthoff, Zur Problematik der Verfassungsauslegung, 1961, S. 40.

Methode ist Maßstab richtiger Entscheidung. „Eine richtige Entscheidung ist eine methodengerecht begründete Entscheidung[8].“ Die juristische Methode bildet die Schranke, die das Rechtssystem gegenüber der Ideologiekritik schützt. Die juristische Methode ist der eigentliche Gegenspieler der Ideologiekritik.

2. *Die richtigkeitsverbürgende juristische Methode*

Man muß zwischen Methodenbegriffen unterscheiden:

a) Unter juristischer Methode wird zuweilen der Inbegriff aller Kunstregeln der jurisprudentiellen Rechtssatzproduktion und Rechtsanwendung verstanden; man umschreibt damit, in welcher Art und Weise bestimmte Autoren, Gerichte, Rechtsschulen oder ganze Rechtsepochen mit dem Recht verfahren sind oder es geschaffen haben, ohne daß in diesem Methodenbegriff ein spezielles Methodenbewußtsein oder gar eine logische Priorität der Methode gegenüber dem Ergebnis vorausgesetzt wäre. In diesem Sinne wird von einer Methode der römischen Juristen gesprochen[9], läßt sich im Hinblick auf divergierende juristische Schulen von Methodenverschiedenheit sprechen, wie etwa beim Kampf zwischen dem mos italicus und dem mos gallicus[10]; kann Fikentscher ein Panorama der Rechtssysteme unter dem Titel „Methoden des Rechts“ vorlegen[11].

Methode in diesem Sinne heißt *Begründungsmethode*. Sie umschreibt lediglich die Art und Weise der juristischen Begründung; sie setzt kein besonderes Methodenbewußtsein voraus und braucht in keiner Weise explizit zu sein.

Dieser Methodenbegriff ist deskriptiv; nach ihm gibt es überhaupt keine „unmethodische“ Jurisprudenz. Wenn es um die Basis des juristischen Autonomieanspruchs geht, ist diese bunte Vielfalt der juristischen Begründungsstile nicht gemeint.

b) Ganz anders der im Vernunftrecht des 17. und 18. Jahrhunderts zur Geltung gekommene Methodenbegriff, der seither zumindest die deutsche Jurisprudenz beherrscht. Methode wird als richtige Art des Vorgehens verstanden, um zu einem bestimmten Ziel zu gelangen; dabei wird die Richtigkeit der Methode zumindest als condicio sine qua non

---

[8] Engisch, Über Wahrheit und Richtigkeit im juristischen Denken, 1964, S. 14 (bei Engisch mehr Referat als eigene Meinung).

[9] Vgl. Kaser, Zur Methode der römischen Rechtsfindung, 1962.

[10] Vgl. etwa Guido Kisch, Humanismus und Jurisprudenz, der Kampf zwischen mos italicus und mos gallicus an der Universität Basel, 1955.

[11] W. Fikentscher, Methoden des Rechts in vergleichender Darstellung, Bd. I Frühe religiöse Rechte, Romanischer Rechtskreis, 1975; Bd. II Anglo-Amerikanischer Rechtskreis, 1975; Bd. III Mitteleuropäischer Rechtskreis, 1976.

Appel, VVDStRL 67, / Kingreen / JZ 05, 339

für die Erreichung des Ziels aufgefaßt. Die Beachtung der Rechtsfindungsregeln wird — in der Methodentheorie, nicht in der Rechtspraxis! — zum Maßstab für die Richtigkeit des Auslegungsergebnisses. Dabei wird die Methode notwendigerweise als unabhängig von ihrem speziellen Gegenstand betrachtet. — Methode in diesem Sinne bedeutet: normative *Rechtsfindungsmethode*[12]. Sie beansprucht, die Rechtsfindung zu determinieren; sie ist notwendigerweise präskriptiv. Das Vernunftrecht nannte sie methodus demonstrativa: die beweiskräftige Methode[12a].

Wird hier von der juristischen Methode als dem Fundament des Autonomieanspruchs gesprochen, so ist Methode in diesem zweiten Sinne gemeint. Man glaube nicht, dieser Begriff von juristischer Methode sei obsolet; er wird nur für obsolet erklärt, damit man ihm ungestörter anhängen kann. Er ist höchst gegenwärtig — wenn auch nur als Abendrot einer bereits untergegangenen Sonne, gegenwärtig im Glauben an die Ableitbarkeit der Entscheidung aus dem Gesetz, im Vertrauen auf die normerzeugende Kraft der juristischen Logik. Wird die traditionelle Methodenlehre angegriffen — die sachlich eben noch ganz im Banne der „richtigkeitsverbürgenden Methode" steht —, distanziert man sich lebhaft von ihr und flüchtet hinter den Schirm des unverfänglichen deskriptiven Methodenbegriffs. So kommt es zu dem für die heutige juristische Methodendiskussion ganz typischen Alternieren zwischen den beiden Methodenbegriffen. Bei Engisch etwa findet man die Äußerung, die „juristische Logik" sei beileibe keine hinreichende Bedingung der Richtigkeit des Ergebnisses; er fragt rhetorisch: Wer wird heute noch anderes lehren[13]? Derselbe Autor meint allerdings an anderer Stelle, die „juristische Logik" zeige auf der Grundlage der formalen Logik und im Verein mit der speziellen juristischen Methodenlehre, wie man zu „wahren" oder „richtigen" oder wenigstens „vertretbaren" Urteilen in rechtlichen Dingen gelange[14]. Was heißt das aber anders als: „Formale Logik und Methodenregeln vermögen zu ‚wahren', ‚richtigen' Entscheidungen zu führen"?

Untrügliches Anzeichen für die noch immer wirkungsmächtige Herrschaft des normativen Methodenbegriffs ist das Vorhandensein einer

---

[12] Zum Unterschied zwischen „Entscheidungsfindung" und „Entscheidungsbegründung", s. R. A. Wasserstrom, The Judicial Decision, 1961.

[12a] Es ist das Verdienst von Theodor Viehweg, das deduktiv-axiomatische Denken als Konstituens der traditionellen juristischen Methodentheorie seit dem Vernunftrecht dargestellt und einer grundlegenden Kritik unterzogen zu haben; Topik und Jurisprudenz, 1. Aufl. 1953, 5. Aufl. 1974. Ferner prägnant: Historische Perspektiven der juristischen Argumentation, II Neuzeit, in: ARSP Beiheft Neue Folge Heft 7, 1972, S. 63 ff. Zu den Mißverständnissen dieser Kritik von seiten der traditionellen Methodologie vgl. oben S. 158 Fn. 8.

[13] Engisch, Einführung in das juristische Denken, 6. Aufl. 1975, S. 201.

[14] Engisch, S. 5.

sogenannten „Methodenlehre"[15]. Denn mit ihr ist traditionell impliziert, daß man in formaler Weise — ohne Eingehen auf die Sachfragen — etwas über die Richtigkeit von Rechtsbildungen aussagen könne. Das Fach Methodenlehre macht aus der Not, in der sich der normative Methodenbegriff befindet, eine Tugend, indem es erklärt, die methodisch versicherte Erkenntnisgewinnung sei zwar in ihrer Eigenart „nicht leicht zu durchschauen"[16] (jeder Kritiker ist danach vom Vorwurf unzulässiger Simplifikation bedroht; oder: er hat einfach alles nicht verstanden); doch sei Ziel der Methodenlehre jedenfalls „Findung einer durch das Gesetz begründeten Entscheidung"[17]. Dabei wird dann die Gesetzesbindung des Richters, eine unverzichtbare Norm jeder rechtsstaatlichen Verfassung, als Vorwand genommen, um die Rechtsfindung als „Gesetzesanwendung" (oder abgeschwächt: als „Gesetzesapplikation" bzw. „Gesetzeskonkretisierung") darzustellen und damit den Anteil des Juristen an der Entscheidungsfindung, den Anteil seiner Eigenverantwortlichkeit, der Kritik zu entziehen[18]. Im Rechtsbetrieb sind sich freilich die Auguren darüber einig, daß die Entscheidungen nicht „aus dem Gesetz" kommen; dort berücksichtigt man die Bedeutung des Unwägbaren. Welcher Anwalt würde sich anheischig machen, eine Entscheidung des Gerichts als sicher vorauszusagen? — nur der Winkeladvokat, der einem unerfahrenen Klienten Sicherheit vorspiegeln will. Vor der Entscheidung ist das Ergebnis unsicher; nachdem man aber die amtliche Auflösung des Rätsels gelesen hat, spiegelt sich auch der reflektierte Jurist im Nachhinein eine Sicherheit vor, an die er selber vorher nicht geglaubt hat. Wer würde es etwa wagen, angesichts einer amtlichen Entscheidungssammlung noch die Frage zu stellen, wie viele dieser Entscheidungen nicht genau hätten anders lauten können? — und es wären dann auch „aus dem Gesetz begründete und abgeleitete" Entscheidungen gewesen! Wer das nicht glauben will, der frage einen Richter, der in der Beratung des Gerichts überstimmt worden ist.

Die Methodenlehre scheint dazu da zu sein, alles das vergessen zu machen, was der praktische Rechtsbetrieb jedem vor Augen führt. Den Illusionen, die die Methodenlehre anbietet, folgt man aber um so lieber, weil auf der grundsätzlichen Ebene, auf der die Methodenlehre die Probleme behandelt, die Unsicherheit in der Rechtsfindung, die Subjektivität des Rechtsanwenders ein politisches Problem werden müßten — und das heißt: die Autonomie der juristischen Problembehandlung in

[15] Neuestens Larenz, Methodenlehre der Rechtswissenschaft, 3. Aufl. 1975; Friedrich Müller, Juristische Methodik, 2. Aufl. 1976. — Kritisch etwa Krawietz, Welche Methode lehrt die juristische Methodenlehre? JuS 1970 S. 425 ff.

[16] Engisch, S. 5.

[17] Engisch, S. 5.

[18] S. unten, S. 135 ff., 163 ff.

Gefahr brächten. Es sind also gerade Schutz- und Sicherheitsbedürfnisse der Praxis selbst, die zu einer theoretischen Verzeichnung eben dieser Praxis führen; weshalb cum grano salis denn auch eine Methodenlehre als in besonderem Maße praktisch bezeichnet werden könnte, die mit der Praxis nichts gemein hat.

Aber ist die hier zugrunde gelegte Unterscheidung zwischen einem normativen und einem deskriptiven Methodenbegriff zutreffend? Ist nicht jede juristische Methode notwendigerweise normativ? Freilich, jede schreibt die Formen kunstgerechter Begründungstechnik vor; aber entgegen allem äußeren Anschein mehr auch nicht. Demjenigen, der eine gesetzliche Vorschrift interpretiert, wird zwar ein Kanon möglicher Begründungselemente auferlegt. Alle Elemente dieses Kanons verweisen ihn auf den Text; innerhalb der Skala der Ergebnisse, zu denen die Orientierung am Wortlaut, an der Entstehungsgeschichte, an der systematischen Stellung der Norm, an ihrem „Sinn und Zweck" führen kann, ist der Interpret indessen nicht gebunden. Der Kanon besorgt nicht einmal eine negative Auswahl unter den überhaupt denkbaren Argumenten. Er schließt keine Argumente aus, außer solchen, die nur den Einzelfall treffen (die Interpretation steht natürlich unter dem Anspruch, Sätze zu entwickeln, die für alle gleichen Sachverhalte passen). Der Kanon der anerkannten juristischen Argumentationsfiguren verhindert nicht einmal die Relativierung oder sogar Entkräftung des auszulegenden Textes[19]. Die Mittel der Auslegung eines Textes sind immer auch mögliche Mittel der Emanzipation des „Auslegenden" vom Text und seinem Sinn. Nun läßt sich mit Interpretation nicht alles machen, nicht jedes Ergebnis begründen. Das aber in der Regel nicht deshalb, weil uns formale Methodenregeln daran hindern, sondern weil sich nicht jedes beliebige Ergebnis mit sachlich guten Gründen verteidigen läßt.

Wer solche Feststellungen trifft, muß damit rechnen, daß man ihn kurzerhand zu den Verfechtern eines Judizierens contra legem zählt. Das hat Tradition in der Auseinandersetzung um die juristische Methode[20]. Das Phänomen der Contra-legem-Entscheidung ist aber in ganz anderer Weise bedeutsam, als solche Polemik meint. Die Contra-legem-Entscheidung signalisiert eine Veränderung in tieferen Schichten der rechtlichen Grundanschauungen; mit Auslegungsmaximen kommt man ihr nicht bei. Sie ist einem plötzlichen vulkanischen Ausbruch zu vergleichen, der — so bedeutsam er für sich sein mag — doch nur ephemerer Ausdruck gewaltiger tektonischer Verschiebungen ist, die sich in größeren Zeiträumen vollziehen. Diese Verschiebungen erfolgen in der Regel ohne Eruptionen und Brüche — ohne erkennbare Gesetzesverstöße; es sind aber gerade die Gesetzesverstöße, die Ausnahmefälle der

[19] Vgl. hierzu unten S. 115 ff., 145 ff.

[20] Vgl. etwa unten S. 137 Fn. 21.

Contra-legem-Entscheidungen, die den Blick auf diese Verschiebungen lenken. Ohne die Betrachtung dieser Verschiebungen aber versteht man nicht den Bedeutungswandel der Gesetze, der auch bei gesetzestreuester Rechtsanwendung immer erfolgt. Die traditionelle Methodenlehre lebt freilich davon, diesen Bedeutungswandel zu ignorieren.

Diese normative, richtigkeitsverbürgende Methodenlehre hat ihre Kritiker gefunden[21]. Je treffender die Kritik, um so stärker tritt aber auch die Gegentendenz hervor, am traditionellen Methodenbegriff, an einer normativen Methodenlehre um jeden Preis festzuhalten. Man wehrt sich gegen die Einsicht, daß, worin auch immer eine mögliche Rationalität der Rechtsfindung begründet sein mag, sie jedenfalls nicht in irgendeinem Kanon von Auslegungsregeln und Präferenzvorschriften liegt, daß die Einhaltung von methodologischen Anweisungen weder eine hinreichende noch eine notwendige Bedingung für die Richtigkeit der Rechtsfindung ist.

Neue Methodendoktrinen entstehen, die einräumen, die alte juristische Methode habe in der Tat vorwiegend als sekundäre Absicherungstechnik gedient; es gehe nun aber darum, die gereinigten Regeln der juristischen Methodik für das Ermitteln von Ergebnissen einzusetzen[22]. „Juristische Methodik sollte auch in Ausbildung und Alltagspraxis von Rechtfertigungskunde zur Rechtserzeugungswissenschaft werden[23].“ — Das hätte ein Vertreter des vernunftrechtlichen mos geometricus schreiben können.

Aber auch wer gesteht, daß ihm zuverlässige Erkenntnisse über eine normative Methodenlehre fehlten, meint, es *müsse* eine solche geben — denn das folge aus der Verfassung, aus dem Gebot der Gesetzestreue des Richters; ein Palmströmsches Argumentationsmuster[24].

Die Luhmannsche Systemtheorie entwirft eine Reproduktion des alten Bildes vom Richter als Subsumtionsautomaten, ohne doch sagen zu können, wie man einen solchen Entwurf noch glaubhaft machen will; das läuft auf ein bloßes Verschweigen der tatsächlich wirksamen Gesichtspunkte der Urteilsfindung hinaus[25].

Der alte Traum einer mit fast mathematischer Sicherheit verfahrenen Jurisprudenz gewinnt neues Leben in den Entwürfen einer deontologischen Logik, einer Logik der Ableitung aus Sollensätzen, eines kybernetischen Rechtsfindungsmodells[26]. Nur die ungeschichtliche Denkweise,

---

[21] S. unten S. 157 ff.

[22] F. Müller, Juristische Methodik und politisches System, 1976, S. 5.

[23] Ebd.

[24] Neuestens etwa Roellecke, Die Bindung des Richters an Gesetz und Verfassung, VVdStRL Heft 34, 1976, S. 7 ff.

[25] S. unten S. 186 ff.

die solcher Euklidischen Jurisprudenz zugrunde liegt, verstellt deren Verfechtern den Blick dafür, daß es sich bei ihren modernen Entwürfen bloß um Reprisen jenes vernunftrechtlichen mos geometricus handelt, der den historischen Ausgangspunkt aller traditionellen juristischen Methode bildet. Das Bedürfnis nach wirklich sicherem Recht erschafft immer wieder aufs neue den Glauben an die Mathematisierbarkeit des Rechts. Solche Entwürfe leben davon, daß sie die Erinnerung an das Schicksal ihrer jeweiligen Vorgänger beiseite geschoben haben.

Kein Zweifel: die richtigkeitsverbürgende juristische Methode lebt — weil sie als Fundament der Autonomie des juristischen Denkens leben muß?

III. Zur Ideologiekritik

1. Eigenarten des ideologiekritischen Vorgehens

Ideologiekritik läßt sich nicht definieren. „Definierbar ist nur das, was keine Geschichte hat[27].“ Ideologiekritik ist Ausdruck des „geschichtlichen Bewußtseins“, des Bewußtseins der geschichtlichen Relativität vordem als absolut angesehener Werte; Ideologiekritik ist Inbegriff der „Gewißheitsverluste“ als Folge der durch die Erfahrung geschichtlichen Wandels in Gang gesetzten Erkenntniskritik. Es wäre höchst widerspruchsvoll, wollte man den Begriff solcher geschichtlicher Relativität selbst ungeschichtlich-kantenscharf präzisieren.

Will man Ideologiekritik erklären, neigt man dazu, auf den Begriff „Ideologie“[28] zurückzugreifen. Alles, was gegen eine Definition des Begriffs Ideologiekritik spricht, steht auch der Festlegung des Ideologiebegriffs entgegen. Nützlicher hingegen ist die Frage, wozu der Ideologiebegriff gebraucht wird. Zum einen, um die Abhängigkeit des Denkens vom *Vorurteil* zu kennzeichnen[29]: Ideologisch ist ein von Vorurteilen bestimmtes Denken. Der Ideologiebegriff dient in diesem Zusammenhang der Antwort auf die Frage, wodurch der Verstand von der Wahrheit abgelenkt wird.

---

[26] Vgl. etwa Kilian, Juristische Entscheidung und elektronische Datenverarbeitung, 1973. Vgl. auch unten S. 133 ff.

[27] Nietzsche, Zur Genealogie der Moral, Werke (Hg. Schlechta), 2. Bd., S. 820.

[28] Das Wort Ideologie taucht zum erstenmal im Kreis der Enzyklopädisten auf, bei Destutt de Tracy; hierzu Geiger, Ideologie und Wahrheit, 2. Aufl. 1968, S. 5 ff.; Lübbe, Politische Philosophie in Deutschland, 1963, S. 18 ff. S. ferner Hans Barth, Wahrheit und Ideologie, 2. Aufl. 1961; Zeltner, Ideologie und Wahrheit, zur Kritik der politischen Vernunft, 1966; Jakob Barion, Was ist Ideologie? Studie zu Begriff und Problematik, 3. Aufl. 1974; umfassend K. Lenk (Hg.), Ideologie, Ideologiekritik und Wissenssoziologie, 3. Aufl. 1967.

[29] Dreier, Rechtspolitik und Ideologiekritik, in: ZRP 1973, S. 95.

Zwar ist das Vorurteil nicht notwendig falsch; es ist nicht durch seine Falschheit, sondern durch die Art seiner unkritischen Annahme bezeichnet[30]. Doch stellt sich das Vorurteilsproblem naturgemäß dort, wo falsche Urteile das Verlangen nach einer Erklärung wecken[31].

Von allen denkmöglichen Arten des Vorurteils wurde für die Entwicklung des ideologiekritischen Denkens *das Interesse* entscheidend. Es sind die durch die gesellschaftliche Stellung vorgegebenen Neigungen, Wünsche, Bedürfnisse, die das Denken bestimmen. *Cui bono*? Welches Interesse steckt dahinter? Wenn auch diese Frage noch einen engen individualistischen und psychologischen Ansatz verrät, ist sie doch trotz aller späteren Wandlungen des Ideologiebegriffs eine der Schlüsselfragen der Ideologiekritik geblieben.

Der Ideologiebegriff wird zum andern verwandt, um eine *generelle Abhängigkeit des Denkens von der Gesellschaftsstruktur* zu bezeichnen[32]. Dieser Ideologiebegriff wächst hervor aus der Beschäftigung mit dem Problem des durch Vorurteil und Interesse von der Wahrheit abgelenkten Denkens; in ihm vollzieht sich nun eine Generalisierung des Vorurteilsproblems, ein „Methodischwerden des Mißtrauens“[33]. Während beim Vorurteil immer die Möglichkeit objektiver, von den gesellschaftlichen Irritationen unbeeinflußter Erkenntnis unbestritten bleibt (Überwindung des Vorurteils durch Reflexion), wird diese Möglichkeit jetzt fraglich. Stellt sich nicht immer — und nicht etwa nur bei den Fehlurteilen— die Frage nach der Verursachung des Bewußtseins? Und ist nicht jedes Bewußtsein eine Funktion der jeweiligen Gesellschaftsstruktur?

In dieser angenommenen Abhängigkeit von der Gesellschaftsstruktur sind alle Vorstellungen, einschließlich der normativen: Recht und Ethik, gesellschaftlich bedingt. Diese Bedingtheit kann zum einen wertneutral, zum anderen peiorativ aufgefaßt werden (je nachdem, mit welchem Wertakzent die jeweilige Gesellschaftsstruktur versehen wird).

Wertneutral begriffen bezeichnet Ideologie die grundsätzliche Abhängigkeit des Denkens vom gesellschaftlichen Sein (die „Seinsgebun-

---

[30] Ebd.

[31] Bacon, der sich in seinem Novum Organon als einer der ersten mit dem Vorurteilsproblem beschäftigt, versucht eine Systematisierung des Vorurteils nach seinem jeweiligen Grund; er unterscheidet idola tribus (die mit der allgemein-menschlichen Natur gegebenen Götzenbilder), idola specus (die Vorurteile, die aus der Veranlagung des einzelnen und seinem besonderen Blickpunkt erwachsen), idola fori (die Abhängigkeit von den gerade allgemein gängigen Überzeugungen) und idola theatri (die Abhängigkeit von traditionellen Autoritäten). Kommen in dieser Aufstellung noch „natürliche“ und gesellschaftliche Gründe für die Bildung des Vorurteils zusammen, so wird für die Folgezeit das gesellschaftliche Element entscheidend; hierzu Geiger, Ideologie und Wahrheit, S. 7 ff.

[32] Geiger, S. 9 ff.

[33] K. Mannheim, Ideologie und Utopie, 2. Aufl. 1930, S. 13.

denheit"[34] des Denkens, die gesellschaftliche „Perspektivität"[35] des Denkens). Da alles Denken hiernach ohne Ausnahme „ideologisch" ist (totaler Ideologiebegriff), ist mit dem Begriff der Ideologie keine Bewertung bestimmter Bewußtseinsinhalte verbunden. Dieser wertneutrale Ideologiebegriff ist in der Regel mit einem erkenntnistheoretischen Relativismus verbunden. Die Unterscheidung wahr/falsch wird fallengelassen. Als falsch werden allenfalls diejenigen Ansichten qualifiziert, die sich der Prämisse des Relativismus widersetzen[36]. Etwa: ideologisch seien alle Werturteile, falsch dagegen der Satz, Werturteile seien nicht ideologisch.

Der peiorative, *negative* Ideologiebegriff hingegen verbindet die Erkenntnis von der Gesellschaftlichkeit des Denkens mit der traditionalen Unterscheidung wahr/falsch[37]. Ideologie ist gesellschaftlich bedingtes falsches Bewußtsein. Wie kann aber das Bewußtsein, das in seiner Abhängigkeit von der Gesellschaftsstruktur seinem Inhalt nach notwendig ist, doch falsches Bewußtsein sein? Beide Prädikate des Bewußtseins — notwendig und falsch — lassen sich offenbar auf derselben gesellschaftlichen Ebene nicht in Übereinstimmung bringen, wohl aber auf verschiedenen Ebenen; etwa: „Nach dem Stand der heutigen gesellschaftlichen Entwicklung falsch, aber zu seiner Zeit notwendig." Oder: „Entsprechend den gegebenen gesellschaftlichen Verhältnissen notwendig, aber zugleich mit diesen (zu verändernden) gesellschaftlichen Verhältnissen kritisierbar." Diese Verknüpfung mit dem gesellschaftlichen Substrat unterscheidet das ideologische Denken vom (lediglich) falschen.

Indem Ideologiekritik die gesellschaftliche Bedingtheit von Bewußtsein aufzeigt, löst sie im Bereich der normativen Vorstellungen traditionelle Rechtfertigungszusammenhänge auf; sie stellt die Frage nach den Ursachen von Begründungen. Sie verdrängt normative Rechtfertigungen durch deskriptive Erklärungen. Normative Rechtfertigungstopoi wie „Vernunft" und „Gerechtigkeit" werden als Leerformeln begriffen, die im Wechsel gesellschaftlicher Anschauungen beliebige Inhalte erhalten könnten.

Die Frage nach den Ursachen von Begründungen ist gestellt mit der Entdeckung der Geschichtlichkeit von Erkenntnis, ihrer historischen Relativität. *Ideologiekritik ist letzte Folge des geschichtlichen Bewußtseins.*

---

[34] Mannheim, S. 32.

[35] Vgl. Nietzsche, Werke, 3. Bd., S. 903.

[36] Vgl. Geiger, Vorstudien zu einer Soziologie des Rechts, 1964, S. 313 ff., ders., Ideologie und Wahrheit, 1968, S. 47 ff.

[37] Hierzu rechnet vor allem der marxistische Gebrauch des Ideologiebegriffs; vgl. Lübbe, Politische Philosophie in Deutschland, 1963, S. 18 ff.

Das wird nirgendwo deutlicher als in folgendem Text, einem der frühen Zeugnisse geschichtlichen, relativierenden Denkens im Recht[38]:

„Drei Breitengrade näher zum Pol stellen die ganze Rechtswissenschaft auf den Kopf, ein Längengrad entscheidet über Wahrheit; nach wenigen Jahren der Gültigkeit ändern sich grundlegende Gesetze; das Recht hat seine Epochen, der Eintritt des Saturn in den Löwen kennzeichnet die Entstehung dieses oder jenes Verbrechens. Spaßhafte Gerechtigkeit, die ein Fluß begrenzt! Diesseits der Pyrenäen Wahrheit, jenseits Irrtum."

— Dieser Text ist nicht zufällig genauso alt wie der Entwurf einer richtigkeitsverbürgenden Methode! Bereits die ersten Erfahrungen von „Gewißheitsverlusten" provozierten den Versuch methodischer Erkenntnisvergewisserung. —

Ist einmal das Nebeneinander oder Nacheinander verschiedener gesellschaftlicher Ordnungen in den Blick gekommen, dann stellt sich unausweichlich die Frage, woran es denn liegt, daß man vordem dieses glaubte und heute jenes; daß jenseits der Pyrenäen ein anderer Satz gilt als diesseits.

Erst diese Entdeckung der Pluralität gesellschaftlicher Ordnungen macht auch das *Argument* möglich, die *Diskussion*[39], die nicht lediglich Hermeneutik einer vorgegebenen Ordnung sein will, sondern durch die Wahl zwischen mehreren Möglichkeiten konstituiert wird. Gleichzeitig aber bedroht diese Entdeckung den Wert des Arguments: Welchen Sinn hat es zu argumentieren, wenn doch alle Wertvorstellungen historisch relativ sind? Ist das Argument nicht lediglich die Einkleidung einer zufälligen Dezision für oder gegen eines von unbeschränkt vielen denkbaren politisch-rechtlichen Ordnungsmodellen?

In der Frage nach den Ursachen von Begründungen überschreitet die Ideologiekritik traditionelle Bewußtseinsebenen. Der Ideologiekritiker argumentiert gemeinhin nicht auf der gleichen Ebene wie sein Gegner, sondern er erklärt dessen Position. „Das sagen Sie nur deshalb, weil Sie in einer bestimmten historischen Tradition stehen und sich darüber nicht im klaren sind — weil Sie als Angehöriger Ihrer Klasse reden — weil Sie befangen sind in Ihren Interessen." Man begreift die durch die Ideologiekritik hervorgerufenen Bewußtseinserschütterungen nur, wenn man erkennt, daß der schärfste Angriff gegen die Tradition, den die Ideologiekritik darstellt, auf einer Ebene erfolgt, auf der der Verfechter traditioneller Anschauungen gar nicht zu antworten vermag, wenn er

---

[38] Pascal, Pensées, Nr. 294.

[39] Nicht zufällig ist der gesellschaftliche Träger des frühen geschichtlichen, ideologiekritischen Denkens, das Bürgertum, die „clasa discutidora" (Donoso Cortes) genannt worden.

nicht die Relativierung seiner eigenen Anschauungen mitmachen will. Die Ideologiekritik ist die argumentative Verwendung der Geschichtlichkeit von Erkenntnis; ihrer Sogwirkung kann ein historisch naives Bewußtsein nicht standhalten.

Aus dieser argumentativen Überlegenheit ergibt sich die Gefahr, daß die Ideologiekritik sich nicht mehr einläßt auf das, was der von ihr Kritisierte sagt, sondern dessen Gründe von der — vielleicht nur scheinbar — höheren Warte der Ideologiekritik aus wegerklärt und beiseitewischt, oder um eines der ideologiekritischen Schlüsselworte zu gebrauchen: ihn nur noch zu „entlarven" sucht. Dieser Gefahr ist die Ideologiekritik dann erlegen, wenn sie ihre Grundfrage, die Frage nach den Ursachen eines Bewußtseins, auf sich selbst anzuwenden nicht bereit ist. Alles, was meiner Position nicht entspricht, ist mir dann notwendigerweise ideologisch, falsches Bewußtsein. Noch ehe eine Überlegung ganz ausgesprochen ist, meine ich zu hören, aus welcher Ecke sie stammt und sehe mich der Mühe enthoben, darauf sachlich einzugehen. In diesem Fall verfehlt die Ideologiekritik die Möglichkeit der Argumentation — eine Möglichkeit, auf die sie doch von ihrem Ursprung her angelegt ist. Sie verfehlt dann nicht nur das Gespräch mit dem naiven Bewußtsein, sondern auch mit den konkurrierenden Ideologiekritiken; so kommt es zum wechselseitigen Ideologieverdacht[40], der die Ideologiekritik zum beliebig einsetzbaren politischen Kampfinstrument degradiert.

Mit der These von der Abhängigkeit der Rechtsbildungen von der gesellschaftlichen Entwicklung setzen die Ideologiekritiken einen „rationalen" Rechtsbegriff gegen einen „metaphysischen"[41]. Die metaphysische Rechtsauffassung ist idealtypisch so zu kennzeichnen: Das Recht wird als etwas Heiliges, Bleibendes, als etwas Vorgegebenes, Unbedingtes und Unveränderliches begriffen. Dieser metaphysische Rechtsbegriff muß in einer Gesellschaft, die an Rechtsänderungen (durch Gesetzgebung und Richterrecht) gewöhnt ist, als obsolet und gegenstandslos erscheinen. Aber man verkennt die Aktualität des ideologiekritischen Vorstoßes, wenn man nicht die fortdauernde Aktualität eines „metaphysischen" Rechtsverständnisses begreift.

Der metaphysische Rechtsbegriff entspricht in hohem Maße dem Alltagsverständnis von Recht: „Recht muß Recht bleiben." Der metaphysische Rechtsbegriff kann geradezu als die rationalisierte Fassung des naiven Rechtsglaubens bezeichnet werden. Im metaphysischen Rechtsbegriff sind die kulturellen Selbstverständlichkeiten so dargestellt, wie sie erlebt werden: unbedingt, absolut.

---

[40] Vgl. Kriele, Einführung in die Staatslehre, 1975, S. 172 ff.

[41] Vgl. Rupert Hofmann, Logisches und metaphysisches Rechtsverständnis, zum Rechtsbegriff Hans Kelsens, 1967.

Der metaphysische Rechtsbegriff hat eine enge Affinität auch zum juristischen Alltagsverständnis des Rechts. Daß das gegebene Recht in der Dauer seiner Anwendung und Bearbeitung zu einem selbstverständlichen, alternativlosen Recht werden kann, leuchtet ein. So liegt es nahe, daß sich eine unvermeidliche Betriebsblindheit der Juristen und ihre Gewöhnung an das Recht, mit dem sie umgehen, in den Gedankenfiguren der Rechtsmetaphysik niederschlägt. „Die Begriffe und Sätze ihrer Wissenschaft erscheinen ihnen nicht wie durch ihre Willkür hervorgebracht, es sind wirkliche Wesen, deren Dasein und deren Genealogie ihnen durch langen vertrauten Umgang bekanntgeworden ist[42]."

Vielleicht noch bedeutsamer für die Aktualität des metaphysischen Rechtsbegriffs ist folgendes: In eine metaphysische Form kleidet sich rechtlicher Gestaltungswille. „Alle Menschen haben gewisse, unveräußerliche Rechte" — „Der Mensch ist frei, und wäre er in Ketten geboren." Das politisch Gewollte erscheint als ontologisch vorgegeben; das ist die Grundfigur des naturrechtlichen Argumentierens. Der politische Wille gewinnt damit Durchsetzungsvermögen und Durchschlagskraft. Diese Vorteile machen die naturrechtliche, das heißt rechtsmetaphysische Argumentationsform in der politischen und rechtlichen Auseinandersetzung nahezu unvermeidlich.

Diesen Hintergrund, nämlich die immer neue Aktualität rechtsmetaphysischer Argumentation, muß man im Auge behalten, um die Schärfe der ideologiekritischen Betrachtungsweise zu verstehen und das Gewicht ihrer Folgen abzumessen.

Ideologiekritik ist zunächst Kritik von Begründungen, von Argumenten, wird dann aber auch eine Kritik des Begründeten, der gesellschaftlichen Institutionen, soweit der Bestand dieser Institutionen nämlich von den kritisierten Begründungen abzuhängen scheint. So ist die Ideologiekritik des Rechts zunächst eine Kritik der Begründungen, die im Umgang mit dem Recht gebraucht werden — sei es bei der Setzung von Normen, bei der Verteidigung geltender Normen, bei den Vorschlägen zu ihrer Änderung, im Prozeß der Rechtsanwendung oder der rechtswissenschaftlichen Erörterungen von Rechtsproblemen; dann aber auch Kritik der Art und Weise allen solchen Umgangs mit Recht. Dabei fragt die Ideologiekritik des Rechts nach der konkreten gesellschaftlichen Bedingtheit des Rechts; sie fragt dabei nicht nach dem „Ob", sondern nur nach dem „Wie" solcher Determination. Daß das Recht gesellschaftlichen Ursprungs ist, ist die Prämisse aller ideologiekritischen Betrachtung.

---

[42] Savigny, Vom Beruf unserer Zeit für Gesetzgebung und Rechtswissenschaft, 1814, abgedr. in: Stern, Thibaut und Savigny, Ein programmatischer Rechtsstreit aufgrund ihrer Schriften, Neudruck 1959, S. 67 ff., 88.

An die Analyse gesellschaftlicher Determiniertheit des Rechts schließen sich Forderungen nach seiner Umgestaltung an. Das mag auf den ersten Blick paradox erscheinen: Widerspricht nicht der Gedanke der Determination dem der Änderbarkeit des Rechts[43]? In Wahrheit ist aber die Vorstellung, das Recht sei in seiner Entstehung determiniert durch gesellschaftliche Verhältnisse und Anschauungen, die Vorbedingung für seine Änderung. Denn erst durch die vollständige Erfassung einer Kausalkette ist der Ursachenzusammenhang prinzipiell beherrschbar geworden. Diese *Freisetzungsfunktion deterministischer Erklärung* treffen wir häufiger; so findet etwa die Forderung nach der klassenlosen Gesellschaft ihre Basis in dem Gedanken, Geschichte sei determiniert als Abfolge von Klassenkämpfen. Oder: die These von der Determination des Verbrechers steht geschichtlich in unauflösbarem Zusammenhang mit der Idee der Einwirkung auf den Verbrecher zum Zwecke seiner Resozialisierung. — So kommt es zu dem Bündnis deterministischer Erklärung und politischen Gestaltungswillens. Die ideologiekritische Aufdeckung der gesellschaftlichen Bedingtheit des Rechts zieht das vordem unbezweifelte Recht in den politischen Streit und führt zu einer Politisierung des Rechts. Von daher leuchtet ein, daß *Ideologiekritik* leicht *als Werkzeug eines Ideologisierungswillens* gebraucht werden kann. Ideologiekritik und Ideologisierung des Rechts können also zusammenfallen. Die Ideologiekritik macht dann das Recht zum beliebig einsetzbaren Instrument zur Erreichung der ideologisch vorgegebenen Zwecke.

2. *Hauptgruppen einer Ideologiekritik des Rechts*

Es lassen sich im wesentlichen zwei Hauptgruppen ideologiekritischen Denkens unterscheiden: die marxistische und die positivistische Ideologiekritik.

a) Die marxistische Ideologiekritik

Bei Marx zeigt sich vielleicht am deutlichsten die Ausdehnungstendenz der in der Aufklärung angelegten Ideologiekritik. Die Aufklärung hatte sich auf die Kritik bestimmter Vorstellungen, sei es metaphysischer, religiöser, moralischer oder eben auch rechtlicher Vorstellungen und Argumente beschränkt. Marx geht über die Aufklärung hinaus mit einer Kritik von Metaphysik, Religion, Moral und Recht überhaupt. Die Kritik bestimmter Vorstellungen hat nämlich, so Marx, den „Schein von Selbständigkeit"[44] aller geistigen Erzeugnisse des Menschen nie durchstoßen und damit also die traditionelle Bewußtseins- und

[43] So Wieacker, Privatrechtsgeschichte, 2. Aufl. 1967, S. 582.

[44] Marx, Deutsche Ideologie, Frühe Schriften, 2. Bd. (Hg. Lieber), 1971, S. 23.

Argumentationsebene eigentlich nie verlassen. Marx stellt als erster radikal die ideologiekritische Frage nach den Ursachen von Gründen, von Bewußtsein und er gibt als Antwort auf diese Frage: Die geistigen Erzeugnisse der Menschen sind notwendige Sublimate ihres materiellen, empirisch kontrollierbaren und an materielle Voraussetzungen geknüpften Lebensprozesses[45]. Und bezüglich des Rechts heißt das, so Marx: „Meine Untersuchung mündete in dem Ergebnis, daß Rechtsverhältnisse wie Staatsformen weder aus sich selbst zu begreifen sind, noch aus der sogenannten allgemeinen Entwicklung des menschlichen Geistes, sondern vielmehr in den materiellen Lebensverhältnissen wurzeln[46].“ Und da diese Lebensverhältnisse, in denen das Recht wurzelt, nach seiner Ansicht die Verhältnisse der Klassengesellschaft sind, deren herrschende materielle Macht zugleich die herrschende geistige Macht ist[47], so ist das durch die materiellen Lebensverhältnisse bestimmte Recht eben Klassenrecht. Dieses Klassenrecht ist Gegenstand der Ideologiekritik, weil es beansprucht, das einzig vernünftige zu sein — wo es doch nur Klassenvernunft ist — und allgemein gültig zu sein — wo es doch in Wirklichkeit nur ein partikulares Interesse ist, das als das gemeinschaftliche Interesse aller Mitglieder der Gesellschaft dargestellt wird. Dieser ideologische Charakter des Rechts ist unaufhebbar, solange die gesellschaftlichen Verhältnisse Klassenverhältnisse sind. Die mögliche Wahrheit des Rechts ist nur als Widerschein gesellschaftlicher Verhältnisse denkbar, in denen die Klassenschranken aufgehoben und somit tatsächlich ein allgemeines Interesse der Menschen im Recht zum Ausdruck kommen kann. Über die Wahrheit von Recht kann jedenfalls nicht verhandelt werden unter den Bedingungen der Klassengesellschaft. Wer hier von einer Wahrheitsfähigkeit von Normen spricht, ist dem ideologischen Schein des Klassenrechts, dem bloßen Schein seiner vernünftigen Allgemeinheit verfallen. Normkritik kann daher *nicht auf* die Wahrheit des Rechts zielen, sondern nur *auf die Wahrheit über das Recht*: „Euere Ideen selbst sind Erzeugnisse der bürgerlichen Produktions- und Eigentumsverhältnisse, wie euer Recht nur der zum Gesetz erhobene Wille eurer Klasse ist, ein Wille, dessen Inhalt gegeben ist in den materiellen Lebensbedingungen eurer Klasse[48].“ Hieran fügt sich die These, das Vorhandensein von Recht überhaupt sei an Klassenherrschaft gebunden; das Recht sterbe mit der Abschaffung der Klassengesellschaft ab[49]. — Der Klassencharakter des Rechts spiegelt sich wider

---

[45] Ebd.

[46] Marx, Zur Kritik der politischen Ökonomie, Vorwort, Ökonomische Schriften, 3. Bd. (Hg. Lieber und Kautzky), 1964, S. 838.

[47] Marx, Deutsche Ideologie, S. 55.

[48] Marx-Engels, Kommunistisches Manifest, Frühe Schriften, 2. Bd., 1971, S. 837.

[49] Diese These ist vor allem von Engels vertreten worden.

im Klassencharakter der Rechtsanwendung: „Klassenjustiz“[50]. Die Idee einer objektiven und unparteiischen Rechtsprechung ist bloße Ideologie, die die tatsächliche gesellschaftliche Funktion der juristischen Bearbeitung des Rechts und seiner Anwendung verschleiert. Es kann hier nicht darum gehen, diese Grundthesen von Marx im einzelnen zu interpretieren, zu verfolgen, wie sie ihre mehr oder weniger deutliche Konkretisierung in den gelegentlichen Äußerungen von Marx über das Recht erhalten haben. Solche Marx-Hermeneutik ist nicht das Anliegen dieser Untersuchung — ebensowenig wie die höchst lehrreiche Geschichte der Marx-Exegese. Hier ist nur festzuhalten, daß sich von diesen Marxschen Grundthesen ein breiter Strom von Ideologiekritik des Rechts entwickelt hat; ob es sich dabei um „richtige“ Interpretationen der Marxschen Grundthesen gehandelt hat, bedarf hier keiner Erörterung.

b) Die positivistische Ideologiekritik

Ausgangspunkt der positivistischen Strömungen ist die erkenntnistheoretische Annahme, Erkenntnisse können nur gewonnen werden durch Beobachtung gegebener („positiver“) Tatsachen[51]. Aus dieser Annahme folgt, daß praktische Urteile (Sollenssätze, Rechtssätze) nicht in den möglichen Umkreis von Erkenntnis hineinreichen, weil es sich um Wertsetzungen, nicht um Tatsachenfeststellung handelt. M.a. W.: Praktische Urteile sind nicht begründungsfähig. Das Recht ist der Inbegriff von irrationalen, nicht begründungsfähigen Wertsetzungen. Soweit die Jurisprudenz die Vernunft im Recht erkennen und entwickeln will, verfällt sie einem metaphysischen Rechtsverständnis. Im positivistischen Programm nimmt die Frontstellung gegen solche Metaphysik einen zentralen Platz ein. Schon Comtes Dreistadiengesetz (Entwicklung vom theologischen über das metaphysische zum positiven Stadium) schließt eine Kritik von Rechtsauffassungen ein[52]; dem theologischen Stadium entspricht der Glaube an einen göttlichen Ursprung des Rechts, dem metaphysischen Denken ordnet er den Glauben an ein ewig gültiges abstraktes Naturrecht zu. Im dritten, positiven Stadium soll es soziologische Einsicht in die Bewegungsgesetze der Gesellschaft selbst sein, die sowohl priesterliche Weisung als auch Rechtsregel als Lenkungsinstrument der gesellschaftlichen Bewegung überflüssig machen. Recht ist demnach untrennbar mit dem metaphysischen Denken verbunden.

---

[50] Hierzu die Übersicht bei Rottleuthner, Klassenjustiz?, Kritische Justiz 1969, S. 1 ff.

[51] Vgl. Eisler, Wörterbuch der philisophischen Begriffe, 2. Bd., 4. Aufl. 1929, Art. „Positivismus“ (Comte, J. St. Mill, Spencer). Zum „Wiener Kreis“ vgl. Kraft, Der Wiener Kreis, der Ursprung des Neopositivismus, 1950. Zu neueren Tendenzen s. unten S. 203 ff.

[52] Vgl. Comte, Die positive Philosophie, deutsch von J. H. von Kirchmann, 2. Bd. 1884, S. 152 ff., 254 ff., 309 ff.

Mit dem Recht wird auch die soziale Kaste der Juristen nach der Überwindung des metaphysischen Denkens verschwinden. Von hier gehen alle Theorien aus, die die Inadäquanz des Rechts gegenüber der „positiv" interpretierten gesellschaftlichen Entwicklung kritisieren: Das Recht und seine Handhabung durch die Juristen stellt eine für statische Gesellschaften spezifische Form der Politik dar; diese starre Form der Politik wird in einer offenen Gesellschaft in bewegliche Politik aufgelöst[53].

3. Warum man dem Problem der Ideologiekritik nicht entkommen kann

Der gleichbleibende Kern aller ideologiekritischen Ansätze ist der Gedanke der Kontingenz, der geschichtlichen Relativität der Werte, die vordem als absolut galten[54]. Damit steht die Ideologiekritik in Konflikt mit einer Jurisprudenz, die sich als Sachwalterin der Ordnungsaufgabe des Rechts und seines Wahrheits- und Gerechtigkeitswertes versteht. Durch die Ideologiekritik wird der Richtigkeitsanspruch des Rechts problematisiert, zunächst der Richtigkeitsanspruch der Rechtssetzung (das Recht wird veränderbar, „machbar"); dann auch der Richtigkeitsanspruch der Rechtsanwendung, der juristischen Arbeit mit und an dem positiven Recht. Die Rechtsregeln erscheinen in ihrer Setzung und Anwendung durch Vorurteil, Interessen, Klassenlagen bestimmt; das gilt eben nicht nur für die vom Gesetzgeber gesetzten allgemeinen Rechtsregeln, sondern auch für die richterliche Rechtsfindung. Die Ideologiekritik begreift das Recht als allgemein gesellschaftliches Phänomen und unterläuft damit tendenziell den Anspruch auf Eigenständigkeit der juristischen Problembehandlung.

Die fachjuristische Bearbeitung des Rechts kann sich nicht mehr legitimieren als gleichsam priesterliche Verwaltung der „Heiligkeit des Rechts"[55]. Denn das Recht kann nicht mehr als „heilig" begriffen werden; dem steht die Erfahrung seiner Machbarkeit, seiner Positivität entgegen. Gerade wegen dieser Positivität des Rechts kann die Jurisprudenz auch dem Problem einer Ideologiekritik des Rechts nicht entkom-

---

[53] Inwiefern fragt der Positivismus nach den Gründen von Begründungen? — eine Frage, die oben als essentiale der Ideologiekritik bezeichnet worden ist. Auch wenn es so scheint, als erschöpfe sich die positivistische Ideologiekritik in einem rigorosen Beharren auf den Satz, praktische Urteile seien nicht begründungsfähig, so liegt doch ihr eigentliches Kraftzentrum nicht in dieser Negation, sondern in der Hinwendung zu den Realfaktoren, die bei der Aufstellung von Sätzen, auch von Rechtssätzen, wirksam sind. Der Positivismus versucht in der Tradition des Empirismus zu ermitteln, warum man bei dem Versuch, Normen zu rechtfertigen, zu den oder jenen Begründungen greift. Vgl. etwa Topitsch, Vom Ursprung und Ende der Metaphysik, 1958.

[54] Bauer, Geschichtlichkeit, 1963, S. 184.

[55] Wie noch Schönfeld, Über die Heiligkeit des Rechts, 1957, meinte.

men. Ideologiekritik ist bereits im Ansatz mit dem Vorhandensein eines positiven Rechts vorgegeben[56].

Die Ideologiekritik repräsentiert das Prinzip umfassender Rechtskritik; sie ist damit ein Korrelat des Bewußtseins der Positivität des Rechts. Die Erscheinungsform des heutigen Gesetzbuchs ist die Lose-Blatt-Sammlung. Der damit sinnbildlich gewordene Gedanke der Änderbarkeit des Rechts liegt der Ideologiekritik ebenso zugrunde wie der modernen Jurisprudenz[57].

Wird das Recht als politische Setzung begriffen, dann stellt sich das Problem, warum man nicht auch die Arbeit an diesem Recht als „politische" begreift und dementsprechend auf sie die politischen Konfliktlösungsmechanismen anwendet. Dieses Problem haben gerade die Ideologiekritiken formuliert; ihnen liegt die Ansicht zugrunde, die Autonomie der juristischen Problembehandlung sei nur ein Abglanz einer durch das Bewußtsein der Positivität des Rechts überholten metaphysischen Anschauung vom Recht. Die Ideologiekritik des Rechts ist die unbequeme Gestalt der Frage, was der vernünftige Grund für die Herausnahme der juristischen Konfliktlösung aus dem Bereich der politischen Lösung gesellschaftlicher Konflikte ist.

Die Fragen, die eine Ideologiekritik des Rechts berührt, sind zunächst solche der Rechtstheorie, nicht der Rechtspraxis. Aber gerade durch die Ideologiekritik des Rechts bekommen Fragen der Rechtstheorie mehr und mehr eine praktische Bedeutung. Der mit der Bearbeitung des geltenden Rechts beschäftigte juristische Praktiker hat ein Unbehagen gegenüber theoretischen Fragen, gegenüber einem nicht in die Zucht der Fallösung gezwungenen Denken. Da aber die wesentlichen theoretischen Grundlagen der heutigen Rechtspraxis von dem Streit der Meinungen betroffen sind, zeigt sich, daß rechtstheoretische Vorstellungen die Grundlage für die praktische juristische Arbeit bilden. Wie auch immer der theoretische Streit ausgehen mag, sein Ergebnis muß auf die Rechtspraxis durchschlagen. „Ist erst das Reich der Vorstellungen revolutioniert, so hält die Wirklichkeit nicht aus[58]." Eine scheinbar in sich ruhende Rechtspraxis erweist sich als theorieabhängig; was bislang als

[56] Vgl. hierzu die Parallelisierung von positivem Recht und Ideologie durch Luhmann, Positives Recht und Ideologie, in: ARSP Bd. 53, 1967, S. 531 ff.

[57] Damit ist für die moderne Jurisprudenz der Ausweg versperrt, den Pascal vorgeschlagen hat. Sein Rat lautet (in freier Übersetzung): „Man darf nicht merken lassen, daß das Recht positiv ist, d. h. von keinem Gesetz der Vernunft zwingend abzuleiten ist, es wurde einmal ohne solchen Vernunftgrund gegeben, es ist vernünftig geworden (es ist nämlich durch die Macht der Gewohnheit so selbstverständlich geworden, als beruhe es auf einem zwingenden Vernunftgrund); man muß es als maßgeblich, ewig betrachten und sein Herkommen (seine Positivität) verbergen, wenn man nicht will, daß es bald ende." Pensées Nr. 294.

[58] Hegel, Phänomenologie des Geistes, VI B II.

rechtsphilosophische Esoterik gelten durfte, erweist sich als Existenzbedingung für die Bewältigung der praktischen Alltagsaufgaben von Rechtsprechung und Jurisprudenz.

IV. Der politische Bezug der Auseinandersetzung um die Ideologiekritik des Rechts

Das Problem des Verfassungsstaates ist das heimliche Zentrum allen neuzeitlichen Nachdenkens über Recht. Der Typus des modernen Verfassungsstaates weist mehr als jede andere bekannte Staatsform eine juristische Prägung auf; die politische Grundordnung des Verfassungsstaates ist legalistisch geformt. Die Elemente, die die Basis des Verfassungsstaates seit seiner frühesten Ausformung in der politischen Realität bilden: nämlich Gewaltenteilung, Grundrechte und Parlamentarismus, sind nicht etwa bloß rechtliche Überformungen politischer Institutionen, sie sind vielmehr in erster Linie Rechtsinstitute oder verweisen unmittelbar auf solche. Die Gewaltenteilung parzelliert politische Macht in rechtliche Kompetenzen. Die Grundrechte konstituieren das Verhältnis von Individuum und Gemeinschaft als Rechtsverhältnis; dieses Rechtsverhältnis beansprucht, in seinem Wirkungsbereich Korrektiv aller Machtverhältnisse zu sein. Die Gesetzgebung durch ein Parlament, das in der Entwicklung des Konstitutionalismus zum politisch ausschlaggebenden Staatsorgan wird, bringt zum Ausdruck, daß Machtausübung an Rechtsformen gebunden ist; politischer Gestaltungswille kann sich nur in Rechtsänderung ausprägen. In dieser Weise gründet sich der Verfassungsstaat auf einer Auffassung der politischen Grundbeziehungen als Rechtsverhältnisse. In ihm ist jede *Rechtstheorie,* die ja in abstrakter Weise eine Lehre von den Rechtsverhältnissen ist, notwendigerweise *zugleich Verfassungstheorie.*

Hinsichtlich der Ideologiekritik fällt es wegen ihrer offensichtlichen politischen Implikationen leicht, den Bezug zur Problemtradition des Verfassungsstaates zu entdecken; das gilt nicht in gleichem Maße für die Jurisprudenz. Erscheint nicht insbesondere für die Tradition der deutschen Jurisprudenz der Versuch, die rechtstheoretischen Fragen historisch auf das Problem des Verfassungsstaates zu beziehen, als Aufpressen eines Deutungsschemas, das die juristische Tradition geradezu vergewaltigt, als zwanghafter Versuch einer Geschichtsteleologie? Es ist richtig: Das professionelle Bewußtsein der Juristen hat die politischen Bezüge ihres Tuns nicht selten ausgespart. Diese Haltung der Jurisprudenz muß aber gerade als Problem innerhalb der verfassungsstaatlichen Entwicklung gesehen werden.

Kommt dem Recht im Verfassungsstaat die Rolle zu, Maßstab der Politik zu sein, so scheint der Verfassungsstaat davon abzuhängen, daß die Sphäre des Rechts als gesondert gedacht wird von der der Politik. Andererseits ist der moderne Staat, auch der Verfassungsstaat der Neuzeit, gerade durch die politische Verfügbarkeit des Rechts konstituiert. Der gewaltenteilende Verfassungsstaat legt eine Auflösung dieses Problems auf der Grundlage der Arbeitsteilung zwischen politischer Rechtssetzung und unpolitischer Rechtsanwendung nahe; eben diese Dichotomie ist aber durch die neuere juristische Methodendiskussion in Frage gestellt[59]. Hier liegen denn auch die aktuellen Ansatzpunkte für eine ideologiekritische Betrachtung der juristischen Tätigkeit. Beides, der Primat des Rechts vor der Politik und die umfassende politische Verfügbarkeit des Rechts, scheinen miteinander unvereinbar. Es ist, unter anderem, diese scheinbare Unvereinbarkeit, die in der scharfen Auseinandersetzung zwischen Ideologiekritik und juristischer Autonomie zum Ausdruck kommt. „Alle Politik muß ihre Knie vor dem Recht beugen", so formuliert Kant den Primat des Rechts als Grundgedanken des Verfassungsstaates[60]. Wenn nun aber Recht nichts anderes ist als ein bestimmter Aggregatzustand der Politik — gehört dann nicht die Rede vom Primat des Rechts vor der Politik in den Bereich schlechter politischer „Metaphysik"? Stürzt damit nicht die theoretische Grundfeste des Verfassungsstaates — die Grundentscheidung für den rechtlich verfaßten Staat? In der Tat: Die Auseinandersetzung zwischen Ideologiekritik und Jurisprudenz ist in ihrem Kern die Auseinandersetzung um die rechtstheoretische Möglichkeit des Verfassungsstaates.

---

[59] Hierzu s. unten S. 150 ff., 169 ff.

[60] Kant, Zum ewigen Frieden, Anhang, in: Werke Bd. VI (Hg. Weischedel), 1964, S. 193 ff., 244.

Zweites Kapitel

Die Aktualität des Vernunftrechts

Jeder Versuch, eine rechtstheoretische Frage wie die nach der Eigenart der juristischen Autonomie zu beantworten, führt notwendigerweise auf das Vernunftrecht. Warum? Das Vernunftrecht bezeichnet den Ursprung allen heutigen Rechtsdenkens; in ihm ist bereits präfiguriert, was sich heute als Problem stellt. Der Lösung ist man um so näher, je näher man dem Ursprung der Frage ist.

Das Vernunftrecht ist der rechtliche Ausdruck der Aufklärung. Es bezeichnet den aufklärerischen Willen zur Neuordnung von Recht und Staat. Ernst Troeltsch hat die Aufklärung „die Grundlage aller modernen Lebens- und Geistesprobleme" genannt[1]; in dem gleichen Sinne enthält auch das Vernunftrecht alle Antinomien, die die rechts- und verfassungstheoretischen Diskussionen bis heute beherrschen: eine im Entwurf einer spezifisch juristischen Methode begründete Autonomie der juristischen Problembehandlung ebenso wie deren ideologiekritische Infragestellung; die These vom politischen Charakter des Rechts und seiner Handhabung ebenso wie die seiner fachjuristischen Qualität; den Gedanken der Positivität des Rechts ebenso wie die Aufstellung naturrechtlich begründeter Rechtsideale; das Gegeneinander von formaler und materialer Rationalität des Rechts; die Errichtung des souveränen Staates, der frei über das Recht verfügt, ebenso wie den Entwurf des gewaltenteilenden Verfassungsstaats mit seiner Vorstellung „natürlicher, unveräußerlicher Menschenrechte". Aus diesem Grunde ist das Vernunftrecht der immer noch aktuelle Ausgangspunkt für die Analyse der rechtstheoretischen Muster des Verfassungsstaats.

Im folgenden werden drei Stufen des Vernunftrechts unterschieden: das (monarchisch-)absolutistische, das (ständisch-)parlamentarische und das späte, geschichtliche Vernunftrecht[2]. Jeder dieser Stufen kommt eine besondere Bedeutung im Hinblick auf den Gedanken der juristischen

---

[1] Troeltsch, Die Aufklärung, Gesammelte Schriften, 4. Bd., Aufsätze zur Geistesgeschichte und Religionssoziologie, 1925, S. 338 ff., 837 f.

[2] Diese Typologie orientiert sich an der Darstellung von C. J. Friedrich, Die Philosophie des Rechts in historischer Perspektive, 1955, S. 34 ff., 58 ff.

Zu den Entwicklungsstufen und Typen des Vernunftrechts siehe auch Wieacker, Privatrechtsgeschichte der Neuzeit, 2. Aufl., 1967, S. 269, Fn. 81 m. w. N.; ferner Carl Schmitt, Die Diktatur, 2. Aufl. 1928, S. 21 f.

Autonomie zu. Dieser Gedanke stützt sich auf zwei Tragelemente: zum einen auf die Begründung einer säkularen Rechtstheorie — hierauf konzentrieren sich vor allem die Bemühungen des absolutistischen Vernunftrechts; zum anderen auf die Behauptung, durch die juristische Bearbeitung werde die Vernunft des Rechts ermöglicht — diese Behauptung steht im Vordergrund der parlamentarischen Vernunftrechtslehren. Besondere Bedeutung kommt dabei dem Entwurf einer beweiskräftigen, richtigkeitsverbürgenden juristischen Methode zu. Das späte, geschichtliche Vernunftrecht wiederum zeigt Ansätze, die die juristische Autonomie in Frage stellen.

I. Das absolutistische Vernunftsrecht: die Säkularisation des Rechts

Die Enttheologisierung des Rechts, die Verselbständigung des Rechts gegenüber der Moraltheologie bezeichnet den Ausgangspunkt aller modernen Rechtsentwicklung; sie ist eines der wesentlichen Kennzeichen des modernen Staates, wie er sich aus den religiösen Bürgerkriegen des 16. und 17. Jahrhunderts entwickelt hat[3].

Die Säkularisation des Rechts ist die gedankliche Voraussetzung für die politische Verfügbarkeit des Rechts, die es dem Souverän erlaubt, sich über altes Recht hinwegzusetzen und eine neue Friedensordnung an seiner Stelle zu begründen[4]. Solange das Recht noch eingebettet bleibt in den Zusammenhang theologisch-metaphysischer Welterklärung, solange es damit im wesentlichen als Bleibendes, Heiliges begriffen wird, sperrt es sich gegen die Errichtung einer überlegenen Gewalt über den streitenden Religionsparteien. Zur Begründung staatlicher Souveränität war es nötig, die Rechtstheorie aus theologischer Bevormundung zu lösen. Die Juristen geboten den Theologen Schweigen: „Silete, theologi, in munere alieno[5]." Haltet Euch heraus, wenn wir über Recht und Staat reden!

Mit dem Ausschluß aller kirchlichen Interpretationsansprüche, die von Offenbarung und kirchlich definiertem Naturrecht her die theoretische Grundlegung des Rechts entscheidend geformt hatten, wächst dem Juristenstand eine umfassende Zuständigkeit für die Bearbeitung

---

[3] Vgl. Böckenförde, Die Entstehung des Staates als Vorgang der Säkularisation, in: Säkularisation und Utopie, Ernst Forsthoff zum 65. Geburtstag, 1967, S. 75 ff.; Schnur, Die französischen Juristen im konfessionellen Bürgerkrieg des 16. Jahrhunderts, 1962; Kriele, Einführung in die Staatslehre, 1975, S. 48 ff.

Aus der unübersehbaren Literatur zum Thema Säkularisation siehe Lübbe, Säkularisierung, Geschichte eines ideenpolitischen Begriffs, 1965.

[4] Gagnér, Studien zur Ideengeschichte der Gesetzgebung, 1960, S. 65.

[5] Albericus Gentilis, De iure belli, (1612) Neudruck London 1933, I, 12.

des Rechts zu. Diese Kompetenz des Juristenstandes ist im Vorhandensein eines positiven, säkularen Rechts[6] begründet, eines Rechts, das vom Souverän gesetzt ist und mit der vom Souverän abgeleiteten Autorität ausgelegt werden kann. So stützen sich die Souveränitätstheorie und die juristische Theorie des säkularen Rechts gegenseitig[7].

Der Gedanke der Autonomie des Rechtsbereichs steht also zunächst gegen kirchliche Machtansprüche. Eigenständigkeit gegenüber dem Souverän behält sich die Jurisprudenz nicht vor; sie hatte den Theologen in dem „munus alienum" staatlicher und rechtlicher Gestaltung ja gerade zugunsten des frei über das Recht verfügenden Souveräns Schweigen geboten. Dennoch deutet sich schon in diesem Entwicklungsstadium des Autonomiegedankens die Möglichkeit an, daß sich dieser Gedanke auch gegen den Souverän selbst wenden könnte. Beispielhaft tritt das in dem doppelten Rechtsbegriff Bodins zutage, des Theoretikers der Souveränität. Er unterscheidet zwischen lex und ius[8]. Während die lex als Machtspruch des Souveräns definiert ist, so gelten als ius die rechtlichen Gebote der Billigkeit und des Guten: Ius sine iussu ad id, quod aequum, bonum est; lex autem ad imperantis majestatem pertinet[9]. Darf hiernach das ius als das Reservat eines gerade gegenüber dem Gesetzgeber eigenständigen Rechtdenkens angesehen werden? In welchem Verhältnis stehen also lex und ius? Die Schwierigkeit, diese Frage bündig zu beantworten, kennzeichnet die prekäre Stellung des ius bei den Souveränitätstheoretikern: Ist das Recht, das nicht dem staatlichen Befehl des Souveräns entspringt, überhaupt Recht? Stellt die Existenz eines nicht-staatlichen Rechts nicht einen Widerruf der Souveränitätslehre dar? Für Bodin gilt zunächst: Summum imperium conditione aliqua vel lege datum summum non est nec legibus solutum[10]. Die

---

6 Die vorzüglichste Darstellung des Entwicklungsganges der Positivierungsidee findet man bei Gagnér, Studien zur Ideengeschichte der Gesetzgebung, 1960.

7 Der Gedanke einer Verselbständigung des Rechts gegenüber der Moraltheologie hatte seine soziale Basis in der Herausbildung eines Juristenstandes, dessen Homogenität durch die Ausbildung am römischen Recht gewährleistet war; siehe Wieacker, Privatrechtsgeschichte, S. 131, 135. Auf das römische Recht griffen die Juristen auch zur Rechtfertigung staatlicher Souveränität zurück, auf den Digestensatz: „Princeps legibus solutus" (Dig. I 3, 31 Ulpian). Die souveräne staatliche Gewalt war nur möglich durch diese Kaste von Juristen. Aus ihr geht das „Kernstück des staatlichen Machtsystems" (C. J. Friedrich, Verfassungsstaat der Neuzeit, S. 1) hervor: die Bürokratie. Es war ja auch der vorwiegend aus Juristen bestehende bürokratische Machtapparat des Fürsten (lo stato), der dem modernen Staat seinen Namen gegeben hat.

8 Bodin, De re publica, libri sex, I 8; hierzu Quaritsch, Staat und Souveränität, 1970, S. 344 f.; C. J. Friedrich, Die Philosophie des Rechts in historischer Perspektive, S. 37 ff.

9 Bodin, I 8.

10 Bodin, I 8.

Souveränität muß rechtlich bedingungslos sein, sonst wäre sie nicht Souveränität, d. h. Verfügungsmacht über das positive Recht. Die rechtliche Bedingungslosigkeit äußert sich darin, daß der Souverän nicht an die lex gebunden ist. Das heißt aber nun nicht mehr als: er ist als Gesetzgeber nicht an das positive Gesetz gebunden; die fehlende Bindung an die positive lex bedeutet also nicht, der Souverän sei auch der Beachtung des ius enthoben. An die göttlichen und natürlichen Gesetze (leges divinae ac naturales[11]), die im Begriff des ius zusammengefaßt werden, sind der Souverän wie die Untertanen gleichermaßen gebunden[12]. Aber solche Überlegenheit des ius gegenüber dem gesetzgebenden Souverän besagt nicht, das ius als das nicht verfügbare Recht sei Richtpunkt und Maßstab des Positivierungsprozesses; es ist lediglich dessen äußerste Grenze. Die Berufung auf das ius, auf die leges divinae ac naturales, an die der Souverän wie jedermann gebunden ist, ist allenfalls eine Notbremse gegenüber einem Mißbrauch der Gesetzgebungsmacht durch den Souverän[13] — eine Möglichkeit, der Bodin aber offensichtlich keine zentrale Bedeutung beimißt, die er jedenfalls nicht seinem Begriff der rechtlich ungebundenen Souveränität einfügen kann. Nur, wenn es denn nicht mehr anders geht, in dem eigentlich undenkbaren Fall, darf dem Souverän der Gehorsam verweigert werden[14]. So ist bei Bodin der Souverän letztlich doch eher faktisch als rechtlich beschränkt[15]. Das ius, über das der Souverän keine Verfügungsmacht hat, ist also zunächst nicht mehr als eine Reminiszenz an das mittelalterliche Rechtsdenken; es ist zugleich aber ein möglicher Anknüpfungspunkt für die Geltendmachung der Eigenständigkeit juristischer Problembehandlung gegenüber dem Souverän (ein Gedanke, der von Bodin freilich noch nicht aktualisiert wird).

Die absolutistische Souveränitätsdoktrin stand als Theorie der Verfügbarkeit des Rechts im schroffsten Gegensatz zur Tradition des von der Scholastik geprägten mittelalterlichen Rechtsdenkens. Den dieses Rechtsdenken beherrschenden Satz „Veritas facit legem“ kehrt die

[11] Quaritsch betont zutreffend, Bodin habe die göttlichen Gesetze nicht in ihrer spezifisch kirchlichen Ausprägung verstanden, die die Auslegungskompetenz der Theologen mit einschloß; denn dann würde Bodin „zwangsläufig den mittelalterlichen Konfliktstoff in sein System übernommen haben — der Souverän hätte gegen den Willen einer der kirchlichen Gruppen rechtmäßig nicht mehr handeln können“. (S. 387).

[12] Bodin, I 8.

[13] Deren Überschreitung allerdings die Nichtigkeit des Hoheitsaktes zur Folge haben soll (Bodin I, 8; III, 4), außer auf dem Gebiet des Privatrechts; dazu Quaritsch, S. 389.

[14] Bodin, III 4.

[15] Hierzu Gierke, Johannes Althusius und die Entwicklung der naturrechtlichen Staatstheorien, 4. Aufl. 1929, S. 151 f.; vgl. ferner C. J. Friedrich, Die Philosophie des Rechts in historischer Perspektive, S. 35 ff.

Souveränitätsdoktrin um: „Auctoritas non veritas facit legem[16].“ Diese Umkehrung hatte alle Evidenz der Richtigkeit für sich, wo der Bürgerkrieg zwischen den konkurrierenden Wahrheiten die nackte, friedenstiftende Dezision erforderlich machte[17]. Aber in Wahrheit lebte auch die Souveränitätsdoktrin von der naturrechtlichen Substanz, die besagt: „Im Recht soll sich die Vernunft ausdrücken“; — denn im Bürgerkrieg heißt die Vernunft zunächst: der Friede[18].

Es ist zwar nicht die Vernunft des einzelnen Rechtssatzes, aber die Vernunft, die darin liegt, daß überhaupt ein ordnungsstiftendes Recht besteht. Die Souveränitätsdoktrin ist eine vernunftrechtliche Theorie des positiven Rechts und seines Ordnungswertes: das Vernunftrecht des Absolutismus[19].

Die Säkularisation des Rechts, seine Herauslösung aus der Moraltheologie — die Grundlegung des juristischen Autonomieanspruchs — ist selbst ein ideologiekritischer Entwurf, einer der frühesten ideologiekritischen Entwürfe, die die europäische Geistesgeschichte kennt, Bei der Verselbständigung des Rechts gegenüber der Moraltheologie ging es um die Rettung der Politik und des Rechts aus den Glaubenskämpfen. So verzichteten etwa die Politiques darauf, den „falschen“ theologisch-religiösen Ansichten der anderen die eigenen als die einzig „richtigen“ entgegenzuhalten; sie ließen die verschiedenen angebotenen Wahrheiten als solche unangetastet und erklärten sie nur im Bereich des Politisch-Rechtlichen für irrelevant. Diese Trennung von politischer und religiöser Wahrheit vollzog sich durch eine politische Funktionalisierung der religiösen Wahrheiten. Indem man die Frage nach der politischen Funktion der angebotenen Wahrheiten stellt, übersteigt man die Ebene des traditionellen Wahrheitsbegriffs, auf dem sich der Streit um die richtige Religion bewegt. Gerade solche Funktionalisierung und die in ihr liegende Überschreitung des traditionellen Wahrheitsbegriffs bezeichnet einen Grundzug der Ideologiekritik.

Die Folge dieser politischen Funktionalisierung der religiösen Wahrheiten war dies: Recht und Staat mußten, nach der berühmten Wendung des Hugo Grotius, so begründet werden, daß die Begründung auch dann Bestand haben kann, „wenn es Gott nicht gäbe“[20]. Damit waren

16 Hobbes, Leviathan, cap. 26; vgl. Kriele, Einführung in die Staatslehre, 1975, S. 123; ferner Quaritsch, S. 118 Fn. 331, 119 Fn. 333.

17 Kriele, S. 47 ff.

18 Ebd.

19 Vgl. Carl Schmitt, S. 22.

20 De jure belli ac pacis, prologus § 11. Welzel und ihm folgend Wieacker haben versucht, die Bedeutung dieses Satzes als Ausdruck der Säkularisierung des Rechts herabzustufen; es handele sich dabei um ein Paradox der idealistisch-thomistischen Scholastik, das sich wohl gegen den voluntaristischen Gottesbegriff der Nominalisten gerichtet habe, aus dem ja gerade die

Recht und Staat als gesellschaftliche Gebilde begriffen, als Handlungs- und Begegnungsformen von Menschen.

Das absolutistische Vernunftrecht ist der gemeinsame Ursprung der beiden entgegengesetzten Tendenzen, die das rechtstheoretische Spannungsfeld beherrschen:

— der Ideologiekritik, die das Recht als gesellschaftliches Phänomen, als änderbar, als dem geschichtlichen Wandel unterworfen begreift,

— der juristischen Autonomie, die gerade wegen des geschichtlichen und gesellschaftlichen Wandels den Geltungsanspruch des positiven Rechts und seine Verbindlichkeit betont[21].

II. Das parlamentarische Vernunftrecht: materiale Vernunft im Recht

Das parlamentarische Vernunftrecht ist die Antwort auf die Herausforderung des absolutistischen Vernunftrechts. Im parlamentarischen Vernunftrecht erfährt der Gedanke materialer Vernünftigkeit des Rechts, der das (vom absolutistischen Vernunftrecht überwundene) mittelalterliche ius naturae beherrscht hatte, seine Wiedergeburt. Ist der innere Frieden wiederhergestellt, dann kommt es nicht mehr bloß darauf an, daß jemand ein Machtwort spricht, sondern darauf, daß er inhaltlich vernünftiges Recht setzt. Als Vernunftinstanz bietet sich das jetzt rational interpretierte — in die Verwaltung der Juristen übergegangene — ius naturae an. Die absolutistische Positivierungsidee, die tendenziell die Beliebigkeit der Rechtsinhalte einschließt, findet ihre

---

säkularisierte Wissenschaft hervorgegangen sei. Vgl. Welzel, Naturrecht und materiale Gerechtigkeit, 4. Aufl., S. 94 f., 97; Wieacker, Privatrechtsgeschichte, 2. Aufl., S. 266 FN 72, 290. Wieacker fügt hinzu, dem Grotius habe als reformiertem Christen, der unbefangen in der Tradition scholastischer Moraltheologie gestanden habe, eine solche Säkularisierungstendenz ferngelegen (S. 299). Damit ist aber die neue Bedeutung, die das scholastische Paradox bei Grotius bekommt, verkannt. Richtig dagegen C. J. Friedrich, Die Philosophie des Rechts in historischer Perspektive, S. 40: „Die Lösung des Naturrechts von seinem christlich-theologischen Grunde, wie es im Mittelalter verstanden wurde, ist die entscheidende Leistung des Grotius." — Hinsichtlich der religiösen Grundhaltung des Grotius darf auf seine Neigung zu einer „natürlichen Religion" verwiesen werden; Grotius bewog Herbert of Cherbury zur Veröffentlichung seiner deistischen Vorstellungen; vgl. Martin Schmidt, Art. Rationalismus, in: Evang. Staatslexikon, 1966, Sp. 1639. Dem Naturrecht, das argumentiert, „als wenn es Gott nicht gäbe", entspricht die natürliche Religion, deren Sätze sich vernünftig rechtfertigen lassen sollen, „als wenn Gott sich nicht geoffenbart hätte". Ebensoweit wie die natürliche Religion vom Offenbarungsglauben entfernt ist, ist Grotius' Naturrecht vom scholastischen Naturrecht entfernt.

[21] So kann eine der bedeutenden neueren Apologien juristischer Autonomie im Gewand historischer Darstellung der Souveränitätstheorien des absolutistischen Vernunftrechts auftreten: Quaritsch, Staat und Souveränität, 1970.

Antwort im materialen Vernunftrecht, das in der Wiederaufnahme der scholastischen Naturrechtstradition die Positivierung des Rechts im wesentlichen als Konkretisierung und Ausfluß der Rechtsvernunft begreifen will[22].

Im parlamentarischen Vernunftrecht artikuliert sich die „ständische" Opposition gegen den Absolutismus. Diese Opposition greift vorabsolutistische Rechtsanschauungen auf und ist zugleich gezwungen, sie auf das rechtstheoretische Niveau des absolutistischen Vernunftrechts zu heben. Gegen das absolutistische „auctoritas facit legem" wird das mittelalterliche „veritas facit legem" gestellt; durch die Konfrontation mit dem Gedanken der Positivität des Rechts — der Errungenschaft des absolutistischen Vernunftrechts — gewinnt aber nun die Wahrheitsfrage überhaupt erst ihre eigentliche Schärfe. Es ist nicht mehr ein fragloses, gegebenes Recht, das mit dem Wahrheitsattribut zusätzlich abgesegnet wird; vielmehr entscheidet die Wahrheit, die Vernünftigkeit eines Satzes darüber, ob etwas überhaupt Recht ist. Damit kommt es zu einem noch nie dagewesenen Spannungszustand zwischen dem positiven Recht und dem Entwurf eines material vernünftigen Rechts. *Das parlamentarische Vernunftrecht beansprucht, absoluter Kontrollmaßstab, Geltungs- und Erkenntnisgrund des positiven Rechts zu sein*[23]. Verstößt das positive Recht gegen das Vernunftrecht, so ist das positive Recht nichtig[24]. Dieses material Vernunftrecht reicht von den französischen Monarchomachen über Grotius bis zu Althusius, Pufendorf und Locke. Es verwandelt ständische Freiheiten in die modernen Grundrechte, die ständische Mitwirkung bei der Gesetzgebung wird zum modernen Parlamentarismus; aus dem mittelalterlichen Satz „lex facit regem" wird der moderne gewaltenteilende Verfassungsstaat, in dem sich alle staatliche Machtausübung am Recht messen lassen muß[25]. Der Gedanke der Autonomie des Rechtsbereiches wird identisch mit der Forderung nach inhaltlicher Vernünftigkeit des Rechts.

Es waren die Wirkungen dieses parlamentarischen Vernunftrechts, die Wieacker so beschreibt: „... verzüngelten seit dem Beginn des 18. Jahrhunderts langsam die Scheiterhaufen, verstummte das Röcheln der Gefolterten und martervoll Hingerichteten, verschwand die Barbarei der alten Leibes- und Ehrenstrafen, wichen körperliche Unfreiheit und verjährte Privilegien und setzte sich eine größere Achtung der Rechte der Einzelnen selbst bei den Herrschenden durch; sogar unter den Kriegs-

[22] Gagnér, S. 68 ff.

[23] Gagnér, S. 69.

[24] Vgl. etwa Welzel, Die Naturrechtslehre Samuel Pufendorfs, 1958, S. 57.

[25] Vgl. Kriele, Einführung in die Staatslehre, S. 125. Die Formel „lex facit regem" stammt von Bracton; zu ihrer späteren Verwendung s. Simonius, Lex facit regem, 1933.

führenden hatte das Recht jetzt größeres Ansehen als jemals zuvor oder später ... es bleibt sein unauslöschlicher Ruhm, ein Goldenes Zeitalter der europäischen Rechtskultur heraufgeführt zu haben[26]."

Der durch das parlamentarische Vernunftrecht erreichte Rechtsfortschritt erlaubt es in der Tat, von einem goldenen Zeitalter europäischer Rechtskultur zu sprechen; dieser Rechtsfortschritt ist aufbewahrt im gewaltenteilenden, grundrechtsverbürgenden Verfassungsstaat, dem Kristallisationspunkt parlamentarisch-vernunftrechtlicher Vorstellungen.

Getragen wurde dieser Rechtsfortschritt vom Willen zur veritas des Rechts, vom Willen zu einem richtigen, vernünftigen, gerechten Recht. Diese Bezugnahme auf die Vernunft im Recht und in seiner Anwendung — so lauter ihr Ursprung ist — enthält schwierige Probleme, die der Rechtstheorie bis heute aufgegeben sind.

Hatte das absolutistische Vernunftrecht die formale Verbindlichkeit des nun einmal gesetzten Rechts betont, so fügt das parlamentarische Vernunftrecht hinzu: das Recht muß aber vernünftig sein. — Eröffnet nicht die Aufstellung eines Rechtsideals, an dem das positive Recht gemessen werden soll, die Gefahr, daß das säkularisierte Recht wiederum besetzt wird von einem neuen Rechtsglauben, die Gefahr einer neuen Ideologisierung des Rechts durch widerstreitende materiale Ethiken? Wie verhält sich die Erkenntnis von der Positivität des Rechts, das Erbe des absolutistischen Vernunftrechts, zur Forderung nach inhaltlicher Richtigkeit? Modern gesprochen: Schließt nicht der Gedanke der Gesetzesbindung (eine notwendige Konsequenz der Positivität des Rechts) jede an den Juristen gerichtete Forderung nach Gerechtigkeit aus? Gerät das Recht mitsamt seiner juristischen Handhabung, unter die Anforderung materialer Rationalität gestellt, nicht wieder in den Streit, den es eigentlich beenden sollte?

Hatte das absolutistische Vernunftrecht die Notwendigkeit des Rechts in der Erfahrung des gesellschaftlichen Dissenses über den Maßstab des Vernünftigen und Gerechten gesehen, so denkt sich das parlamentarische Vernunftrecht das Recht als im Konsens begründet. In wessen Konsens? Offenbar zunächst im Konsens der (philosophischen) Rechtsgelehrten als Verwalter einer unvoreingenommenen, ganz auf die Sache bezogenen Rechtsvernunft. Kann aber diese angebliche Rechtsvernunft etwas anderes sein als eine — mit den spezifischen Mitteln des Rechts verhüllte — Parteinahme für eine bestimmte politische Konzeption, für ein bestimmtes Interesse? Wäre die Beschwörung der Rechtsvernunft also nur ein Kunstgriff, um die Verbindlichkeit der Entscheidung zu sichern, die den gesellschaftlichen Dissens beenden soll? — Oder ver-

[26] Wieacker, S. 271.

weist die spezifische Rechtsvernunft auf ein allgemeines Vernunftvermögen, mit dessen Hilfe der gesellschaftliche Dissens in vernünftiger Weise überwunden werden kann? Dann fände also der fachliche consensus omnium doctorum seinen Maßstab in diesem allgemeinen Vernunftvermögen, im common sense. Wird aber durch solche Bezugnahme nicht letztlich die fachlich-juristische Kompetenz aufgelöst?

III. Der Ursprung der juristischen Methode

1. Der mos geometricus — die deduktiv-axiomatische Methode

Im Vernunftrecht liegt der Beginn jener Tradition der Methodentheorie, in der auch die heutige Jurisprudenz noch steht. Parlamentarische und absolutistische Vernunftrechtslehren bedienten sich derselben Methode: des mos geometricus — einer Methode, die im strengen Sinn beweiskräftig sein will (daher auch methodus demonstrativa genannt) und die versucht, auf alle sachspezifischen Argumente zu verzichten und sie durch eine formale Rigidität der Beweisführung zu ersetzen. Die absolutistischen Rechtstheoretiker fanden in diesem Vorgehen à la façon des géomètres die beste Begründung für die kahle, rationalistische Konstruktion des staatsrechtlichen Absolutismus und für die Begründung der Positivität des Rechts. Als noch passender erwies sich der mos geometricus für das parlamentarische Vernunftrecht. Die konkreten Forderungen, die von den parlamentarischen Vernunftrechtslehren an das geltende Recht gestellt worden waren, fanden in dieser Methode eine überlegene Absicherung. Es genügte nicht die abstrakte Behauptung, es gebe ein für alle Menschen kraft ihrer Vernunft einsichtiges Recht; dieses Recht mußte vielmehr in seinen Einzelheiten aufgewiesen werden[27]. Konkrete Rechtssätze waren aufzustellen, an deren Geltung kein Zweifel bestehen konnte. Da solche konkreten Rechtssätze nicht von vorneherein auf Konsens rechnen konnten, mußte man auf die unbezweifelbaren Grundelemente des Rechts zurückgehen; aus diesen allgemein anerkannten Prämissen sollten die konkreten Rechtssätze demonstriert werden können. In den Worten des Hugo Grotius: „Ganz besonders kam es mir darauf an, die Erörterungen naturrechtlicher Fragen auf feste Begriffe zurückzuführen, die niemand ableugnen kann, ohne sich selbst Gewalt anzutun[28].“ Damit war die Auf-

[27] Welzel, Naturrecht und materiale Gerechtigkeit, 4. Auflage, S. 111.

[28] Grotius, De jure belli ac pacis, prologus § 39; vgl. hierzu auch Dilthey, Die Autonomie des Denkens, der konstruktive Rationalismus und der pantheistische Monismus nach ihrem Zusammenhang im 17. Jahrhundert, in: Weltanschauung und Analyse des Menschen seit Renaissance und Reformation, Gesammelte Schriften Bd. III, S. 246 ff., 277 ff.

gabe gestellt, eine juristische Methode zu entwickeln, die den Ableitungszusammenhang zwischen den Grundaxiomen und der Fülle konkreter Rechtssätze herzustellen hatte. Eben diese Methode ist der vernunftrechtliche mos geometricus. Erst seit dem mos geometricus läßt sich in dem oben bezeichneten strikten Sinne von juristischer Methode sprechen. Es wird später zu zeigen sein, in welchem Maße bis heute noch jede juristische Methodenlehre diesem Ursprung — vor allem durch das Element des „Logischen" in der Rechtsanwendung und durch den Glauben an die Ableitbarkeit der Entscheidung verbunden ist.

Das neue Methodenverständnis der Jurisprudenz ist am klarsten von Leibniz formuliert worden: Die Rechtslehre zähle zu den Wissenschaften, die rationaler Beweise bedürften[29]. Ein Beweis sei nichts anderes als rechenhafte Kombination von Grundelementen, die im Begriff des Rechts bereits mitgegeben sind, wie Person, Sache, Akt und Recht[30]. Die Verschiedenheit der konkreten Rechtsfälle läßt sich nach Leibniz nicht nur auf diese Grundelemente zurückführen; die Grundelemente enthalten auch bereits die Fülle aller denkbaren Streitfragen und deren Lösungen, die sich aus der Kombination der Grundbegriffe ergeben sollen. Die Konsequenz: Das juristische Denken ist ein Rechnen mit Begriffen[31]. Aus den abstrakten Rechtsbegriffen, die den mathematischen Axiomen vergleichbar sind, läßt sich jeder beliebige Rechtssatz deduzieren. Die demonstrative Methode geht also deduktiv-axiomatisch vor. Aus den Axiomen schafft die ars combinatoria ein Netz zusammenhängender Begriffe: das System, das nicht lediglich die Rechtssätze äußerlich ordnet, sondern generative Kraft besitzt[32].

Leibniz meinte sogar, auf einem Bogen Schreibpapier das vollständige System aller denkbaren Rechtssätze aufzeichnen zu können[33]. Er scheint

---

[29] Leibniz, Juris et aequi elementa, in: Mollat, Mitteilungen aus Leibnizens ungedruckten Schriften, 1893, S. 20 ff.

[30] Leibniz, De arte combinatoria, Akademieausgabe VI, 1, S. 189.

[31] Leibniz, De arte combinatoria, S. 194. Daß bei einem solchen Vorgehen die Rechtsbegriffe als reale Wesenheiten behandelt, sie also „ontologisiert" werden, deutet sich schon bei Leibniz an, wenn er erklärt, die juristische „Definition" sei in diesem Verfahren gleichzusetzen der platonischen „Idee" (Leibniz, elementa juris naturalis, Akademieausgabe VI, 1, S. 460). Damit ist die Einbettung des juristischen „Begriffsrealismus" in die metaphysische Tradition zutreffend bezeichnet.

[32] Vgl. Coing, Geschichte und Bedeutung des Systemgedankens in der Rechtswissenschaft, 1956; er unterscheidet zwischen einem engeren Systembegriff, welcher das deduktive System bezeichnet, und einem weiteren, der nur die Stoffordnung nach übergreifenden Gesichtspunkten, das Ordnungsschema also, meint (S. 26). Diese beiden Systembegriffe laufen den oben bezeichneten beiden Methodenbegriffen weitgehend parallel.

[33] Vgl. die bei Sturm, Das römische Recht in der Sicht von Gottfried Wilhelm Leibniz, 1968, S. 33 FN 75 zitierten Briefstellen.

dieses eine Blatt Papier leider verlegt zu haben; es zu rekonstruieren sind bis heute viele Methodenlehren bemüht — nur ist ihr Papierbedarf größer.

Die Eigenart dieses deduktiv- axiomatischen Vorgehens in der Jurisprudenz ist etwas näher zu erklären. Deduktion bezeichnet in der Sprache der Logik den Gebrauch folgender Schlußregel: Wenn a, dann b, nun aber a, also b. Der Obersatz dieser Schlußregel ist nun so zu lesen: Gesetzt, es gilt: wenn a, dann b ...; d. h. über die Gültigkeit des Obersatzes besagt die Schlußregel selbstverständlich nichts. Das ist das heute Verständnis von deduktiver Methode[34]. Das vernunftrechtliche Vorgehen ist nun dadurch gekennzeichnet, daß es das deduktive Schlußverfahren kombiniert mit der Suche nach unbestreitbaren Axiomen. Was am unstreitigsten erschien: der Begriff des Rechts selber und die in ihm mitgedachten rechtlichen Elementarbegriffe, das sollte die Axiome abgeben, aus denen die Rechtssätze abgeleitet werden konnten. Die abstrakten Allgemeinbegriffe sind damit zu realen Wesenheiten geworden. Die deduktiv-axiomatische Methode hat somit einen begriffsrealistischen Charakter. *Der Begriff „Recht" wird ontologisch als substanzhafter Inbegriff aller denkbaren Rechtserscheinungen und Rechtssätze verstanden*[35], und in dieser Eigenschaft geht er in den Obersatz aller Deduktion ein: daß für die Ordnung der menschlichen Verhältnisse das Recht als Maßstab gelten solle. Diese Mischung von unangreifbarem, deduktivem Verfahren und Rechtsmetaphysik, in der die juristischen Allgemeinbegriffe zu realen Wesenheiten werden, diese Mischung ist kennzeichnend für die gesamte Geschichte juristischer Methodik nahezu bis heute. Es mochten in der Folgezeit die Anschauungen darüber wechseln, woraus man juristische Sätze ableiten könne, aus den allgemeinen Begriffen der Rechtslehre oder später aus den gesetzlichen Begriffen; es blieb der Glaube an die Dignität der allgemeinen Begriffe, der Glaube, in ihnen stecke bereits die Lösung jeder Streitfrage, es blieb die Behauptung, man habe in der juristischen Methode die Möglichkeit, die

---

[34] Bochenski, Zeitgenössische Denkmethoden, 1954, S. 73 ff.

[35] Noch zu Ende des vorigen Jahrhunderts schrieb Sohm: „In der Fülle des Stoffs wollen wir den einheitlichen Gedanken; so wollen wir in der Fülle der Rechtssätze die alles beherrschende Idee. Dieses Bedürfnis des menschlichen Geistes nach Einheit zu befriedigen, ist die ideale Aufgabe der Jurisprudenz. Daher ergibt sich aus den idealen Instinkten der Rechtswissenschaft das Suchen nach dem Rechtssystem, das heißt nach einer Form der Darstellung, welche die ganze Masse des Rechts als die freie Entfaltung eines einzigen Begriffes, des Begriffes des Rechts, zur Anschauung bringt." (Zit. bei Coing, S. 39).

Für den mos geometricus gilt in gleicher Weise wie für die Begriffsjurisprudenz des 19. Jahrhunderts (die auf ihn zurückgeht) die Bemerkung von E. J. Bekker: „Zu Grunde liegt, wenn auch versteckt, der Glaube an ein heiliges, wahres, ewiges Recht" (E. J. Bekker, Ernst und Scherz über unsere Wissenschaft, Festgabe für R. v. Ihering zum Doctorjubiläum, 1892, S. 125).

Richtigkeit von Rechtsbildungen in formaler Weise, ohne Wertung, zu beurteilen[36].

2. *Die philosophische Herkunft der deduktiv-axiomatischen Methode*

Der strikte Methodenbegriff des mos geometricus ist philosophischer Herkunft. Im Zusammenhang mit seinen Erörterungen zur juristischen Methode schreibt Leibniz: „O daß doch die Rechtsgelehrten von ihrer Verachtung der Philosophie zurückkämen und einsähen, daß ohne Philosophie die meisten Fragen ihres ius ein Labyrinth ohne Ausgang sind[37].“ Der mos geometricus in der Jurisprudenz ist eine Ausprägung der demonstrativen Methode der rationalistischen Philosophie. Es war vor allem Descartes[38], der der demonstrativen Methode ihre scharfe Formulierung gegeben hat. Diese Methode übernimmt bei Descartes die Last einer Neubegründung der gesamten Philosophie[39]. „Daß die Geschichte der Philosophie, mit dem Bilde Diltheys ein Trümmerfeld der Meinungen und Systeme darbietet, ist schon die Ausgangserfahrung Descartes[40].“Descartes setzt seine Hoffnung auf das Vorbild der Mathematik mit ihrer sicheren Methodik und der Unstreitigkeit vieler ihrer Ergebnisse[41]. Fortschritte in der philosophischen Diskussion hängen von der Erkenntnis ab: „Nichts kann regelmäßig sein, ohne vernunftgemäß zu sein[42].“ Was sich à la façon des géometres darstellen läßt, ist auch inhaltlich vernünftig. Im Kern zielt dieses philosophische Konzept dahin, das allen Menschen kraft ihrer Vernunft Gemeinsame zu mobilisieren. Durch philosophische Klarheit zur Einigkeit; durch Einigkeit zum Frieden[43]. Es geht im Kern um Moralphilosophie; wenn sie zunächst ausgespart wird, so doch nur zu dem Zweck, den Hader der verschiedenen konfessionellen Ethiken zu unterlaufen. Das macht es auch verständlich, welche große Wirkung die mathematische, demonstrative Methode im

---

[36] Über die Fortwirkung dieses Methodenverständnisses vgl. unten S. 71 f., 96 ff., 109 ff., 133 ff.

[37] Leibniz, zit. bei Burckhardt, Methode und System des Rechts, 1936, S. 7.

[38] Descartes, selber als Jurist ausgebildet, stand der Übernahme der demonstrativen Methode in die Jurisprudenz offenbar skeptisch gegenüber; siehe Discours de la methode, 2. Abschnitt: „Es ist ganz wie bei den großen Verkehrsstraßen, die sich in vielen Krümmungen zwischen den Bergen hinwinden; sie werden in der Regel durch die Tritte der Wanderer so glatt und bequem, daß es weit besser ist, ihnen zu folgen, als über Felsen und Abgründe hindurch den geraderen Weg zu suchen.“

[39] Kambartel, The univers is more various, more Hegelian, zum Weltverständnis bei Hegel und Whitehead, in Collegium Philosophicum, Studien Joachim Ritter zum 60. Geburtstag, 1965, S. 72 ff., 76.

[40] Ebd.

[41] Ebd.

[42] Leibniz, Fünftes Schreiben an Clarke, in: Hauptschriften zur Grundlegung der Philosophie, Bd. 1, 1903, S. 165 ff., 212.

[43] Specht, René Descartes, 1966, S. 54.

Bereich der Ethik und damit des von der Ethik ungeschiedenen Naturrechts hatte. Mit der Mathematisierung der Vernunft, mit ihrer Formalisierung, mit der Reduktion von Argumenten auf „einfache mathematische Formen“, mit der Deduktion aus diesen einfachsten Denkelementen, den Allgemeinbegriffen, schien es endlich möglich, dem Dilemma der praktischen Philosophie zu entkommen, daß nämlich ein Satz offensichtlich vernünftig, aber nicht im strikten Sinne zu beweisen ist — und deshalb bestritten werden kann, ohne daß dem Bestreitenden Unvernunft nachzuweisen wäre.

Der Glaube an strikte Ableitbarkeit schloß die Gefahr eines vernunftfeindlichen Monologisierens ein: eine Gefahr, die vielleicht am deutlichsten aus folgender Äußerung eines Philosophen des späten Vernunftrechts erhält:

„Wer seine Sätze aus ursprünglichen Grundsätzen der Vernunft durch strenge Folgerungen ableitet, ist ihrer Wahrheit und der Unwahrheit aller Einwendungen dagegen schon im voraus sicher; was neben ihnen nicht bestehen kann, muß falsch sein, das kann er wissen, ohne es auch nur angehört zu haben[44].“ — Selten ist die Immunisierungsstrategie, die dem strikten Methodenbegriff zugrunde liegt, so offenherzig benannt worden: sich vor Kritik zu schützen, ohne sachlich auf sie eingehen zu müssen.

3. *Die Übernahme der deduktiv-axiomatischen Methode in der positiven Jurisprudenz*

Bedeutung für die positive Jurisprudenz bekam die (philosophische) demonstrative Methode zunächst über das vernunftrechtliche Naturrecht.

Die demonstrative Methode in der Philosophie zielte auf eine Neubegründung der Ethik; das Vernunftrecht aber war von solcher Sozialethik ungeschieden; in ihm drängte gerade diese philosophische Mobilisierung vernünftiger Gemeinsamkeiten zu rechtssatzmäßiger Formulierung. Das Vernunftrecht als die in die Nähe rechtlicher Verwirklichung und somit auch politischer Brisanz gerückten Ethik konnte die deduktiv-axiomatische Methode dazu benutzen, moralisch-politische Postulate als bloße Ableitungen aus allgemein anerkannten Begriffen zu verstecken[45]. Hatte man lediglich „abgeleitet“, die richtige, wissenschaftlich anerkannte Methode angewandt, so konnte man den eigenen

---

[44] Fichte, Beitrag zur Berichtigung der Urteile des Publikums über die Französische Revolution (Ausg. Meiner 1922) S. 69.

[45] So forderte noch Kant eine gewaltenteilende („republikanische“) Staatsverfassung unter Berufung darauf, sie ergebe sich „aus dem reinen Quell des Rechtsbegriffs“; Zum ewigen Frieden, Werke (Hg. Weischedel) Bd. VI, S. 193 ff., 205.

Forderungen auf diese Weise politische Unverfänglichkeit und sachliche Unangreifbarkeit verleihen. Ihre Bedeutung erhielt die demonstrative Methode dadurch, daß sie sich zur Durchsetzung politischer Forderungen anbot, die sie als im geltenden Recht, nämlich in dessen Allgemeinbegriffen, verankert ausgeben konnte. Mit der demonstrativen Methode wurde der Grundsatz der Begründungsbedürftigkeit staatlicher Machtausübung gegenüber den Bürgern propagiert. Die Rechtssätze mußten sich durch den Ableitungszusammenhang mit den Allgemeinbegriffen als vernünftig ausweisen. Zumindest drängte das neue Methodenbewußtsein notwendig auf die Einhaltung der Rechtsanwendungsgleichheit; denn wenn die Rechtsentscheidung als deduzierbar erkannt ist, dann bedarf sie auch — um den Anschein der Willkür zu vermeiden — der Rechtfertigung durch die Deduktion, d. h. durch eine Begründung, die in gleichgelagerten Fällen eine gleiche Entscheidung trägt. Damit trug die Methode von sich aus zur Eingrenzung souveräner Willkür bei, zur Auflösung überkommener Privilegien, zu bürgerlicher Gleichheit und Freiheit.

Die demonstrative Methode konnte, nachdem sie sich in den philosophischen Entwürfen des Vernunftrechts durchgesetzt hatte, um so leichter zu allgemeiner Anerkennung auch in der Bearbeitung des positiven Rechts gelangen, als hier durch die Rezeption des römischen Rechts das Bedürfnis nach sicheren Ordnungskriterien für den übernommenen Rechtsstoff und damit auch nach Auswahlregeln, welche Rechtssätze als übernommen gelten sollten, entstanden war[46]. Als erster wandte Johannes Althusius die demonstrative Methode auf die Behandlung des positiven Rechts an, indem er versuchte, den gesamten Rechtsstoff unabhängig von der Legalordnung der Institutionen, Digesten und des Codex nach den Prinzipien mathematischer Logik zu einem geschlossenen Regelsystem zu formen[47].

---

[46] Vgl. Leibniz, Ratio corporis iuris reconcinandi, Akademieausgabe VI 2, S. 93 ff.; siehe dazu Sturm, Das römische Recht in der Sicht von Gottfried Wilhelm Leibniz, 1968.

[47] Gierke, Johannes Althusius und die Entwicklung der naturrechtlichen Staatstheorien, 4. Aufl. 1929, S. 41 ff. Die juristische Verwendung der demonstrativen Methode fand Nachfolger unter anderem in Hobbes (De elementis de cive et de corpore, 1642), Pufendorf (Elementa iurisprudentiae universalis, 1660), vom Felde (Elementa iuris universi, 1664). Vgl. Röd, Geometrischer Geist und Naturrecht, 1970, S. 81 ff., 103 ff.; Stephanitz, Exakte Wissenschaft und Recht, 1970, S. 52 ff. Zu Leibniz siehe oben S. 43. Späterhin war dann Christian Wolff der vielleicht wirksamste Propagandist dieser Methode in Deutschland; Jerusalem, Kritik der Rechtswissenschaft, 1948, S. 146 führt auf ihn die Begriffsjurisprudenz des 19. Jahrhunderts zurück. Zu Recht, wie das folgende Zitat zeigt: „Die Erkenntnis", so schreibt Wolff, „daß nicht weniger bei allem positivem Rechte, als bey dem natürlichen Wahrheit sey, und diese durch den Weg des Beweises eingesehen, und mithin was für Recht gehalten wird, oder gehalten werden soll, von dem, was es wircklich ist, gewiß und genau unterschieden werde, konnte auf keine andere Weise ans Licht kommen, als wenn man den Fußtapfen des Euclidis, welcher die Gesetze einer

Die Deduktion von Rechtssätzen aus Allgemeinbegriffen konnte um so leichter gedacht werden, als dieses naturrechtliche Verfahren von dem reichen Material konkreter Rechtssätze zehren konnte, die im corpus juris gegeben waren[48]; da man diese Rechtssätze in den Allgemeinbegriffen mitdachte, war es in einigem Maße absehbar, was man nachher aus diesen Begriffen ableiten konnte und wollte. Dadurch wurde der Schein jener Exaktheit erweckt, die die Methode zu garantieren vorgab.

Der Geltungsbereich der deduktiv-axiomatischen Methode fällt nicht zufällig zusammen mit dem Bereich der Rezeption des römischen Rechts. Das römische Recht war gelehrtes Recht. Der Stand der Rechtsgelehrten war Träger der Rechtsentwicklung. Die Kenntnis dieses Gelehrtenrechts war notwendig durch die Universitäten vermittelt. Die demonstrative Methode der rationalistischen Philosophie gewann Einfluß auf die Jurisprudenz durch den geistigen Austausch innerhalb der Universität; die Übernahme der deduktiv-axiomatischen Methode ist das Ergebnis einer geistigen Wanderbewegung zwischen philosophischer und juristischer Fakultät.

Im Bereich der Rezeption des römischen Rechts war die deduktiv-axiomatische Methode (und die in ihr begründete Wissenschaftlichkeit der Jurisprudenz) die wichtigste Stütze des juristischen Autonomieanspruchs. Aber dieser Autonomieanspruch ist weder auf den räumlichen Bereich der Rezeption beschränkt, noch unbedingt an den Entwurf einer strikten Methode gebunden. Im Common-law-Bereich erfüllte der Zunftgeist der juristischen Praktiker dieselbe Funktion, die im Bereich der Rezeption die deduktiv-axiomatische Methode hatte. Chief Justice Coke kennzeichnet den juristischen Autonomieanspruch mit der Formel „the artificial reason of the law" — d. h.: Das Recht hat seine eigene Vernunft, die von den Juristen nach den Regeln ihres Standes — reine Kunstregeln der Juristenzunft, keine Normen „wissen-

wahren Vernunftlehre gar strenge in Obacht genommen, folgte und demnach alle Wörter mit einer vollständigen Erklärung belegte, alle und jede Sätze genugsam bestimmte, und beydes die Erklärungen als auch die Sätze dergestalt ordnete, daß sich die folgenden auf den vorhergehenden gäntzlich verstehen ließen, und die Wahrheit der letzteren aus den vorausgesetzten erhellen mußten." (Institutiones naturae et Gentium, 1750, Praefatio; deutsche Übersetzung von Nikolae 1754, zit. nach Stephanitz, S. 90). Die redliche Genauigkeit, die „alle Wörter" definiert; der Systemwille, der die Definitionen und Sätze in ein festes Zuordnungsverhältnis bringen will — freilich auch das Haften am Begriff, ohne in Erwägung zu ziehen, welche Wirklichkeit diesen Begriff getragen hatte und trägt, der Glaube an die höhere Dignität der Allgemeinbegriffe, eine Wahrheit der konkreten Rechtssätze, die in ihrer Ableitung aus den Allgemeinbegriffen begründet ist — was hier bei Wolff erkennbar wird, bestimmte 150 Jahre weithin das Selbstverständnis der Jurisprudenz.

[48] Das hat schon Savigny erkannt, Vom Beruf unserer Zeit für Gesetzgebung und Rechtswissenschaft, 1814, hier zitiert nach Stern, Thibaut und Savigny, ein programmatischer Rechtsstreit, 1959, S. 139.

schaftlicher“ Rechtsfindung — ermittelt wird. Der kontinentaleuropäische Entwurf einer strikten „juristischen Methode“ und einer „Rechtswissenschaft“ einerseits und andererseits der Common-law-Zunftgeist sind äquivalente Begründungen der Autonomie des Rechtsbereichs.

Erst seit in der Gegenwart der Entwurf einer strikten Rechtsfindungsmethode in eine Krise geraten ist, zeigt sich in der deutschen Jurisprudenz die Neigung, die angelsächsische Tradition in die methodische Reflexion einzubeziehen[49].

IV. Das geschichtliche Vernunftrecht und die Gefährdung des Autonomieanspruchs

Die deduktiv-axiomatische Methode war ein entscheidend wichtiges Hilfsmittel gewesen, um aufklärerische Reformgedanken ins Recht zu übersetzen. Im Zuge der fortschreitenden Aufklärung wird dieses Hilfsmittel allmählich überflüssig.

In der deduktiv-axiomatischen Methode hatte die ins Rechtliche gewendete Aufklärung zunächst ihren Durchsetzungsanspruch formuliert. Dieser Methode lag der Begriff einer für alle Zeiten und Völker gleichbleibenden Vernunft zugrunde. Der Glaube an eine solche übergeschichtliche Vernunft bestärkte sich an der Erfahrung geschichtlicher Unvernunft; die Bezugnahme auf die allen gleiche menschliche Vernunftnatur gab den Kampf mit solcher gewachsenen Unvernunft die erwünschte Durchschlagskraft.

Nicht minder als dieser „polemische“ Rationalismus prägten das Zeitalter des Vernunftrechts auch empiristische Züge[50]. In der dritten Stufe des Vernunftrechts (nach dem absolutistischen und nach dem parlamentarischen) dringt das geschichtliche Denken in das Vernunftrecht ein: das Vernunftrecht selbst wird geschichtlich. Das Erwachen des geschichtlichen Bewußtseins hatte sich bereits bei den Humanisten angekündigt[51]; bei Bodin und den französischen Politiques war es die Konfrontation der verschiedenen Ansichten über Vernunft und rechten Glauben, die über die Frage, was denn von alledem nun wirklich richtig sei, hinausführte und das Augenmerk auf die empirischen Ursachen und damit auf die Geschichte lenkte. Befördert wurde solches Bewußtsein der Geschichtlichkeit durch den entschiedenen Willen der Aufklärung zu sozia-

---

[49] Beispielhaft vor allem Esser, Grundsatz und Norm in der richterlichen Fortbildung des Privatrechts, 1956; hierzu s. unten S. 158. Vgl. ferner Fikentscher, Methoden des Rechts in vergleichender Darstellung, Bd. II Anglo-Amerikanischer Rechtskreis, 1975.

[50] Sie entsprechen dem Drang zur Kausalerklärung in den Naturwissenschaften. Siehe auch Wieacker, Privatrechtsgeschichte, S. 254.

[51] C. J. Friedrich, Die Philosophie des Rechts in historischer Perspektive, 1955, S. 30 ff.

ler Veränderung; das erzwang die Reflexion über die Kausalität dessen, was man bekämpfte. Was einer humanen Gestaltung des Zusammenlebens Widerstand leistete, stand in der Regel im Glanz einer fraglosen Tradition; man meinte, es sei schon immer so gemacht worden. Was lag da näher, als solcher Tradition wirklich einmal nachzugehen. Historie wurde das Mittel, um traditionale Legitimität aufzulösen. So bekämpft etwa Thomasius den Hexenwahn mit dem Hinweis, es sei doch merkwürdig, daß es dem weltenalten Teufel erst vor 500 Jahren (Aufkommen des Hexenwahns im 13. Jahrhundert) eingefallen sein sollte, mit schönen Mädchen zu buhlen[52].

Das Vernunftrecht beschränkt sich jetzt nicht mehr auf die Behauptung, seinen Sätzen komme eine apriorische, überzeitliche Geltung zu (eine Behauptung, durch die der erst herzustellende politische Konsens mit einem Kunstgriff vorweggenommen wird); es tritt das Problem der politischen Verwirklichung der aufklärerischen Impulse in den Vordergrund und damit das auf die Herstellung von Konsens zielende Argument. Das Vernunftrecht wird zum politischen Entwurf; es tritt als *Vorschlag der Rechtsänderung* auf. Die vernunftrechtlichen Vorstellungen und Postulate müssen ins positive Recht eingeformt werden. Damit mußte die deduktiv-axiomatische Methode zunehmend als Überrest metaphysischer Rechtsanschauung erscheinen[53].

Indem das Vernunftrecht seinen ursprünglichen Anspruch, es sei bereits geltendes Recht, aufgibt und seine Aufgabe darin sieht, zu geltendem Recht zu werden, stellt sich zugleich das Problem, wie denn dieser Vorgang der Vernunftrechtsverwirklichung im positiven Recht institutionell abgesichert werden könne[54]. Wo das parlamentarische

---

[52] Thomasius, De crimine magiae, 1702 (Neudruck Weimar 1967).

[53] Die deduktiv-axiomatische Methode erlebte ihre Blüte in der Jurisprudenz erst, als die sie tragenden philosophischen Anschauungen bereits der Erkenntniskritik zum Opfer gefallen waren. Die Kantsche Erkenntniskritik hatte den scheinhaften Charakter der Herleitung philosophischer Erkenntnisse aus dem Begriff aufgewiesen und damit als Hysteron-Proteron, als Verwechslung des zu Begründenden mit der Begründung bloßgestellt (vgl. Kritik der reinen Vernunft, B 303, 762 ff., Werke Bd. 2). Diese philosophische Einsicht blieb allerdings für Kants eigene Rechtslehre folgenlos; hier verfährt Kant durchweg nach der demonstrativen Methode, zum Beispiel, wenn er den Grundsatz der Gewaltenteilung als schlichte Folgerung aus dem Rechtsbegriff darstellt (s. oben S. 44). Diesen Bruch zwischen erkenntnistheoretischem Kritizismus und „unkritischer" Rechtslehre bei Kant erklärt man wohl zutreffend als Anlehnung an die juristischen Darstellungen seiner Zeit, die noch deduktiv-axiomatisch verfuhren. Kant als Philosophen mußte es fernliegen, auf einem für ihn abgelegeneren Gebiet sogleich praktische Folgerungen seiner eigenen Erkenntniskritik zu ziehen, die ihn in einen Gegensatz zu den Fachgelehrten gebracht hätten. Es ist die wohl immer unvermeidliche Phasenverschiebung zwischen dem Wandel philosophischer Grundanschauungen und ihrer Umsetzung in den fachwissenschaftlichen Disziplinen, die sich hier als innere Diskrepanz bei Kant bemerkbar macht.

Vernunftrecht sich nicht hatte verbinden können mit noch überlebenden ständischen Institutionen (Beispiel: Englisches Parlament), läuft es im Stadium der Vernunftrechtsverwirklichung im positiven Recht Gefahr, zu einem bloßen moralischen Appell an den Souverän herabzusinken. Diese Gefahr ist besonders in der deutschen Naturrechtstradition zutage getreten bei Christian Wolff[55], im Ansatz aber auch schon bei Thomasius[56].

Das absolutistische Vernunftrecht schuf in seinem säkularisierten Rechtsbegriff, in der Abwehr moraltheologischer Zugriffe auf das Recht, die Grundlage für den juristischen Autonomieanspruch. Im parlamentarischen Vernunftrecht wurde dieser Autonomieanspruch inhaltlich eingelöst: das Recht hat seine eigene Vernunft, die von den Juristen lege artis zum Vorschein gebracht wird. Im späten „geschichtlichen" Vernunftrecht gefährden der Übergang zur historischen Betrachtungsweise und die Einbeziehung der Realisierungsprobleme die gewonnene Autonomie des Rechtsbereiches: Je mehr die Notwendigkeit der Positivierung des vernünftigen Rechts betont wird, um so mehr wächst — im aufgeklärten Absolutismus wie in der revolutionären Bewegung in Frankreich — dem politischen Gesetzgeber eine umfassende Definitionsmacht hinsichtlich des Rechts zu. Das geht so weit, daß der Richter in den vernunftrechtlichen Kodifikationen, die gegen Ende des 18. Jahrhunderts entstanden, nur noch in der Rolle des Subsumtionsautomaten gesehen wird, der die Gebote des Gesetzgebers blind anzuwenden habe, und bei Lücken im Gesetz allenfalls berufen ist, die Obrigkeit um einen passenden Rechtssatz zu bitten[57]. Das Bild vom Richter als „la bouche, qui prononce les paroles de la loi"[58] stellt die höchste Zuspitzung der Positivierungsbewegung dar — eine Zuspitzung, die deutlich die Furcht verrät, mit der These von der Eigengesetzlichkeit der juristischen Problembehandlung, sei es auch nur bei der Anwendung des Gesetzes, werde der Juristenstand versuchen, die gesetzgeberischen Gebote zu unterlaufen und die mit ihnen bezweckte Umgestaltung der Gesellschaft zu verhindern[59] [60].

---

54 Auf dieses Problem verweist Kriele, Das demokratische Prinzip im Grundgesetz, VVdStRL Heft 29, 1971, S. 46 ff., 50.

55 Zu Wolff vgl. die von Gagnér, Studien zur Ideengeschichte der Gesetzgebung, S. 67, 70 angeführten Belege.

56 Zu Thomasius vgl. Gagnér, Studien zur Ideengeschichte der Gesetzgebung, S. 62 f.; Erik Wolf, Große Rechtsdenker der deutschen Geistesgeschichte, 3. Aufl., S. 371.

57 Zum référé législatif s. Vogel, Zur Theorie und Praxis der richterlichen Bindung an das Gesetz im gewaltenteilenden Staat, 1969, S. 20 f.; vgl. ferner Conrad, Richter und Gesetz im Übergang vom Absolutismus zum Verfassungsstaat, 1971, S. 8 ff.

58 Montesquieu, De l'esprit des lois, Buch XI, Kap. 6.

59 Zu Montesquieus Argwohn gegen die Juristen siehe unten S. 233 f.

V. Positivierung des Rechts und Ideologiekritik

Das späte, geschichtliche Vernunftrecht drängte zur Positivierung des Rechtsideals, das das parlamentarische Vernunftrecht aufgestellt hatte. So kommt es vor allem in der zweiten Hälfte des 18. Jahrhunderts zu den *Kodifikationsbewegungen*[61], deren Ergebnisse das preußische Allgemeine Landrecht, der Code Civil und das österreichische ABGB sind. Damit geht in eins die *Verfassungsbewegung*[62]: es entstehen die Verfassungen der Vereinigten Staaten von Amerika, die französische Verfassung von 1791, die Vorbilder der europäischen Verfassungen des 19. Jahrhunderts. Auch in Deutschland hatte der Konstitutionalismus eine breite Gefolgschaft; sie manifestierte sich vor allem in der Zustimmung zur Französischen Revolution in deren konstitutioneller Anfangsphase, in der Zustimmung zu den Ideen von 1789[63].

Das späte Vernunftrecht griff die Rechtsinhalte auf, die das parlamentarische Vernunftrecht propagiert hatte; in der Art und Weise, sie zu begründen, ging es im Ansatz andere Wege. Das parlamentarische Vernunftrecht hatte zwar den Gedanken der Positivität und Machbarkeit des Rechts vom absolutistischen Vernunftrecht übernommen, ihn aber durch den Gedanken der „natürlichen Rechte" des einzelnen und der sich aus dem Primat des Rechts vor der Politik ergebenden Gewaltenteilung wesentlich eingeschränkt.

Die mythische Form, in der sich dieses Begreifen der Machbarkeit des Rechts zunächst vollzogen hatte, war der Gesellschaftsvertrag gewesen[64]. Es sind zwei Momente, die in allen Konstruktionen des Gesellschaftsvertrages, in den absolutistischen und in den (ständisch-)parlamentarischen, deutlich werden: Der Gesellschaftsvertrag als Zäsur zwischen anarchischem Naturzustand und bürgerlicher Gesellschaft in-

---

[60] Daß das Vernunftrecht sich als politischen Entwurf verstand, implizierte eine strikte Trennung von *positivem Recht* und den ins positive Recht drängenden vernunftrechtlichen *Rechtssatzvorschlägen*. War diese Trennung die notwendige Folge dessen, daß sich das Vernunftrecht dem Problem seiner Verwirklichung stellte, so bot sie doch auch Ansatzpunkte für eine positivistische Abkapselung der Jurisprudenz von dem vernunftrechtlichen Veränderungsimpuls. Diese Trennung von positivem Recht und vernunftrechtlichem Rechtsideal war eine der Ursachen dafür, daß die Auflösung der deduktiv-axiomatischen Methode, wie sie sich im späten Vernunftrecht abzeichnete, die Wissenschaft des positiven Rechts nicht ergriff. Gerade einer positivistischen, vernunftrechtsfeindlichen Juriprudenz gab das im 19. Jahrhundert die Gelegenheit, den überkommenen Rechtsstoff in den Panzer der deduktiv-axiomatischen Methode zu kleiden, um ein Eindringen aufklärerisch-vernunftrechtlicher Vorstellungen ins geltende Recht zu verhindern.

[61] Vgl. Wieacker, Privatrechtsgeschichte, S. 322 ff.

[62] Zur inneren Einheit von Kodifikations- und Verfassungsbewegung siehe Conrad, Die geistigen Grundlagen des Allgemeinen Landrechts für die preußischen Staaten von 1794, 1958, S. 35 mwN.

[63] Huber, Deutsche Verfassungsgeschichte, Bd. I, S. 13 f.

stalliert gleichzeitig staatliche Obrigkeit — er ist Unterwerfungsvertrag — und schließt die freien Individuen zur Gesellschaft zusammen — er ist Vereinigungsvertrag. So sehr sich die verschiedenen Konstruktionen des Gesellschaftsvertrages unterscheiden in der Gewichtung des Vereinigungs- und des Unterwerfungselementes, sie haben doch eine Basis: Das positive Recht ist ein Produkt gesellschaftlicher Übereinkunft.

Diese rationale Rechtskonstruktion teilt das parlamentarische Vernunftrecht mit dem absolutistischen. Das absolutistische Vernunftrecht bestand ohnehin in nichts anderem als der Begründung des rationalen Rechtsbegriffes, der auf die Positivierung des Rechts zielt[65]. Aber auch das parlamentarische Vernunftrecht leugnet keineswegs, daß das (positive) Recht von Menschen gemacht wird, daß es gesellschaftlichen Ursprungs ist; es behauptet jedoch, nicht alle natürlichen Rechte, d. h. die Rechte des Naturzustandes, seien durch den Gesellschaftsvertrag vergesellschaftet, für disponibel erklärt worden. Es gebe daher neben dem gesellschaftlichen (= positiven) Recht noch das unveräußerliche und unverbrüchliche natürliche Recht[66].

Von diesem Dualismus von „Natur" und „Gesellschaft", von natürlichem und positivem (gesellschaftlichem) Recht rückt das geschichtliche Vernunftrecht tendenziell ab[67]; auch die „natürlichen Rechte" werden zunehmend als gesellschaftliches Phänomen erkannt. Die Rechtsver-

---

[64] Vgl. Der Herrschaftsvertrag, Hg. Voigt, 1965.

[65] Siehe oben S. 33 ff.

[66] Locke, The Second Treatise on Civil Government, §§ 131, 149. Das parlamentarische Vernunftrecht konnte sich um so bequemer der Konstruktion des Gesellschaftsvertrages bedienen, als das absolutistische Vernunftrecht nur mit großer Mühe hatte begründen können, wieso der Gesellschaftsvertrag die umfassende Verfügbarkeit über das Recht ohne jede inhaltliche Festlegung legitimiere. Die Schwierigkeiten, in die das absolutistische Vernunftrecht geraten war, zeigt sich am besten in der Hobbesschen Konstruktion: Die Individuen des Naturzustandes müssen im Hobbesschen Gesellschaftsvertrag vereinbaren, daß sie im bürgerlichen Zustand restlos aller natürlichen Rechte verlustig gehen; und sie schließen nicht etwa einen Vertrag mit dem Souverän (denn solcher gegenseitige Vertrag hätte ja die Möglichkeit begründet, gegenüber einem Souverän, der seine Pflichten zum Schutze der Bürger versäumte, die Einrede des nichterfüllten Vertrages, das Widerstandsrecht, geltend zu machen). Hobbes läßt die Individuen vielmehr einen Vertrag zugunsten des Souveräns schließen: einen Vertrag zugunsten Dritter. So ist der Souverän nicht Vertragspartei; aus einem etwaigen Verstoß gegen die ihm nach dem Gesellschaftsvertrag obliegenden Pflichten kann kein Bürger ein Recht gegen den Souverän herleiten. Das parlamentarische Vernunftrecht brauchte den Gesellschaftsvertrag nur von den Künstlichkeiten der absolutistischen Konstruktion zu befreien: dann war der Gesellschaftsvertrag Vertrag *mit* dem Souverän, ein Vertrag mit gegenseitigen Rechten und Pflichten; die Individuen hatten auf ihre natürliche Freiheit nur insoweit verzichtet, als das zur Erreichung des Gesellschaftszweckes notwendig war; mit dem Gesellschaftsvertrag waren hiernach also „natürliche Rechte" wohl vereinbar.

[67] Im Verfassungsstaat ist dieser Dualismus „aufgehoben" in der Unterscheidung Verfassungsrecht (Grundrechte!) und Gesetzesrecht.

nunft bedarf der Positivierung; sie ist der politischen Gestaltung nicht vorgegeben, sondern aufgegeben. Damit entsteht freilich auch die Gefahr, daß die „natürlichen Rechte“ gänzlich zur Disposition des gesetzgebenden Souveräns gestellt werden. Beispielhaft dafür ist die Menschenrechtskonzeption Rousseaus. Bei ihm stehen die Menschenrechte nicht vor dem positiven Recht, sondern sind ins positive Recht hineingeholt, bis hin zu der radikalen Konsequenz: ohne Positivierung gibt es keine Menschenrechte und über das Ausmaß ihrer Geltung entscheidet allein das positive Recht[68].

In solchen Varianten des geschichtlichen Vernunftrechts tritt der Positivierungsgedanke so sehr in den Vordergrund, daß es den Anschein haben mußte, Positivierung bedeute die Verwirklichung beliebiger Rechtsinhalte. Damit wird das Recht frei für eine andere inhaltliche Auffüllung als durch parlamentarisch-vernunftrechtliche Gehalte, nämlich durch politische Anschauungen, die sich dem Ideal des gewaltenteilenden Verfassungsstaats widersetzen, vor allem durch radikal-demokratische Strömungen, die, vordem eingebunden in die verfassungsstaatlichen Tendenzen, sich jetzt verselbständigen und sich gegen den Verfassungsstaat wenden. Diese Loslösung vom parlamentarischen Vernunftrecht und vom Verfassungsstaat tritt als Ideologiekritik auf. Der Gedanke der Machbarkeit des Rechts hatte zur Frage geführt, aus welchen Gründen, zu welchen Zwecken man Recht mache. Die naheliegende Antwort: weil man bestimmte Interessen durchsetzen will. Schon Hume hatte eine Theorie der Entstehung des Rechts aus Interessen entworfen[69]; seinen Gedanken griff vor allem Helvetius auf[70]. Dieses gedanklichen Instrumentariums bedient sich nun die Kritik des Verfassungsstaats.

Mit der Radikalisierung des Gedankens der Positivität und Veränderbarkeit des Rechts erscheint der für das parlamentarische Vernunftrecht konstitutive Dualismus von natürlichem und positivem (gesellschaftlichem) Recht nur als eine durchsichtige Hilfskonstruktion, um politisch-gesellschaftliche Zwecke zu erreichen. Die Behauptung „unveränderlicher Natur“ wird als Ausdruck politischer und wirtschaftlicher Machtinteressen interpretiert[71]. Richtig an dieser Interpretation ist jedenfalls,

---

[68] Vgl. Georg Jellinek, Die Erklärung der Menschen- und Bürgerrechte, ein Beitrag zur modernen Verfassungsgeschichte, abgedruckt in: Zur Geschichte der Erklärung der Menschenrechte (Hg. Schnur), 1964, S. 1 ff., 5 ff.

[69] Vgl. Hume, A Treatise of Human Nature, Beeing an Attempt to Introduce the Experimental Method of Reasoning into Moral Subjects, 2nd Vol., 1878, p. 284 ff.

[70] Helvetius, De l'Esprit „Si l'univers physique est soumis au loi du mouvement, l'univers moral ne l'est pas moins à celles de l'intérêt“; ähnliche Ansätze finden sich bei Condillac, Holbach, Mandeville.

[71] Vgl. Rousseau, Discours sur l'origine et les fondaments de l'inégalité parmis les hommes, 1755, 2. Teil: „Der erste, der ein Stück Land eingezäunt

daß das parlamentarische Vernunftrecht von Anfang an bezogen ist auf die Positivierungsproblematik; es will Maß für die Gesetzgebung sein und zielt damit auf vernünftiges positives Recht. Nur wird jetzt die Allgemeinheit dieser Vernunft in Zweifel gezogen: sie sei bürgerliche Vernunft, verknüpft mit den spezifischen Besitzinteressen der bürgerlichen Klasse[72]. Die angeblich übergeschichtlichen Wahrheiten des parlamentarischen Vernunftrechts, wie die Gewaltenteilung und die Grundrechte, erscheinen unter diesem Gesichtspunkt als Versuch, besitzständische Interessen zu verewigen. Das parlamentarische Vernunftrecht stellt sich so als eine Art Rechtsmetaphysik dar, als Ideologie des bürgerlichen Rechts. Unter dasselbe Verdikt fällte dann auch die vernunftrechtliche Begründung der juristischen Autonomie: die Behauptung, das Recht habe eine eigene, von Juristen verwaltete Vernunft, schützt die Juristen nach außen vor der Offenlegung ihrer sozialen Funktion als Diener bürgerlicher Interessen und nach innen vor der Einsicht, daß sie für diese soziale Funktion verantwortlich sind[73]. Ihr Götzendienst vor dem Altar der abstrakten Rechtsbegriffe und der allgemeinen Gesetze ist die Berufs- und Standesideologie, durch die die Juristen vor sich und den anderen die Ausübung gesellschaftlicher und politischer Macht im Dienste bürgerlicher Interessen verschleiern. So zeichnen sich in den Nebenströmen des späten Vernunftrechts schon die Umrisse der Ideologiekritik des Rechts ab, wie sie sich im 19. Jahrhundert ausformen sollte: Alle Ideologiekritik des parlamentarischen Vernunftrechts ist die Kritik seiner Metaphysik. So sah Comte die Juristen als die Priester einer säkularen Religion, der Religion des bürgerlichen Staates, an[74]; und für Marx waren sie Verwalter des schönen Gerechtigkeitsscheins vor der Realität der bürgerlichen Klassenherrschaft[75].

---

hatte und dreist sagte: ‚das ist mein‘ und so einfältige Leute fand, die das glaubten, wurde zum wahren Gründer der bürgerlichen Gesellschaft.“ (Zit. nach der Ausgabe Meiner, 1965, S. 191); dazu Ramm, Die großen Sozialisten als Recht- und Sozialphilosophen, 1. Bd. Die Vorläufer, die Theoretiker des Endstadiums, 1955, S. 118. Tritt im Discours der Gedanke hervor, die bürgerliche Gesellschaft sei gegründet im Interesse der Reichen, die ihren Besitz sichern wollten, so ist der Contrat Social von dem Gedanken geprägt, nur die direkte Demokratie ohne Gewaltenteilung könne verhindern, daß sich solche Sonderinteressen durchsetzten; s. dazu Ramm, S. 121.

72 Ramm, S. 161 referiert anschauliche Babeufs Unterscheidung zwischen den beiden Parteien, die die Republik wollen: die eine Partei will die „république bourgeoise et aristocratique“ (die bürgerliche gewaltenteilende Republik, in der die Masse von der herrschenden Minderheit ausgebeutet wird); die andere Partei will die „république toute populaire et démocratique“; das ist die totalitäre Demokratie ohne Gewaltenteilung.

73 Vgl. die scharfe Kritik Saint-Simons an den Juristen (Metaphysiker und Juristen als dem jetzigen gesellschaftlichen Zustand nicht mehr adäquate intermediäre Gewalten), dazu Ramm, S. 262 ff.

74 Zu Comte s. oben S. 27 f. Comte greift hierin offenbar die Ansätze Saint-Simons auf; vgl. Ramm, S. 243 ff., 264 ff.

Diese Tendenzen der Ideologiekritik, die sich bereits im späten Vernunftrecht andeuteten, forderten eine ebenso radikale politische Antwort heraus. Damit sind für die Rechtstheorie des 19. Jahrhunderts bedeutsame Positionen abgesteckt:

— Die Ideologiekritik verbündet sich mit Entwürfen umfassender Gesellschaftsreform — technokratischer oder sozialistischer Tendenz —, die nicht mehr auf dem parlamentarischen Verfassungsstaat basieren.

— Als radikale Antwort und Reaktion auf diese Ansätze zur Totalideologisierung durch Ideologiekritik des Rechts bietet sich an, das Recht unabhängig von seiner gesellschaftlichen Entstehung zu begreifen und den Gedanken der Autonomie des Rechts gegen die Ideologiekritik hervorzukehren: Der Gedanke der Autonomie des Rechts, im Gehege des parlamentarischen Vernunftrechts groß geworden, löst sich von seinem vernunftrechtlichen Ursprung und wird reformfeindlich. Diese beiden Denkmöglichkeiten werden aktualisiert durch das Ereignis der Französischen Revolution.

— Die Revolution schreitet fort vom Verfassungsstaat zur totalitären Demokratie[76].

— Im Zuge der Abwehr der sich radikalisierenden Französischen Revolution wird der Gedanke der Autonomie des Rechts zu einer konservativen Gegenideologie[77].

Beide Tendenzen stehen den Entwürfen des Verfassungsstaates fremd gegenüber:

— Den revolutionären Bewegungen erscheint der Verfassungsstaat als metaphysischer Überbau über besitzbürgerliche Interessen, als steckengebliebene Revolution.

— Den konservativen Abwehrbewegungen erscheint der Verfassungsstaat nur als Larve revolutionärer Vorstellungen.

---

[75] Zu Marx s. oben S. 25 ff.

[76] Vgl. hierzu die Darstellung bei Kriele, Einführung in die Staatslehre, S. 259 ff., 267 ff., 275 ff.

[77] Das wird im folgenden Kapitel ausführlich zu zeigen sein.

Drittes Kapitel

Juristische Methode als politische Ideologie

Drei Haltepunkte in der deutschen Verfassungsgeschichte des 19. Jahrhunderts

I. Savigny 1814

1. Geschichtliche Rechtswissenschaft gegen Vernunftrecht

Die Französische Revolution war in Deutschland begrüßt worden als Schritt zur Verwirklichung vernunftrechtlicher Vorstellungen, als deren politischer Phänotyp[1]. Wenn auch der Abscheu vor dem blutigen Ausgang der Revolution weit verbreitet war, so hatte er doch keine grundsätzliche Abwendung von den „Ideen von 1789“ zur Folge gehabt[2]. Im Gegenteil, man bedauerte den Ablauf der Französischen Revolution gerade unter dem Aspekt, daß die Verwirklichung der vernunftrechtlichen Forderungen auf absehbare Zeit blockiert war[3]. „Das traurigste, was die Französische Revolution für uns bewirkt hat, ist unstreitig das, daß man jede vernünftige und von Gott und von Rechts wegen zu verlangende Forderung als einen Keim von Empörung ansehen wird[4].“ Wie richtig diese Voraussage Lichtenbergs war, zeigte sich vor allem in den vergeblichen Bemühungen um den Verfassungsstaat, dem Zielpunkt und Kristallisationskern der vernunftrechtlichen Vorstellungen.

Beispielhaft für die Entwicklung in Deutschland war der Verlauf der Auseinandersetzung um eine Repräsentativverfassung zwischen der

[1] Vgl. Friedrich Schlegel, Gesammelte Werke, Bd. XIII, S. 390 Aphorismus 830: „Naturrecht + Dynamik = Revoluzion“; Stahl, Geschichte der Rechtsphilosophie, 3. Aufl. 1854, S. 289 „das System der Revolution als die Vollendung des Naturrechts“; ferner Landsberg, Geschichte, III 2, S. 212; Wesenberg, Neuere deutsche Privatrechtsgeschichte, 2. Aufl. 1969, S. 142.

[2] Zur deutschen Reaktion auf die Ereignisse in Frankreich vgl. K. Epstein, Die Ursprünge des Konservatismus in Deutschland (1973).

[3] So hält etwa Klopstock den Franzosen ihr eigenes Ideal vor und betont, an diesem Ideal müsse festgehalten werden: „Wenn ihr auch ganz das Gebäu des Staats umstürztet; musste Dennoch die nievernommene, die menschliche, edle Verheißung Unerschüttert stehen in der Mitte der großen Trümmer Stehen, wie der Fels im Ozean!“ (Das Versprechen 1795).

[4] Lichtenberg. Schriften und Briefe, 2. Bd. Sudelbücher II, 1971, S. 426.

reformerischen und der restaurativen Partei in Preußen[5]. Nach Hardenbergs Vorstellungen, der sich in der Zeit seines Ministeriums sehr engagiert für den Erlaß einer Verfassung eingesetzt hatte, sollte diese eine „ständische Repräsentativverfassung" sein, ein Verfassungssystem, das ständische (indirekte Wahl) mit parlamentarischen Elementen (Ministerverantwortlichkeit) verbinden sollte; in einem Grundrechtskatalog sollten Gleichheit aller Staatsbürger vor dem Gesetz und umfassende Freiheitsgarantien — auch Freiheiten der politischen Betätigung — aufgenommen werden[6]. Solche vorsichtig-reformerischen Vorschläge galten der restaurativen Partei als revolutionär. Zumindest erweckten sie dort die Befürchtung, der Erlaß einer Verfassung werde revolutionäre Umtriebe begünstigen. So gewann die Ansicht Oberhand, zwischen monarchischem Prinzip und Demokratie könne es keinen Kompromiß geben; da man nicht für die Demokratie eintreten könne, müsse man für die Monarchie und damit gegen die Verfassung sein[7]. Diese Auseinandersetzungen endeten damit, daß Friedrich Wilhelm III. das 1810 gegebene, 1815 erneuerte und 1820 noch einmal bekräftigte Verfassungsversprechen brach[8]. Damit wurde nicht nur in Preußen eine Entwicklung zum Verfassungsstaat verhindert. Im deutschen Bund wurden durch die preußisch-österreichische Antiverfassungskoalition, die sich vor allem in der Bekräftigung des Vorrangs monarchischer Legitimität vor allen Rechten einer möglichen Volksvertretung niederschlug[9], auch die bereits in Kraft getretenen Verfassungen von Bayern, Baden, Württemberg, Hessen-Darmstadt in ihrem liberalen Gehalt entscheidend abgeschwächt[10].

Die geistige Grundlage der konstitutionellen Bewegung war das Vernunftrecht gewesen; die restaurative Gegenbewegung fand ihre Legitimation ebenfalls in einer Rechtstheorie, nämlich in Savignys „geschichtlicher Rechtswissenschaft"[11]. Savigny entwickelt seine Thesen in dem Streit um die Frage, ob man das bürgerliche Recht in Deutschland

---

[5] Eingehende Darstellung bei Huber, Deutsche Verfassungsgeschichte, Bd. I, S. 290 ff.

[6] Vgl. Huber, S. 308.

[7] Huber, S. 313.

[8] Huber, S. 290, 296, 302, 304 ff.

[9] Vgl. Art. 57 der Wiener Schlußakte vom 15. 5. 1820: „Da der deutsche Bund mit Ausnahme der freien Städte, aus souverainen Fürsten besteht, so muß, dem hierdurch gegebenen Grundbegriffe zufolge, die gesammte Staatsgewalt in dem Oberhaupte des Staats vereinigt bleiben, und der Souverain kann nur in der Ausübung bestimmter Rechte an die Mitwirkung bestimmter Stände gebunden werden."

[10] Huber, S. 646 ff., 651 ff., 654 ff.

[11] Dieser Zusammenhang ist angedeutet bei W. Wilhelm, Zur juristischen Methodenlehre im 19. Jahrhundert, 1958, S. 40 Fn. 92; Wilhelm verweist gerade auch auf den Zusammenhang zwischen Savignys „Beruf" und dem Bruch des Verfassungsversprechens durch Friedrich Wilhelm III.

in einem nationalen Gesetzbuch kodifizieren solle. Dieser Streit läuft der Auseinandersetzung um den Erlaß von Repräsentativverfassungen in den Einzelstaaten sachlich weitgehend parallel[12]. Savignys Rechtstheorie bot sich paradoxerweise gerade deshalb als Untermauerung der antikonstitutionellen Bewegung an, weil sie nur indirekt das Problem des Verfassungsstaates betraf und ein auf das scheinbar unpolitische Gebiet des bürgerlichen Rechts beschränktes justizpolitisches Konzept — das sich zudem als reine Rechtsquellentheorie darstellte — vorlegte[13]. Aber gerade das bezeichnet die äußeren Frontlinien der Kontroverse: Der vernunftrechtlichen Theorie politischer Rechtsentstehung stellte sich eine unpolitische Theorie des geschichtlich gewachsenen Rechts entgegen. Der Gedanke der Eigenständigkeit des Rechts, der vom Vernunftrecht in der Auseinandersetzung mit den Moraltheologien entwickelt worden war, wird gegen das Vernunftrecht gewandt, als dieses in den politischen Prozeß der Gesetzgebung hineindrängt.

Thibauts Aufruf „Über die Notwendigkeit eines allgemeinen bürgerlichen Rechts für Deutschland“[14] nahm Savigny zum Anlaß, in seiner Streitschrift „Vom Beruf unserer Zeit für Gesetzgebung und Rechtswissenschaft“[15] das Programm einer „Geschichtlichen Rechtswissenschaft“ als Gegenposition zu der sich im Liberalismus fortsetzenden vernunftrechtlichen Tradition zu entwerfen[16]. Thibaut hatte seine Forderung nach der Rechtseinheit für die deutschen Staaten damit begründet, sie allein sei „den Bedürfnissen des Volks gemäß“[17]. Thibaut selbst

[12] Vgl. Conrad, Die geistigen Grundlagen des Allgemeinen Landrechts für die preußischen Staaten von 1794, 1958, S. 35 Fn. 62 mit ausführlichen Nachweisen.

[13] Es versteht sich von selbst, daß hier nicht die Verdienste Savignys als Erneuerer der Zivilistik bestritten werden; es geht ebensowenig darum, Savigny etwa nach zufällig — privaten politischen Meinungsäußerungen zu beurteilen. Savigny und seine Nachfolger haben objektive Wirkungen im Bereich der Verfassungstheorie und -politik entfaltet. Diese Funktion soll im folgenden untersucht werden, was freilich ohne Einbeziehung ihrer Methodenauffassungen, die sie als Zivilrechtstheoretiker entwickelt haben, nicht möglich ist.

[14] A. F. J. Thibaut, Über die Notwendigkeit eines allgemeinen bürgerlichen Rechts für Deutschland, 1814, abgedruckt in: Thibaut und Savigny, Ein programmatischer Rechtsstreit aufgrund ihrer Schriften (Hg. Stern) Neudruck 1959.

[15] F. C. von Savigny, Vom Beruf unserer Zeit für Gesetzgebung und Rechtswissenschaft, 1814, neu abgedruckt in: Thibaut und Savigny, ein programmatischer Rechtsstreit aufgrund ihrer Schriften. Savigny trug sich schon längst mit dem Gedanken einer solchen Programmschrift; Thibauts Thesen boten nur den aktuellen Anlaß; vgl. Wieacker, Privatrechtsgeschichte, S. 390 und 371 Fn. 80.

[16] Zum politischen Hintergrund der Kontroverse Savigny / Thibaut vgl. W. Wilhelm, S. 25 Fn. 30; ferner Wieacker, S. 390 Fn. 48. Zum vernunftrechtlichen Ausgangspunkt vgl. auch H. Kiefner, A. F. J. Thibaut, Sav ZRom 77. Bd., 1960, S. 304, 325, 343.

[17] Thibaut, S. 47.

formuliert vorweg den Haupteinwand seiner Gegner: „die Heiligkeit des Herkömmlichen“[18]. Er erklärt sich zwar „im Allgemeinen“ bereit, „das Bestehende (zu) ehren, weil es dem Bürger geläufig und insofern werth geworden“[19]; er fügt aber hinzu, unter solche „patriarchalische Rechtsweisheit“ pflege sich „mehren Theils viel Unlauteres und Unverständiges zu verstecken“[20]. Er nennt es bündig: „das herkömmliche Schlechte“[21]. Wenn er demgegenüber als Maßstab aufstellt „was nach der Vernunft seyn kann und seyn sollte“[22], so kommt darin die vernunftrechtliche Basis seiner Kodifikationsforderung klar zum Ausdruck; nicht minder, wenn er auf die vorhandenen vernunftrechtlichen Kodifikationen, auf das Allgemeine Landrecht, auf das österreichische ABGB, den Code civil und die Gesetzbücher Sachsens und Bayerns unbefangen als „höchst lehrreiche Vorarbeiten“ für ein deutsches Gesetzbuch verweist[23].

Diese Anknüpfung an vernunftrechtliche Tradition verbindet sich in der Forderung nach einem Gesetzbuch, das für alle deutschen Staaten gelten soll, mit nationalen Tendenzen[24] — eine Rezeption des revolutionären französischen Nationalismus, der durch die Befreiungskriege eingedeutscht worden war. Die Brisanz solcher nationaler Tendenz lag darin: Es war zu erwarten, daß durch die in der Französischen Revolution mit dem Nationalgedanken verbundenen Ideen von Freiheit und Gleichheit in einem allgemeinen deutschen Gesetzbuch durchschlagen müßten. Dieser Hintergrund gibt Thibauts Hinweis auf die „Bedürfnisse des Volks“ einen demokratisch-revolutionären Akzent. Er verweist die Monarchen auf ihre Dankesschuld: Dem deutschen Volke verdanke man einen wesentlichen Teil der Fortschritte im Kampf gegen Napoleon[25]. „Unsere Regenten können daher den letzten Akt nicht so kahl enden, daß sie dem Volk die Ehre lassen, alle alten Schlechtigkeiten durch grenzenlose Opfer wiedererlangt zu haben[26].“

Wenn auch Thibauts Erörterungen — ohne irgendwelchen rechtstheoretischen oder philosophischen Ehrgeiz — sich auf die praktische Seite seines Themas beschränken, so zeichnet sich doch gerade in dem kühnen politischen Ton seiner Schrift, wie er am Vorabend der Restau-

[18] Thibaut, S. 64.

[19] Thibaut, S. 64.

[20] Thibaut, S. 64.

[21] Thibaut, S. 66.

[22] Thibaut, S. 61.

[23] Thibaut, S. 67.

[24] Vgl. Thibaut, S. 51: „Schon die bloße Einheit (scil. des bürgerlichen Rechts) wäre unschätzbar.“

[25] Thibaut, S. 68.

[26] Thibaut, S. 67.

ration nicht unzeitgemäßer sein konnte, der entscheidende geistesgeschichtliche Zusammenhang noch mal ab, nämlich der zwischen dem Gesetzgebungsgedanken und dem Vernunftrecht.

Die innere Einheit von Vernunftrecht und Gesetzgebungsgedanken ist auch bei Savigny vorausgesetzt. Ja, er bekämpft das Vernunftrecht gerade dadurch, daß er sich gegen eine Positivierung des Rechts durch den Gesetzgeber wendet. Damit trifft er das Vernunftrecht, ohne sich der Notwendigkeit auszusetzen, bestimmte von ihm abgelehnte Vernunftsrechtsinhalte näher zu bezeichnen; sie treten in seiner Schrift nur als Schemen auf, er nennt sie, an anderer Stelle, „Abstraktionen"[27]. In dieser Weise konnte Savigny um so leichter verfahren, als auch Thibaut nur angedeutet hatte, um welche neuen Rechtsinhalte, um welche Veränderungen des „herkömmlichen Schlechten" es ihm gehe. Die übermächtige Gestalt des Vernunftrechts schrumpft bei Savigny zu einer dürren Theorie der Rechtsentstehung allein durch staatliche Gesetzgebung; und dieser „ungeschichtlichen" Theorie setzt er seine These von der Entstehung des Rechts „durch innere, stillwirkende Kräfte"[28] der Geschichte entgegen. Diese „geschichtliche" Auffassung erklärt er zum Gegenspieler der „ungeschichtlichen" — und darin begreift er eben vor allem die vernunftrechtlichen[29].

Savignys Anschauungen lassen sich so zusammenfassen:

1. Recht muß als Produkt der Volksgeschichte verstanden werden. Es steht in einem organischen Zusammenhang mit Wesen und Charakter des Volkes; es entwickelt sich mit ihm und bildet sich mit ihm aus[30].
2. Bei steigender Kultur nimmt das Recht unter der Notwendigkeit der Arbeitsteilung eine wissenschaftliche Richtung. Es hat ein abgeson-

---

27 Savigny, Stimmen für und wider neue Gesetzbücher, Zeitschrift für geschichtliche Rechtswissenschaft, Bd. III, S. 1 ff., 22.

28 Savigny, Vom Beruf unserer Zeit, S. 79.

29 Savigny, Über den Zweck der Zeitschrift für geschichtliche Rechtswissenschaft, Vermischte Schriften Bd. I, S. 105 ff., 105 ff. Mit dieser Entgegensetzung „geschichtliches Rechtsdenken — Naturrecht" hat Savigny eine im ganzen 19. Jahrhundert und darüber hinaus nachweisbare Frontstellung eröffnet. Dabei wurde unter „Naturrecht" in diesem Zusammenhang immer das Vernunftrecht verstanden. Daß die angebliche Ungeschichtlichkeit des Vernunftrechts eine Erfindung der historischen Rechtsschule ist, haben vor allem Dilthey, Meinecke und Cassirer dargelegt; grundlegend W. Dilthey, Das 18. Jahrhundert und die geschichtliche Welt (zuerst erschienen 1901), in: Gesammelte Schriften Bd. III, 3. Aufl. 1959, S. 209 „Die Aufklärung des 18. Jahrhunderts, welche unhistorisch gescholten wird, hat eine neue Auffassung der Geschichte hervorgebracht..."; F. Meinecke, Die Entstehung des Historismus, 1959, gibt im ersten Buch eine genaue Analyse der Vorstufen des Historismus innerhalb der englischen und französischen Aufklärung und zeichnet im zweiten Buch die deutsche Bewegung bis Herder nach; vgl. weiter Ernst Cassirer, Die Philosophie der Aufklärung, 1932, S. 263 ff.

30 Savigny, Vom Beruf unserer Zeit, S. 76.

dertes Leben in den Händen des Juristenstandes. Zwar bleibt es dabei Teil des Volkslebens („das politische Element des Rechts"); aber das „technische Element" der wissenschaftlichen Rechtsbildung überlagert allmählich das „politische Element"[31]. Die dem Entwicklungsgang des Rechts adäquate Bearbeitung des Rechtsstoffes besteht in der Anwendung der streng historischen Methode der Rechtswissenschaft, nämlich den gegebenen Rechtsstoff „bis zu seiner Wurzel zu verfolgen und so sein organisches Prinzip zu entdecken, wodurch sich von selbst das, was noch Leben hat, von demjenigen absondern muß, was schon abgestorben ist, und nur noch der Geschichte angehört"[32]. Damit ist die „Willkühr eines Gesetzgebers", d. h. eine politisch motivierte Umgestaltung des Rechtsstoffs durch den Gesetzgeber, ausgeschlossen[33].

Wie sollen nun diese beiden Thesengruppen zusammen gedacht werden können: Zum einen die Geschichtlichkeit des Rechts — und heißt das nicht auch die geschichtliche Relativität des Rechts? — andererseits die starre Abweisung neu entstandener geschichtlicher Kräfte, die durch die Gesetzgebung in das Recht hineindrängen, die antirevolutionäre politische Parteinahme durch Monopolisierung der Arbeit am Recht in den Händen der Rechtswissenschaft[34]?

Das Spannungsverhältnis zwischen diesen beiden Polen läßt sich nicht dadurch auflösen, daß man die „Geschichtlichkeit des Rechts" als folgenloses antirationalistisches, antivernunftrechtliches Schlagwort interpretiert. Savigny ist erkennbar bemüht, sich den Anforderungen eines keineswegs von vornherein polemisch-verkürzten Geschichtsbegriffs zu stellen. Er begreift die Geschichtlichkeit des Rechts in der Tradition des frühen Historismus, wie sie sich etwa in Goethes Bemerkungen über Winckelmanns Kunstbetrachtung niedergeschlagen hat: „Winckelmann, ein zweiter Kolumbus, hat die Entwicklung und das Schicksal der Kunst

---

[31] Savigny, S. 78. Savigny betont an dieser Stelle zwar, das Recht sei dann immer noch „ein Theil des ganzen Volkslebens"; dennoch bleibt es dabei: das Recht fällt jetzt dem „Bewußtseyn der Juristen anheim, von welchen das Volk nunmehr in dieser Function repräsentiert wird." In diesem Zusammenhang deutet Savigny übrigens selbst die verfassungstheoretischen Implikationen seiner Rechtsentstehungstheorie an: „Bei republikanischer Verfassung wird das politische Princip länger als in monarchischen Staaten unmittelbaren Einfluss behalten können ..." S. 79).

[32] Savigny, Vom Beruf ..., S. 140.

[33] Savigny, S. 79.

[34] Auf das Gegeneinander dieser beiden Thesengruppen zielt auch der Vorwurf der Inkonsequenz, der von der germanistischen Savignykritik erhoben worden ist: Einerseits soll das Recht nach Savigny aus den stillwirkenden Kräften der Volksgeschichte erwachsen, andererseits soll aber nun ein fremdes, in fremder Sprache verfaßtes Recht, nämlich das römische, als organisches Produkt der deutschen Volksgeschichte anzusehen sein. Vgl. hierzu Wieacker, Privatrechtsgeschichte, S. 393.

als die allgemeinen Gesetze aller Entwicklungen gebunden, in ihrem Sinken und Steigen mit der Kultur und den Schicksalen des Volkes gleichsam schritthaltend, entdeckt[35]." Bei Savigny ist es derselbe Gedanke: „Das Recht hat nämlich kein Daseyn für sich, sein Wesen vielmehr ist das Leben der Menschen selbst, von einer besonderen Seite angesehen[36]." Zwar mag man es schon für den Ansatz einer quietistischen Verflachung des Geschichtsbegriffs halten, wenn Savigny die Geschichte zum Wirkungsfeld für „innere, stillwirkende Kräfte" erklärt, vorsichtig den „organischen" Charakter der Entwicklung betont[37] — doch heißt historische Methode für ihn nicht „unbedingte Beybehaltung irgendeinen gegebenen Stoffs, was sie vielmehr gerade verhüten will"[38], sondern die Möglichkeit, Lebendiges und Totes in der Tradition zu unterscheiden, wobei er freilich empfiehlt, „etwas zu zweifeln, ehe wir vorhandenes für schlaffe Angewohnheit, unkluge Abgeschiedenheit und blose Rechtsfaulheit halten: vorzüglich aber mit der Anwendung des wundärztlichen Messers auf unseren Rechtszustand zu zögern. Wir könnten dabei leicht auf gesundes Fleisch treffen, was wir nicht kennen ..."[39]. Mag in alledem ein traditionalistischer Zug stark hervortreten, so geht doch Savignys Geschichtsbegriff in solchem Traditionalismus nicht auf. Die Geschichte erscheint demjenigen, der an sie herantritt, auch als Frage und Herausforderung: Oft halte man juristische Begriffe und Meinungen bloß deshalb für vernünftig, weil man sich ihre „Abstammung", ihre geschichtliche Bedingtheit nicht klarmache. „Sobald wir uns nicht unseres individuellen Zusammenhangs mit dem großen Ganzen der Welt und ihrer Geschichte bewußt werden, müssen wir nothwendig unsere Gedanken in einem falschen Licht von Allgemeinheit und Ursprünglichkeit erblicken. Dagegen schützt nur der geschichtliche Sinn, welchen gegen uns selbst zu kehren, gerade die schwerste Anwendung ist[40]." Treffender ist das Problem der Geschichtlichkeit kaum je bezeichnet worden. Und Savigny warnt vor den Folgen einer ungeschichtlichen Betrachtungsweise: „Wenn sich nun die Wissenschaft des Rechts von diesem ihrem Object ablöst (gemeint ist hier die Mißachtung der Erkenntnis, daß das Recht kein Dasein für sich habe), so wird die wissenschaftliche Thätigkeit ihren einseitigen Weg fort-

[35] J. W. von Goethe, zit. bei J. G. Herder, Ideen zur Kulturphilosophie, Hg. O. und N. Braun, 1911, Vorwort S. 6; vgl. etwa auch Friedrich Schlegels Studien zum griechischen Altertum, „in denen er die Dichtung der Griechen im Zusammenhang mit ihrem Lande und mit ihren politischen, sozialen, kulturellen Verhältnissen sieht und Kultur als Ausdruck des Volkes." (Paul Kluckhohn, Das Ideengut der deutschen Romantik, 5. Aufl., 1966, S. 102).

[36] Savigny, Vom Beruf ..., S. 88 f.

[37] Savigny, S. 79, 140.

[38] Savigny, S. 140.

[39] Savigny, S. 138.

[40] Savigny, S. 139.

gehen können, ohne von einer entsprechenden Anschauung der Rechtsverhältnisse selbst begleytet zu sein; die Wissenschaft wird alsdann einen hohen Grad formeller Ausbildung erlangen können, und doch alle eigentliche Realität entbehren[41]." Die geschichtliche Betrachtung des Rechts stößt so vor bis zu der Frage nach der gesellschaftlichen Wirklichkeit des Rechts, nach seiner kulturellen Bedingtheit, nach seiner gesellschaftlichen Auswirkung[42].

Aber gerade den selbst auferlegten Anspruch einer geschichtlichen Betrachtung des Rechts im Zusammenhang mit dem Volksleben hat Savigny am wenigsten eingelöst. Für ihn war die Hinwendung zur Geschichte in praxi gleichbedeutend mit einer Hinwendung ausschließlich zu den juristischen Quellen. Gegenstand der „geschichtlichen Rechtswissenschaft" waren nicht die Bezüge des Rechts zu anderen Lebensbereichen, nicht Ursache der Entstehung und Fortentwicklung von Rechtssätzen, sondern eine gegen diese Fragestellungen völlig abgekapselte Reproduktion dogmatischer Theorien der Vergangenheit. Eine solche antiquarische Verzeichnung des Historismus bot „nichts als eine Geschichte des Dogmas, d. h. der Gesetzgebung und Doctrin, nicht aber eine Darstellung des Rechts, wie es in der Wirklichkeit existierte"[43] — und vor allem keine Darstellung, wie es aus der Gesellschaft, im Zusammenhang mit Wirtschaft und Kultur, entstanden war. Die historische Schule, so schrieb Marx, „hat das Quellenstudium zu ihrem Schiboleth gemacht, sie hat ihre Quellenliebhaberei bis zu dem Extrem gesteigert, daß sie dem Schiffer anmutet, nicht auf dem Strome, sondern auf seiner Quelle zu fahren ..."[44]. So ging der berechtigte Vorwurf gegen Savigny später dahin, er habe statt einer Liebe für das Alte eine Vorliebe für das Veraltete gepflegt[45]. „Und diesem deprimierenden Einflusse muß es wesentlich zugeschrieben werden, wenn in denselben Zeiten, in denen wir gelernt haben, was Geschichte der Literatur und Geschichte der Kunst sei, die Geschichte des Rechts auf den meisten Gebieten eine Notizensammlung geblieben ist[46]."[47]

---

[41] Savigny, S. 89.

[42] Insoweit ist Savigny zutreffend als Vorläufer moderner rechtssoziologischer Fragestellungen angesehen worden; vgl. E. Ehrlich, Recht und Leben, S. 62 f., 212; ebenso Julius Stone, Social Dimensions of Law and Justice, 1966, S. 86 ff. Vgl. auch Wieacker, Privatrechtsgeschichte, S. 358.

[43] Jhering, Geist des römischen Rechts, 1. Teil 9. Aufl., S. 55 f.

Zutreffend bezieht W. Wilhelm, Zur juristischen Methodenlehre im 19. Jahrhundert, S. 36 diese Bemerkung auf Savigny.

[44] Marx, Das Philosophische Manifest der historischen Rechtsschule, Werke (Hg. Lieber), Bd. 1, S. 198.

[45] Gierke, Die historische Rechtsschule und die Germanisten, 1903, S. 9.

[46] Stintzing, Savigny, 1862, S. 51.

[47] Man vergleiche etwa die Diskrepanz zwischen Savignys Geschichtsauf-

2. Gründe für die Ungeschichtlichkeit von Savignys Rechtsbegriff; Herder

Weshalb aber fiel Savigny hinter seinen eigenen Begriff von Geschichte zurück? Weshalb entzog er sich dem eigenen Anspruch, eine geschichtliche Betrachtung des Rechts zu geben, die die eigene Position reflektierte und damit die Gegenwart des Betrachters miteinbezog? Warum hielt Savigny nicht die von seinem Zeitgenossen Görres so plastisch bezeichnete „rechte Mitte" der Geschichtsbetrachtung ein, „wo die Vergangenheit ihr Recht erhält, die auch einst Gegenwart gewesen, und die Gegenwart, die einst als eine Vergangenheit hinter die kommende Zeit tritt, sich nicht selbst aufgeben darf"[48]?

Dem habe indessen, so erklärt Wieacker die Ungeschichtlichkeit in Savignys Rechtsdenken, die von *Herder* entlehnte Geschichtsmetaphysik und ihr Entwicklungsgedanke entgegengestanden[49]. Angesichts einer solchen metaphysisch und kulturphilosophisch orientierten Vorstellung von Volk und Geschichte, so fügt Böckenförde hinzu, habe von Savigny die Frage nach dem Verhältnis von Recht und gesellschaftlicher Wirklichkeit gar nicht gestellt zu werden brauchen, ja sie habe eigentlich nicht einmal gestellt werden können[50]. — Trifft das zu?

Es lohnt sich, dieser Frage nachzugehen; und zwar unabhängig davon, ob es nun unmittelbar Herder war, von dem Savigny seine Begriffe von Volk und Geschichte bezog. In jedem Fall ermöglicht ein Vergleich

---

fassung und den Bemerkungen seines Zeitgenossen A. Feuerbach über die Aufgabe der Rechtsgeschichte aus dem Jahre 1804:

„Die Rechtsgeschichte führt den Rechtsgelehrten nothwendig noch weiter zurück — zum Studium der politischen Geschichte des Volks, dessen Rechte sie zum Gegenstand hat. Denn wie könnte sie pragmatisch seyn, ohne die Kenntnis von den Veränderungen in der Staatsverfassung dieses Volkes, ohne Notiz von den Revolutionen in dessen äußerem und inneren Zustande, in dessen Charakter und Sitten, ohne Einsicht in die Entwickelung seiner Cultur, zu welcher es sich unter dem Einflusse höherer Ursachen allmählig fortgebildet hat?"

(Über Philosophie und Empirie in ihrem Verhältnisse zur positiven Rechtswissenschaft, Neudruck 1969, S. 46 f.).

[48] Görres, Teutsche Volksbücher, zitiert bei Kluckhohn, Das Ideengut der deutschen Romantik, 5. Aufl. 1966, S. 109 f.

[49] Wieacker, Privatrechtsgeschichte, S. 389 f., 393. In der ersten Auflage (1952) war die Beurteilung Savignys noch sehr viel kritischer (S. 237): „Berufung auf Volks- und Nationalgeist ... bewußte Irreführung des Zeitgeistes durch wissenschaftpolitischen Machtwillen ... einer Zeitströmung bedient, um sich gegen sie durchzusetzen." M. E. muß man diese Kehrtwendung auf dem Hintergrund von Wieackers schärferer Betonung „juristischer Autonomie" interpretieren; s. dazu die Nachweise aus der 2. Aufl. oben S. 12 Fn. 5.

[50] E. W. Böckenförde, Die Historische Rechtsschule und das Problem der Geschichtlichkeit des Rechts, Collegium Philosophicum, Festschrift J. Ritter, S. 9 ff., 15. Böckenförde sucht den Grund für die Ungeschichtlichkeit des Savignyschen Geschichtsbegriffs allerdings eher bei Schelling (S. 15 Fn. 22 und S. 21 Fn. 39).

zwischen Savigny und Herder, die Übereinstimmungen und Abweichungen zwischen der historischen Rechtsschule und dem frühen Historismus, als dessen Hauptvertreter Herder gelten darf, festzustellen und auf diese Weise die Eigenart des Geschichtsbegriffs der historischen Rechtsschule genauer zu bezeichnen[51].

Was ist an Herders Vorstellung von Geschichte „metaphysisch"? Und bedeutet ein solches metaphysisches Element für das Recht notwendig die Ausblendung seines empirischen Bezugs? Für einen — wenn man so will — „metaphysischen" Charakter Herderscher Geschichtsphilosophie lassen sich hinreichende Anhaltspunkte finden: in der teleologischen Orientierung seiner Geschichtsbetrachtung, in der Annahme eines der Geschichte immanenten Zieles, in der Darstellung der geschichtlichen Entwicklungsgänge als „System geistiger Kräfte"[52]. Solche „Geschichtsmetaphysik" ist aber nur eine Komponente Herderschen Denkens; die andere Komponente ist durchaus empirisch: Geschichte ist die Wissenschaft dessen, was ist, nicht dessen, was nach geheimen Absichten des Schicksals sein könnte[53]. Der Spannung zwischen beiden Elementen seiner Geschichtsphilosophie ist sich Herder durchaus bewußt: „Die Menschheit bleibt immer Menschheit", das heißt eben ein Gegenstand der Empirie, „— und doch wird ein Plan des Fortstrebens sichtbar — mein großes Thema"[54]. Beide Elemente vereinigen sich in einer Bildung des Menschen, so wie er zunächst vorgefunden wird, in Richtung auf das Ziel Humanität. Wenn Herder also die Geschichte den „Schauplatz einer leitenden Absicht auf Erden"[55] nennt, dann versteht er unter Geschichte den Prozeß der Verwirklichung der Humanität. Mag dieses Ziel auch noch so „metaphysisch" sein, es steht doch keineswegs

[51] Es sei im folgenden gestattet, Savignys Programmschrift von 1814 vor allem mit Herders Bückeburger Programmschrift „Auch eine Philosophie der Geschichte zur Bildung der Menschheit" (Herders sämtliche Werke, Hg. Suphan, Bd. V, S. 476 ff.) aus dem Jahre 1774 zu konfrontieren. Das erlaubt eine prägnante Darstellung; Herders Thesen werden dabei nicht verkürzt. Ungeachtet aller späteren Akzentverschiebungen hat Herder an den wesentlichen Aussagen dieser frühen Schrift festgehalten; man vergleiche nur seine damaligen Ausführungen zur Revolution (unten S. 68) und seine Bejahung der französischen Revolution, derentwegen er sich 1795 mit Goethe zerstritt; dazu Stadelmann, Der historische Sinn bei Herder, 1928, S. 134.

[52] Herder, Ideen zur Philosophie der Geschichte der Menschheit, 5. Buch IV „Das Reich der Menschenorganisation als ein System geistiger Kräfte".

[53] Herder, Suphan XIV S. 145: „Das Schicksal offenbart seine Absichten durch das, was geschieht und wie es geschieht; also entwickelt der Betrachter der Geschichte diese Absichten blos aus dem, was da ist und sich in seinem ganzen Umfange zeiget." In seinem Willen zur unbedingten Objektivität fordert Herder eine „parteilose Betrachtung" der Geschichte (Suphan XIV S. 200); das steigert sich bis zu einer geradezu antimetaphysischen Haltung: „Ein Geschichtsschreiber der Menschheit sollte eigentlich keine Religion haben dürfen." (Suphan V S. 435).

[54] Herder, Auch eine Philosophie, Suphan V, S. 511.

[55] Herder, Suphan V, S. 513.

in einem Gegensatz zu einem unverkürzten Begriff von Geschichte, fordert ihn vielmehr — um der Realisierung des Ziels willen. Da die Realität umgebildet werden soll, muß sie zunächst vorbehaltlos erfaßt werden. Da ist kein Platz für ein Verständnis vom Recht als einer „aus sich selbst legitimierten Wirklichkeit“[56]. Vielmehr muß um der angestrebten Veränderung der sozialen Ordnung willen und um der Einsicht in die Realisierungschancen der Humanität willen die Frage nach dem konkreten Zusammenhang zwischen Recht und gesellschaftlicher Wirklichkeit, die Frage nach gesellschaftlicher Bedingtheit und Auswirkung des Rechts gestellt werden. Gerade Herder hat — in der aufklärerischen Tradition — diese Frage, die den Kern der Geschichtlichkeit des Rechts trifft, gestellt.

Savigny steht Herder dort am nächsten, wo er das (unerfüllte) Programm eines geschichtlichen Rechtsbegriffs entwirft: Dieses Programm rezipiert für den Bereich der Rechtstheorie nicht nur die Entdeckung der Geschichte, sondern auch die Anschauung, Träger der geschichtlichen Entwicklung seien nicht die in willkürlicher Freiheit handelnden Individuen, sondern die Völker selbst — wodurch überhaupt erst der Weg frei wird, Geschichte ohne unmittelbare Zuhilfenahme teleologischer Kategorien als Kontinuum, als Lebensgeschichte des Volkes nämlich, zu denken[57]. Mit der Erkenntnis vom Zusammenhang zwischen Rechts- und Volksleben wird dann das Recht als Teil der politischen Entwicklung begriffen — Savigny nennt diesen Zusammenhang von Recht und Volksleben denn auch „das politische Element des Rechts“[58]. Sein Satz, das Recht habe kein Dasein für sich, sein Wesen sei das Leben der Menschen selbst von einer besonderen Seite angesehen, findet in Herders Anschauung vom Recht als unablösbarem Teil der Lebensäußerungen des Volkes, wie es auch Sprache, Sitte und Religion sind, ihr Vorbild. Die von Savigny betonte Notwendigkeit, den geschichtlichen Sinn gegen sich

[56] Böckenförde, Die Historische Rechtsschule, S. 15. Die Annahme, das metaphysische Element Herderscher Geschichtsphilosophie begründe die Auffassung vom „Recht als einer aus sich selbst legitimierten Wirklichkeit“, fällt der Abstraktheit des Begriffs „Metaphysik“ zum Opfer. Diese Annahme unterstellt nämlich eine weitgehende Identität solcher Geschichtsmetaphysik, wie wir sie bei Herder finden, mit traditioneller Metaphysik, in der Recht und Geschichte im Rahmen einer teleologischen, alle Lebensbereiche umfassenden Ordnung interpretiert wurden. In eben dieser Tradition konnte die Verknüpfung von Recht und anderen Lebensbereichen durch die Teilnahme an einer überwölbenden metaphysischen Gesamtordnung bewirkt angesehen werden; in dieser Tradition aber steht die Herdersche Geschichtsmetaphysik nicht mehr. Wie die Aufklärung die Grundlagen der alten Metaphysik erschüttert hatte, so hatte das Vernunftrecht — die ins Rechtliche gewendete Aufklärung — das Recht aus dem Zusammenhang der metaphysischen Welterklärung gerissen und damit als gesellschaftliches Produkt begriffen.

[57] Böckenförde, S. 11 f.

[58] Siehe oben S. 59 f.

selbst zu kehren, hat ihren Grund in Herders Erkenntnis, daß die Geschichte den Betrachtenden notwendig auf seine Subjektivität verweist — „ich schreibe nur Geschichte, wie sie mir erscheint, wie ich sie weiß“[59] — denn damit sind zugleich die als objektiv geglaubten Maßstäbe des Betrachters relativiert.

Aber, so könnte man einwenden, ist solcher Vergleich zwischen Savigny und Herder nicht einseitig auf den *Aufklärer* Herder bezogen? Läßt sich nicht auch Herder als Vorbild für die Idee etwa der „organischen Entwicklung“ ansehen, für die starre Betonung geschichtlicher Kontinuität, die bei Savigny zu einem Sich-Verschließen gegenüber den Anforderungen der lebendigen Gegenwart führt[60]? Auffallend erscheint bei beiden in der Tat zunächst die gemeinsame Frontstellung gegen einen Gegner: die rationalistische Philosophie.

Herder wendet sich gegen eine Abwertung der Vergangenheit als bloßer Vorstufe zu einem aufgeklärten Heute — das sich selbst nicht verstehen kann, da es sich durch Leugnung der geschichtlichen Kontinuität aus der Geschichte herausnimmt; gegen die Abgötterei des planenden, zweckstrebenden menschlichen Verstandes und die darin beschlossene Überwältigung der Geschichte durch den Gedanken individuellen autonomen Handelns[61]. — Für Savigny spitzt sich solche rationalistische Philosophie zu in der „Willkühr des Gesetzgebers“, die sich vom überkommenen Recht als einer Verstrickung in dunkle Vergangenheit befreien will und sich damit den Platz für eine den Ansprüchen des Verstandes scheinbar auf immer genügende, umfassende Neuordnung der Gesellschaft verschaffen will[62]. Bereits Herder hatte gegen die Tabula-rasa-Philosophie vernunftrechtlicher Gesetzgebungspolitik als Ausfluß rationalistischer Gesinnung polemisiert: „Es gab ein Zeitalter“, Herder spricht hier ironisch von seinem Zeitalter in der Vergangenheitsform, „wo die Kunst der Gesetzgebung für das einzige Mittel galt, Nationen zu bilden, und dies Mittel auf die sonderbarste Art angegriffen, nur meist eine allgemeine Philosophie der Menschheit, ein Codex der Vernunft, der Humanität — was weiß ich mehr werden sollte. Die Sache war ohne Zweifel blendender als nützlich“[63].

---

[59] Herder, Suphan VIII, S. 466.

[60] Vgl. Herder, Auch eine Philosophie, Suphan V S. 536, wo Herder der Aufklärungsphilosophie vorwirft, „das alte Herkommen“, das (angeblich) „sinnlose Vorurteil von Lernen, langsam Reifen, tief Eindringen und spät Beurteilen“ sich „wie ein Joch vom Halse geworfen“ zu haben. Zum Begriff der Kontinuität siehe auch Suphan V S. 142, 512: Geschichte als ein „Streben aufeinander in Kontinuität“; weitere Nachweise bei Würtenberger, Herder und die Rechtsgeschichte, JZ 1957, S. 137 ff., 138.

[61] Herder, Suphan V S. 554 ff.

[62] Siehe oben S. 59 ff.

[63] Herder, Suphan V S. 541 f.

Aber Herders Polemik gegen eine solche Gesetzgebung nimmt eine andere Wendung als bei Savigny: „Allerdings ließen sich (mit solcher Gesetzgebung) alle Gemeinsätze des Rechten und Guten, Maximen der Menschenliebe und Weisheit, Aussichten aus allen Zeiten und Völkern für alle Zeiten und Völker erschöpfen — für alle Zeiten und Völker? — und also leider nicht für das Volk, dem dies Gesetzbuch angemessen sein soll als sein Kleid[64].“ Herder betont, die Gesetzgebung müsse konkret auf die Bedürfnisse des Volkes eingehen: ein rechtes Gesetzbuch müsse „für die Adern und Sehnen seines Volkes Nahrung bereiten, daß sie ihm Herz stärke und Mark und Bein erfrische“[65]. Hier wird der Abstand zu Savignys Rechtstheorie augenfällig, die die Entstehung des Rechts vor allem deshalb dem Volksgeist zuschreibt, um die Bearbeitung des Rechts und seine Fortbildung in den Händen der Rechtswissenschaft zu monopolisieren. Die Hauptschwierigkeit liegt für Herder darin, das gesetzte Recht in die soziale Realität einzuführen[66]; gerade damit erkennt er ein wesentliches Element des Zusammenhangs von Recht und sozialer Realität. Der rechtliche Fortschritt durch Gesetzgebung ist lediglich als eine Chance für einen gesellschaftlichen Fortschritt begriffen; Herder stellt es in scharfer Übertreibung dar: „Der Solon eines Dorfes, der wirklich nur Eine böse Gewohnheit abgebracht, nur Einen Strom menschlicher Empfindungen und Tätigkeiten in Gang gebracht — er hat tausendfach mehr getan, als all ihr Räsonneurs über die Gesetzgebung, bei denen alles wahr und alles falsch — ein elender, allgemeiner Schatten ist[67].“ Wenn Herder — hierin scheinbar gleich Savigny — ein auf das staatliche Gesetz fixiertes juristisches Denken attackiert, so tut er das, weil er es hinlenken will auf die Beachtung „lebender Sitte und Gewohnheit“[68] — die ja für Savigny in der Gegenwart kaum mehr rechtliche Bedeutung haben können[69]. Bei Herder liegt der Beginn einer Bewegung, die das „lebende Recht“ zu begreifen versucht; sie reicht über Kierulff, Reyscher, Beseler, von Kirchmann bis zur soziologischen Jurisprudenz und Freirechtsschule — die bedeutsamste Gegenbewegung zur Rechtslehre Savignys und zur Begriffsjurisprudenz[70]. Herders Spott über einen allzu allgemein gefaßten „Kodex der Vernunft“[71] ergreift nicht Partei gegen aufklärerische und vernunft-

---

[64] Herder, Suphan V S. 542.

[65] Herder, Suphan V S. 542.

[66] Herder, Suphan V S. 542. „Zwischen jeder allgemeingesagten, wenn auch der schönsten Wahrheit — und ihrer mindesten Anwendung ist Kluft!“

[67] Ebd.

[68] Herder, Suphan IV S. 466.

„Geschriebnes Gesetz ist ein Schatten, lebende Sitte und Gewohnheit ist ein Körper: diese das Bild, jene die Überschrift.“

[69] Savigny, Vom Beruf, S. 149.

[70] Siehe unten S. 84 ff., 87 ff., 121 ff.

[71] Herder, Auch eine Philosophie, Suphan V S. 542.

rechtliche Positionen. Seine Forderung geht vielmehr dahin, *die Aufklärung praktisch zu machen.* Er will nicht Preisgabe des Vernunftrechts, sondern Einbeziehung der *Realisierungsprobleme* in das vernunftrechtliche Denken. Damit steht er gerade auf der Höhe eines von metaphysischen Schlacken gereinigten Vernunftrechts. Herder überwindet das (abstrakte) Vernunftrecht, nicht indem er sich gegen es wendet, sondern indem er zu seinem ursprünglichen Anliegen führt, das Sozialleben nach Vernunft und Humanität zu gestalten: „nicht Allgemeinörter von Verbesserung, Papierkultur, womöglich Anstalten — *tun*!"[72]. Daß zu diesem notwendigen Tun auch der Erlaß eines deutschen Nationalgesetzbuches gehören sollte, hat Herder selbst ausgesprochen[73]. So erweist sich, daß eine Kluft nicht nur zwischen Herders und Savignys Vorstellungen über Gesetzgebungspolitik besteht, sondern auch über ihre Stellung zum Vernunftrecht — und nichts anderes gilt schließlich für ihren Geschichtsbegriff:

Für Herder impliziert der Begriff der Geschichte, daß das Volk und seine geistigen Emanationen, wie z. B. sein Recht, nie etwas ein für alle Male Gegebenes sein können; das Recht entwickelt sich, ist auch Fehlentwicklungen ausgesetzt, die dann korrigiert werden können und müssen. Wenn er auch vom „Langsam-Reifen" in der Geschichte, von „organischer Entwicklung" spricht[74], so meint er doch etwas anderes als Savigny: Wachstumsstöße und Entwicklungsbrüche sollen damit nicht als unorganisch ausgeschlossen werden, ja sie werden als notwendig anerkannt. Sollen „Neigungen, Sitten, eine Welt von Gewohnheiten geändert, neu geschaffen werden — ist das ohne Revolution, ohne Leidenschaft und Bewegung möglich"[75]? — Herders Antwort lautet: nein — „weil so ein stiller Fortgang des menschlichen Geistes zur Verbesserung der Welt kaum etwas anderes ist als Phantom unserer Köpfe"[76]. Mögliche Mißverständnisse seiner „organischen" Bildersprache ironisch abwehrend hält Herder den „sanften Philosophen", die alle gesetzliche Entwicklung „lieber ohne Revolution" sähen, entgegen: so still, wie sie dächten, wüchsen kaum die Pilze[77]. So stellt sich auch der von Herder so betonte Begriff der Kontinuität nicht, wie im Ergebnis bei Savigny, als Imperativ ungestört — stillen Wachsens, als Revolutionsverbot dar, sondern als Prinzip des geschichtlichen Verstehens, das die Entwicklung in ihrer Totalität, mit allen ihren Brüchen und Widersprüchen zu sehen

---

72 Herder, Suphan V S. 545.

73 S. Herders Gedicht „An den Kaiser" 1780 (Joseph II.); vgl. Stern, Thibaut und Savigny, ein programmatischer Rechtsstreit, 1959, Einleitung S. 23.

74 S. oben S. 66 Fn. 60.

75 Herder, Auch eine Philosophie, Suphan V S. 532.

76 Ebd.

77 Ebd.

vermag. Zentrale Begriffe Herderscher Geschichtsphilosophie wie: Entwicklung, Organismus, Kontinuität deutet Savigny um in eine quietistisch-antirevolutionäre Richtung; und wo Savigny Herder wirklich rezipiert — etwa in den Formeln „Bewußtsein des Volkes", „politisches Element des Rechts" — da macht er diese Rezeption folgenlos, indem er sie durch Konträrbegriffe wie „Bewußtsein des Juristenstandes", „technisches Element des Rechts" überlagern läßt[78]. Wie geschichtsmächtig diese Umdeutung Herders durch Savigny war, zeigt sich nicht zuletzt in dem Versuch, die Ungeschichtlichkeit des Rechtsbegriffes der historischen Rechtsschule gerade auf Herder zurückzuführen.

Savigny steht da, wo er einen vollen Begriff von der Geschichtlichkeit des Rechts entwickelt, in der Tradition des Vernunftrechts, der Aufklärung. Er will gegen ein angeblich per definitionem ungeschichtliches Vernunftrecht eine geschichtliche Rechtswissenschaft stellen; aber er wird gerade da ungeschichtlich, wo er sich gegen Vernunftrecht und Aufklärung wendet. Was liegt da näher, als die Ungeschichtlichkeit von Savignys Rechtsbegriff eben auf den Kampf gegen das Vernunftrecht zurückzuführen?

Ein „geschichtlicher Sinn", wie ihn Savigny proklamiert, der die eigene Position in der Geschichte reflektiert, wäre kaum noch eine geeignete Waffe im Kampf gegen das Vernunftrecht gewesen[79]; und der Kampf gegen das — als revolutionär verstandene — Vernunftrecht war ja die Grundabsicht von Savignys Schrift. Der Gedanke der Geschichtlichkeit des Rechts durfte nur so weit gedacht werden, als er die fiktive Entgegensetzung von ungeschichtlichem Vernunftrecht und geschichtlicher Rechtswissenschaft unangetastet ließ. Der bis in seine Konsequenz vorangetriebene und damit selbstkritisch gewordene Historismus hätte die Besinnung aus den von Savigny zwar zunächst betonten, aber dann konsequent verdrängten Zusammenhang von Recht und Volksleben notwendig gemacht — und das konnte nichts anderes heißen als die Berücksichtigung der gesellschaftlichen Bedingtheit von Rechtsanschauungen und die Erörterung ihrer gesellschaftlichen Auswirkung. Damit wäre auch die politische Bedingtheit der These von der sozusagen naturwüchsigen Überlagerung des politischen Elementes des Rechts durch das technische Element zu Tage getreten; die eigentliche Leistung von Savignys „geschichtlicher Rechtswissenschaft", die darin lag, eine politische Option — gegen Gesetzgebung und damit gegen Vernunftrecht — hinter einer Lehre von der organischen Rechtsentwicklung zu verbergen, wäre entfallen. Das hätte den naturrechtlich-ungeschichtlichen (weil naiv — unreflektiert mit der Geschichtlichkeit des Rechts argumentieren-

[78] S. oben S. 59 ff.

[79] Otto Gierke, Die historische Rechtsschule und die Germanisten, 1903, S. 9, 15.

den) Charakter von Savignys Begründung der eigenen politischen Position und damit die Notwendigkeit einer inhaltlichen Auseinandersetzung mit den vernunftrechtlichen Forderungen sichtbar gemacht[80]. Der Mythos, der den Savignyschen Thesen ihre Durchschlagskraft gab, war der Mythos vom technischen, d. h. unpolitischen Charakter des Rechts. Zum Mythos aber konnte diese Rechtstheorie erst dadurch werden, daß sie sich mit dem Glanz der Geschichtlichkeit schmückte.

3. „Das selbständige Daseyn des Rechts" und die juristische Methode

Hatte der geschichtliche Ansatz Savigny zu der Aussage geführt: „Das Recht hat kein Daseyn für sich"[81], so mußte seine Abdichtung gegen die Geschichte die Umkehrung hervorbringen: die Formel vom „selbständigen Daseyn des Rechts"[82]. Diese Formel war der Niederschlag der These, daß das technische Element des Rechts das politische überlagere.

Savigny gebraucht zunächst den Begriff des „selbständigen Daseyns des Rechts", um Recht und Sittlichkeit zu trennen; das erinnert an den ursprünglichen Kampf um die Autonomie des Rechts gegenüber der Moraltheologie, wie ihn das frühe Vernunftrecht geführt hatte. Auch dort war es darum gegangen, Recht und Sittlichkeit — freilich nur vorübergehend — zu trennen; damit war das Recht frei, aufklärerische Impulse aufzunehmen, ohne unmittelbar in eine Kampfposition zu herkömmlichen Anschauungen — die in den Bereich der Sittlichkeit hineingelobt wurden — zu treten. Und die vom Recht, also ihrem institutionellen Rahmen, gelöste Sittlichkeit konnte sich als eine Haltung der Innerlichkeit darstellen, als eine Sache des forum internum, das die Staatsgewalt nichts anging; damit war auch hier die Bahn frei für die Aufnahme neuer Gedanken. Savigny knüpft an den durch diese Trennung von Recht und Sittlichkeit ermöglichten Autonomieanspruch des Rechts an — und ändert die Stoßrichtung dieses Anspruchs. Hatte der vernunftrechtliche Autonomiegedanke dazu gedient, dem Recht die Aufnahme aufklärerischer Inhalte zu ermöglichen, so begründet bei Savigny der Autonomieanspruch eine positivistische Wendung gegen solche aufklärerischen Rechtsinhalte. Nur durch die These vom selbständigen Daseyn des Rechts kann das Recht vor einer ideologischen Aufladung bewahrt, von der durch ein neues Naturrecht, eine neue Sittlichkeit, getriebenen Maschinerie der Gesetzgebung abgekoppelt werden.

---

[80] Ebd.

[81] S. oben S. 61.

[82] Savigny, System des heutigen Römischen Rechts, 1. Bd., S. 54, 332; dazu Wieacker, Privatrechtsgeschichte, S. 397.

Das „justizpolitische“[82a] Konzept, das durch die Verdrängung des politischen Elements des Rechts zugunsten des technischen, durch die Monopolisierung der Arbeit am Recht in den Händen der Rechtswissenschaft bezeichnet war, hätte sich wohl kaum als unpolitische Rechtsquellentheorie darstellen können, wenn es lediglich ein justizpolitisches Konzept gewesen wäre — ohne gleichzeitigen Rückhalt in dem theoretischen Entwurf einer praktisch-juristischen Arbeitsweise. Selbst in diesem Entwurf aber knüpft Savigny an das Vernunftrecht an. *Er übernimmt dessen deduktiv-axiomatische Methode und formt damit entscheidend die juristische Methoden-Theorie seines Jahrhunderts.* Gleichzeitig verdeckt er diese Übernahme durch eine Polemik gegen eben diese vernunftrechtliche Methode.

Bei Savigny ist der Rückgriff auf die deduktiv-axiomatische Methode zunächst nicht mehr als das Nachwirken einer älteren, eigentlich schon überwundenen Tradition[83]. Dieser Rückgriff gewinnt aber im Rahmen seines justizpolitischen Konzepts eine völlig neue, in die Zukunft weisende Bedeutung: Die deduktiv-axiomatische Methode wird zum theoretischen Rückgrat von Savignys politischem Konzept. Der „unpolitische“ Charakter des Rechts erfährt seine Bestätigung in dem „rein logischen“ Weg der Rechtserkenntnis, in der „Sicherheit einer streng wissenschaftlichen Methode“[84]. Savigny projiziert dieses dem Vernunftrecht entnommene methodische Ideal nach rückwärts, ins römische Recht. In ihm sieht er das „Muster juristischer Methode“[85]. Für die römischen Juristen seien „die Begriffe und Sätze ihrer Wissenschaft ... wirkliche Wesen, deren Daseyn und deren Genealogie ihnen durch langen vertrauten Umgang bekannt geworden ist. Darum eben hat ihr ganzes Verfahren eine Sicherheit, wie sie sich sonst außer der Mathematik nicht findet, und man kann ohne Übertreibung sagen, daß sie mit ihren Begriffen rechnen“[86], [87].

[82a] Wieacker, Privatrechtsgeschichte, S. 385.

[83] Hierzu oben S. 48 Fn. 53.

[84] Savigny, Vom Beruf unserer Zeit, S. 148.

[85] Savigny, S. 94.

[86] Savigny, S. 88.

[87] Die Anwendung vernunftrechtlicher Methode durch Savigny tritt am stärksten in der „Gründungsurkunde der historischen Rechtsschule“ (Wieacker, Privatrechtsgeschichte, S. 366) hervor, in Savignys Abhandlung über „das Recht des Besitzes“. Savignys Vorgehen und seine Folgen beschreibt Landsberg (Geschichte, III 2, 195) so: „Seitdem ist es Jahrzehnte hindurch als selbstverständlich angesehen worden, daß eine wohlgelungene romanistische Monographie einen oder allenfalls einige Grundgedanken müsse aufzustellen wissen, unter die sich das gesamte Quellenmaterial lückenlos und möglichst anstoßfrei einordne. Auf die Auffindung eines solchen Grundgedankens wenigsten für jedes Rechtsinstitut — nicht so sehr für das ganze Rechtssystem — wurde ein endloses Mühen und Forschen, ein gewaltiges Aufgebot von Scharfsinn verwendet. Daß ein solcher Grundgedanke sich müsse finden

Die axiomatische Methode war im Vernunftrecht das Instrument gewesen, um die angestrebten kühnen Erneuerungen des Staatslebens als Ergebnis reiner Logik, als Ableitung aus allgemein anerkannten Grundbegriffen darzustellen; in der Nachfolge Savignys dient sie dagegen der Abwehr vernunftrechtlicher Inhalte. Rechtsschöpfungen eines möglicherweise revolutionär gestimmten Gesetzgebers waren von vornherein daran gebunden, daß sie sich als Bestandteile des absolut gültigen Begriffssystems, dessen Verwaltung in den Händen der Rechtswissenschaft liegt, auszuweisen haben[88]. Damit stellt sich insofern Vernunftrechtsform gegen Vernunftrechtsinhalt[89].

Das Hineindringen vernunftrechtlicher Ethik in das positive Recht erscheint bei Savigny als „Willkühr des Gesetzgebers". Auch in dieser Formel, die präzise auf den Positivierungsstreit in Savignys Gegenwart zugeschnitten scheint, zeigt sich, wie Savigny die vernunftrechtliche Tradition aufgreift und ihr eine neue Bedeutung gibt. Dem vernunftrechtlichen Rationalismus galt die Herrschaft des natürlichen Rechts als absolut; die staatliche Gesetzgebung konnte nur als „Ausfluß", als Konkretisierung des natürlichen Rechts gelten — richtiger gesagt: das positive Recht hatte nur Konkretisierung des „vernünftigen Rechts" zu sein, es mußte sich an diesem messen lassen[90]. In dieser Tradition sieht Christian Wolff das Wesen des positiven Rechts darin, daß es vom zufälligen Willen des jeweils Rechtssetzenden abhänge (im Gegensatz zum natürlichen Recht, das notwendiger Ausfluß des Rechtsbegriffs sei)[91].

---

lassen, stand gewissermaßen a priori fest..." — Solche Arbeitsweise ist die praktische Ausprägung eines „Historismus", der die Begriffsontologisierung (vornehmlich) des (frühen) Vernunftrechts damit zu überwinden glaubte, daß er sie in einer Dogmengeschichte der juristischen Begriffe noch einmal wiederholte. — „So zeigt sich hier wieder, wie so oft wissenschaftsgeschichtlich, daß eine scheinbar ganz verschmähte und überwundene Richtung doch auf die neue Richtung hinüberwirkt, daß gerade die Werke der neuen Richtung den entscheidenden Erfolg haben, die zwar ausschließlich unter neuer Flagge segeln, aber doch in ihrem Kurs durch jene Unterströmung beeinflußt sind, so daß sie der Mitwelt keinen zu schroffen Bruch mit bisherigen Denkgewohnheiten, der Nachwelt keine zu starke Einseitigkeit zumuten." — Was Landsberg hier übersieht, ist der politische Funktionswechsel der Methode.

88 Vgl. Jerusalem, Kritik der Rechtswissenschaft, 1948, S. 156.

89 Vgl. Thieme, Das Naturrecht und die europäische Privatrechtsgeschichte, 2. Aufl. 1954, S. 46 f. zum Teil anders Böckenförde, Historische Rechtsschule, S. 18 f.: Savigny habe „bei aller äußeren Ablehnung des Vernunftrechts dessen materiale Grundgehalte, die rechtliche Gleichheit und Freiheit der Individuen, in die geschichtliche Rechtsentwicklung als deren immanentes Ziel aufgenommen". Diese Wertung Böckenfördes bezieht sich indessen nicht auf den frühen Savigny der Programmschrift von 1814, sondern auf den Verfasser des „System des heutigen Römischen Rechts" von 1840.

Zur Einordnung von Savignys „liberalen" Tendenzen siehe auch unten S. 76 f.

90 Vgl. Gagner, Studien zur Ideengeschichte der Gesetzgebung, 1960, S. 69.

91 Vgl. Christian Wolff, Institutiones juris naturae et gentium, 1750, § 39: Lex positiva: cuius obligatio dependet a voluntate entis cuiusdam rationalis;

Dieser Begriff des (bloß) „zufälligen Willens“ bildet dann den Ansatzpunkt zu Savignys Formel von der „Willkühr des Gesetzgebers“, die kein Recht schaffen könne. Galt vordem das Vernunftrecht als Korrektiv des positiven Rechts, so gilt bei Savigny der positive — überkommene — Rechtszustand als Korrektiv der neuen, in den Positivierungsprozeß hineindrängenden Rechtsinhalte. Das positive Recht gewinnt naturrechtliche Würde. Das hatte sich schon bei Savignys Lehrer Hugo abgezeichnet: „Das römische Recht ist unser Naturrecht[92].“ Im vernunftrechtlichen Gedanken der Kontrolle des positiven Rechts am Maßstab der jedermann innewohnenden Vernunft war es um Willkürfreiheit und damit um die bürgerliche Allgemeinheit des Gesetzes gegangen; für Savigny liegt die mögliche Willkürlichkeit des Rechts gerade in seiner Allgemeinheit, in der Gleichheit vor dem Gesetz, wie sie die Französische Revolution proklamiert hatte[93].

4. *Savignys verfassungspolitische Option*

Das Vernunftrecht drängte zum Verfassungsstaat; Savignys Kampf gegen das Vernunftrecht schloß daher fast notwendigerweise eine politische Parteinahme gegen den Verfassungsstaat ein: Recht kann man nicht schaffen — und schon gar keine Verfassung[94].

Aber Savigny war doch Zivilist, ein Vertreter des bürgerlichen Rechts! Ist es da richtig, seiner Rechtstheorie eine verfassungspolitische Funktion beizumessen? Wird damit nicht ein heutiges Theorem von der politischen Funktion des Zivilrechts ganz unpassenderweise auf Savignys Zeit angewandt?

---

zur Rezeption dieser Auffassung bei Kant siehe Christian Ritter, Der Rechtsgedanke Kants nach den frühen Quellen, 1971, S. 79, 182. Zur Geschichte des „Willkür“-Begriffs vgl. auch W. Ebel, Geschichte der Gesetzgebung in Deutschland, 1956, S. 19 ff.

[92] Vgl. Thieme, Savigny und das deutsche Recht, SavZGerm, Bd. 80 (1963), S. 1 ff., 17; ferner Wieacker, Privatrechtsgeschichte S. 397 Fn. 68.

[93] Vgl. Wieacker, S. 392.

[94] Daß man keine Verfassung machen könne, meinten allerdings auch Sympathisanten verfassungsstaatlicher Vorstellungen. Diese stützten sich auf den — politisch durchaus mehrdeutigen — Gedanken, *das Herkommen* sei die Grundlage für Recht und Staat. Diesen Gedanken hatte zuerst Burke, vor allem in seinen Reflections on the French Revolution, entwickelt. Auf ihn beriefen sich zum einen Theoretiker der Konterrevolution, wie zum Beispiel Adam Müller, um ein Festhalten an absolutistischen Vorstellungen zu rechtfertigen. Auf ihn beriefen sich aber andererseits auch Vertreter verfassungsstaatlicher Tendenzen; so formulierte etwa Rehberg: „Jede Staatsverfassung beruht also auf der allmählichen Entwicklung der zum Teile durch die Natur und zum Teile durch menschlichen Verstand und Willkür bestimmten Verhältnisse und Einrichtungen.“ Rehberg hat vor allem in Anknüpfung an Burke die englischen Verhältnisse vor Augen und propagiert die These einer strikten Bindung des Königs an das Recht; vgl. Rehberg, Besprechung von Hallers „Handbuch der allgemeinen Staatenkunde“, sämtliche Werke IV,

Die Erkenntnis vom Zusammenhang zwischen Zivilrecht und Verfassung entstammt nicht erst neuerem Denken; sie ist vernunftrechtlichen Ursprunges. Gerade dieser damals allgemein erkannte Zusammenhang hat Savignys zivilistischer Rechtstheorie ihre politische Bedeutung gegeben. Die vernunftrechtliche Entscheidung für ein weitgehend privilegienloses und auf der rechtlichen Gleichheit aller Landesbewohner beruhendes Zivilrecht bezeichnete das grundrechtliche Minimum des Verfassungsstaates und war damit selbst ein Teil der Entscheidung für den Verfassungsstaat. Von daher leuchtet ein, daß den vernunftrechtlichen Reformern die Kodifikation, d. h. die politische Neugestaltung des bürgerlichen Rechts, als eine Art provisorische Verfassung galt, kurzfristig als „Verfassungsersatz" und zugleich auf längere Sicht als Ansatz für die erhoffte volle Entwicklung des Verfassungsstaates. Suarez, der Schöpfer des Allgemeinen Landrechts für die preußischen Staaten, sprach davon, die bürgerliche Gesetzgebung solle „in einem Staat, welcher keine eigentliche Grundverfassung hat, die Stelle derselben gewissermaßen ersetzen"[95] — ersetzen aber nicht für immer, sondern nur so lange, bis das Volk mündig geworden, durch den Genuß der bürgerlichen Freiheit für die politische Freiheit reif geworden sei[96].

So wie das zivilistische Vernunftrecht den Weg zum Verfassungsstaat bahnen wollte, so stemmte sich die zivilistische „geschichtliche Rechtswissenschaft" gegen eine solche Entwicklung. Savignys Rechtslehre wurde zum theoretischen Fundament restaurativer Politik. Daß solche objektive Funktion in der verfassungspolitischen Auseinandersetzung sich mit den subjektiven Absichten Savignys zumindest zum großen Teil deckte, geht aus seiner Besprechungsschrift „Stimmen für und wider neue Gesetzbücher" hervor, in der er sich gegen die laut gewordene Kritik an seiner Schrift von 1814 verteidigte[97]. Er beklagt „die trostlose Aufklärerey eines halben Jahrhunderts"[98], er wendet sich gegen die liberalen Vorstellungen über die Bodenbefreiung[99] und gegen eine Trennung von Staat und Kirche, wie sie in Gedanken der Zivil-

---

S. 122 f. Wenn auch der Satz, Recht und Verfassung seien nicht machbar, also nicht in jedem Fall als „reaktionär" zu werten ist, so ändert dies doch nichts an dem Urteil über Savignys politische Option. Zur Burke-Rezeption in den absolutistischen Staaten des Kontinents vgl. Kriele, Einführung in die Staatslehre, S. 296 f.

95 Suarez, Über den Einfluß der Gesetzgebung in die Aufklärung, zitiert bei Conrad, Die geistigen Grundlagen des allgemeinen Landrechts, 1958, S. 35; ausführlich hierzu auch Conrad, Das allgemeine Landrecht von 1794 als Grundgesetz des friderizianischen Staates, 1965.

96 Conrad, Die geistigen Grundlagen, S. 42 f.

97 Zeitschrift für geschichtliche Rechtswissenschaft, Bd. III S. 1 ff.

98 Savigny, S. 21.

99 Savigny, S. 27.

trauung zum Ausdruck kommt[100]. Eine für den Zusammenhalt des Staates verhängnisvolle Gleichmacherei sieht er in der rechtlichen Gleichstellung der Juden; zwischen Christen und Juden keinen politischen Unterschied mehr machen zu wollen, sei „mißverstandene, übel angewendete Humanität“[101]. Mit diesen Äußerungen bekannte sich Savigny zu den „Altständischen“, zur sogenannten reaktionären Partei, zu derjenigen Bewegung, die in Preußen am nachdrücklichsten und schließlich mit Erfolg versuchte, Friedrich Wilhelm III. zum Bruch seines Verfassungsversprechens zu bewegen[102]. Große Ähnlichkeiten weisen die Äußerungen Savignys insbesondere mit der Denkschrift der Altständischen zur preußischen Verfassungsfrage aus dem Jahre 1811 auf, die deren Wortführer, Friedrich von der Marwitz, an den preußischen König richtete[103]. Die Denkschrift wendet sich gegen „Gleichmachung aller Stände“[104] (die Gleichheit vor dem Gesetz wird als „Grundsatz der Willkühr“ bezeichnet[105]), gegen „Mobilisierung des Grundeigentums“[106], wodurch die Vorherrschaft des Adels im Staat in Frage gestellt wird. Und alle Abneigung gegen die „fremden Grundsätze“[107] der Gleichheit und Freiheit kommen zusammen — wie bei Savigny — in dem abschätzigen Urteil über die Judenemanzipation: Die Juden, die notwendigen Feinde eines jeden bestehenden Staates, würden mit der Masse des baren Geldes, das sie in Händen hätten, den Grundbesitz aufkaufen, gar zu Hauptrepräsentanten des Staates werden; aus Brandenburg-Preußen werde schließlich „ein neumodischer Judenstaat“[108] — das alles im Ton viel schärfer als Savigny, aber in der Sache nicht anders. Und was von der Marwitz als „politische Irreligiosität“[109] beklagte, war kaum etwas anderes, als was Savigny mit der Feststellung meinte, die trostlose Auf-

---

[100] Savigny, S. 24 ff.

[101] Savigny, S. 23 f.: „Vollends die Juden sind und bleiben uns ihrem inneren Wesen nach Fremdlinge, und dies zu verkennen konnte uns nur die unglückselige Verwirrung politischer Begriffe verleiten; nicht zu gedenken, daß diese bürgerliche und politische Gleichstellung, so menschenfreundlich sie gemeynt seyn mag, dem Erfolg nach nichts weniger als wohlthätig ist, indem sie nur dazu dienen kann, die unglückselige nationale Existenz der Juden zu erhalten und wo möglich noch auszubreiten.“

[102] Siehe oben S. 56.

[103] „Letzte Vorstellung der Stände des Lebusischen Kreises an den König“, abgedruckt in: F. A. von der Marwitz, Ein märkischer Edelmann im Zeitalter der Befreiungskriege, herausgegeben von F. Meusel, Bd. II 2, Politische Schriften, 1913, S. 3 ff. „Ghostwriter“ dieser Denkschrift war Adam Müller, vgl. O. Brunner, Das Zeitalter der Ideologien, in: Neue Wege der Sozialgeschichte, 1956, S. 194 ff., 195.

[104] Marwitz, S. 19.

[105] Marwitz, S. 17.

[106] Marwitz, S. 19.

[107] Marwitz, S. 10.

[108] Marwitz, S. 20 f.

[109] Marwitz, S. 21.

klärerei habe „den politischen wie den religiösen Glauben wankend gemacht“[110]. Die Einheit von Thron und Altar sollte auch und gerade um ihrer politischen Funktion willen erhalten bleiben.

Als theoretische Absicherung der Restauration wird man Savignys Lehre um so weniger unterschätzen dürfen, als sie ihr Ansehen nicht in einer offenen Konfrontation mit dem Gegner aufs Spiel setzte, wie das die Schriftsteller der „Kontrerevolution“ taten[111]. Savignys Lehre erlaubte die Illusion, die politischen Händel von einem höheren Standpunkt — nämlich dem der reinen Wissenschaft — betrachten zu können; sie trat nicht unmittelbar als politische Lehre auf, aber sie führte doch, wie später Julius Stahl nicht ohne Befriedigung bemerkte, zu einer „gewissen politischen Disposition“[112]. Die historische Rechtsschule habe zwar „kein politisches System. Aber einen politischen Charakter hat sie desungeachtet. Vor allem ist eben ihre Grundlehre über die Entstehung des Rechts von der größten politischen Bedeutsamkeit“. Sie trete damit nämlich „in den entschiedensten Gegensatz gegen die Revolution, nicht minder als die eigentlichen Schriftsteller der Kontrerevolution“[113].

Savignys Furcht vor Revolution überlagerte diejenigen Elemente seines Denkens, in denen Böckenförde nicht zu Unrecht eine (partielle) Übereinstimmung mit den liberalen Tendenzen des Zeitalters begründet sah[114]: Die von Savigny im Jahre 1840 hervorgehobene „gleiche Würde und Freiheit des Menschen“ — auf diese Formel beruft sich Böckenförde[115] — bedeutet eine Rezeption Kantscher Anschauungen vom autonomen Willen der Person[116]. Aber dieser autonome Wille erstreckt sich bei Savigny nur auf den rechtsgeschäftlichen Bereich, auf den Privatrechtsverkehr — bleibt jedenfalls ohne Konsequenzen für die politische Ordnung[117]. Liberal geprägt — nämlich auf Rechtsentwicklung bedacht — ist auch Savignys Vorschlag, einen obersten Gerichtshof zum Zwecke der Rechtsfortbildung einzurichten[118]. Selbst seine These vom „selbständigen Daseyn des Rechts“ enthält durchaus liberale Elemente. Unter

[110] Savigny, Stimmen für und wider, S. 21.

[111] De Maestre, Bonald, Haller, Adam Müller.

[112] Stahl, Die Philosophie des Rechts, 1. Bd. Geschichte der Rechtsphilosophie, 3. Aufl., 1854, S. 589.

[113] Stahl, S. 588.

[114] Böckenförde, Die Historische Rechtsschule und das Problem der Geschichtlichkeit des Rechts, S. 18 f.

[115] Ebd.

[116] Zu Kants Einfluß auf Savigny vgl. Wieacker, Privatgeschichte S. 385, 397; ferner Kiefner, Der Einfluß Kants auf Theorie und Praxis des Zivilrechts im 19. Jahrhundert, in: Blühdorn / Ritter, Philosophie und Rechtswissenschaft, 1969, S. 3 ff.

[117] Wieacker, S. 385.

[118] Savigny, System des heutigen Römischen Rechts, Bd. 1, 1840, S. 330; hierzu Kriele, Theorie der Rechtsgewinnung, 1967, S. 76 f.

der Herrschaft des damit begründeten unpolitischen Rechtsbegriffs mußten Kabinettsjustiz und königliche Machtsprüche immer mehr als offenbare Systemwidrigkeiten erscheinen. Savignys Rechtstheorie verstärkte somit die seit dem späten Vernunftrecht auch in den absolutistisch regierten Staaten nachweisbaren Tendenzen zur Gewaltenteilung, zur Unabhängigkeit des Richters — freilich mit der insoweit klar antiliberalen Zielsetzung, eine politisch motivierte Umgestaltung des Rechts durch den Gesetzgeber auszuschließen.

5. *Savigny und Marx*

Es gibt eine bisher nur wenig berücksichtigte[119] innere Verbindung zwischen der Savignyschen Rechtstheorie und der Marxschen Ideologiekritik. Nicht daß Marx lediglich als Antwort auf eine Savignysche Herausforderung verstanden werden könnten — aber zumindest liegt hier eine Wurzel seines Rechtsdenkens.

Die biographische Verknüpfung zwischen Savigny und Marx ist bekannt[120]: Marx studierte von 1835 - 1841 die Rechte in Bonn und Berlin; es ist verbürgt, daß er Savignys Vorlesungen hörte und seine Schriften eingehend durcharbeitete. Marx beabsichtigte zeitweise sogar, Juraprofessor zu werden; so stark war offensichtlich der Eindruck der Rechtsgelehrsamkeit der historischen Schule, die die damaligen Juristen-Fakultäten beherrschte.

Marx übernimmt von Savigny das Grundprogramm: eine geschichtliche Rechtswissenschaft[121]; anders als Savigny, der die Erkenntnis von der Geschichtlichkeit des Rechts aufhob und damit die Grundlage für einen ahistorischen Rechtsformalismus legte, wollte Marx diese Erkenntnis konsequent zu Ende denken. Die Basis der Marxschen Ideologiekritik des Rechts war der Versuch, den „Schein von Selbständigkeit“ des Rechts zu durchstoßen und das Recht als gesellschaftliches Phänomen, als Sublimat des materiellen Lebensprozesses zu begreifen[122]. Diese These ist die unmittelbare Antwort auf Savignys „selbständiges Daseyn des Rechts“.

Der ungeschichtliche Rechtsbegriff der historischen Schule läuft — wie Böckenförde gezeigt hat[123] — auf eine neue Rechtsmetaphysik hinaus. Savigny setzt das Recht als absolut gegen geschichtlichen Wandel,

[119] Vgl. aber die Bemerkungen von W. Paul, Der aktuelle Begriff marxistischer Rechtstheorie, in: Problem der marxistischen Rechtstheorie, Hg. Rottleuthner, 1975, S. 72 ff., 79 ff.

[120] Ebd.

[121] Zutreffend Paul, a. a. O.

[122] S. oben S. 25 ff.

[123] Böckenförde, Der Rechtsbegriff in seiner geschichtlichen Entwicklung, in: Archiv für Begriffsgeschichte, Bd. XII, 1968, S. 145 ff., 152 ff., 165.

er will es gegen eine Relativierung seines Ewigkeitswerts schützen; im Recht sei „nicht der Zufall (scil: politischer Verfügung über das Recht) herrschend, sondern das ewige Gesetz göttlicher Notwendigkeit“[124]. Solche Wendungen bilden die Folie der Marxschen Ideologiekritik, in der die Negation der Rechtsmetaphysik zur Leugnung eines Eigenwertes des Rechts überhaupt führt: Das Recht gilt ihm dann nur als bloße Ausdrucksform, als „Überbau“ der Produktivkräfte.

In dieser Antithetik der Savignyschen Rechtsideologie und der Marxschen Ideologiekritik liegt auch der Grund für ihre Übereinstimmung in wesentlichen Punkten.

Beide Rechtstheorien erreichen nicht die Ebene moralischer Reflexion, wenn auch jede von ihnen von moralischen Antrieben gespeist ist. Savignys metaphysisch gestärkter und gefestigter Rechtsformalismus lebt von der Ethik der autonomen Persönlichkeit, von der Kantschen Freiheitsethik. Hinter dem Marxschen Rechtsmaterialismus steht die Parteinahme für die Mühseligen und Beladenen. Aber weder bei Marx noch bei Savigny werden diese moralischen Antriebe reflektiert; die aus ihnen entwickelten Rechtstheorien verselbständigen sich gegenüber den ursprünglichen Antrieben und sind daher in ihren Konsequenzen auch nicht argumentativ kontrollierbar. Das Problem des Rechts stellt sich bei beiden nicht als Problem vernünftigen Argumentierens[125].

Daraus folgt ein weiterer Punkt der Übereinstimmung: Das Problem des Rechts stellt sich nicht als politisches Problem. Für Savigny entwickelt sich das Recht „von innen heraus, ohne Rücksicht auf die Existenz und den Einfluß der gesetzgebenden Gewalt“[126]. Bei Marx treten an die Stelle der „inneren Kraft“ des Rechts die ökonomischen Determinanten der gesellschaftlichen Entwicklung. Von beiden wird die Ebene der Politik — begriffen als Ebene der argumentativen Auseinandersetzung — übersprungen.

Beiden gemeinsam ist auch die Fragestellung „für oder gegen Revolution“. Savignys Rechtstheorie bekämpft die Revolution; die von Marx läuft auf die Revolution zu. Bei beiden verschluckt die Revolutionsproblematik den Gedanken des Verfassungsstaates. Für Savigny schloß die Ablehnung der Revolution die Abwehr verfassungsstaatlicher Tendenzen ein; der Verfassungsstaat galt ihm nur als Larve revolutionärer Vorstellungen. (Das hinderte ihn nicht, wie gesagt, ein Element des verfassungsstaatlichen Gewaltenteilungsmodells, nämlich die Trennung zwischen richterlicher Gewalt und den übrigen Staatsgewalten, zu akzeptieren, um das andere Element dieses Modells, die Verfügbarkeit

[124] Savigny, Institutionen-Vorlesung 1838, zit. nach Thieme, Savigny und das Deutsche Recht, SavZ Germ, 80. Bd., 1963, S. 1 ff., S. 20 f., FN 54.

[125] Hierzu s. unten S. 177 ff. (zu Marx).

[126] Savigny, Institutionen-Vorlesung 1814, zit. nach Thieme.

des Rechts in der Hand eines politischen, mehr oder weniger demokratisch legitimierten Gesetzgebers desto sicherer auszuschließen.) Für Marx bedeutete die Bejahung der Revolution zugleich die Verneinung des Verfassungsstaates, den er als „bürgerlichen“ bekämpfte; ihm galt der Verfassungsstaat allenfalls als Übergangslösung.

Marx und Savigny repräsentieren zwei rechtstheoretische und politische Strömungen, die dem gewaltenteilenden Verfassungsstaat fremd, wenn nicht feindselig gegenüberstehen. Die Wirkungen reichen in vielfältiger Weise bis in die neueste Verfassungsentwicklung in Deutschland. So trug das unpolitische Rechtsverständnis der Savignyschen Tradition und das sich hieran anschließende unpolitische Verständnis vom „Rechtsstaat“ wesentlich mit dazu bei, daß unter der demokratischen Verfassung von Weimar „unpolitischer“ Rechtsstaat gegen „politische“ — parlamentarische Demokratie ausgespielt werden konnte[127]. Die Tradition Marxschen Rechtsdenkens andererseits zeigte sich darin, daß Demokratie als nicht unbedingt an rechtsstaatliche Formen gebunden verstanden wurde (Abwertung der „Formaldemokratie“)[128].

II. „Rechtswissenschaft oder Volksbewußtsein?“[1] — 1848

Symbolisiert sich im Kodifikationsstreit zwischen Savigny und Thibaut die verfassungspolitische Alternative unmittelbar nach den Befreiungskriegen, so spiegelt sich in der Zeit des Vormärz die politische Spannung zwischen Liberalismus und Restauration vor allem in der Kontroverse zwischen dem Romanisten Georg Friedrich Puchta, Savignys Schüler und Lehrstuhlnachfolger in Berlin, und dem Germanisten Georg Beseler[2], dem späteren Mitglied der Frankfurter Nationalversammlung. Diese Kontroverse leitet über zum rechtstheoretisch wie verfassungstheoretisch und -politisch gleich bedeutsamen Ereignis der Revolution von 1848.

---

127 Vgl. Sontheimer, Antidemokratisches Denken in der Weimarer Republik, 2. Aufl. 1968, S. 66 ff.

128 So berichtet Willy Brandt, er habe mit seinen Freunden 1931 bei einem Umzug der sozialistischen Jugendbewegung ein Transparent mitgeführt: „Republik, das ist nicht viel — Sozialismus ist unser Ziel!“ (Tatsachen — Argumente, herausgegeben vom Parteivorstand der SPD, Nr. 104, Okt. 1964, S. 3). Die zutreffende Antwort auf dieses Motto hat der Sozialist Gustav Radbruch gegeben: „Demokratie ist gewiß ein preisenswertes Gut, Rechtsstaat aber ist wie das tägliche Brot, wie Wasser zum Trinken und Luft zum Atmen, und das Beste an der Demokratie gerade dieses, daß nur sie geeignet ist, den Rechtsstaat zu sichern.“ (Gesetzliches Unrecht und übergesetzliches Recht, SJZ 1946, S. 105, 108).

1 Titel einer Schrift von Stahl aus dem Jahre 1948; siehe unten S. 87 f.

2 Zu Beselers politischem Standort (er war unter anderem Verteidiger der Göttinger Sieben) siehe Landsberg, Geschichte III 2, S. 508 f.

1. Noch einmal: Autonomie des Rechts und Zusammenhang von Recht und Volksgeist

Indem Savigny für die Gegenwart das politische Element des Rechts vom technischen hatte überlagern lassen, hatte er die Autonomie des Rechts begründet und das Recht gegen die Geschichte gefeit, ja — im Hinblick auf die politische Verfassung — geradezu als Bollwerk gegen den Fortgang der Geschichte konstruiert. Im Ergebnis bestimmt auch Puchta den Zusammenhang von Recht und Volksgeist nicht anders als Savigny. Auch Puchta setzt an: „Das Recht entsteht in der Überzeugung des Volkes und durch das Bewußtsein des Volkes darüber[3].“ Er setzt sich sogar tendenziell ab von Savignys Überlagerungsthese: „Dieser Satz (daß nämlich das Recht in der Überzeugung des Volkes entsteht) ist nicht etwa bloß für den Anfang vorhanden ..., sondern ... ist eine für alle Zeiten geltende Wahrheit[4].“ Das Verbindungsstück zwischen dieser These und ihrer schließlichen Leugnung ist Puchtas Rechtsquellenlehre.

Nach Puchta konkretisiert sich der Volksgeist in drei Rechtsquellen: Gewohnheitsrecht, Gesetzesrecht und Juristenrecht[5].

Das Gewohnheitsrecht ist für Puchta zunächst der ursprünglichste und unmittelbarste Ausdruck des Volksbewußtseins. Mit dieser Anschauung ist Puchta dem Ausgangspunkt Savignys am nächsten. Savigny hatte sich davon entfernt, indem er die Notwendigkeit der Arbeitsteilung betont; Puchta — der ja den Zusammenhang von Recht und Volksgeist als eine „für alle Zeiten geltende Wahrheit“ festzuhalten beansprucht — muß hier einen anderen Weg einschlagen: „Zur Existenz einer Volksüberzeugung gehört durchaus nicht, daß eine Ansicht allen Volksgliedern zu Bewußtsein gekommen sei“[6] — und in dem Maße, wie die Mannigfaltigkeit und Masse des Rechts anwüchsen, gehöre dazu nicht einmal, daß eine Ansicht überhaupt jemand zum Bewußtsein gekommen sei außer den „Rechtskundigen“, den „natürlichen Repräsentanten des nationellen Rechtsbewußtseins“[7]. Und durch die wissenschaftliche Behandlung endlich gewinnt das Recht vollends eine Gestalt, „in welcher es aufhört, einer einigermaßen vollständigen Auffassung durch den ungebildeten Verstand fähig zu sein ... So geschieht es, daß auf natürlichem Wege die Juristen das Organ werden, in welchem sich die gemeinen nationellen Rechtsansichten aussprechen, und

---

[3] Puchta, Enzyklopädie, 1825, S. 77; zit. nach Landsberg, Geschichte III, 2, S. 444.

[4] Ebd.

[5] Puchta, Gewohnheitsrecht, 1. Teil, S. 133 ff.

[6] Puchta, Gewohnheitsrecht, 2. Teil, S. 17.

[7] Puchta, 2. Teil, S. 19.

die gemeinsame Überzeugung des Juristenstandes dieselbe Stelle, wie die Überzeugung der Glieder der Nation überhaupt, einnimmt"[8]. Auf diese Weise löst das Gewohnheitsrecht sich in Juristenrecht auf; gleichzeitig ist die unwiderlegliche Vermutung[9] begründet, das Bewußtsein der Juristen stimme mit dem Bewußtsein des Volkes überein.

Für Puchta gelten Gewohnheitsrecht und Juristenrecht als *materielle* Rechtsquellen; das Gesetzesrecht hingegen bezeichnet er als lediglich *formelle* Rechtsquelle, da der Gesetzgeber seinen Stoff nicht aus sich selbst, sondern aus der Rechtswissenschaft oder den (rechtswissenschaftlich geläuterten) Ansichten des Volkes entnehme[10]. Auch in dieser Kennzeichnung äußert sich die Kontinuität zu Savigny, der ja die Tätigkeit des Gesetzgebers im wesentlichen auf eine formelle Verbesserung und Neufassung des bestehenden Rechts hatte beschränkt wissen wollen. Welche Energie diese zunächst kaum auffällige Benennung des Gesetzesrechts als formelle Rechtsquelle enthält, zeigt die Maßlosigkeit einer späteren[11] Äußerung Puchtas: Mit dem Gedanken der Kodifikation — für die historische Rechtsschule der Inbegriff einer sich nicht in formeller Verbesserung erschöpfenden Umgestaltung des Rechts durch den Gesetzgeber — werde das, was die Wissenschaft in freier Tätigkeit schaffen würde, der äußeren Autorität des Gesetzgebers, „dem Zufluchtsort der Kraftlosigkeit und Geistesarmuth", überliefert; das bedeute für die Rechtswissenschaft den Eintritt in einen Orden, „dessen Gelübde einen Verzicht auf geistigen Erwerb, Zeugung und eigener Einsicht in sich schließen"[12].

Nach alledem kann von den drei Rechtsquellen wirkliche Bedeutung nur das Juristenrecht noch haben, das das Gewohnheitsrecht aufgesogen und das Gesetzesrecht auf den ihm zukommenden Freiraum beschränkt hat. Dieses Juristenrecht ist konstituiert durch die deduktiv-axiomatische Methode, die Puchta von Savigny übernimmt und zu ihrer eigentlichen Bedeutung führt. Das Juristenrecht ist nichts anderes als das Ergebnis rein logischer Deduktion aus dem System der rechtlichen Allgemeinbegriffe, die durch die wissenschaftliche Bearbeitung der anderen Rechtsquellen — die für Puchta gleichsam nur „Rohstoff"[13] darstellen — gewonnen worden sind. War Savigny hauptsächlich daran gelegen, die leitenden Grundgedanken, die Grundbegriffe der Rechtsätze und Rechts-

---

[8] Puchta, 2. Teil, S. 19.

[9] Puchta, 2. Teil, S. 20.

[10] Puchta, 1. Teil, S. 146, 161.

[11] Bei Gelegenheit seiner Auseinandersetzung mit Beseler; s. unten S. 86.

[12] Puchta, Besprechung von Beselers „Volksrecht und Juristenrecht", zitiert bei Landsberg, Geschichte, S. 456.

[13] Wie Landsberg, S. 458 zutreffend bemerkt.

institute, als Voraussetzung ihrer Systematisierung herauszuarbeiten, so betont Puchta nun die Produktivität der systematisierten Allgemeinbegriffe, die ihnen innewohnende Kraft, neue Rechtssätze hervorzubringen, und stellt damit die Verwendbarkeit der systematisierten Grundbegriffe für die praktische juristische Arbeit heraus. Freilich geht es auch ihm darum, „die gegebenen Rechtssätze in ihrem systematischen Zusammenhang zu erkennen, um die Genealogie der einzelnen bis zu ihrem Prinzip hinauf verfolgen zu können“[14]. Aber das eigentliche Ziel liegt doch darin, „von den Prinzipien bis zu ihren äußerlichen Sprossen herabsteigen zu können“. Bei diesem Geschäft, so fährt Puchta fort, würden Rechtssätze zum Bewußtsein gebracht und zutage gefördert, die im Geist des nationellen Rechts verborgen, weder in der Überzeugung der Volksglieder noch in den Aussprüchen des Gesetzgebers zur Erscheinung gekommen seien, also erst als Produkt einer wissenschaftlichen Deduktion sichtbar entstünden[15].

Mit solcher Betonung der Produktivität der rechtswissenschaftlichen Arbeit ist freilich eine im wesentlichen statische Auffassung vom Recht, wie sie bei Savigny hervortritt, verlassen[16]. Hieraus ergibt sich die Gefahr, daß die Frage nach der politischen Legitimität der wissenschaftlichen Rechtsschöpfung aufgeworfen wird. Diese Gefahr wird aber gebannt durch das Ableitungsaxiom, durch die These von der reinen Technizität der wissenschaftlichen Rechtsschöpfung[17]. In dieser These verwirklicht sich die Zielvorstellung der historischen Rechtsschule: die Monopolisierung der Arbeit am Recht in den Händen der Rechtswissenschaft unter Ausschaltung des Gesetzgebers. Dem Ausgangspunkt dieser Schule freilich: der Erkenntnis von der Eingebundenheit des Rechts in die Volksgeschichte, seiner Entstehung aus dem Volksgeist, steht diese These am allerfernsten. Sie bedeutet nach der treffenden Bemerkung Wieackers „die endgültige Entfremdung der Rechtswissenschaft von der politischen, gesellschaftlichen und morali-

---

[14] Puchta, Cursus der Institutionen, Bd. I, 1841, S. 36.

[15] In Puchtas Begriffspyramide findet die Lehre Christian Wolffs vom „nexus veritatum“ ihre reinste Ausprägung. Auf die vernunftrechtliche Methode ließ sich offensichtlich um so unbefangener zurückgreifen, je mehr sie als längst überwunden galt.

[16] Dazu, daß Savigny selbst späterhin (1840) — offenbar unter dem Einfluß Puchtas — dem Gedanken der Rechtsentwicklung mehr Raum gegeben hat, s. oben S. 76.

[17] Die faktische Monopolstellung des Juristenrechts wird nicht dadurch berührt, daß Puchta die Richtigkeit einer juristischen Ansicht auch (neben ihrer „System“-Richtigkeit) davon abhängig macht, daß sie „dem Volksgeist angemessen“ sein muß. Dafür verweist er nämlich nicht etwa auf Grundüberzeugungen der politischen Gemeinschaft o. ä., sondern läßt die Überzeugung der Juristen entscheidend sein, nur nicht allein der wissenschaftlichen Juristen, sondern auch der „Praktiker“; Gewohnheitsrecht 1. Teil, S. 166 f.

schen Bedeutung des Rechts“[18]. Gerade weil das so ist, bedarf die These von der reinen Technizität der wissenschaftlichen Rechtsschöpfung einer Absicherung vor der Konfrontation mit dem Ausgangspunkt der historischen Rechtsschule. Puchta versucht, die sich hieraus ergebenden Einwände gegen seine Theorie vorweg zu widerlegen: Wird der mögliche Gegner bei der These von der Technizität des Juristenrechts ansetzen und zeigen, daß diese mit der Erkenntnis von der Geschichtlichkeit des Rechts unmöglich zusammenstimmen kann; wird er die Behauptung, das Volksbewußtsein werde durch das Juristenbewußtsein repräsentiert, als eine politische Fiktion bloßstellen — eine Fiktion, die verdekken soll, daß eine geschichtsabsolut gesetzte Rechtswissenschaft zum wichtigsten Fundament der Restauration geworden ist — so kommt Puchta solchen Argumenten zuvor, indem er den bei alledem zentralen Begriff des Volkes in den Bereich des Mythischen rückt und damit seinen Gegnern, die sich auf einen empirisch-politischen Begriff des Volkes berufen würden, ihre schärfste Waffe zu entwinden sucht[19]. Eine solche Ansicht nennt er „eine höchst oberflächliche und triviale“. „Trivial nenne ich sie darum, weil sie eigentlich diejenige ist, die dem gemeinen, ungebildeten Verstande angehört, der bei der äußeren Erscheinung stehenbleibt und für den das Unsichtbare nicht vorhanden ist[20].“ Puchta wagt es, die durch Savigny erneuerte metaphysische Qualität des Rechts auch in offener Weise metaphysisch zu begründen — anders als Savigny, der sie im wesentlichen technisch (Arbeitsteilung) begründet hatte. Das Volksbewußtsein wird zum schlechthin „Unsichtbaren“.

Nur scheinbar widerspricht solcher Autonomie des Rechts, daß Puchta die Repräsentanz des Volksbewußtseins mitunter nicht den Juristen zuweist, sondern der „Obrigkeit“, in der sich die geistige Einheit des Volkes verkörpere[21]. Damit soll nicht etwa die selbständige Verwaltung des Rechts durch den Juristenstand dementiert, sie soll im Gegenteil

[18] Wieacker, S. 401 f.

[19] Vgl. Puchta, 1. Teil, S. 137, 138.

[20] Puchta, 1. Teil, S. 153 f. Die Gefahr eines empirischen Verständnisses von „Volk“ taucht für Puchta mit der folgenden Äußerung von A. W. von Schlegel auf: „Was man an Zeitaltern und Völkern rühmt, löset sich immer bey näherer Betrachtung in die Eigenschaften und Handlungen einzelner Menschen auf“. Landsberg, S. 447 zu Puchtas Kritik an dieser Bemerkung: „Das ist genau derselbe einerseits hochfahrende, andererseits abstrakte Ton, mit dem die spekulative Philosophie so gerne die Einwände des besonnenen, gesunden Menschenverstands abtut.“

[21] Puchta, 1. Teil, S. 137: man habe das Gewohnheitsrecht „als ein von den Unterthanen ausgehendes Recht betrachtet, ein Irrthum, der für sich allein schon fähig ist, die ganze Theorie unserer Rechtsquelle auf den Kopf zu stellen“. Vgl. Landsberg, Geschichte, S. 487; Erich Kaufmann, Über den Begriff des Organismus in der Staatslehre des 19. Jahrhunderts, in: Erich Kaufmann, Rechtsidee und Recht, Gesammelte Schriften Bd. III, 1960, S. 46 ff., 53 f.

durch die Offenlegung ihrer politischen Option wirklich begründet werden. Noch unmittelbarer als bei Savigny tritt damit die Parteinahme des Autonomiedenkens für die bestehende politische Ordnung hervor.

2. Beselers „Volksrecht" als Recht des Verfassungsstaates

Beselers Abhandlung „Volksrecht und Juristenrecht"[22] verbindet eine juristische Kritik der Puchtaschen Rechtsquellenlehre mit einer politischen Kritik der Option des wissenschaftlichen Positivismus[23] zugunsten der Restauration.

Beseler verteidigt die Grundeinsicht der historischen Schule vom Zusammenhang des Rechts mit dem Volksbewußtsein gegen Savignys und Puchtas Preisgabe dieser Grundeinsicht. Scharfsinnig analysiert er als Grund für diese Preisgabe den Mangel an historischem Sinn. Savignys und Puchtas Geschichtskonstruktion, ihre Behauptung naturwüchsiger Verlagerung des Rechtsbewußtseins vom Volk auf die Juristen sieht er als geschichtsferne, fiktive Begründung der Widerspruchslosigkeit von Volks- und Juristenbewußtsein, als künstliche Harmonisierung. Daß Volks- und Juristenbewußtsein auseinanderfallen könnten, ersehe man aus der Geschichte des römischen Rechts in Deutschland: Das in der Rezeption begründete Juristenrecht sei nicht die organische Fortsetzung des deutschen Volksrechts gewesen, es habe vielmehr im Gegensatz zu diesem gestanden[24]. Beseler resümiert: „Der historischen Rechtslehre ... halte ich also die Macht der Tatsachen, der Dichtung, d. h. der idealisierten Wirklichkeit, die Wahrheit, der Abstraktion aus der Geschichte die Geschichte selbst entgegen. Daher scheint mir meine Ansicht auch historischer zu sein als die der historischen Schule ..."[25]. Gehe nun aber das Volksrecht nicht notwendig in das Juristenrecht ein, so bestehe auch für eine entwickelte Rechtskultur die Möglichkeit eines mit dem Juristenrecht politisch konkurrierenden Volksrechts[26]. Die Entwicklung zum Juristenrecht ist also nicht schicksalhaft; es besteht vielmehr die Wahl zwischen Juristenrecht und Volksrecht — und damit die Möglichkeit, die mit dem Juristenrecht historisch gegebene Hypostasierung des Rechts zu einem „selbständigen Wesen"[27] rückgängig zu machen und die politische Option dieses Autonomieanspruchs aufzusprengen: Die Jurisprudenz hat keine notwendig reaktionäre Funktion, die Juristen können und sollen sich „zum Volke halten und dessen

---

[22] Erschienen 1843.

[23] Unter diesen Begriff bringt Wieacker die Historische Rechtsschule; Privatrechtsgeschichte, S. 430 ff.

[24] Beseler, Volksrecht und Juristenrecht, Nachtrag S. 14.

[25] Beseler, Nachtrag, S. 15.

[26] Beseler, Nachtrag S. 12.

[27] Beseler, S. 353.

Überzeugungen und Bedürfnisse vertreten"[28]. Beseler ist sich darüber im klaren, daß damit die Frage der Rechtsquellenlehre als politische bestimmt ist, und er bekennt sich nachdrücklich zu dieser Konsequenz rechtstheoretischer Erkenntnis für „unsern bestimmten vaterländischen Boden"[29]. Aus seiner politischen Haltung macht er insbesondere bei seinem im engeren Sinne rechtspolitischen Vorschlag, die Gerichte nicht nur mit akademischen Juristen, sondern auch mit „Schöffen aus dem Volke" zu besetzen, keinen Hehl.

Gegenüber Puchta betont er seine Ablehnung des Obrigkeitsstaates. Er, Beseler, sei „unter einem freien, nordfriesischen Communalwesen aufgewachsen"[30] — davon sei auch seine Richtung beim Studium der Jurisprudenz bestimmt, insbesondere sein Vorschlag zur Reform der Gerichtsverfassung. Für die Entwicklung dieses Reformgedankens beruft sich Beseler auf das Laienpriestertum der Reformation, auf ähnliche Ansätze bei Justus Möser, Stein und Scharnhorst, auf Versuche des 16. Jahrhunderts, das Gerichtswesen neu zu gestalten und schließlich auf das Vorbild Schweizer Gerichtsverfassung[31]. Mit dieser etwas holprigen Traditionskette der Schöffenverfassung versucht Beseler, die geschichtlichen Ursprünge seines politischen Liberalismus aufzuweisen, die Geschichte nicht den Traditionalisten zu überlassen, sondern sie als Geschichte der Veränderungen oder doch zumindest der Veränderungsversuche zu begreifen. Beseler weiß, daß seine Vorschläge zur Reform der Gerichtsverfassung nur Sinn haben können in einem größeren politischen Rahmen; und ihre Bedeutung liegt unter anderem darin, daß sie auf diesen Rahmen verweisen: „Das alles setzt freilich eine organisch durchgebildete Gemeindeverfassung und überhaupt die *freiheitliche Entwicklung der deutschen Staatsverhältnisse voraus* ..."[32].

Beselers Forderung nach einem „volksmäßigen Recht" hat den Vorwurf der Unklarheit und Unwissenschaftlichkeit auf sich gezogen. Man hat darin deutschtümelnde Popularitäts- und Verständlichkeitsanforderungen sehen wollen, die gegenüber einem hochentwickelten Recht verfehlt seien und einen Verzicht auf Stetigkeit und Sicherheit der Rechtsanwendung mit sich brächten; man hat sie als irrationale Sehnsucht nach den germanischen Urwäldern interpretiert[33]. Beseler mußte frei-

[28] Beseler, Nachtrag, S. 19.

[29] Beseler, Nachtrag, S. 9.

[30] Beseler, Nachtrag, S. 22.

[31] Beseler, Nachtrag, S. 23.

[32] Beseler, S. 282, Nachtrag, S. 24.

[33] Vgl. etwa P. Koschaker, Europa und das römische Recht, 3. Aufl., 1958, S. 200; schon Puchta, kritische Jahrbücher für deutsche Rechtswissenschaft, Bd. VIII, 1840, S. 675, beschwört das Bild des „Eichelspeisens, der groben Gewänder und äußerlichen Ungeschlachtheit" (zitiert bei Gierke, Die historische Rechtsschule und die Germanisten, 1903, S. 46 Fn 40). Hierhin gehört auch die abwertende Kritik von Karl Marx an den Germanisten (Kritik der

lich mit der — von Puchta bereits zuvor aufgeworfenen und verneinten — Frage rechnen, ob denn in irgendeiner Weise das Recht wieder zu der Gestalt zurückgebracht werden könne, wo es noch das Bewußtsein aller Glieder des Volkes erfüllte[34]. Diese Frage aber beruhte auf dem Mißverständnis, „Volksrecht" bedeute die Leugnung der Technizität des modernen Rechts. In Wirklichkeit leugnete Beseler keineswegs solche Technizität. Er zielte vielmehr auf die Destruierung der These vom unpolitischen Charakter des Rechts; er ging nicht gegen die wissenschaftliche Behandlung des Rechtsstoffes an, sondern wies die Juristen lediglich auf eine politische Alternative zur historischen Rechtsschule hin. Ihm schwebte eine liberal und demokratisch aufgeklärte Technizität des Rechts vor, eine von restaurativen Ideologien entlastete Technizität. Deshalb konnte er auch unbefangen die Forderung nach Erforschung und Berücksichtigung der Überreste germanischer Rechtsanschauungen — der Residuen des alten Volksrechts, das in der Rezeption dem römischen Recht unterlegen war — verbinden mit dem entschiedenen Willen zu einer freiheitlichen Staatsverfassung für Deutschland und zur Tätigkeit eines parlamentarischen Gesetzgebers. Mögen bei Beseler auch Elemente einer vergangenheitsverhafteten Begeisterung für germanisches Recht nicht fehlen, sie bezeichnen doch nur den fachlichen, deutschrechtlichen Ausgangspunkt seines Denkens und bilden den emotionalen Hintergrund eines gegen den Obrigkeitsstaat und gegen dessen juristische Untermauerung gerichteten politischen Willens, der sein Feld nirgendwo anders als in der Gegenwart sah[35]. *Das Volksrecht dieser Gegenwart* ist für Beseler der parlamentarisch geformte Wille des Staatsvolkes, *das Recht des Verfassungsstaates*. Puchta hatte das als erster erkannt und gerade deshalb seine Kritik an Beseler mit einer maßlosen Polemik gegen den Gesetzgeber, den „Zufluchtsort der Kraftlosigkeit und Geistesarmuth"[36] verbunden.

So unberechtigt unter diesem Aspekt der Vorwurf der Unklarheit gegenüber Beseler war, er weist doch auf eine wesentliche Schwäche

---

Hegelschen Rechtsphilosophie, Werke Hg. Lieber, Bd. I, S. 490 f.): „Gutmütige Enthusiasten dagegen, Deutschtümler von Blut und Freisinnige von Reflexion, suchen unsere Geschichte der Freiheit jenseits unserer Geschichte in den teutonischen Urwäldern. Wodurch aber unterscheidet sich unsere Freiheitsgeschichte von der Freiheitsgeschichte des Ebers, wenn sie nur in den Wäldern zu finden ist? Zudem ist bekannt: Wie man hineinschreit in den Wald, schallt es heraus aus dem Wald. Also Friede den teutonischen Urwäldern!"

[34] Puchta, Gewohnheitsrecht, 2. Teil, S. 19.

[35] Vgl. Gierke, Die historische Rechtsschule und die Germanisten, 1903, S. 19. Besonders klar auch Stahl, Die Philosophie des Rechts, 2. Bd. Rechts- und Staatslehre auf der Grundlage christlicher Weltanschauung, 5. Aufl., 1878, S. 271: Die germanistische Bewegung habe nicht das germanische Recht erstrebt, „sondern lediglich den Willen des gegenwärtigen deutschen Volkes ... ein Recht nach der gegenwärtigen politischen Doctrin ... unläugbar von demokratischer, nicht von germanistischer Tendenz."

[36] Siehe oben S. 81 Fn. 12.

seiner Rechtstheorie. Beseler hatte eine stringente Kritik an den Mythen der historischen Rechtsschule geliefert und der Jurisprudenz damit die Möglichkeit aufgewiesen, sich aus dem Banne der politischen Restauration zu lösen. Aber diese Kritik blieb in ihren Intentionen nur solange verständlich, als in Deutschland eine reale politische Möglichkeit der Entwicklung zum Verfassungsstaat gegeben war. Beseler hatte den Weg der Jurisprudenz zum parlamentarischen Recht freigemacht. Nach dem Scheitern der Revolution von 1848, die das parlamentarische Recht hätte bringen können, mußte diese eigentliche Leistung Beselers verblassen. Was blieb, war in der Tat vage: daß durch die Beteiligung von Laienrichtern in Zivil- und Strafrechtspflege die Rechtsanschauung des Volkes „der strengen Jurisprudenz gegenüber“ sich geltend machen könne[37]. Solche Lockerung der „strengen Jurisprudenz“ — hier wird man an Beselers Forderung zu denken haben, das Recht dürfe nicht ohne Rücksicht auf die Lebensverhältnisse betrachtet werden, bei seiner Auslegung müßten Zweckmäßigkeits- und Billigkeitserwägungen mit einbezogen werden[38] — kam zwar dem Bewußtsein des praktischen Juristen sicherlich näher als die Begriffspyramide Puchtas[39], aber schon die Wortwahl „strenge Jurisprudenz“ zeigt Beselers innere Unsicherheit, die im Grunde den Anspruch der Begriffsjurisprudenz, sie allein stelle eine wissenschaftliche Behandlung des Rechtsstoffs sicher[40], eher zu bestätigen als zu dementieren schien. Und als dann die Revolution von 1848 scheiterte, verwandelte sich das Volksrecht dieser Gegenwart wieder zurück in germanische Rechtsaltertümer.

3. Die Kontroverse von Kirchmann/Stahl

Der Streit zwischen Reaktion und politischem Liberalismus, der seine rechtstheoretische Ausprägung in der Kontroverse Puchta / Beseler ge-

---

37 Beseler als Berichterstatter des Verfassungsausschusses, zu § 39 des Verfassungsentwurfs („Die bürgerliche Rechtspflege soll in Sachen besonderer Berufserfahrung durch Männer aus dem Volke geübt oder mitgeübt werden Handelsgerichte, Fabrikgerichte, Landwirthschaftsgerichte usw.“): „Dieser Paragraph ist im Interesse der Civilrechtspflege aufgenommen, damit die Lebenserfahrung und Rechtsanschauung des Volkes, der strengen Jurisprudenz gegenüber, sich geltend zu machen Gelegenheit finde, — auch aus dem Grunde, damit das Rechtsbewußtsein und der Rechtssinn im Volke wieder erstarke ...“; in: Die Verhandlungen des Verfassungs-Ausschusses der deutschen Nationalversammlung, herausgegeben von Droysen, 1. Teil, 1849, Anlage 5 S. 383.

38 Beseler, Volksrecht und Juristenrecht, S. 352.

39 Man vergleiche etwa die Ähnlichkeit der Anschauungen eines Praktikers wie Kierulff mit Beselers Äußerungen; zum Beispiel bei Kierulffs Abstellen auf das wirkliche, „lebende Recht“, siehe dazu Landsberg, Geschichte, S. 494.

40 Ein Anspruch, der freilich im wesentlichen „Theorie“ blieb und nicht etwa die tatsächliche praktisch-juristische Arbeitsweise bestimmte, der aber als theoretischer Entwurf Einfluß auf das Bewußtsein der Juristen von ihrer Arbeit hatte; s. dazu auch unten S. 165 ff.

funden hatte, erfuhr am Vorabend der Revolution von 1848 noch einmal eine Wendung ins Juristische durch die Schrift von Kirchmanns über die „Werthlosigkeit der Jurisprudenz als Wissenschaft“[41] und die Antworten, die darauf von seiten der historischen Schule gegeben wurden, vor allem die Antwort Julius Stahls: „Rechtswissenschaft oder Volksbewußtsein[42].“

Von Kirchmanns Ausgangspunkt ist die These: Gegenstand der Jurisprudenz habe das Recht zu sein, wie es im Volke lebt, das „natürliche Recht“, nicht aber das positive Recht[43]. Das Recht, wie es im Volke lebt — das bedeutet eine Anknüpfung an Beselers Rückgriff auf den Ursprung der historischen Schule, es bedeutet ein Bekenntnis zu der unter der Flagge des „Volksrechts“ geeinten Schar der Germanisten. Beseler hatte eine Beteiligung der Laien an der Zivil- und Strafrechtspflege gefordert; von Kirchmann nimmt diese Forderung auf, geht aber weit über sie hinaus: Zugunsten eines demokratischen Freirechts der aus dem Volke berufenen Schöffen und Geschworenen lehnt er nicht nur ein Rechtsetzungsmonopol der Jurisprudenz ab, sondern will selbst dem Gesetzgeber — den sich doch die Germanisten, der erhofften politischen Änderung vorgreifend, als durch Volkswahl legitimierten dachten — nur zubilligen, „die leitenden Grundsätze“ des Rechts aufzustellen[44]. Jedes ausformulierte positive Recht sieht er als unnatürliche Versteinerung des natürlichen, lebendigen Rechts an[45]. Daher kommt es bei von Kirchmann zu jener schroffen Entgegensetzung von Volksrecht und positivem Recht.

Die Entgegensetzung von Volksrecht und positivem Recht bei von Kirchmann zeigt, wie schwer sich der deutsche Liberalismus getan hat, zu einer Theorie des positiven Rechts zu finden — wo doch gerade der Liberalismus von seiner Tradition her bemüht sein mußte, dem Gedanken der Gesetzgebung Raum zu schaffen. Es lag wohl an den politischen Widerständen, die sich in Deutschland der Verwirklichung des parlamentarischen Gedankens entgegenstellten, daß ein liberaler Jurist und Politiker wie von Kirchmann den von ihm bekämpften politischen status quo mit dem Gesetzgebungsgedanken, mit der Theorie der Positivität des Rechts, zusammen denken konnte[46]. In diesem Kleinmut, der

[41] Zu dieser Schrift und zum politischen Standort von Kirchmanns siehe vor allem Theodor Sternberg, J. K. von Kirchmann und seine Kritik der Rechtswissenschaft, zugleich ein Beitrag zur Geschichte des Realpolitischen Liberalismus, 1908.

[42] Stahl, Rechtswissenschaft oder Volksbewußtsein? Eine Beleuchtung des von Herrn Staatsanwalt von Kirchmann gehaltenen Vortrags, 1848; zu den übrigen Entgegnungen vgl. Landsberg, Geschichte, Noten, S. 318 Nr. 10.

[43] Von Kirchmann, S. 9.

[44] Von Kirchmann, S. 39.

[45] Von Kirchmann, S. 21.

[46] Ganz anders etwa die Entwicklung bezeichnenderweise in England. Dort

nicht damit zu rechnen wagt, daß liberale Gedanken einmal den Gesetzgebungsprozeß leiten könnten, liegt eine Vorwegnahme der Niederlage des deutschen Liberalismus im Jahre 1849. Von Kirchmann gelangt aber auch durch seinen Argwohn gegen das positive Gesetz als erster zu der Erkenntnis, daß wissenschaftlicher Positivismus, wie ihn die historische Schule vertreten hatte, und Gesetzespositivismus, wie er sich später durchsetzte, die gleiche politische Funktion erfüllen können: ein Hinausdenken des Juristen über die gegebenen politischen Verhältnisse zu verhindern.

Die Entgegensetzung von Volksrecht und positivem Recht durch von Kirchmann macht es Stahl leicht, die Selbstverständlichkeit hervorzuheben, daß man hinter einen durch Arbeitsteilung und jurisprudentielle Reflexion bezeichneten Rechtszustand nicht einfach zurückgehen könne[47]. Er betont die notwendige Positivität des Rechts[48] — hält freilich an der Tradition der historischen Schule fest, die Rechtswissenschaft mit der Positivierung zu betrauen, nicht aber den Gesetzgeber[49]. Doch alle Hinweise auf „moderne“ Positivität und Technizität des Rechts schützen Stahl nicht vor der Durchschlagskraft der Argumente von Kirchmanns, die die politische Funktion der Rechtswissenschaft betreffen: „Die Rechtswissenschaft stellt sich dem Fortschritt des Rechts gern feindlich entgegen[50].“ Das zielt vor allem auf die politische Rolle der historischen Rechtsschule; und es mindert diese Attacke nicht, wenn die historische Schule damit als Exponentin einer nicht allein auf sie beschränkten Haltung angesprochen ist. „Die römischen Juristen, in die Kultur des Privatrechts versunken, waren die gehorsamen Diener der Tyrannei ... Die deutsche Geschichte weiß von ihren Juristen nichts besseres[51].“ Auch im Fall der historischen Schule liegt für von Kirchmann die Parteinahme zugunsten des politischen status quo darin, daß man sich von der Politik fernhält. „Dies eben ist das Klägliche der Jurisprudenz, daß sie die Politik von sich aussondert, daß sie damit sich selbst für unfähig erklärt, den Stoff, den Gang der neuen Bildungen zu beherrschen oder auch nur zu leiten[52].“ Gegenüber diesem Argument sieht sich Stahl in einer Zwickmühle: Die geschichtliche Rechtwissenschaft beansprucht ja gerade, „den Gang der neuen Bildungen zu beherrschen“

---

war der Liberalismus bereits weitgehend etabliert; infolgedessen konnte seine Rechtstheorie eine Theorie des positiven Rechts sein. Vgl. vor allem John Austin, dessen „Philosophie des positiven Rechts“ neuestens eine eingehendere Darstellung erfahren hat durch W. Löwenhaupt, Politischer Utilitarismus und bürgerliches Rechtsdenken, 1972.

47 Stahl, S. 4.

48 Stahl, S. 11 f.

49 Stahl, S. 5.

50 Von Kirchmann, S. 15.

51 Von Kirchmann, S. 43.

52 Von Kirchmann, S. 45.

— doch unter der Vorgabe, nicht Politik, sondern reine Wissenschaft zu betreiben. Für Stahl stellt sich damit die Frage, ob er an der Vorgabe reiner Wissenschaft festhalten oder die politisch-gestaltende Rolle der Jurisprudenz hervorkehren solle. Stahl entscheidet sich für den Gestaltungsanspruch — und gibt die bisher geleugnete politische Rolle der geschichtlichen Rechtswissenschaft zu[53]. Um von Kirchmanns Vorwurf zu widerlegen, die Juristen seien fortschrittsfeindlich, läßt Stahl Savigny und Puchta im Stich — die er doch gerade verteidigen will — und beruft sich auf „Grotius, Locke und Montesquieu", also auf die von der historischen Schule verfehmten Vernunftrechtler und auf ihr Miteinbegreifen der Politik[54]. Man mag dieses Zurückgehen auf das ansonsten verpönte Vernunftrecht als lediglich taktisch motiviert werten wollen, als eine geschickte Ausnutzung der globalen Formulierung von Kirchmanns „die Juristen", als argumentum ad hominem. Daß Stahl aber nicht davor zurückschreckt, die Jurisprudenz in der politischen Rolle zu zeichnen, weist doch auch auf den Hitzegrad der Auseinandersetzung, die auf ihrem Höhepunkt auch von Stahl eben nur noch als politische angesprochen werden kann. Solche Offenheit der politischen Optionen begünstigt eher die Position von Kirchmanns; denn auf seiner Seite ist der politische Zeitgeist: „Die Nation ist der wissenschaftlichen Juristen überdrüssig[55]." Von Kirchmann hätte es auch anders ausdrücken können: Die geschichtliche Rechtswissenschaft hat entgegen ihrer Selbstdarstellung eine politische Funktion erfüllt; und die von ihr vertretene Politik läuft dem mehrheitlichen Willen unseres Volkes entgegen.

Diesen Befund vermag Stahl nicht zu erschüttern. Ihm bleibt die Flucht nach vorne: Er enthebt die Rechtswissenschaft dem Urteil jeder Volksmeinung. Solche Mißachtung der Rechtswissenschaft, wie sie in von Kirchmanns Urteil zum Ausdruck kommt, beruhe eben auf einer „Vergötterung des Volkes"[56]. Hier löst die historische Schule offen die bisher immer noch behauptete Verknüpfung von Recht und Volksbewußtsein auf. „Das Recht ist nicht ein bloßes Werk des Volkswillens, der Volkseinsicht, es ist etwas Selbständiges, eine sittliche Anforderung über dem Volke, und es ist in letzter Instanz nicht der Wert des Rechts zu bemessen, ob es der Volkseinsicht, sondern der Wert der Volkseinsicht, ob sie dem Rechte entspricht ..... Das Recht selbst ist das Heilige im Recht und nicht, daß es das Volk so gewollt[57]."

---

[53] Stahl, S. 8.

[54] Stahl, S. 9; dieses Miteinbegreifen der Politik findet Stahls Billigung aber nur insofern, als es um Rechtsschöpfung, um „Bildung" des Rechts geht, nicht bei seiner Anwendung; von Kirchmann zielt aber gerade auch auf die Rechtsanwendung.

[55] Von Kirchmann, S. 39.

[56] Stahl, S. 27.

[57] Stahl, S. 27 f.

Bei Savigny und mehr noch bei Puchta hatte sich abgezeichnet, wie das juristische Autonomiedenken dazu tendiert, dem Recht metaphysische Qualität beizulegen. In Stahls Polemik kommt das klarer zum Ausdruck als je zuvor: er stellt das Recht als „etwas Selbständiges" und als „Heiliges" dar. Ohne Umschweife gibt sich auch die politische Funktion dieses Denkens zu erkennen. Die autonome Rechtswissenschaft stellt sich gegen Volksansicht und gegen deren Ausdrucksmittel: die Gesetzgebung[58]. Die metaphysische Qualität des Rechts, das Heilige, Bleibende, Unveränderliche des Rechts, wird zum stärksten Argument gegen den demokratischen Gesetzgeber. Die Savignysche Mythopoese vom unpolitischen Wesen des Rechts gipfelt bei Stahl im Versuch, die Heiligkeit des Rechts als juristische Kunstschöpfung neu zu begründen[59].

4. Verfassungsstaat oder Rechtsstaat — die verfassungspolitische Alternative des Jahres 1848 als Fortsetzung der rechtstheoretischen Kontroversen

Ohne die rechtstheoretischen Kontroversen des Vormärz versteht man nicht vollständig die verfassungspolitische Alternative des Jahres 1848. Ohne Einsicht in diese Alternative wird aber weder das Scheitern der Revolution selbst noch der weitere Verlauf der rechtstheoretischen Diskussionen, die durch diese Niederlage des politischen Liberalismus geprägt sind, verständlich.

Die Kontroverse Puchta / Beseler, der erste Akt der Auseinandersetzung zwischen „Romanisten" und „Germanisten" in den 40er Jahren[60], zeichnet deutlich deren politischen Gehalt; es war weitgehend die Auseinandersetzung zwischen politischer Reaktion und den Kräften, die die Revolution von 1848 trugen. Der Hinwendung zum „Volksrecht" bei Beseler und den anderen Germanisten entsprach im Politischen die Forderung nach dem „Volksstaat", der nach dem zeitgenössischen Sprachgebrauch die staatliche Neuordnung eines geeinten Deutschlands im Geiste des liberalen Verfassungsstaates bezeichnete. Die germanistische Bewegung fand ihren Höhepunkt in den beiden Germanistenversammlungen von 1846 und 1847, die in ihrer stark politisch bestimmten

[58] Stahl, S. 29.

[59] In der Kontroverse zwischen von Kirchmann und Stahl zeigt sich wiederum die Frontstellung Rechtsmetaphysik — Ideologiekritik des Rechts (s. oben S. 23 f). Von Kirchmanns Angriff gilt einer ideologischen „Hoheit und Heiligkeit der Jurisprudenz" (von Kirchmann, S. 8); er weist auf das „natürliche Recht" hin, in dem sich die Bewegungsgesetze der gesellschaftlichen Entwicklung abbilden sollen (S. 20 ff.) ein deutlicher Bezug zur Comteschen Ideologiekritik des Rechts; nicht zufällig hat von Kirchmann als erster Comtes Soziologie ins Deutsche übersetzt (nach seiner späteren Entlassung aus dem Staatsdienst); s. oben S. 27 Fn. 52.

[60] Vgl. hierzu vor allem die Darstellung von Otto Gierke, Die historische Rechtsschule und die Germanisten, 1903.

Themenstellung die von Beseler entwickelte Linie der Opposition weiterführten[61]. Die Bestrebungen der Germanisten faßte Gierke so zusammen: „Volksmäßige Mitwirkung bei Gesetzgebung und Rechtsprechung[62].“ Die deutsche Rechtseinheit sollte durch den Erlaß eines bürgerlichen Gesetzbuches und eines Strafgesetzes gefördert werden[63]. Im Drang zum öffentlichen Recht zeigte sich am stärksten die politische Tendenz, in der Behandlung der Schleswig-Holsteinischen Frage, in der Beschäftigung mit Problemen der Auswanderung und des Auslandsdeutschtums und in der Forderung nach einer grundlegenden Reform der Gerichtsverfassung durch Beteiligung von Laien in Zivil- und Strafrechtspflege[64]. Gierke resümierte: „Unleugbar glitt so die (germanistische) Bewegung ins Politische hinüber[65].“ Treitschke nannte die Germanistenversammlungen „einen geistigen Landtag des deutschen Volkes“[66] und Jacob Grimm bezeichnete die Paulskirche als eine „Fortsetzung der Germanistenversammlungen“[67].

Das Leitbild der Paulskirche war der Verfassungsstaat[68]. Die Frankfurter Nationalversammlung hat seine Umrisse deutlich genug gezeichnet; daß sich diese Linien später verwischten, lag nicht an der Unklarheit der ausgearbeiteten juristischen Form, sondern daran, daß diese Formen niemals belebt waren.

Was aber war das konservative Gegenleitbild? Es war der Rechtsstaat. Die verfassungspolitische Alternative des Jahres 1848 hieß also: *Verfassungsstaat oder Rechtsstaat.* Solche Alternative ist dem heutigen Verfassungsdenken nicht mehr ohne weiteres verständlich. Unter dem Grundgesetz ist Rechtsstaatlichkeit ein konstitutiver Teil des Verfassungsstaates. Die Bindung der Staatsgewalt an das Gesetz, die Unabhängigkeit der Gerichte, der Vorbehalt des Gesetzes bei staatlichen Eingriffen in die Freiheitssphäre des Bürgers, sind Strukturprinzipien der Verfassung selbst. Ja, definiert man den Rechtsstaat umfassender als Rechtsordnung, die Grundrechte gewährleistet und auf Gewaltenteilung zwischen Exekutive, parlamentarischer Legislative und Judikative basiert, dann wächst der Begriff des Rechtsstaats immer mehr in den des Verfassungsstaates hinein[69]. Aber gerade diese zwei verschie-

---

[61] Gierke, S. 20 ff.

[62] Gierke, S. 22.

[63] Gierke, S. 23.

[64] Gierke, S. 23 f.

[65] Gierke, S. 24.

[66] H. v. Treitschke, Deutsche Geschichte, Bd. V, 5. Aufl. 1908 S. 686.

[67] Zitiert bei Gierke, S. 25 f.

[68] Vgl. statt aller die eingehende Darstellung bei E. R. Huber, Verfassungsgeschichte Bd. II, 1960, S. 767 ff.

[69] Vgl. Maunz / Dürig, in Maunz / Dürig / Herzog, Grundgesetz, Art. 20 Rdnr. 58 ff.

denen angeführten Definitionen des Begriffs Rechtsstaat — der formale und materiale Rechtsstaatsbegriff[70] — vermittelt von der Dogmatik des geltenden Verfassungsrechts her noch eine Ahnung von der verfassungspolitischen Alternative der Revolution von 1848[71]. Die politische Spannung zwischen Restauration und Revolution formte sich zu der Alternative: *(nur) formaler Rechtsstaat oder (auch) materialer Rechtsstaat (= Verfassungsstaat).*

Wie ist es dazu gekommen, daß die Elemente formaler Rechtsstaatlichkeit aus dem ideengeschichtlichen Zusammenhang des Verfassungsstaates gerissen und gegen diesen gestellt werden konnten? Dieser Vorgang kann ohne den allmählichen Funktionswechsel der Kontroversen zwischen liberal-verfassungsstaatlichen Denkansätzen und der Rechtstheorie der historischen Schule nicht begriffen werden. Im Jahre 1814, in der Kontroverse zwischen Savigny und Thibaut, war es — verfassungspolitisch gesehen — um die Alternative gegangen: Wahrung des Absolutismus oder Hinwendung zum Verfassungsstaat. Zumindest in Preußen hatte durch den Bruch des Verfassungsversprechens von seiten König Friedrich Wilhelm III. der Absolutismus noch einmal gesiegt. Im Laufe der weiteren Entwicklung aber konnte man auch bei den Ländern, die — wie etwa Preußen — keine Verfassung hatten, immer weniger von „Absolutismus“ sprechen; in wachsendem Maße waren die deutschen Staaten „konstitutionell“ durchtränkt — nämlich in dem Sinne, daß Eingriffe in Freiheit und Eigentum nur auf gesetzlicher Grundlage vorgenommen, daß Machtansprüche im Bereich der Rechtsprechung nur noch höchst selten vorkamen[72]. Mit anderen Worten: Der Obrigkeitsstaat hatte die mehr formalen, Rechtssicherheit verbürgenden Elemente des Verfassungsstaates weitgehend adaptiert[73].

---

70 Ebd.

71 Vgl. das Eintreten eines Konservativen wie Stahl für den „Rechtsstaat“: „Der Staat soll Rechtsstaat sein, das ist die Losung und ist auch in Wahrheit der Entwicklungstrieb der neueren Zeit.“ Die Philosophie des Rechts, Bd. II 2, Die Staatslehre und die Principien des Staatsrechts, 5. Aufl. 1878, S. 137. Zum Begriff des Rechtsstaats siehe auch H. H. Klein, Die Grundrechte im demokratischen Staat, 1972, S. 35 ff.; Scheuner, Die neuere Entwicklung des Rechtsstaats in Deutschland, in Hundert Jahre deutsches Rechtsleben Bd. II 1960, S. 247 ff.; Bäumlin, Art. Rechtsstaat, in: Evangelisches Staatslexikon, Spalte 1733 ff.; E. W. Böckenförde, Entstehung und Wandel des Rechtsstaatsbegriffs, in Festschrift für A. Arndt, 1969, S. 53 ff.; Klaus Stern, Der Rechtsstaat, 1971, hier insbes. S. 8.

72 Instruktiv Mohnhaupt, Richter und Rechtsprechung im Werk Savignys in: Studien zur europäischen Rechtsgeschichte (Hg. W. Wilhelm), 1972, S. 243 ff.; zur Unabhängigkeit des Richters insbesondere S. 258 ff. Bezeichnend in diesem Zusammenhang Savignys Weigerung, sich für den Grundsatz richterlicher Unabhängigkeit auf Montesquieu, den Theoretiker des gewaltenteilenden Verfassungsstaates, zu berufen; S. 259.

73 Hierzu Böckenförde, Die Historische Rechtsschule, S. 9, 19; eindringlich auch Wieacker, Privatrechtsgeschichte S. 430 ff.

Ausschlaggebenden Einfluß wird man dabei der stürmischen wirtschaftlichen Entwicklung zuzuschreiben haben, die die handwerklichen Produktionsformen in solche der Manufaktur und Industrie verwandelte. So wie die Staaten des deutschen Bundes der politischen Stärke dieser Entwicklung Rechnung trugen in der Gründung des Zollvereins, durch den ein einheitliches Wirtschaftsgebiet geschaffen wurde, so mußte sich auch für die rechtlichen Formen des wirtschaftlichen Verkehrs der Grundsatz formaler Rationalität, der Berechenbarkeit staatlichen Handelns in Verwaltung und Justiz, mehr und mehr verwirklichen. Die fortschreitende wirtschaftliche Entwicklung brauchte den (formalen) Rechtsstaat und der Obrigkeitsstaat bot ihn.

Es war gerade die Entwicklung einer präzisen Begrifflichkeit, die Bemühungen um strenge Systematisierung des Rechtsstoffes von seiten der historischen Schule und der Begriffsjurisprudenz, die die Voraussetzungen schufen für Berechenbarkeit und Voraussehbarkeit der Rechtsanwendung, den unabdingbaren Grundlagen einer sich immer mehr entwickelnden Verkehrsgesellschaft; die in der historischen Rechtsschule neu begründete wissenschaftliche Auffassung von Rechtsanwendung gab die politische Grundlage für eine von der Regierung unabhängige, nur den Maßstäben des Rechts verpflichtete Justiz. Solche Konvergenz zwischen historischer Schule und liberalen Tendenzen[74] wurde noch verstärkt durch die Eigenart des römischen Rechts, dessen Aufarbeitung die historische Schule übernommen hatte. Das späte römische Recht war das Recht einer — cum grano salis — kapitalistischen Verkehrsgesellschaft gewesen, die durch eine entwickelte Geldwirtschaft und einen überregionalen Warenaustausch gekennzeichnet war[75]; von daher ist erklärlich, daß das römische Recht genügend Raum für die stürmische wirtschaftliche Entwicklung gab. — Die „unpolitische" Rechtstheorie der historischen Schule, die auf eine Erhaltung des politischen status quo gerichtet war, konnte alle diejenigen liberalen Elemente aufnehmen, die die politische Stabilität der konstitutionellen Monarchie nicht gefährdeten: die formal-unpolitischen Elemente, die die Verfassungsebene nicht erreichten. Der *Rechtsstaat* ist, nach der glänzenden Formulierung von Otto Mayer, *der Staat des wohlgeordneten Verwaltungsrechts*[76]; in dieser Kennzeichnung findet die Aussparung der Verfassungsebene ihren präzisen Ausdruck.

Die politische Alternative, die sich im Laufe des Vormärz herausgebildet hatte: Rechtsstaat oder Verfassungsstaat hat kurz vor dem Ausbruch der Revolution Stahl in seinem Anfang des Jahres 1848 veröffentlichten Nachruf auf Puchta deutlich gemacht: Puchta sei „keines-

---

[74] Böckenförde, S. 18 f.

[75] Wieacker, Recht und Gesellschaft in der Spätantike, 1964, S. 19.

[76] Otto Mayer, Deutsches Verwaltungsrecht, Bd. 1, 3. Aufl. 1924, S. 13.

wegs gleichgültig gewesen gegen eine Garantie der staatsbürgerlichen Rechte, er suchte diese nur mehr anderwärts (als in konstitutionellen Einrichtungen), namentlich in der Unabhängigkeit der Rechtspflege und ihrer weiteren Ausdehnung, durch welche sie nach alter Weise auch gegen Unterdrückungen der Staatsgewalt schützen sollte" und weiter: „... bestimmte ihn seine vorherrschend zivilistische Natur, daß er auch die öffentliche Freiheit überall lieber auf dem Wege der Rechtspflege als auf dem der ständischen Vertretung geschützt sah. *Die Justiz war ihm zum Teil auch Surrogat der Verfassung.* Sie war überhaupt vorherrschend der Gegenstand seiner Liebe, seiner Begeisterung, der Bestrebung seines Lebens[77]."

Stahl verstand freilich ebenso wie zuvor Puchta die Begriffe „staatsbürgerliche Rechte" und „öffentliche Freiheit" anders als der politische Liberalismus. Was die Fronten schied, war die Frage des status activus, der politischen Mitwirkungsrechte des Bürgers. Puchtas „staatsbürgerliche Rechte" und „öffentliche Freiheit" umfassen den status activus nicht; sie bezeichnen damit lediglich eine rechtsstaatliche Garantie der „bürgerlichen Rechte" und der „privaten Freiheit". Stahl läßt zwar durchblicken, daß er die grundsätzliche Ablehnung einer geschriebenen Verfassung durch Puchta nicht billigt; aber eine solche Verfassung darf nach seiner Ansicht das monarchische Prinzip nicht antasten, d. h. den Monarchen nicht einer Parlamentssouveränität unterordnen, in der sich der status activus darstellen würde[78].

Bei dieser Entwicklung des Obrigkeitsstaates zum Rechtsstaat blieb nur noch die Frage offen, welche Stoßkraft der Liberalismus dann noch entfalten würde, nachdem die formalrechtsstaatlichen und wirtschaftsliberalen Antriebe beim Drängen auf eine freiheitliche Gestaltung der deutschen Staatsverhältnisse weitgehend ausfielen. Man hat zutreffend vom legalistischen Charakter der Revolution von 1848 gesprochen. Auch insofern stellt die Paulskirchenversammlung eine Verlängerung der rechtstheoretischen Diskussion ins Parlamentarische dar. Die Bindung an den Rechtsstaat ging bei den Revolutionären so weit, daß sie sich auch da im Rahmen der Legalität hielten, wo die Sicherung der Machtbasis für das Frankfurter Parlament in Frage stand[79]. Dessen Arbeit

---

[77] Beilage zur Allgemeinen Zeitung v. 5. 2. 1848, abgedr. in: Georg Friedrich Puchtas Kleine civilistische Schriften, herausgegeben von Rudorff, 1851, S. XI (Hervorhebung nicht original).

[78] An anderer Stelle prägte Stahl das zugkräftige Schlagwort „Autorität statt Majorität", dazu s. Böing, Art. „Stahl", in: Staatslexikon, Recht — Wirtschaft — Gesellschaft, 6. Aufl., 7. Bd., 1962, Sp. 645.

[79] Vgl. auch die bei V. Valentin, Geschichte der deutschen Revolution von 1848 bis 1849, Bd. 2, 1931, S. 73 zitierte Äußerung des preußischen Ministers Hansemann: „... eine Revolution, deren ruhmvoller und eigentümlicher Charakter darin besteht, daß sie, ohne Umsturz aller staatlichen Verhältnisse, die konstitutionelle Freiheit begründet und das Recht zur Geltung gebracht

war daher weitgehend der Versuch, eine machtpolitisch steckengebliebene Revolution durch juristische Arbeit zu vollenden[80]. Der rechtstheoretische Charakter der Verfassungsdiskussion im Vormärz setzte sich fort im legalistischen Grundzug der Revolution. Darin, daß man das Problem des Verfassungsstaates juristisch-technisch nahm statt politisch, zeigt sich, wie wenig die Idee des Verfassungsstaates noch politische Dynamik freisetzen konnte. Man wollte: „etwas mehr Recht“[81]. Das ergab zwar eine Revolution, aber eben keine erfolgreiche.

III. „Vernunftrechtsform gegen Vernunftrechtsinhalt“ im Verfassungsrecht — der preußische Budgetstreit

1. Die Rezeption der begriffsjuristischen Methode im Verfassungsrecht

Der von der historischen Schule unternommene Versuch, mit einer unpolitischen Theorie des Rechts die konstitutionelle Bewegung einzudämmen, hatte sich zunächst in der Verfassungsbegeisterung der Revolution von 1848 als unzulänglich erwiesen. Wie gering die wissenschaftliche Glaubwürdigkeit dieser Rechtstheorie noch eingeschätzt wurde, zeigt die Schilderung von Stintzing:

„In der mattherzigen, schlaffen Periode unserer Restauration ließ sich gar bequem auf dem weichen Kissen jener Theorie ruhen, um behaglich das Schauspiel zu betrachten, wie das Volk sich „naturwüchsig“ von Innen heraus entwickele, in so gemäßigtem Fortschritt, daß Niemand dadurch in seiner Ruhe gestört ward. Bösartiger freilich schon zeigte sich die Doctrin, wenn sie zum Schutz der olympischen Ruhe die hohe und niedere Polizeigewalt zu Hülfe rief. Und als man nun gar die geschichtliche Entwickelung nur bis zu einem bestimmten Punkte als naturwüchsig, und darum berechtigt anerkannte, das später Geschehene als einen Bruch mit der Geschichte verwerfen, tatsächlich zerstören und mit frömmelndem Eifer die ganze, angeblich von Gott verlassene Entwickelung zur Umkehr zwingen wollte, soweit die Macht reichte: da mögen wenige im deutschen Volke noch an die Ehrlichkeit solcher Gesinnungen geglaubt haben[1].“

---

hat. Auf rechtlicher Grundlage steht diese Versammlung, steht die Krone. Daran halten wir fest.“

[80] Valentin, S. 574 zitiert aus einer Rede des Abgeordneten Lothar Bucher in der Berliner Nationalversammlung: „Ich gehöre selbst dem Juristenstande an, und mit Neigung, aber ich habe schon öfter Anlaß gehabt zu bedauern, daß wir hier so zahlreich vertreten sind. Wir bringen nur zu leicht den beschränkten richterlichen Maßstab an die ungeheuren Fragen ... Wir dürfen nicht verfahren wie der Richter, der mit skrupulöser Prüfung aus den vorhandenen, für ihn unantastbaren Gesetzen sein Urteil ableitet, sondern wir müssen mit staatsmännischem Sinne die Notwendigkeiten erkennen, unsern Beruf, die Konsequenzen einer nicht fertiggewordenen Revolution im friedlichen Wege der Gesetzgebung herbeizuführen.“

[81] Valentin, S. 573.

[1] Stintzing, Friedrich Carl von Savigny, 1862, S. 46. Dieser Darstellung

Im Scheitern der Revolution von 1848 lag aber die Chance zu einer erneuten Vorherrschaft dieser Doktrin. Mit der Festigung der alten politischen Mächte und dem Verblassen der verfassungsstaatlichen Herausforderung konnte die Rechtslehre der historischen Schule wieder glaubwürdig eine unpolitische Rolle einnehmen. Die Begriffsjurisprudenz löste sich aus ihrer Verstrickung mit der quietistischen Bejahung des überkommenen Rechtszustandes; der Gedanke der Produktivität, der rechtsschöpferischen Kraft der Ableitung aus dem Begriffssystem wurde schärfer als zuvor betont[2].

Dieses Verblassen der politischen Funktion der Begriffsjurisprudenz erlaubte die Übertragung der begriffsjuristischen Methode des Privatrechts auf das Gebiet des Verfassungsrechtes. Die liberale Verfassungsbewegung hatte immerhin dazu geführt, daß unter dem Druck der öffentlichen Meinung Kompromißverfassungen, wie etwa die preußische von 1850, erlassen worden waren, deren Wortlaut das Verhältnis von monarchischem und parlamentarisch-demokratischem Prinzip zunächst offenließ[3]. Das bot die Chance, mit dem justizpolitischen Programm, das Savigny auf dem Gebiet des bürgerlichen Rechts entwickelt hatte, dem politischen Liberalismus auf seinem ureigenen Felde, der Verfassungstheorie, entgegenzutreten. Die Übertragung der „unpolitischen", „rein juristischen" Methode des Privatrechts auf das Verfassungsrecht war das Werk Gerbers und Labands[4]. Sie begründeten diese Übertragung mit der Forderung nach einer wissenschaftlichen Behandlung des öffentlichen Rechts; Wissenschaftlichkeit verstanden sie dabei ganz in der Tradition Savignys, der dem angeblich unwissenschaftlichen Vernunftrecht die „geschichtliche Rechtswissenschaft" entgegengestellt hatte. Wissenschaftlichkeit wurde gleichgesetzt mit einer Autonomie des Rechts hervorkehrenden, „unpolitischen" Rechtstheorie.

---

kommt um so mehr Gewicht zu, als Stintzing durchaus als Konservativer bezeichnet werden muß; vgl. Landsberg, Geschichte III 2, S. 770.

[2] Vor allem in Anknüpfung an seinen Lehrer Puchta (Gewohnheitsrecht 1. Teil, S. 146) R. von Jhering, Unsere Aufgabe, Einleitungsaufsatz zu Jherings Jahrbüchern Bd. 1, 1857, S. 1 ff., 8 ff.; derselbe, Geist des römischen Rechts, 1. Teil 9. Aufl., S. 40: „... Möglichkeit einer Vermehrung des Rechts aus sich selbst, eines Wachstums von innen heraus. Durch Kombination der verschiedenen Elemente kann die Wissenschaft neue Begriffe und Rechtssätze bilden; die Begriffe sind produktiv, sie paaren sich und zeugen neue."

[3] S. dazu Huber, Deutsche Verfassungsgeschichte Bd. 3, S. 3 ff., 11 ff.

[4] Gerber, Über öffentliche Rechte, 1852, S. 29: „Bei jedem Versuch einer genaueren Bestimmung staatsrechtlicher Principien muß von der privatrechtlichen Anschauung ausgegangen werden." Vgl. Wilhelm, Zur juristischen Methodenlehre im 19. Jahrhundert. Die Herkunft der Methode Paul Labands aus der Privatrechtswissenschaft, 1958, S. 129 ff.; zu Gerber insbesondere von Oertzen, Die Bedeutung C. F. von Gerbers für die deutsche Staatsrechtslehre, in: Staatsverfassung und Kirchenordnung, Festschrift für Smend, 1962, S. 183 ff.

Die Bearbeitung des öffentlichen Rechts gehörte bis über die Mitte des 19. Jahrhunderts — eigentlich bis zu Gerber und Laband — nicht zum eigentlichen Bereich der Jurisprudenz. Die Lehre des öffentlichen Rechts fand zum Teil nicht in der juristischen, sondern in der staatswissenschaftlichen Fakultät ihren Platz[5]. Puchta rechnete in seiner Enzyklopädie der Rechtswissenschaft das Staats- und Verwaltungsrecht nicht zur „Sphäre des Rechts“[6]. Das hatte seinen eigentlichen Grund in der Struktur des absoluten Staates, in dem keine Möglichkeit bestand, das Verhältnis von Staat und Bürger rechtlich zu definieren. Sieht man einmal von einem auf die Erörterung des Verhältnisses der verschiedenen Reichsstände und -staaten beschränkten „Staatsrecht“ ab, so hatte das öffentliche Recht überwiegend naturrechtlich-spekulativen Charakter; es war eher philosophische Rechtslehre als positive Jurisprudenz. Diese Situation der Publizistik änderte sich erst, als die Idee des rechtlich verfaßten Staates nicht mehr nur als vernunftrechtliche Forderung oder als moralischer Appell an den Souverän begriffen wurde, sondern in der Gestalt verbindlicher Abgrenzung der Freiheitssphäre des Bürgers ins positive Recht eingerückt war. Wenn diese Tendenz sich auch teilweise schon in den nach Abschluß der Befreiungskriege ergangenen Verfassungen verwirklicht hatte, so setzte sie sich doch erst in vollem Umfange nach der Revolution von 1848 durch. Damit erst war das öffentliche Recht — das Recht zwischen Bürger und Staat — endgültig als (positives) Recht konstituiert[7].

Daß die wissenschaftliche Bearbeitung des Verfassungsrechts den „unpolitischen“ Weg einschlug, war durch die deutsche Entwicklung zum Rechtsstaat (statt zum Verfassungsstaat) vorgezeichnet. Ebenso wie in diesem Rechtsstaatsbegriff und seiner Abhängigkeit von obrigkeitlich-absolutistischen Elementen die Freiheitssphäre des Bürgers nicht als politische, sondern als unpolitisch-gesellschaftliche begriffen wurde, war die wissenschaftliche Behandlung des Verfassungsrechtes, der die genauere Ausführung dieser Abgrenzung von Staat und Gesellschaft aufgetragen war, auf eine unpolitische Behandlung des öffent-

[5] Vgl. Oppermann, Öffentliches Recht, Staatswissenschaften und Sozialwissenschaften, JZ 1967, S. 721.

[6] Puchta, Enzyklopädie, zitiert bei Landsberg, Geschichte III 2, S. 444. (Ebensowenig sollte man übrigens nach Puchtas Ansicht von einem Völker*recht* sprechen: man solle endlich „aufhören, das Recht dadurch zu entweihen, daß man Sätze mit seinem Namen belegt, für welche sich noch keine rechtliche Form der Geltendmachung gefunden hat, man sollte von einer Völker- und Staatenmoral, aber nicht von einem Völkerrecht sprechen“; Gewohnheitsrecht 1. Teil, S. 142.) Vgl. auch Savigny, Juristische Methodenlehre, Hg. Wesenberg, 1951, S. 13: „Auf keine Weise läßt sich aber das Staatsrecht — systematische Darstellung der Staatskonstitution — in den Begriff der Jurisprudenz bringen.“

[7] Das betont schon Otto Bähr, Der Rechtsstaat, 1864, S. 56.

lichen Rechts festgelegt — wollte sie nicht die angebliche Naturwüchsigkeit der Trennung von Staat und Gesellschaft dementieren[8].

Der Wissenschaftsanspruch der Gerber-Labandschen Doktrin richtete sich polemisch gegen die überwiegend liberal eingestellte ältere Staatsrechtslehre[9]; in dieser hatten sich gerade wegen der absolutistischen Hemmnisse, die ihrer Entwicklung im Wege standen, mehr als in anderen Rechtsgebieten vernunftrechtliche Elemente erhalten[10]. Die von hier ausgehenden verfassungsstaatlichen Impulse prägten auch die Methodik dieser Staatsrechtslehre: sie versuchte, in die juristische Verfassungsbetrachtung und -auslegung (positives Staatsrecht) die Frage nach der richtigen Verfassung (Politik) mit einzubeziehen (von Mohl, Rotteck, Welcker)[11]. Mit dem Scheitern des Verfassungsstaates 1849 war auch der Grund für den Untergang dieser Richtung der Staatsrechtslehre gelegt. *Der formale Rechtsstaat bedurfte einer juristisch-formalen Methode.* Damit drängte sich eine Übernahme privatrechtlicher Begriffsjurisprudenz ins öffentliche Recht geradezu auf. Der Gerber-Labandsche Methodenentwurf hatte gegenüber allen Konkurrenzmodellen einen wesentlichen Vorzug: er enthielt eine erneute Bestätigung des Ableitungsaxioms[12]; er ermöglichte eine verdeckte, „unpolitische“ Rechtsgewinnung für den politischen Bereich des öffentlichen Rechts.

Man hat versucht, den durchschlagenden Erfolg des Gerber-Labandschen Konzepts mit dem Erlaß positiver Verfassungsgesetze — zunächst in den deutschen Staaten, dann 1871 im deutschen Reich — zu erklären und diesen Entwurf einer sich als unpolitisch ausgebenden Staatsrechtslehre als Verfassungspositivismus zu interpretieren[13]. Hier sind jedoch 2 Phasen in der Entwicklung der juristisch-dogmatischen Staatsrechtswissenschaft zu unterscheiden. Diese beiden Phasen entsprechen der Verschiedenheit der Verfassungssituation vor und nach 1871.

---

8 Vgl. Gerber, Über öffentliche Rechte, 1852, S. 78 „Die Volksrechte (Gerber nennt sie auch an anderer Stelle ‚politische Freiheiten‘) sind also lediglich negative Rechte, Rechte auf Anerkennung der freien, d. h. nichtstaatlichen Seite der Persönlichkeit“.

9 Gerber, S. 12, 27; Laband, Staatsrecht des deutschen Reiches, Bd. 1, 5. Aufl., 1911, S. X.

10 E. W. Böckenförde, Gesetz und gesetzgebende Gewalt, von den Anfängen der deutschen Staatsrechtslehre bis zur Höhe des staatsrechtlichen Positivismus, 1958, S. 214.

11 Böckenförde, S. 178 ff., 218.

12 Laband, Staatsrecht des deutschen Reiches, Bd. 1, Vorwort zur 2. Aufl. „Die wissenschaftliche Aufgabe der Dogmatik eines bestimmten positiven Rechts liegt aber in der Konstruktion der Rechtsinstitute, in der Zurückführung der einzelnen Rechtssätze auf allgemeine Begriffe und andererseits in der Herleitung der aus diesen Begriffen sich ergebenden Folgerungen. Dies ist, abgesehen von der Erforschung der geltenden positiven Rechtssätze, d. h. der vollständigen Kenntnis und Beherrschung des zu bearbeitenden Stoffes, eine rein logische Denktätigkeit.“

13 Rehm, Geschichte der Staatsrechtswissenschaft, 1896, S. 260 f.; vgl. ferner

Gerber und Laband waren zunächst keine Verfassungspositivisten, sondern Vertreter eines von Verfassungs- und Gesetzespositivismus wohl zu unterscheidenden wissenschaftlichen Positivismus[14]. Der offene Charakter der monarchisch-konstitutionellen Verfassungen erlaubte keinen Verfassungspositivismus. Dieser kann, ebenso wie der Gesetzespositivismus, nur entstehen auf dem Hintergrund des bruchlosen Einverständnisses mit dem im Verfassungsgesetz verkörperten Gesamtgehalt sozialer und politischer Wertung; der Verfassungspositivismus ist stets Ausdruck einer politischen Saturiertheit[15], die ein wie auch immer motiviertes Spannungsverhältnis zwischen Norm und Auslegung nicht zuläßt. Zu einem solchen Einverständnis boten zunächst die einzelnen Verfassungen der deutschen Partikularstaaten weder der liberalen noch der monarchischen Seite einen Anlaß, weil wesentliche Fragen in diesen Verfassungen offengeblieben waren: Welches Gewicht kam dem monarchischen Prinzip zu? Und welche Rolle spielte demgegenüber das Parlament? Das monarchische Prinzip hatte sich im Erlaß der Verfassungen durch die Fürsten zugleich in Frage gestellt und bekräftigt[16]. Die Parlamente symbolisierten zwar den liberalen Willen zum Verfassungsstaat, aber ihre Existenz konnte eben doch nicht als Sieg des politischen Liberalismus angesehen werden, weil es einen Sieg durch Bewilligung der anderen Seite nicht gibt.

Mit der Beendigung des preußischen Budgetstreits jedoch waren die offenen Verfassungsfragen im wesentlich zu Gunsten des monarchischen Prinzips entschieden und der labile Zustand der monarchisch-konstitutionellen Staatsform verwandelte sich in einen stabilen. Die 1871 erlassene Reichsverfassung trug nicht mehr den Charakter halbherziger Zugeständnisse, sondern spiegelte das Selbstbewußtsein der konstitutionellen Monarchen, die die von den Liberalen ersehnte staatliche Einheit Deutschlands hergestellt, den liberalen Verfassungsstaat aber abgewehrt hatten[17]. Damit erst wuchs die juristisch-dogmatische Staatsrechtslehre in einen Verfassungspositivismus hinein. „Das Gefühl, daß endlich nach langen Kämpfen ein Ruhendes, Dauerndes, Bleibendes anstelle des alten politischen Wirrwarrs gesetzt worden sei, beherrschte

---

Sontheimer, Antidemokratisches Denken in der Weimarer Republik, 2. Aufl., 1968, S. 67.

14 Zu dieser Unterscheidung grundlegend Wieacker, Privatrechtsgeschichte, S. 430 ff., 458 ff.

15 Vgl. E. Kaufmann, Die Gleichheit vor dem Gesetz im Sinne des Art. 109 der Reichsverfassung, VVDStRL Heft 3, 1927, S. 3.

16 Vgl. zu diesem Problembereich Carl Schmitt, Verfassungslehre, 1928, S. 53 f.; Huber, Verfassungsgeschichte Bd. 3, S. 9 ff.

17 Die Liberalen sprachen dementsprechend vom „Scheinkonstitutionalismus"; vgl. Sternberg, J. H. v. Kirchmann und seine Kritik der Rechtswissenschaft, 1908, S. 55. Vgl. auch Gerber, Über öffentliche Rechte, 1852, S. 104: „Die deutschen Constitutionen wurden von der großen Partei der sogen. Liberalen immer als eine Art Abschlagszahlung, als ein Provisorium betrachtet."

Meister und Jünger dieser Schule. Der Politik mit ihren unklaren und biegsamen Sätzen, mit ihren parteimäßigen Doctrinen sollte es verwehrt sein, ihre Stimme in dem neu erbauten Tempel der objektiven rechtlichen Erkenntnis ertönen zu lassen[18]."

In dieser späteren Phase ging es um die Absicherung der Machtverhältnisse. In der ersten Phase aber war es darum gegangen, die Regelungslücken der deutschen Partikularverfassungen zugunsten des monarchischen Prinzips „aufzufüllen" und diese Verfassungen gegen das Eindringen liberaler Tendenzen in die Verfassungsinterpretation abzudichten.

Gänzlich ungeeignet war zu diesem Zweck das Konzept einer die Politik einbegreifenden Staatsrechtslehre, das zu eindeutig von der liberalen Tradition geprägt war[19]. Diese Abdichtungsfunktion konnte allein eine „rein wissenschaftliche", begriffsjuristische Behandlung des Verfassungsrechts erfüllen, die bereit war, den Machtkampf zwischen Parlament und Monarch — soweit er im positiven Verfassungsgesetz unentschieden geblieben war — auf scheinbar unpolitische Weise zugunsten der Krone zu entscheiden; nur sie bot entsprechend der politischen Option der historischen Schule die Garantie, daß Verfassungslücken nicht durch liberale Anschauungen ausgefüllt würden; nur sie konnte dazu bereit sein, notfalls unter Berufung auf die der Verfassung vorgegebenen Grundstrukturen der Rechtswelt, auf vorgegebene Grundeinsichten der „unpolitischen" Rechtswissenschaft, die Verfassung selbst umzudeuten und umzubiegen[20].

2. Die Funktion der begriffsjuristischen Methode im Verfassungsrecht am Beispiel des Budgetstreits

In welcher Weise die aufs Staatsrecht angewandte Begriffsjurisprudenz wirkte, zeigte sich bereits in der ersten staatsrechtlichen Monographie, die die zivilistische Methode im öffentlichen Recht anwandte, in Labands Abhandlung „Das Budgetrecht nach den Bestimmungen

---

[18] Georg Jellinek, Vom Kampf des alten mit dem neuen Recht, Prorektoratsrede 1907, abgedr. in: Ausgewählte Schriften und Reden, 1. Bd., 1911, S. 392 ff., 422.

[19] Das galt vor allem für die ältere liberal orientierte Staatsrechtslehre, aber auch etwa für Lorenz v. Stein, der ein — überwiegend konservativ gestimmtes — Kontrastprogramm zur Gerber / Labandschen Methodik vorgelegt hatte. Vgl. Huber, Lorenz v. Stein und die Grundlegung der Idee des Sozialstaats, in: Nationalstaat und Verfassungsstaat, Studien zur Geschichte der modernen Staatsidee, 1965, S. 127 ff.; Böckenförde, Lorenz v. Stein als Theoretiker der Bewegung von Staat und Gesellschaft zum Sozialstaat, in: Alteuropa und die moderne Gesellschaft, Festschrift für Otto Brunner, 1963, S. 248 ff.; Dirk Blasius, Lorenz v. Steins Lehre vom Königtum der sozialen Reform und ihre verfassungspolitischen Grundlagen, in: Der Staat, Bd. 10, 1971, S. 33 ff.

[20] Hierzu s. unten S. 103 f., 108 f.

der Preußischen Verfassungsurkunde“[21], worin Laband zum Verfassungsstreit zwischen der preußischen Regierung und dem Abgeordnetenhaus Stellung nahm.

Friauf[22] faßt den preußischen Budgetstreit so zusammen:

„Der Konflikt zwischen der Regierung und dem Abgeordnetenhaus entstand wegen der Kosten für die Heeresreform, die die Krone anstrebte und seit 1860 tatsächlich durchführte. Der Landtag hatte die für die erste Stufe der Reform in den Jahren 1860 und 1861 erforderlichen Mittel zunächst im Wege eines ausdrücklich befristeten Provisoriums außerhalb des ordentlichen Haushaltsplanes bewilligt. 1862 setzte die Regierung dann die weiteren Kosten der Reform als dauernde Ausgaben in den Entwurf des ordentlichen Haushaltsplanes ein. Im Gegensatz zum Herrenhaus war das Abgeordnetenhaus jedoch nicht bereit, diese Gelder auf die Dauer zu bewilligen. Am 23. September 1862 beschloß es mit großer Mehrheit, die betreffenden Positionen zu streichen. Am 3. Oktober nahm es den gesamten Haushaltsplan unter entsprechender Kürzung der vorgeschlagenen Militärausgaben an. Das Herrenhaus lehnte dagegen den Etat in dieser Form ab und stellte stattdessen den von der Regierung vorgelegten Entwurf wieder her. Der zweite Teil dieses Beschlusses war offensichtlich unzulässig, weil das Herrenhaus nach einer ausdrücklichen Bestimmung der preußischen Verfassung die von den Abgeordneten gefaßten Beschlüsse über den Staatshaushalt nur im ganzen annehmen oder verwerfen, sie aber nicht in Einzelheiten abändern durfte[23]. Demgemäß erklärte das Abgeordnetenhaus unmittelbar darauf einstimmig, der Beschluß des Herrenhauses verstoße gegen die Verfassung und könne deshalb für die Regierung keine Rechte begründen.“

Damit war das Haushaltsgesetz gescheitert. Denn nach Artikel 99 Abs. 2 der preußischen Verfassung war der Etat jährlich durch ein Gesetz festzustellen; gemäß Artikel 62 Abs. 2 war für den Erlaß eines Gesetzes die Übereinstimmung des Königs und beider Kammern (des Abgeordneten- und Herrenhauses) nötig. Bismarck regierte ohne Haushaltsgesetz, führte auch die Heeresreform durch[24, 25]. Sein Vorgehen verteidigte Bismarck mit dem Argument, die Rechtsfolgen eines Scheiterns des Haushaltsgesetzes seien in der Verfassung nicht geregelt. Deshalb gehe, wer die Macht in Händen habe, dann in seinem Sinne vor. Die Regierung handele nicht rechtswidrig, wenn sie aufgrund ihrer tatsächlichen Stellung die Staatsausgaben weiter leiste[26].

---

21 Das Budgetrecht nach den Bestimmungen der Preußischen Verfassungs-Urkunde unter Berücksichtigung der Verfassung des Norddeutschen Bundes, in: Zeitschrift für Gesetzgebung und Rechtspflege in Preussen, Bd. 4, 1870, S. 625 ff., hier zitiert nach dem Sonderdruck 1871.

22 Friauf, Der Staatshaushaltsplan im Spannungsfeld zwischen Parlament und Regierung, Bd. I, Verfassungsgeschichtliche Untersuchungen über den Haushaltsplan im deutschen Frühkonstitutionalismus, 1968, S. 236.

23 Art. 63 Abs. 3 2. Halbsatz der Preussischen Verfassung von 1850.

24 Das staatliche Steuererhebungsrecht war durch Art. 109 der Preussischen Verfassung gesichert.

25 Der Budgetstreit wurde 1866 (nach dem Sieg Preußens über Österreich) beigelegt durch das sog. Indemnitätsgesetz; s. Huber, Deutsche Verfassungsgeschichte Bd. 3, S. 348 ff.

Im Kern ging es bei diesem Streit um die „Parlamentarisierung der Regierung und des Staates“[27], um die Machtbasis jedes Parlamentes: um die Möglichkeit, über die Bewilligung des Budgets Einfluß auf die Regierungspolitik zu nehmen[28]. Laband rechtfertigt das Vorgehen Bismarcks, der dem preußischen Abgeordnetenhaus diese Machtbasis streitig machte; Laband ersetzt aber Bismarcks politische Begründung durch eine (begriffs-)juristische und schafft damit Verfassungsrecht.

Den Ansatz findet Laband im Begriff des Gesetzes, der älter sei als die Verfassung und dieser vorgehe (!)[29]. Ein Gesetz sei als rechtsverbindliche Anordnung eines Rechtssatzes zu definieren; dem Haushaltsgesetz aber fehle das Element der Anordnung[30]. Da der Haushaltsplan lediglich erfolgte oder vorauszusehende Einnahmen und Ausgaben referiere[31], also nur deklaratorische, keine konstitutive Bedeutung habe, sei er lediglich Gesetz im formellen Sinne; materiell-rechtlich sei er als „Verwaltungsgeschäft“, als Staatsverwaltungsakt zu qualifizieren[32]. Daraus zog Laband seine wesentlichen Folgerungen; zum einen: Der Landtag sei bei der Ausübung seines Rechts zur Etatbewilligung nicht nur an alle Gesetze im materiellen Sinne gebunden[33], sondern dürfte auch die Etatansätze früherer Haushaltspläne nicht unterschreiten[34]. Damit war bereits das Etatbewilligungsrecht des Parlaments jeder politischen Bedeutung entkleidet[35]. Zum anderen: Das Etatgesetz wolle ohnedies nur der Gefahr vorbeugen, daß der Landtag nachträglich behaupte, eine bestimmte Ausgabe sei rechtswidrig gewesen[36]. — Damit war auch das Problem der Etatlosigkeit, um das es im preußischen Verfassungskonflikt geangen war, gelöst: Das Etatgesetz erwies sich als nicht notwendig im Rechtssinne[37]. Sein Fehlen hindere die Regierung nicht, beliebige Ausgaben zu machen; sie sei nur dafür verantwortlich, daß die Ausgaben durch die Gesetze (im materiellen Sinn) oder das Staatswohl erfordert worden seien[38]. Die in der „rein juristischen“ Methode begründete Autonomie des Staatsrechts gegenüber

---

[26] Huber, S. 309 f.; Friauf, S. 237 f.; vgl. auch Bismarck, Gedanken und Erinnerungen, Bd. 2, 1929, S. 348.

[27] Huber, S. 298.

[28] Vgl. Friauf, S. 240 ff.; einschränkend S. 242.

[29] Laband, Budgetrecht, S. 312.

[30] Laband, a. a. O.

[31] Laband, S. 13.

[32] Laband, S. 10 f., 13, 19.

[33] Laband, S. 19 f.

[34] Laband, S. 39 ff., 47.

[35] Vgl. Friauf, S. 258.

[36] Laband, S. 54 f.

[37] Friauf, S. 257.

[38] Laband, S. 54 f., 75 ff., 81.

der Politik offenbart sich in Labands Budgetabhandlung als ideologische Verdoppelung und Widerspiegelung der bestehenden Machtverhältnisse[39]. In dieser inneren Übereinstimmung zwischen „unpolitischer" Methode und ihren politischen Ergebnissen war die dominierende Stellung Labands in der zeitgenössischen Staatsrechtslehre begründet.

Labands Stärke zeigt sich am besten in der Hilflosigkeit und Unzulänglichkeit der kritischen Stellungnahmen seiner Gegner, in ihrer Befangenheit und in den Widersprüchen, in die sie sich verwickelten.

Haenel[40], der Labands Ergebnis im Ergebnis am schärfsten kritisierte, sah sich gezwungen, zumindest die begriffsjuristische Argumentationsweise Labands zu übernehmen[41]. Auch er greift zu einer „gesetzestheoretischen Ableitung seiner Budgetlehre"[42], er versucht, Labands Konstruktion auszustechen, indem er dessen Lehre vom doppelten Gesetzesbegriff (Gesetz im formellen und materiellen Sinne) seine Lehre vom einheitlichen Gesetzesbegriff entgegenstellt: „Die Form des Gesetzes hat den Rechtssatz zu ihrem notwendigen Inhalt"[43]. Diese Methodenübernahme überrascht gerade bei Haenel; nicht nur, weil es ihm als liberalen Politiker[44] leichter hätte fallen müssen, den begriffsjuristischen Schleier, der über den politischen Grundkonflikt gebreitet war, wegzuziehen, sondern vor allem auch deswegen, weil an sich gerade Haenel als Verfassungsjurist bemüht war, dem Labandschen Formalismus eine materiale, die Wertungen nicht übertünchende Staatsrechtslehre entgegenzusetzen[45]. Daß Haenel aber bei der Behandlung dieses politischen Fundamentalkonfliktes nicht wagt, die formalbegriffliche Argumentationsebene Labands zu durchstoßen, zeigt, wie sehr sich die Labandsche Methode als „die wissenschaftliche" durchgesetzt und Anerkennung gefunden hatte. Solche Methodenübernahme implizierte den Verzicht darauf, die politische Option der scheinbar unpolitischen Methode aufzudecken; das machte diese Methode nahezu unangreifbar. Die begriffsjuristische Verhüllung eines politischen Kon-

---

39 Vgl. Friauf, S. 259: „Sachgerecht zu würdigen ist die Theorie Labands nur dann, wenn man sie als eine durchaus politische Lehre erkennt ... Laband ist nicht deshalb in den Formalismus ausgewichen, weil er die politische Tragweite seiner Theorie verkannt hat, sondern weil er den Status quo, der in Preussen 1866 erreicht war, dogmatisch absichern wollte."

40 Zu Haenel vgl. Vitzthum, Linksliberale Politik und materiale Staatsrechtslehre, 1971; ferner Friedrich, Zwischen Positivismus und materialem Verfassungsdenken, A. Haenel und seine Bedeutung für die deutsche Staatsrechtswissenschaft, 1971.

41 Vgl. Friauf, S. 264.

42 Friauf, S. 263.

43 Haenel, Das Gesetz im formellen und materiellen Sinne, 1888, S. 258; hierzu Böckenförde, Gesetz und gesetzgebende Gewalt, 1958, S. 292.

44 Vitzthum, S. 9 ff., 66 ff.

45 Vitzthum, S. 111 ff.

flikts kommt aber nur dem zustatten, auf dessen Seite die Machtverhältnisse sind; denn diese scheinen in ihrer unpolitischen Begründung der Sphäre der Umgestaltung und Veränderung entrückt.

Anders als Haenel kritisierte Otto von Gierke die Scheinobjektivität der juristischen Methode und das Verschweigen der ausschlaggebenden politischen Motive in seiner Abhandlung „Labands Staatsrecht und die deutsche Rechtswissenschaft“[46]. In der Budgetfrage war sich Gierke im Ergebnis mit Haenel einig: die Regierung handele verfassungswidrig, wenn sie ohne ein wirksam zustandegekommenes Etatgesetz wirtschafte[47]. Aber als sei er mit dieser Feststellung doch zu weit gegangen, schränkt Gierke sogleich ein: ein politisches und ethisches Unwerturteil sei damit nicht ohne weiteres verbunden: Es sei nämlich möglich, daß die Regierung politisch und ethisch berechtigt und verpflichtet sei, sich zur Übernahme der Verantwortung für eine verfassungswidrige Finanzverwaltung zu entschließen[48]. Die Möglichkeit solcher Differenzierung zwischen juristischem und politisch-ethischem Unwert erschließt sich Gierke durch einen überraschenden Rekurs auf Bismarcks Lückentheorie. „Der Staat selbst hat geschwiegen, wo er hätte sprechen sollen: sein Rechtsorganismus hat in Folge von Säumigkeit und Zwiespalt seiner Organe versagt. Daraus ergibt sich unvermeidlich ein rechtliches Manko im Staatsleben ... Was nun geschehen kann und soll, ist eine politische Frage[49].“

Gierke distanziert sich von der „rein juristischen“ Methode Labands und zugleich von ihrer Untermauerung des politischen status quo: Laband erwähne überhaupt nicht die Möglichkeit des Rücktritts der Regierung im konstitutionellen Staate; wenn er auf die Notlage verweise, in die der Staat durch einen etatlosen Zustand gekommen sei, so übersehe er, daß keinerlei rechtliche Notwendigkeit für das Fortwirtschaften gerade dieser Regierung vorliege[50]. Aber die Möglichkeit zu solcher politischen Distanzierung erkauft Gierke teuer mit der Selbstbeschränkung der Jurisprudenz: „... was nun geschehen kann und soll ist eine politische Frage“[51]. Gierke tritt Labands Ansicht entgegen, wonach es notwendigerweise Rechtsregeln für die Lösung jedes staatsrechtlichen Konflikts geben müsse[52]. Damit gibt Gierke die für Jurisprudenz konstitutive Annahme auf, daß mit der Feststellung einer

[46] Otto von Gierke, Labands Staatsrecht und die deutsche Rechtswissenschaft, in: Schmollers Jahrbuch, 7. Jg., S. 107 ff.; hier zitiert nach dem Neudruck Darmstadt 1961.

[47] Gierke, S. 54.

[48] Gierke, S. 54.

[49] Gierke, S. 53.

[50] Gierke, S. 54 f.

[51] Gierke, S. 53.

[52] Gierke, S. 54 FN 1 (Bezug nehmend auf Laband, Budgetrecht, S. 75 f.).

Lücke im geschriebenen Gesetz nicht die Aufgaben der Jurisprudenz aufhören, sondern eigentlich erst anfangen: nämlich im Vorgang der Auslegung und Lückenfüllung die gegebenen Normen zu ergänzen, zu erweitern, umzuformen oder neue Normen zu schaffen. Die methodische Selbstbeschränkung Gierkes gefährdet damit den erreichten Stand des rechtsstaatlichen Denkens: ex negatione tritt hier Labands eigentliches Verdienst hervor, die Durchführung des Gedankens, „daß das Staatsrecht Recht ist und nichts als Recht“[53]. Gerade Gierke hatte diesen Gedanken Labands gelobt; in der konkreten Anwendung auf den Budgetstreit gibt er nun — in grellem Widerspruch hierzu — diese Erkenntnis preis.

Hatte Gierke noch grundsätzlich offengelassen, ob das verfassungswidrige Wirtschaften der Regierung politisch-ethisch zu rechtfertigen sei, so ging Jellinek in seiner Nachfolge endgültig davon aus, es lasse sich in diesem Zusammenhang immer nur von „formeller Verfassungswidrigkeit“ reden[54]. Denn das formelle Recht — gemeint ist die Anordnung der Verfassung, wonach das Parlament dem Etatgesetz zustimmen müsse (!) —, gerate in Widerspruch zu den Existenzbedingungen des Staates, wenn aus irgendwelchen Gründen ein Etatgesetz nicht zustande gekommen sei[55]. Wenn ein verfassungsmäßiges Budget nicht vorhanden sei, so sei es vor allem selbstverständlich, daß die Finanzwirtschaft des Staates und die Staatsverwaltung überhaupt fortgeführt werde. Damit bewähre sich die Erkenntnis, daß an der Natur des Staates alles Recht seine Grenze habe. „Wie die Existenz des Staates vor aller Rechtsordnung als faktische Ordnung der socialen Machtfaktoren gegeben ist, sucht sie sich mit unerbittlicher Notwendigkeit im Kampfe mit allen ihr feindlichen Mächten zu behaupten, selbst mit der Rechtsordnung, wenn diese in ihrer positiven Ausgestaltung in Widerspruch tritt mit den staatlichen Daseinsbedingungen[56].“ Bei Gierke ist die Selbstbeschränkung der staatsrechtlichen Jurisprudenz noch deutlich von dem Willen geprägt, das Staatsrecht aus einer platten Parteinahme zugunsten der bestehenden Machtverhältnisse herauszuhalten. Von solcher Distanzierungsabsicht ist bei Jellinek nichts mehr zu bemerken. Er verzichtet nicht nur auf die juristische Durchformung des aufgegebenen staatsrechtlichen Problems, sondern verklärt gleichzeitig auch noch das politische Handeln Bismarcks zu einer Staatsnotwendigkeit, die per se aller Rechtsordnung überlegen sei.

Woran Labands Gegner in der wissenschaftlichen Behandlung des Budgetstreits scheitern, ist der Gedanke der Autonomie des Staats-

53 Gierke, S. 4.

54 Georg Jellinek, Gesetz und Verordnung, 1887, S. 303.

55 Jellinek, S. 304.

56 Jellinek, S. 300.

rechts gegenüber der Politik, wie ihn Laband mit seiner „juristischen Methode" fundiert hatte. Haenels Argumentation bleibt ohne Überzeugungskraft, weil er in diesem Streit nicht auf die Abhängigkeit der juristischen Lösungen von politischen Implikationen zu verweisen wagt. Er übernimmt — im Widerspruch zu seinen eigenen Intentionen — die begriffsjuristische Argumentationsweise Labands; die in dieser Methode begründete Autonomie des Staatsrechts erweist sich für ihn als unübersteigbare Grenze in seiner Auseinandersetzung mit Laband. Gierke und Jellinek scheitern nicht, wie Haenel, bei dem Versuch, über den Gedanken der Autonomie hinauszugehen; die Unzulänglichkeit ihrer Argumentation liegt darin, daß sie versuchen, den Autonomiegedanken einfach rückgängig zu machen, indem sie unmittelbar auf den tatsächlichen Ausgang des Budgetkonflikts verweisen und die staatsrechtliche Jurisprudenz in einem der wichtigsten staatsrechtlichen Probleme, das der konstitutionelle Staat stellt, für unzuständig erklären[57].

3. Noch einmal: Rechtsstaat gegen Verfassungsstaat

Laband liefert den bisher vollständigsten Entwurf des Rechtsstaates: Es gibt im wesentlichen keine arcana imperii mehr, die der rechtlichen Durchdringung und Beurteilung prinzipiell verschlossen wären. Der Preis für diese rechtliche Durchkonstruierung des Obrigkeitsstaates als Rechtsstaat ist die Bereitschaft, den politischen status quo mit Hilfe der „juristischen Methode" zu stabilisieren.

Angesichts solcher Zwiespältigkeit erscheint es kaum verwunderlich, wenn bis in die jüngste Zeit die Urteile über Labands Methode weit auseinandergehen. Von Oertzen betont die „antikonservative, moderne, um nicht zu sagen, zersetzende Funktion" der juristischen Methode im Staatsrecht[58]. Doch ist damit eben nur eine Seite Labands — zudem in grober Überzeichnung — erfaßt. Bei Laband, dessen Werke im Kaiserreich „nahezu kanonische Geltung" hatten[59], läßt sich kaum von einer Distanzierungsabsicht reden; daß mit seiner Methode eine politische Distanzierung objektiv bewirkt worden wäre, dürfte ebensowenig zu belegen sein[60]. Wilhelm andererseits resümiert: „Die rechtspolitische

---

[57] Diese Haltung ist späterhin in die Formel gefaßt worden „Hier hört das Staatsrecht auf"; Meyer / Anschütz, Lehrbuch des deutschen Staatsrechts, 7. Aufl., 1919, S. 906; vgl. hierzu Friauf, S. 268.

[58] Von Oertzen, Die Bedeutung C. F. von Gerbers für die deutsche Staatsrechtslehre, Festschrift Smend, 1962, S. 183 ff., 200 ff., 207; zustimmend Kirn, Verfassungsumsturz oder Rechtskontinuität?, 1971, S. 96 FN 299.

[59] W. Mallmann, Art. Laband, in: Staatslexikon, Recht, Wirtschaft, Gesellschaft, 6. Aufl. 5. Bd., 1960, Sp. 203 ff., 205.

[60] Eine politische Distanzierung von der konstitutionellen Monarchie liegt auch nicht in dem bekannten Vergleich der Stellung des Kaisers mit der des Vorstands einer Aktiengesellschaft, auf den sich Oertzen beruft. Solche

Funktion der ‚juristischen' Methode nach 1870 bestand vornehmlich darin, die neu gegründeten Staatsrechtsverhältnisse des Kaiserreichs zu legitimieren und ihren Bestand durch den Ausschluß jeglicher politischer Kritik zu sichern[61]." Dabei ist freilich der rechtsstaatliche Fortschritt durch die rechtliche Überformung monarchischer Souveränität vernachlässigt. Erst Laband bringt den formalen Rechtsstaat auf der Ebene des Verfassungsrechts zur vollen Entfaltung.

Da das Staatsleben in rechtlichen Kategorien zu erfassen ist, ist die Möglichkeit nicht mehr undenkbar, den Bereich der „Politik", Regierung, Gesetzgebung und Verwaltung, als rechtlich kontrollierbar zu denken. Wie ablehnend Laband diesen Konsequenzen einer rechtlichen Durchformung des Staatslebens gegenüber steht, zeigt seine Haltung zum richterlichen Prüfungsrecht[62]. Es herrschte in der staatsrechtlichen Literatur des späten Kaiserreiches „fast allgemeine Übereinstimmung"[63], daß der Richter bei der Anwendung eines Gesetzes zu prüfen habe, ob das Gesetz überhaupt formell verfassungsgemäß zustande gekommen sei. Laband dagegen sah in der kaiserlichen Ausfertigung des Gesetzes die unanfechtbare Feststellung des verfassungsmäßigen Zustandekommens[64].

Zu Recht hat man in Labands Staatsrecht „antiliberale, ja absolutistische Tendenzen"[65] gesehen; schon Gierke meinte, ein absolutistischer Zug sei bei Laband unverkennbar[66]. Die Grundentscheidungen des Verfassungsstaats blieben Laband fremd. Wie Laband im Budgetstreit „eindeutig und einseitig gegen die Volksvertretungen"[67] Stellung genommen hat, so hat er sich auch späterhin grundsätzlich ablehnend zum Parla-

---

Parallelisierung, die man heute freilich als „Entmythologisierung" empfinden mag, entspringt bei Laband lediglich dem durch die Übernahme der privatrechtlichen Methode selbst auferlegten Zwang, die Erscheinungen der Verfassungswelt auf bekannte Rechtsbegriffe zurückzuführen. Auf derselben Linie liegt übrigens die Einschätzung Gerbers durch von Oertzen, bei dem er Tendenzen zum demokratischen Volksstaat nachweisen zu können meint; er verweist dabei auf die Gleichheit der Wortwahl Gerbers mit dem Eisenacher Programm der SPD (!). Hatte nicht auch Savigny die revolutionär aufgeladenen Begriffe des „Volkes", des „Volksbewußtseins", des „politischen Elements des Rechts" benutzt? Dabei muß von Oertzen natürlich von der scharf antidemokratischen Schrift Gerbers „Über öffentliche Rechte" (1852) abrücken; von Oertzen behauptet einen späteren Bruch Gerbers mit solchen Anschauungen, ohne ihn aber zu belegen.

[61] Wilhelm, Zur juristischen Methodenlehre im 19. Jahrhundert, 1958, S. 159.

[62] Laband, Das Staatsrecht des Deutschen Reiches, Bd. 2, 5. Aufl. 1911, S. 44.

[63] Laband, S. 44 FN 1.

[64] Laband, S. 44.

[65] Mallmann, a. a. O.

[66] Gierke, Labands Staatsrecht, S. 35.

[67] Friauf, S. 258.

mentarismus geäußert: „Das parlamentarische System steht mit dem Grundbau der Reichsverfassung im Widerspruch und jeder Schritt in der Richtung zu demselben wäre eine Gefahr für das Reich, eine Lähmung seiner Tatkraft, ein Rückschritt zum Partikularismus, ein Rückfall in den Fehler des Verfassungsentwurfs von 1849[68]." Die Annahme „sogenannter Freiheitsrechte oder Grundrechte"[69] des Bürgers war für Laband eine rechtslogische Unmöglichkeit. „Sie sind keine Rechte, denn sie haben kein Objekt"; sie seien nur Schranken, die sich die Staatsgewalt selbst setze, keine subjektiven Rechte des Bürgers[70]. Die Entfernung dieser „rechtslogisch" abgesicherten Anschauungen vom verfassungsstaatlichen Denken bezeichnet genau die Entfernung des formalen Rechtsstaats vom Verfassungsstaat.

IV. Die „juristische Methode" als Fassade

Der Autonomieanspruch der Begriffsjurisprudenz erstarrte in einer beispiellosen Selbsthypostasierung des unpolitischen Juristengeistes, der über allem Wandel der Zeiten sich gleichbleibe. Das ging bis zu der — im Gefolge der historischen Schule doch bemerkenswerten — Behauptung, das Recht könne sich nicht weiter entwickeln. Jhering schreibt, es gebe allenfalls eine theoretische Möglichkeit rechtlicher Entwicklung — nämlich durch die Entstehung neuer Begriffe. „Eine Jurisprudenz, die seit Jahrtausenden arbeitet, hat die Grundformen oder Grundtypen der Rechtswelt entdeckt, und in ihnen hält sich auch alle fernere Bewegung, so sehr sie im übrigen von der bisherigen divergieren möge; eine solche Jurisprudenz läßt sich *nicht mehr durch die Geschichte in Verlegenheit setzen*[71]." Dieser Satz des frühen Jhering ist der eigentliche Kernsatz der historischen Schule, die sich gegen Geschichte, gegen die geschichtliche Relativierung ihres Standpunktes absolut setzt. Ebenso entschieden spricht Laband davon, es gebe keine Möglichkeit einer Rechtsentwicklung. „Die Schaffung eines neuen Rechtsinstitutes, welche einem höheren Rechtsbegriff überhaupt nicht untergeordnet werden kann, ist gerade so unmöglich wie die Entstehung einer neuen logischen Kategorie oder die Entstehung einer neuen

---

[68] Laband, Das deutsche Kaiserthum, 1896, S. 29.

[69] Laband, Das Staatsrecht des Deutschen Reiches, 5. Aufl. 1911, Bd. 1, S. 149.

[70] Vgl. übrigens auch schon Gerber, Über öffentliche Rechte, 1852, S. 78 f.: die sogenannten „staatsbürgerlichen Rechte (politische Freiheiten)" seien lediglich „objektive, abstrakte Rechtssätze über die Ausübung der Staatsgewalt"; zu Labands Grundrechtsauffassung vgl. Sinzheimer, Jüdische Klassiker der deutschen Rechtswissenschaft, 1953, S. 155.

[71] Jhering, Unsere Aufgabe, Einleitungsaufsatz zu Jherings Jahrbüchern, Bd. 1, 1857, S. 1 ff., 16. (Hervorhebung nicht original.)

Naturkraft[72]." Man muß bei diesen Sätzen bedenken: Jhering und Laband verstehen die höheren Allgemeinbegriffe des Rechts nicht als formale Begriffshülsen, die geschichtlich wechselnde Inhalte aufzunehmen bestimmt seien; sie stehen ja gerade in der „begriffsrealistischen" Tradition, die den Allgemeinbegriffen schöpferische, bestimmende Kraft zurechnet. Allerdings ist ein gewisser Bedeutungswandel dieses juristischen Begriffsrealismus unverkennbar. Je mehr nämlich die Übergeschichtlichkeit der in den Allgemeinbegriffen festgehaltenen Rechtssubstanz betont wird, um so weniger gilt das System der Allgemeinbegriffe als Ausgangspunkt der jurisprudenziellen Rechtssatzproduktion, um so stärker tritt sein Charakter als ideologischer Schutz gegen die Anforderungen der Gegenwart hervor: die Grundbegriffe des Rechts „wohnen in Tiefen, die von Wind und Wellen der Gegenwart nicht bewegt werden"[73].

Das Paradoxe daran ist, daß die Begriffsjurisprudenz zur gleichen Zeit, als sie sich in solchen Sätzen feiert, durch die immer stärker werdende Wirksamkeit des Gesetzgebers allmählich verdrängt wird. So gibt die angebliche Übergeschichtlichkeit der rechtlichen Grundbegriffe nur noch einen quasi-philosophischen Hintergrund ab für das juristische Autonomiedenken, ohne doch angesichts der erkennbaren Schwerpunktverlagerung der Rechtserzeugung auf den politischen Prozeß der Gesetzgebung diese Autonomie noch überzeugend begründen zu können.

Das begriffsjuristische, rein „dogmatische" Argumentieren wird zur bloßen Fassade, die dazu dient, die politischen Beweggründe der Entscheidung zu verdecken. „Die Richter sollten stets Bedacht nehmen, eine verschiedene Sprache zu reden, je nachdem sie im Beratungszimmer Vortrag halten, oder mit ihren Aussprüchen an die Öffentlichkeit treten[74]." Die juristischen Allgemeinbegriffe werden als ideologische Leerformeln benutzt, um politische Entscheidungen nach außen begrifflich zu verhüllen. Was politisch unerwünscht ist, wird als „schon (rechts-)begrifflich unmöglich" ausgegeben[75]. Mit dem Zurückziehen auf ewige Unabänderlichkeiten des Rechts ist endgültig das Ende der vernunftrechtlichen Tradition — von der insoweit auch die historische Schule und die Begriffsjurisprudenz gezehrt hatten — bezeichnet, innerhalb deren die Jurisprudenz selbst Konsens zu erzeugen unternommen hatte. Es wurde notwendig, auf den im politischen Gesetzgebungsverfahren erzeugten Konsens über bevorzugungswürdige Interessen

---

[72] Laband, Staatsrecht, 5. Aufl. 1911, 1. Bd., Vorwort zur 1. Aufl.

[73] Sohm, Archiv für bürgerliches Recht, 28. Bd., S. 176.

[74] Otto Bähr, Urteile des Reichsgerichts mit Besprechungen, 1883, Vorrede S. IV.

[75] So treffend E. I. Bekker, Ernst und Scherz über unsere Wissenschaft, Festgabe an R. v. Jhering zum Doctorjubiläum, 1892, S. 125.

und zu verwirklichende Zwecke zurückzugreifen. Damit bedurfte das noch auf einem unpolitischen Rechtsverständnis beruhende Ableitungsaxiom — als wesentliche erkenntnistheoretische Grundlage der Selbständigkeit des Rechts gegenüber der Politik — einer neuen Fundierung. Diese Fundierung gab die teleologische Methode, die an die Stelle der „logischen“, begriffsjuristischen Methode tritt.

Viertes Kapitel

„Die Auflösung der juristischen Begriffe in Politik"[1]

I. Der rationale Rechtsbegriff und die Rechtsanwendung

Es waren politische Gründe gewesen — die Abwehr des Verfassungsstaats —, die zur scharfen Ausprägung der These vom unpolitischen Wesen des Rechts und seiner Anwendung geführt hatten; der Abbau dieser These dagegen war nicht das Ergebnis entgegengesetzter politischer Antriebe, sondern vollzog sich allmählich, als das Bedürfnis nach dieser These schwand und als ihre Diskrepanz zur Realität der juristischen Arbeit allzusehr hervortrat.

Durch den Positivierungsprozeß, der nach der staatlichen Einigung Deutschlands im Bismarckschen Kaiserreich einen neuen Höhepunkt fan (Reichsjustizgesetze, Sozialgesetzgebung, Vorarbeiten zum BGB), kam Mobilität ins Recht. Mit dem planmäßigen Arbeiten einer zentralen Gesetzgebungsmaschinerie drängte sich der politische Zweck des Gesetzes in den Vordergrund der rechtstheoretischen Betrachtung. „Der Zweck ist der Schöpfer des ganzen Rechts[2]." Dieser Satz Jherings bezeichnet das Eindringen des Positivierungsprozesses in die Rechtstheorie; er bezeichnet den Sieg des rationalen Rechtsbegriffs[3].

Jherings antiidealistische Deutung der Rechtsregel als Niederschlag von Begehrungstendenzen, von Interessen ist der für die neuere Zeit folgenreichste Einbruch positivistisch-empiristischer Ideologiekritik in das juristische Denken[4]. Mit dem Aufzeigen gesellschaftlicher Determi-

---

[1] Vgl. L. Nelson, System der philosophischen Rechtslehre und Politik, 1924, S. 12 f.; dazu unten FN 4.

[2] Jhering, Der Zweck im Recht, 1877/1883, Motto.

[3] S. oben S. 50 ff., siehe auch oben S. 23.

[4] Zum empiristischen Ansatzpunkt Jherings s. Wieacker, Privatrechtsgeschichte, S. 449 ff., 452 f.; ders., R. von Jhering, 2. Aufl. 1968 S. 35 ff.; ders., Jhering und der Darwinismus, Festschrift Larenz 1973, S. 63 ff., 68 ff.; ders., R. von Jhering, SavZRom Bd. 86 (1969) S. 1 ff.; Landsberg, Geschichte III 2, S. 788 ff., 807 ff.; Larenz, Methodenlehre, 3. Aufl., 1975, S. 26 ff.; Wilhelm, Zur juristischen Methodenlehre im 19. Jahrhundert, 1958, S. 72 ff., 113 ff. Die Nähe zum ideologiekritischen Denken betonen zutreffend insbesondere Wieacker, Privatrechtsgeschichte, S. 452 (philosophischer Positivismus) und Welzel, Naturrecht und materiale Gerechtigkeit, 4. Aufl., S. 191: bis auf Haaresbreite näherten sich Jherings Anschauungen des Marxschen Aussagen über Recht und Staat. Die revolutionäre Langzeitwirkung dieses „Zweckdenkens" haben

nation des Rechts verbindet sich die Anschauung von der Machbarkeit des Sozialen durch Gesetzgebung. Darin liegt keine „geheime Inkonsequenz“[5]; es entspricht vielmehr der Logik deterministischer Erklärung[6]. In der Erkenntnis von der Determination eines Ablaufs liegt der Schlüssel für seine Beherrschung.

Dieses politische Verständnis des Gesetzes als Versuch, soziale Abläufe zu steuern, blieb nicht auf den Bereich des Rechtsbegriffs beschränkt, sondern revolutionierte auch die Anschauungen vom Charakter der *Rechtsanwendung*. Die am politisch-sozialen Zweck der Norm orientierte „teleologische Methode“ wurde zum stärksten Widersacher der auf rein immanente Sinnentfaltung des Rechtssatzes gerichteten „logischen Methode“[7]. Hatte man unter der Herrschaft der logischen Methode den Rechtssatz nach grammatischen, logischen, begriffshistorischen und systematischen Kriterien ausgelegt[8] — ein Verfahren, das erkennbar auf eine als statisch verstandene, in sich ruhende Rechtsregel ausgerichtet war —, so wurde jetzt die Frage nach dem Zweck der Vorschrift, nach ihrem Telos, zur Kernfrage der Auslegung.

Die Frage nach dem Telos eines Rechtssatzes oder eines Rechtsinstitutes gehörte allerdings zum traditionellen Bestand juristischer Hermeneutik. Das Telos (= ratio legis) bezeichnete unter der Herrschaft der logischen Methode und ihres metaphysischen Rechtsbegriffs aber den „inneren Vernunftgrund“ einer Rechtsregel[9]. Bei diesem rechtsimmanenten Telos-Begriff scheint noch deutlich eine metaphysische Tönung durch: Recht als ein durch die göttliche Weltordnung vorgegebenes, in sich sinnvoll strukturiertes Gebilde, in dessen einzelnen

---

am besten die Kritiker Jherings erfaßt, vor allem L. Nelson, System der philosophischen Rechtslehre und Politik, S. 12 f.: die empiristisch inspirierte Suche nach dem Zweck im Recht bedeute nichts anderes als die Auflösung der ganzen Rechtslehre in Politik; und ders., Die Rechtswissenschaft ohne Recht, 1917, S. 14: „widersinnig ..., von Zwecken des Rechts zu sprechen. Rechtsnormen sind nicht hypothetische, d. h. unter der Bedingung eines Zwecks gebietende, sondern kategorische, d. h. schlechthin und ohne alle Rücksicht auf einen zu erreichenden Zweck gebietende Normen.“ Vgl. neuestens die Kritik Luhmanns, Rechtssystem und Rechtsdogmatik, 1974, S. 29 f.; dazu s. unten S. 186 ff.

[5] So aber Wieacker, Privatgeschichte, S. 582.

[6] Dazu oben S. 25.

[7] Vgl. Savigny, Juristische Methodenlehre, Hg. Wesenberg, 1951, S. 15: „das einzige Geschäft des Richters eine rein logische Interpretation“.

[8] Vgl. Savignys Vier-Elementen-Lehre der Interpretation, System des heutigen Römischen Rechts 1. Bd. S. 213 ff.; dazu Larenz, Methodenlehre, 3. Aufl., S. 11 ff.; Kriele, Theorie der Rechtsgewinnung, S. 81 ff.

[9] Vgl. Hegel, Grundlinien der Philosophie des Rechts, Randbemerkungen zu § 3 „innerer Vernunftgrund“ im Gegensatz zum „verständigen Grund seiner äußeren Entstehung, Geltendwerdens“ (Ed. Hoffmeister) 4. Aufl. 1955, S. 305.

Teilen diese Vernunftstruktur nachgezeichnet werden kann[10]. Diesen inneren Vernunftgrund gilt es bei der Auslegung zu ermitteln. Demgegenüber kommt einem sich in der Normsetzung etwa äußernden politischen Gestaltungswillen keine Bedeutung zu; er ist bloß occasio legis, nur zufällig-empirischer Grund der äußeren Entstehung[11].

Ganz anders der Telos-Begriff, der sich mit einem empirischen Rechtsverständnis Bahn brach und sich in der teleologischen Methode ausprägte[12]: Durch den „Zweck des Gesetzes“ wirken die mit dem Rechtssatz verbundenen *politischen Zielvorstellungen* in die Auslegung hinein. Die mit dem Gesetz verfolgten sozialen Absichten sollen für seine Anwendung fruchtbar gemacht werden; nicht in jenem Sinne, daß es auf den (subjektiv-psychologischen) Willen des Gesetzgebers ankäme — das war eine überwundene Anschauung (Imperativtheorie), die das absolutistische Bild vom Gesetzgeber als Einzelperson widerspiegelte[13]; der Gesetzgeberwille war nichts als die zusammenfassende Bezeichnung für die Begehrungstendenz, die zur Entstehung der Norm geführt hat[14]. Die teleologische Methode macht die Auslegung unabhängig von dem metaphysischen Vernunftgrund ebenso wie von den Zufälligkeiten eines absolutistischen Herrscherwillens — sie faßt das *Gesetz als Sozialprogramm*. Das Vordringen einer teleologischen Methode der Gesetzesauslegung und Begriffsbildung wird zu Recht mit Jherings „Der Zweck im Recht“ in Verbindung gebracht[15]. Jherings Vorstoß brachte aber zugleich ältere (sozusagen apokryphe) Traditionen teleologischer Argumentation zum Bewußtsein[16]. Die sogenannte pragmatische oder kausale Interpretationsmethode läßt sich als frühe Form teleologischen Argumentierens vor allem im Handelsrecht seit dem 18. Jahrhundert beobachten[17]. Dabei kann unter Telos natürlich nicht der Zweck einer (damals nicht vorhandenen) gesetzlichen Regelung, sondern der von der Handelspraxis entwickelten, überkommenden Rechtsinstitute verstanden

---

[10] Besonders stark hervortretend bei Puchta s. oben S. 81 f.

[11] Vgl. Savigny, Juristische Methodenlehre, S. 44.

[12] Die beiden verschiedenen Telos-Begriffe lassen sich bezeichnen als „rechtsimmanenter“ Telosbegriff und „rechtstranszendenter“ Telosbegriff; der letztere liegt der „teleologischen Methode“ zugrunde.

[13] Hierzu Ehrlich, Juristische Logik, 2. Aufl. 1925, S. 96.

[14] Besonders klar bei Philipp Heck, Begriffsbildung und Interessenjurisprudenz, 1932, S. 72 ff.; Gesetzesauslegung und Interessenjurisprudenz, AcP Bd. 112, 1914, S. 17 f.

[15] Wieacker, Privatrechtsgeschichte, S. 574 ff.; Larenz, Methodenlehre, S. 53 ff.; vgl. auch Edelmann, Die Entwicklung der Interessenjurisprudenz, 1967, S. 65 ff.

[16] Vgl. Edelmann, S. 15 ff.; Landsberg, Geschichte III 2, S. 620; vgl. auch Stahl, Die Philosophie des Rechts, 1. Bd.: Geschichte der Rechtsphilosophie, 3. Aufl., 1854, S. 573.

[17] Landsberg, S. 620.

werden. Daß diese methodische Seitenströmung gerade im Handelsrecht ihren Ort hatte, erscheint nicht zufällig: Nirgendwo anders setzt sich die Jurisprudenz so leicht dem Vorwurf mangelnden Realitätsbezuges aus; zur Anerkennung und Durchsetzung ihrer Resultate hat sie in besonderem Maße die Interessen des Handelsverkehrs und die Anschauungen der beteiligten Kaufleute zu berücksichtigen. Zugleich war das Handelsrecht in der Blütezeit der „rein logischen" Interpretationsmethode ein wissenschaftlich nicht überwachtes Rechtsgebiet, wo die juristischen Ideologien der historischen Rechtsschule wenig eingedrungen waren, wo sich demnach der Geist der praktisch-juristischen Begriffsbildung ungezwungen darstellen konnte[18]. So hatte sich z. B. im Wechselrecht bereits gegen Ende des 18. Jahrhunderts die Erkenntnis von der juristischen Relevanz der wirtschaftlichen Funktion des Wechsels, seiner Entstehung aus den kaufmännischen Interessen, angebahnt[19]. Das Weiterwirken dieses Ansatzes zeigt sich etwa in der Abhandlung Einerts „Das Wechselrecht nach dem Bedürfnis des Wechselgeschäftes im 19. Jahrhundert"[20]; schon der Titel dieser Abhandlung legt ein beredtes Zeugnis für ihre methodische Grundtendenz ab. Zufällig war es gerade Einerts Definition des Wechsels nach seinem Zweck, nicht nach seiner Einordnung in die vom gemeinen Recht systematisierten römischrechtlichen Begriffe, die Jhering (in seiner begriffsjuristischen Phase) zu scharfem Widerspruch veranlaßte; Jhering betonte gegenüber Einert den strikt unteleologischen Charakter juristischer Begriffsbildung[21]. Derselbe Jhering hat dann später — nach seiner Konversion zum juristischen Empirismus[22] — die Zweckbetrachtung gerade zum essentiale des juristischen Denkens proklamiert.

II. Die teleologische Methode als Aufhebung eines Denkverbots

Mit der teleologischen Methode[1] ist zum ersten Mal der praktische Wert des Resultats für die Methode der Gesetzesauslegung und Begriffsbildung thematisiert. Die Begriffsjurisprudenz hatte dem Wert des Aus-

[18] Landsberg, S. 736.

[19] Landsberg, S. 620.

[20] Erschienen 1839; hierzu Landsberg, S. 622.

[21] Jherings, Geist des römischen Rechts, 2. Teil, 2. Abt., 8. Aufl. S. 364 FN 511.

[22] Zu Jherings Konversion siehe Wieacker, Privatrechtsgeschichte, S. 451 mwN; ferner Harry Lange, Die Wandlung Jherings in seiner Auffassung vom Recht, 1927.

[1] Es soll hier (entgegen einem Bedenken von Larenz, Methodenlehre der Rechtswissenschaft, 3. Aufl. 1975, S. 332) von „teleologischer Methode" gesprochen werden, nicht vom „teleologischen Element der juristischen Methode", um den fundamentalen historischen Gegensatz zwischen der Theorie rein logischer Rechtsanwendung und der Einsicht in die Unumgänglichkeit teleologischen Denkens zum Ausdruck zu bringen.

legungsergebnisses keine Bedeutung beigemessen. Freilich machte es die Qualität des Juristen aus, daß seine Problemlösungen als sinnvoll, vernünftig, praktisch wertvoll erschienen; er mußte sie aber ohne jeden Rückgriff auf eine noch so evidente Sachgerechtigkeit deduktiv — in Ableitung aus den Allgemeinbegriffen oder späterhin aus dem Gesetz — begründen. Das zeigt etwa der Unterschied zwischen praxis-zugewandter Arbeitsweise und ihrer Darstellung nach außen bei einem so sach- und zeitnah orientierten Juristen wie dem Handelsrechtler Thöl, der das Handelsrecht im Sinne der Savignyschen Schule wissenschaftlich erschloß und als einer der wichtigsten Inspiratoren des Allgemeinen Deutschen Handelsgesetzbuches und der Wechselordnung gelten kann[2]. Er arbeitete ein ungeheures Erfahrungsmaterial von Handelsbräuchen und Präjudizien „still für sich“ auf und münzte es dann in einem Begriffssystem aus, das es ihm erlaubte, seine aus der genauen Analyse der kaufmännischen Usancen und der Gerichtspraxis entwickelten Rechtsschöpfungen als bloße Ableitungen aus dem System auszugeben[3].

Wird nun in der teleologischen Methode der Wert des Auslegungsergebnisses für den Auslegungsvorgang herausgestellt, so heißt das nichts anderes als: Das juristische Ergebnis muß sich an Maßstäben messen lassen, die in der Sicht der traditionellen Methodenlehre „außerrechtliche“ sind (politische, wirtschaftliche, ethische), die sich aber in Wahrheit nur nicht für den fachjuristischen Bereich monopolisieren lassen. Der Richter ist in dem interpretativen Spielraum, den ihm das Gesetz einräumt, selbst für den sozialen Wert des Resultats verantwortlich; und da der interpretative Spielraum des Gesetzes in den seltensten Fällen eindeutig zu bestimmen ist, wird durch die teleologische Methode auch die Reflexion darüber unabweisbar, ob der Richterspruch denn im gegebenen Fall überhaupt durch das Gesetz vollständig determiniert ist. Die Erkenntnis des wertenden Elements richterlicher Tätigkeit führt zu einer Ausweitung des Bereichs, in dem richterliche Wertung möglich ist. Es liegt in der Logik der teleologischen Methode, daß sie zu einer gewissen Vergrößerung des interpretativen Spielraums führt und daß dem Richter damit auch mehr und mehr eine soziale Folgenverantwortung zuwächst. *Mit der Frage nach dem sozialen Zweck des Gesetzes tritt der Richter in eine mitwirkende Rolle als Sozialgestalter neben den Gesetzgeber.*

Daß mit der Frage nach dem Zweck des Rechtssatzes ein *Element politischer Wertung* in die Arbeit des Richters kommt, hatte schon Savigny festgestellt: Man suche zunächst einen bestimmten Zweck, den das Gesetz verfolge; dann ergänze, vervollständige oder korrigiere man

[2] Zu Thöl vgl. Landsberg, S. 625 ff.

[3] Landsberg, S. 628.

von diesem Zweckgedanken her das Gesetz. Die gesetzliche Regel sehe man dann nur noch als Schlußfolgerung aus der Zweckprämisse an, weshalb dann diese Schlußfolgerung durch den Zweck des Gesetzes jederzeit modifiziert: entweder enger oder weiter gefaßt werden könne. So „willkürlich" sei diese Operation, daß von einer wahren Interpretation nicht die Rede sein könne, „denn das, was hier der Richter dem Gesetz hinzutun muß, kann durch dasselbe nicht objektiv geworden sein"[4]. Dieses Verfahren der teleologischen Restriktion bzw. Extension hat bereits *Aristoteles* beschrieben: epieikeia — Billigkeitsgesichtspunkte, die im Einzelfall zu einer Modifikation des allgemeinen Gesetzes führen, unter Berufung darauf, daß die allgemeine typisierende Rechtsregel den untypischen Fall vernünftigerweise nicht meinen kann, auch wenn er dem Wortlaut nach unter die Regel fällt[5]. Das war bei Aristoteles als Notbremse gegen offensichtlich unbillige Entscheidungen gemeint und in der juristischen Tradition auch so gehandhabt worden. Die teleologische Methode stellt demgegenüber eine Systematisierung und Verbreiterung dieses Ansatzes dar; nicht nur das offensichtlich Unbillige, sondern das vielleicht auch nicht mehr ganz Zeitgemäße, das nicht mehr Zweckmäßige kann auf diese Weise den gewandelten Wertvorstellungen wie den wechselnden äußeren Umständen angepaßt werden. Das teleologische Argument stellt nun nicht mehr eine besonders begründungsbedürftige Ausnahme dar, sondern es ist gerade zum Kernstück des juristischen Denkens geworden. Die teleologische Methode gab zunächst zwar vor, nur einen Auslegungsgesichtspunkt neben anderen zu liefern[6]. Aber gegenüber dem am sozialen Zweck einer Norm orientierten teleologischen Argument müssen die traditionellen Auslegungselemente, das grammatische, das logische und das systematische, im Rang zurücktreten[7]; sie haben nur noch den Charakter von Hinweisen, die durch die teleologische Betrachtung jederzeit relativiert werden könne.

Es läßt sich nicht leugnen, daß die teleologische Methode den Richter freier stellt gegenüber dem Gesetz als dies seit dem Aufkommen planvoller Gesetzgebungstätigkeit (die zugleich die Rechtsfindung strikte

[4] Savigny, Juristische Methodenlehre, Hg. Wesenberg, 1951, S. 39 ff.

[5] Aristoteles, Nikomachische Ethik, 1137 b, S. 112 f.; hierzu Engisch, Auf der Suche nach der Gerechtigkeit, 1971, S. 180, mit weiteren Hinweisen auf juristische Kommentierungen dieser Stelle.

[6] Vgl. etwa Larenz, Methodenlehre, S. 332 ff. Mit dem Vorrücken der teleologischen Methode erfahren auch die klassischen Auslegungskriterien eine Umbildung: Das systematische Kriterium war wesentlich auf die Herausarbeitung des „inneren Vernunftgrundes", der „Rechtsnatur" innerhalb der Genealogie der Begriffe gerichtet gewesen (rechts-immanente Teleologie); unter dem Einfluß des Zweckdenkens verkümmerte das systematische Element zum bloßen Ordnungselement des äußeren Systems.

[7] Coing, Grundzüge der Rechtsphilosophie, 2. Aufl., 1969, S. 323 f.; vgl. auch Larenz, S. 333, 335.

an das Gesetz band) der Fall war. Nur wäre es falsch, daraus zu schließen, die teleologische Methode stelle eine bedenkliche Auflösung der „Herrschaft von Begriff und Gesetz"[8] dar, der es entgegenzutreten gelte. *Die teleologische Argumentation ist das notwendige Korrelat zum fortschreitenden Positivierungsprozeß.* Bei einer ständig anwachsenden Zahl von Gesetzen läßt sich Gesetzesbindung nicht ohne ein adäquates Korrektiv verstehen, das den Richter *verantwortlich* macht *für den Gerechtigkeitswert seiner Entscheidung.* Ist das Gesetz unter der Herrschaft des rationalen Rechtsbegriffs vornehmlich ein Mittel der Sozialgestaltung, dann läßt sich Gesetzesbindung, in der die Festigkeit der Regel zum Ausdruck kommt, nicht denken ohne gleichzeitige Relativierung der Bindung an den Gesetzeswortlaut unter Berufung auf den finalen Charakter der Gesetze. Erst in der Ergänzung der Gesetzesbindung durch das teleologische Denken gewinnen die Gesetze jene Fungibilität und Beweglichkeit, die allein die Zustimmung der ihnen Unterworfenen sichern kann. Dabei ist allerdings zwischen zwei Verwendungsweisen des teleologischen Arguments zu unterscheiden: Es dient zunächst in erster Linie der *Verwirklichung der gesetzgeberischen Zielvorstellung,* die es für die Auslegung des Rechtssatzes fruchtbar macht. Die Frage nach dem Zweck des Gesetzes hat freilich eine eigene Dynamik; sie beschränkt sich nicht darauf, nur den Gesetzes*wortlaut* der Zweckrichtung des Gesetzgebers entsprechend zu modifizieren, sie zeigt auch die viel weiter gehende Tendenz, den Zweck gegenüber dem Mittel, das der Gesetzgeber gewählt hat, zu verselbständigen. Unter etwas geänderten Verhältnissen und Anschauungen, so kann dann argumentiert werden, läßt sich der gesetzgeberische Zweck nur erreichen, wenn man nunmehr ein anderes Mittel wählt, d. h.: den objektiven Bedeutungsgehalt des Gesetzes verändert. Die teleologische Methode eröffnet so die *Möglichkeit einer rechtspolitischen Überprüfung des geltenden Rechts;* sie kann als *Instrument für eine richterliche Umbildung des Gesetzes* benutzt werden. — Die Möglichkeit einer Aufweichung der richterlichen Gesetzesbindung liegt hierbei auf der Hand.

Der Unterschied zwischen diesen beiden Argumentationsweisen darf nicht verwischt werden, mögen auch mitunter die Grenzen zwischen ihnen fließend sein (z. B. bei der Argumentation mit einem nicht ganz eindeutigen politischen Zweck des Gesetzes). In der Entwicklung der neueren Methodik läßt sich ein verstärktes Vordringen eines gesetzesrelativierenden Verständnisses teleologischen Argumentierens beobachten. Das wird hinlänglich deutlich, wenn in heutigen Methodentheorien das Gesetz lediglich als „Regelungsmuster" oder als „Ordnungsmodell"[9] bezeichnet wird.

---

[8] Vgl. Menger, Moderner Staat und Rechtsprechung, 1968, S. 19.

Für die historische Betrachtung jedenfalls ist festzuhalten, daß die teleologische Methode nicht nur das wertende Element zum Vorschein gebracht und verstärkt hat, sondern auch dieses wertende Element durch den objektiven Regelungszweck des Gesetzes limitieren sollte; sie hatte insoweit auch eine „konservative“ Funktion. Das wertende Element wird eingebunden in die überkommene Vorstellung von der Ableitung der Entscheidung. Die richterliche Entscheidung wird aus dem Gesetz oder dem überkommenen Recht abgeleitet[10]; daran ändert die teleologische Betrachtung (zunächst) nichts, im Gegenteil: sie soll nunmehr die beste Gewähr für die Richtigkeit der Ableitung geben. In der teleologischen Methode wird versucht, den politischen Charakter des Rechts zu begreifen, ohne die Autonomie der juristischen Problembehandlung aufzugeben[11].

III. Unmittelbare Auswirkungen in der Methodenlehre

Bei Jhering blieb die Zweckbetrachtung noch in relativ vager Allgemeinheit, als unausgeführte, für die Gesetzesauslegung noch nicht fruchtbar gemachte Basisthese. Folgerungen für die Gesetzesauslegung wurden zuerst in der sogenannten „objektiven Auslegungstheorie“ gezogen, die etwa zur gleichen Zeit — um 1885 — von Binding, Kohler und Wach formuliert wurde[1]. Die objektive Theorie geht aus von dem gewandelten Gesetzesverständnis: Das Gesetz ist nicht Selbstzweck; es hat die Bestimmung, einem sozialen Bedürfnis abzuhelfen[2]. Daraus, daß

---

[9] Esser, Vorverständnis und Methodenwahl, 2. Aufl., 1972, S. 36, 84 und öfter.

[10] Das kommt am besten zum Ausdruck bei Philipp Heck, der von der Ableitbarkeit der Entscheidung aus den „Wertungen“ des Gesetzgebers spricht (siehe unten S. 122); neuestens noch Rüthers, Die unbegrenzte Auslegung, 1968, S. 437.

[11] Vgl. Hagen, Soziologie und Jurisprudenz, 1973, S. 30.

[1] Die „objektive Theorie“ sah — in betonter Abwendung von der „subjektiven Theorie“, die den psychologischen Willen des Gesetzgebers zu erforschen trachtete (hierzu Ehrlich, Juristische Logik, 2. Aufl. 1925, S. 96) — den objektiven Zweck des Gesetzes als entscheidendes Auslegungskriterium an; so Kohler, Grünhuts Z XIII, 1886, S. 1 ff.; Binding, Handbuch des Strafrechts, 1. Bd., 1885, S. 6 ff., 450 ff.; Wach, Handbuch des deutschen Zivilprozeßrechts, 1. Bd., 1885, S. 268. Aus Gründen der Gesetzestreue betonte später Heck die Verbindlichkeit der „subjektiven“ Zwecksetzungen des Gesetzgebers, der ratio legislatoris, meinte damit aber nicht den „psychologischen“, sondern den normativen Willen des Gesetzgebers, das heißt, die im Gesetz zur Geltung gelangten Gemeinschaftsinteressen; siehe Gesetzesauslegung und Interessenjurisprudenz, AcP Bd. 112, 1914, S. 1 ff., 8. Der Streit der subjektiven und objektiven Zwecktheorien („entstehungszeitliche — geltungszeitliche Methode“), der sich bis heute fortsetzt, kann nicht über ihren gemeinsamen Ursprung im rationalen Gesetzesbegriff und auch nicht über ihre gemeinsame Funktion, Vehikel richterlicher Umformung des Gesetzes zu sein, hinwegtäuschen.

[2] Kohler, S. 35.

das Gesetz als „Zeitprodukt“, als „Kulturerzeugnis“[3] verstanden wird, schließt man, es müsse dem Richter gestattet sein, die Mittel dieser Sozialgestaltung an etwa gewandelte Verhältnisse anzupassen[4]. Dabei bleibt zunächst unklar, ob nur die Mittel eine Veränderung erfahren können oder auch die Zielsetzung selbst. Wenn man schon im Gesetz ein dem Wandel unterworfenes Kulturerzeugnis sieht, ist nicht einzusehen, warum nicht auch zeitbedingte Zielsetzungen eine Veränderung erfahren können. — Damit wies die objektive Theorie auf einen Grundzusammenhang zwischen gewandeltem Gesetzesbegriff und richterlicher Freiheit in der Handhabung des Gesetzes — ohne diesen Zusammenhang schon formulieren zu können. Mit der Betonung des Zweckcharakters im Recht — das als Mittel begriffen wird, soziale Wirkungen herbeizuführen — tritt der Richter in eine politische Rolle; denn die Rolle des Sozialgestalters kann der Richter nur durch eigenständiges Mitdenken und Werten, durch Anpassen nicht nur der Mittel, sondern auch der Ziele an gewandelte soziale Verhältnisse und an gewandelte Anschauungen über soziale Verhältnisse wahrnehmen.

So zeigen sich auch konsequenterweise in der objektiven Theorie bereits Ansätze, die die ganze Interpretationslehre zu sprengen drohen. Die geforderte zeitgerechte Auslegung wird gar nicht mehr als Interpretation begriffen: „Es ist Neubildung, es ist Neuschöpfung, es ist eine freie That der Wissenschaft[5]!“ Das ist bereits das Pathos der Freirechtsbewegung, die in der objektiven Theorie einen ihrer Ursprünge hat. Je mehr die Maßgeblichkeit der Zweckvorstellungen des politischen Gesetzgebers abgelöst werden kann durch die des Richters, mußte die Gefahr hervortreten, daß mit solch weitgreifender Befugnis des Richters die Rechtsprechung in den politischen Prozeß gezogen werden könne. Dem suchte man dadurch zu entgehen, daß man das Gesetz in der juristischen Problembehandlung von seinem politischen Ursprung abgeschnitten wissen wollte. „Das Gesetz ruht nach seiner Verabschiedung durch den Gesetzgeber auf sich selbst, getragen durch eigene Kraft und Schwere, erfüllt von eigenem Sinn[6].“ Um die Selbständigkeit des Rechts gegenüber der Politik zu wahren, mußte hier noch einmal diejenige metaphysische Prämisse wieder aufgenommen werden, die der Begriffsjurisprudenz zugrunde gelegen hatte: die Annahme eines „Eigenlebens“ der Rechtssätze[7]. Damit geriet aber die objektive Theorie in einen un-

[3] Kohler, S. 34 ff.

[4] Vgl. Kohler, S. 35: „Auf der einen Seite hat der Jurist die socialen Zustände zu untersuchen, welchen das Gesetz abhelfen soll; auf der anderen Seite hat er zu prüfen, welches die Neuregulierung der Lebensverhältnisse ist, die auf dem Standpunkt der Zeit diesen Postulaten am besten abhilft ...“.

[5] Kohler, S. 50 f.

[6] S. Binding, S. 454.

[7] S. oben S. 81 f., 97 Fn. 2.

übersehbaren Widerspruch zu ihrer Auffassung vom Recht als Mittel der Sozialgestaltung. Die These vom Eigenleben des Gesetzes war in ihrer Absicht allzu durchsichtig, als daß sie die juristische Unabhängigkeit und Selbständigkeit dauernd hätte begründen können; um so weniger, da sie dem Problem der Gesetzbindung des Richters einfach ausgewichen war[8]. Das in ihr liegende Wahrheitsmoment freilich, die durch keinen Hinweis auf Gesetzesbindung aufhebbare *Verantwortung des Richters für die sozialen Folgen seiner Entscheidung* blieb zumindest als Problem einer künftigen Methodenerörterung aufgegeben.

Dieselbe unaufgelöste Diskrepanz zwischen politischem Rechtsverständnis und juristischer Autonomie zeigt sich in noch schärferer Form in der *Freirechtsbewegung,* die kurz nach der Jahrhundertwende die Thesen der objektiven Theorie wieder aufnahm[9]. Die Freirechtsbewegung verbindet einen radikalempiristischen Rechtsbegriff — Rechtsentstehung aus der Gesellschaft[10] — mit der bislang entschiedensten Abkehr von der traditionellen „rein juristischen", „logischen" Methode. Die unvermeidliche Wertung des Richters wird so stark in den Vordergrund geschoben, daß der Eindruck entstehen konnte, die Freirechtsbewegung wolle den Richter vom Gesetz freistellen[11]. Die Freirechtler haben sich gegen diese Contra-legem-Fabel gewehrt[12]; sie enthält aber zumindest einen richtigen Kern: Die Freirechtsbewegung zeigt eine merkwürdige Befangenheit in der Einschätzung gesetzgeberischer Tätigkeit. Wie schon bei von Kirchmann wird nicht auf einen parlamentarischen Gesetzgeber gesetzt, sondern auf freie richterliche Rechtsfindung[13]. Die schöpferische Wertung des „Richterkönigs"[14] — eher vom

---

[8] An diesem Punkt setzte dann Philipp Heck an; s. oben S. 119 Fn. 1.

[9] Zur Freirechtsbewegung vgl. Wieacker, Privatrechtsgeschichte, S. 579 ff.; Kriele, Theorie der Rechtsgewinnung, S. 63; Larenz, Methodenlehre, S. 65 f.; Lombardi, Geschichte des Freirechts, 1971; Riebschläger, Die Freirechtsbewegung, 1968; J. Schmidt, Das „Prinzipielle" in der Freirechtsbewegung, 1968; Moench, Die methodologischen Bestrebungen der Freirechtsbewegungen auf dem Wege zur Methodenlehre der Gegenwart, 1971; Krawietz, Artikel Freirechtslehre, Historisches Wörterbuch der Philosophie, Bd. 2, Spalte 1098 ff.; A. Kaufmann, Freirechtsbewegung, lebendig oder tot? Jus 1965, S. 1 ff.

[10] Insbesondere diejenige Richtung der Freirechtsbewegung, die die Jurisprudenz „aus einer praktischen Disziplin zu einem Zweig der Soziologie" machen wollte (vgl. Ehrlich, Soziologie und Jurisprudenz, in „Zukunft", Bd. 14, 1906, S. 239) stand unter dem Einfluß der positivistischen Ideologiekritik (Comte); s. auch oben S. 91 Fn. 59.

[11] So etwa Cn. Flavius, Der Kampf um die Rechtswissenschaft, 1906, in: Kantorowicz, Rechtswissenschaft und Soziologie, 1962, S. 13 ff., 33 f.

[12] Vgl. Ehrlich, Die richterliche Rechtsfindung aufgrund des Rechtssatzes, in: Recht und Leben, 1967, S. 203 ff.; 231 ff.

[13] Vgl. oben S. 88 f.

[14] Vgl. Adickes, Stellung und Tätigkeit des Richters; Grundlinien einer durchgreifenden Justizreform, 1906; E. Fuchs, Schreibjustiz und Richterkönigtum, 1907.

richtigen Rechtsgefühl als von der gesetzgeberischen Dezision geleitet — soll die Rechtserneuerung bringen, die als Hinwendung zum „natürlichen Recht“[15] interpretiert wird: zu den empirisch verstandenen „Naturgesetzen der gesellschaftlichen Entwicklung“.

Die freirechtlichen Anstöße hatten keine unmittelbaren Wirkungen auf die Auslegungspraxis; sie wurden erst fruchtbar gemacht durch die *Interessenjurisprudenz,* die sie in entscheidenden Punkten modifizierte. Es war vor allem Philipp Heck, der die Einsicht in die Unvermeidbarkeit richterlichen Wertens mit dem Gebot der Gesetzestreue zu vereinbaren suchte[16]. Er lieferte damit den fruchtbarsten, bis heute wirksamen Entwurf einer praktisch-juristischen Arbeitsweise. Die Interessenjurisprudenz hat stärker als alle anderen Methodenströmungen das soziale Telos des Rechtssatzes vom entstehungszeitlichen, nicht wie etwa die objektive Theorie vom geltungszeitlichen Standpunkt aus zu betrachten gelehrt. Welche Kollisionen von Interessen hat der Gesetzgeber durch diesen Rechtssatz geregelt und welchen Interessen hat er den Vorrang gegeben? Damit ist die Rolle des Richters als Sozialgestalter neben dem Gesetzgeber politisch entschärft; der Richter wertet zwar, leitet aber seine Wertungen größtenteils aus dem Gesetz ab[17]. Damit hat Heck in genialer Weise das neu zum Bewußtsein gekommene Element der richterlichen Wertung noch einmal mit der herkömmlichen Auffassung von der Ableitung der Entscheidung zu verschmelzen versucht. Die verführerische Formulierung Hecks, der Richter sei der denkende Diener des Gesetzes[18], war der letzte Nachklang des Ableitungsaxioms.

Alle gebotene Betonung des Gesetzesgehorsams führt jedoch nicht zu der Annahme Hecks, das Gesetz selbst enthalte bereits die Gründe seiner teleologischen Einschränkung und Ausweitung. Wie Wieacker richtig bemerkt hat, ist die Gesetzestreue der Interessenjurisprudenz eine scheinbare[19]. In der „Gesetzestreue“ versteckt sich vielmehr die eigene Wertung des Richters; dies um so leichter, als die beteiligten Interessen bei Heck sowohl Gegenstand als auch zugleich Maßstab der Wertung sind[20].

---

[15] Vgl. Kantorowicz, S. 37 und 15: „Die neue Auffassung vom Recht stellt sich dar als eine Auferstehung des Naturrechts in veränderter Gestalt.“ Ehrlich, Grundlegung der Soziologie des Rechts, 3. Aufl., 1967, S. 162.

[16] Vgl. Wieacker, Privatrechtsgeschichte, S. 576.

[17] Heck, Gesetzesauslegung und Interessenjurisprudenz, AcP 112, 1914, S. 230 ff.

[18] Heck, S. 19 ff., 53 ff.

[19] Wieacker, Zur praktischen Leistung der Rechtsdogmatik, in: Hermeneutik und Dialektik II, 1970, S. 311 ff., 326.

[20] Ebd.

IV. Der Zweck im öffentlichen Recht

Während sich die teleologische Methode im Zivilrecht nach Hecks Vorstoß rasch durchsetzen konnte, stieß sie im öffentlichen Recht noch auf starken Widerstand. Gerade wegen des nur mühsam zu verbergenden politischen Ausgangspunktes der „juristischen Methode" im öffentlichen Recht war hier von Anfang an die Auseinandersetzung um die Jheringsche These vom Zweck als Schöpfer des Rechts besonders heftig gewesen, denn diese These zielte ja auf nichts anderes als auf die Enthüllung der versteckten Wertung.

Wie tief die Kontroverse um die Frage, ob der Zweck jenseits aller dogmatischen Rechtsbegriffe liege oder aber in die juristische Begriffsbildung notwendig hineinrage, das neu gewonnene Bewußtsein vom Standort des öffentlichen Rechts berührte, wie schwierig es war, die durch Laband anscheinend sicher begründete Selbständigkeit des öffentlichen Rechts gegenüber der Politik mit dem vordringenden Zweckdenken in Übereinklang zu bringen, zeigt sich nicht zuletzt in dem Stellungswechsel der bekanntesten Autoren; die Fronten der Auseinandersetzungen waren nicht starr, sondern blieben in Bewegung. Wo sich Jherings Konversion von der Begriffsjurisprudenz zum Zweckdenken wiederholte, dort geschah das nunmehr unter größeren inneren Zweifeln, die sich aus der klaren Erkenntnis von der unmittelbaren Relevanz eines solchen Umschwungs ergaben.

Den nachhaltigsten Angriff auf Labands Methodik trug Gierke vor: Die strikte Isolierung der juristischen Bearbeitung des Staatsrechts von der historischen, philosophischen und politischen Reflexion führe zu einer Scheinobjektivität der angeblich rein logisch abgeleiteten Ergebnisse; hinter dem logischen Formalismus verberge sich politische Parteinahme[1]. Andererseits lobt Gierke ausdrücklich die Wahrung der „Selbständigkeit" des Rechts bei Laband; er will sie nur im Gegensatz zu ihm nicht in der methodischen Selbstbeschränkung verankert wissen, sondern in einem „idealen Gehalt" des Rechts. Nur wenn die Jurisprudenz diesen idealen Gehalt, die „Rechtsidee" zur Evidenz bringe, stärke sie die Widerstandskraft des Rechts „gegen den Ansturm politischer und kirchlicher, sozialer und wirtschaftlicher Mächte"[2]. Gierke führt noch einmal den Gedanken der Autonomie des Rechts auf seine vernunftrechtlichen Ursprünge: das (rationale) Naturrecht habe einen „bergeversetzenden Glauben an die Rechtsidee" gehabt, dahin liege „der große Gehalt seiner geschichtlichen Tat, das Unsterbliche in ihm"[3].

---

[1] Otto Gierke, Labands Staatsrecht und die deutsche Rechtswissenschaft, 2. Aufl. 1961, S. 9 ff.

[2] Gierke, S. 76, 96 f.

[3] Gierke, S. 96.

Doch zeigt Gierkes Verzicht auf eine juristische Lösung des Budgetproblems[4] deutlich, wie schwer es in der praktisch-juristischen Arbeit ist, den „idealen Gehalt“ des Rechts „gegen den Ansturm politischer Mächte“ zu behaupten und zur Evidenz zu bringen.

Eine ähnliche Zwiespältigkeit findet sich bei Jellinek. Er bekennt sich zunächst zum Labandschen Formalismus: „So wenig aber eine vollendete Anschauung vom Staate möglich ist ohne einen Begriff von seinem Ursprunge und Zwecke, so wenig sind diese Begriffe zu verwenden zu einer Erkenntnis der rechtlichen Natur des Staates ... Der Zweck ist gewiß der Schöpfer des Rechts. Aber es ist ein methodisch logischer Fehler, den Schöpfer mit dem Geschöpf zu konfundieren[5].“ Wenig später jedoch wendet sich Jellinek gegen die Versuche, der Zweckbetrachtung jede juristische Relevanz abzusprechen: „die Elimination des Zwecks, des Schöpfers des ganzen Rechtes, aus dem Staatsrecht“ mache dieses „einfach unverständlich“[6]. Gegen die Verwerfung teleologischer Betrachtung im Staatsrecht geht er mit dem Vergleich an: „Es ist wie wenn man aus der Definition des Ozeans das Merkmal der Flüssigkeit eliminieren wolle[7].“ Welche politische Zielrichtung das nun von Jellinek geforderte Miteingreifen des Zwecks hat, schlägt unvermittelt durch in seiner Kritik am unteleologischen Vorgehen bei der juristischen Erörterung des Staatszwecks. „Ist der Staat begrifflich zwecklos, dann hat die innere Politik Rußlands und Englands den gleichen Wert oder Unwert[8].“ Hier kommt der über die bisherige Entwicklung des Rechtsstaats hinausweisende Gedanke einer rechtlichen Kontrolle der Politik zum Ausdruck, einer Kontrolle, die damals nur durch eine sich am „Zweck“ des Staates legitimierende Wertung des Juristen denkbar war[9].

So kommt Jellinek zu dem Ergebnis: Ebenso wie die soziale Staatslehre, die Lehre vom Sein des Staates, bedürfe die Staatsrechtslehre der ergänzenden politisch-wertenden Betrachtung. „Alle wichtigen Lebensprozesse des Staates aber sowie alle Sätze seiner Rechtsordnung waren vor und in ihrem Entstehen Gegenstand politischer Erwägungen und Entschlüsse; alle vollendete staatliche Tat, alles bestehende Recht bringt politische Wirkungen hervor[10].“

---

[4] S. oben S. 105 f.

[5] G. Jellinek, Gesetz und Verordnung, 1887, S. 192.

[6] G. Jellinek, System der subjektiven öffentlichen Rechte, (1. Aufl. 1892), 2. Aufl. 1905, S. 38 FN 1.

[7] Ebd.

[8] Ebd.

[9] Zur Staatszwecklehre vgl. Hespe, Entwicklung der Staatszwecklehre in der deutschen Staatsrechtswissenschaft des 19. Jahrhunderts, 1964; ferner Hug, Die Theorien vom Staatszweck, 1954.

[10] G. Jellinek, Allgemeine Staatslehre, 3. Aufl., 1913, S. 16.

Wie sieht aber nun konkret die Einbeziehung politisch-wertender Elemente in das staatsrechtliche Denken aus? Jellinek geht von der Dreiteilung aus: juristische Betrachtung des Staates (Staatsrechtslehre), empirische Betrachtung des Staates (soziale Staatslehre) und wertende Betrachtung des Staates (Politik)[11]. Damit wandelt er lediglich das Grundelement der Labandschen Methodik ab: den Dualismus von juristischer und politischer Betrachtung des Staates. „Mit vollem Recht bemerkt Laband, daß die Rechtsdogmatik ..... eine rein logische Tätigkeit ist. Aber Feststellung des Inhalts aller Rechtssätze ist mit der reinen Logik nicht möglich. Gerade die Grundbegriffe des Staatsrechts, die alle übrigen tragen, spotten der rein logischen Behandlung[12]." Zunächst ist also — mit Laband — alles Logik; dann aber erweist sich — gegen Laband —, daß der Inhalt gerade der grundlegende Begriffe auf rein logische Weise nicht zu ermitteln ist. Jellinek versucht, diesen Widerspruch so aufzulösen: Staatsrechtliche Untersuchungen empfangen „durch den Hinblick auf das politisch Mögliche Inhalt und Ziel... Politische Erkenntnis lehrt vor allem die Grenzen sicherer staatsrechtlicher Untersuchung festzustellen"[13]. — Politik als Unsicherheitsfaktor juristischer Logik, Begrenzung der juristischen Arbeit durch das politisch Mögliche, das ist alles andere als ein Sichtbarmachen der politisch-wertenden Bezüge des Staatsrechts. Es läuft vielmehr auf eine Strategie zur Vermeidung von Politik durch Staatsrechtsdogmatik hinaus. Nach diesen Sätzen erstaunt es, wenn Jellinek ausführt: „Eine Kritik der gegebenen Institute des öffentlichen Rechts ist eine politische Aufgabe, welche die Staatsrechtslehre, sowohl die allgemeine und spezielle als die des Einzelrechts, zu erfüllen hat. Die Rechtswissenschaft würde den edleren Teil ihres Berufes gänzlich aufgeben, wenn sie nur nach rückwärts gewendet wäre und nicht auch nach vorwärts den Mächten der Zukunft den Weg zu bahnen mithülfe[14]."

Um Jellineks Gedanken zu verstehen, muß man die widersprüchlichen Elemente seiner Konzeption zu einer dialektischen Einheit zusammenfassen. Sein Festhalten an der Möglichkeit „juristisch-logischer" Betrachtung des Staates bezeugt nur seine Unsicherheit, ob nicht eine wertende, teleologische Betrachtung des Rechts und des Staates, die an sich die größere Freiheit zu einer Kritik der überkommenen Staatsverfassung gegeben hätte, unter dem obwaltenden politischen Konformitätsdruck des Obrigkeitsstaates in eine distanzlose Affirmation umschlagen müßte[15]. Nur durch das Festhalten am Dualismus von recht-

[11] G. Jellinek, Allgemeine Staatslehre, S. 9, 11.

[12] G. Jellinek, Allgemeine Staatslehre, S. 16.

[13] G. Jellinek, Allgemeine Staatslehre, S. 16.

[14] G. Jellinek, Allgemeine Staatslehre, S. 19.

[15] In ähnliche Richtung geht die Vermutung von A. Brecht, Politische

licher und politischer Betrachtung konnte eine juristische Hypostasierung der gegebenen politischen Verhältnisse abgewehrt werden. Der Freiraum der Kritik, auf die Jellinek zielte, war im Obrigkeitsstaat nur durch eine methodische Selbstbeschränkung zu sichern. Jellinek selbst hat die prekäre Lage politisch oppositioneller Staatsrechtswissenschaft im Kaiserreich plastisch geschildert[16]: Schon immer habe ja „auch ein weniger geübtes Auge“ in den Stellungnahmen der dogmatisch-juristischen Schule der deutschen Staatsrechtswissenschaft politische Optionen erblicken können; politische Wertmaßstäbe seien an viele Probleme bewußt oder unbewußt herangebracht worden. Aber mit dem Wandel der politischen Anschauungen, der mit dem Jahre 1878 eingesetzt habe und mit dem Thronwechsel im Jahre 1888 in neue Bahnen gelenkt worden sei (Ende der Vorherrschaft liberaler Ideen und Parteien im Reich), habe eine neue Entwicklung der Staatsrechtswissenschaft eingesetzt:

> „Da treten denn nicht nur andere politische Ideen in den staatsrechtlichen Grundanschauungen hervor, sondern sie machen sich auch bei manchem Schriftsteller mit solcher Wucht geltend, daß sie die rechtliche Erörterung prinzipieller Fragen gänzlich in den Hintergrund drängen. Es wird mit löblicher staatserhaltenden Gesinnung geradezu geprunkt, die Mühe des Beweises durch Begeisterung oder kritiklose Geringschätzung der abweichenden Ansicht ersetzt oder auch jede Diskussion durch gesperrten Druck, der keine Widerrede duldet, niedergeschlagen. Die alte politische Behandlung des Staatsrechts ist heute, mit juristischem Mäntelchen notdürftig bekleidet, wiedergekehrt. Für manche ist das Staatsrecht nicht mehr Gegenstand der Erkenntnis, sondern der Gesinnung, und wenn im Mittelalter die Philosophie als Magd der Theologie bezeichnet wurde, so wird heute das Staatsrecht in ein ähnliches Verhältnis zur Parteipolitik zu setzen versucht, und die Grenze zwischen wissenschaftlicher und offiziöser Publizistik ist daher in der Gegenwart nicht immer leicht zu finden.“

Damit rückte Jellinek das Theorem einer politikfreien Behandlung des öffentlichen Rechts, das von Gerber und Laband zur Absicherung monarchischer Legitimität benutzt worden war, in einen neuen politischen Bedeutungszusammenhang; er stellte es in den Dienst liberal-oppositioneller Kritik an der Rechtswissenschaft des Obrigkeitsstaates[17].

Theorie, 1961, S. 287 f.; vgl. auch die Würdigung Jellineks durch Sinzheimer, Jüdischer Klassiker der deutschen Rechtswissenschaft, 1953, S. 161 ff.

[16] G. Jellinek, Vom Kampf des alten mit dem neuen Recht, Prorektoratsrede 1907, abgedruckt in: Ausgewählte Schriften und Reden, 1. Bd., 1911, S. 392 ff., 422 f.; diese Darstellung enthält eine auch auf andere Zeiten anwendbare Lehre: So begrüßenswert der Drang zur Offenlegung der politischen Optionen der Staatsrechtslehre ist — sei es um des politischen Engagements willen, sei es um der Methodenklarheit und -wahrheit willen, — so darf doch dieser Drang nicht in Gegensatz geraten zum Bemühen um Objektivität.

[17] Vgl. auch G. Jellinek, Allgemeine Staatslehre, S. 64: „So hat denn auch unsere neuere Staatsrechtswissenschaft ihr selbst in der Regel unbewußt Politik getrieben, indem sie aus angeblichen Rechtssätzen Konsequenzen

Weil diese Distanzierung durch methodische Selbstbeschränkung erkauft werden mußte, war freilich auch die Kritik in ihrer möglichen Reichweite begrenzt. Jellinek meldet entschieden den Anspruch an, die staatsrechtlichen Verhältnisse kritisieren zu dürfen, unter der Beteuerung, nichts an ihnen kritisieren zu wollen — außer ihrer unkritischen Bejahung.

Dieser veränderte Stellenwert der Trennung von Recht und Politik und damit auch der überlieferten „juristischen Methode“ kommt sogar noch in den Stellungnahmen zum Ausdruck, die sich im Methodenstreit anscheinend ganz auf die Labandsche Seite schlagen wollen. So faßt Hugo Preuss noch einmal alle Bedenken gegen die teleologische Methode im öffentlichen Recht zusammen[18]: Die notwendige Grenzziehung zwischen politischer und „juristisch-konstruktiver“ Betrachtung des Staates müsse von dem wesentlichen Unterschied beider ausgehen, „daß nämlich jene die Dinge in ihrer Bewegung und Thätigkeit, also teleologisch erfassen muß, diese dagegen im Beharrungszustande, also unter Abstraktion von den ihnen durch sie selbst oder andere, möglich oder vermeintlich gestellten Aufgaben und Zwecken sehen muß“[19]. Die juristische Begriffskonstruktion habe bei der Untersuchung der „Rechtsformen“, der Rechtsinstitute, in denen der politische Wille seinen Niederschlag gefunden habe, von diesem politischen Ursprung bewußt zu abstrahieren. Auf den Zweck dürfe nicht zurückgegriffen werden; denn das Recht sei eine „rein formale Kategorie“. „Der Zweck liegt niemals in der Form, sondern stets im Inhalt; der Inhalt der Rechtsinstitute ist aber niemals juristischer, sondern stets politischer, ökonomischer Natur; deshalb kann juristische Begriffskonstruktion als solche mit dem Zweckmoment absolut nichts anfangen, sondern löst sich dadurch selbst auf[20].“ Nach dieser Neubestätigung Labandscher Methodik fährt Preuss aber — verblüffenderweise — fort: „Eben deshalb hat man freilich auch irgendeine sociale Erscheinung noch bei weitem nicht geistig erfaßt, wenn man sie juristisch konstruiert hat; vielmehr muß dafür die juristische mit der historisch-politischen oder ökonomischen Betrachtung Hand in Hand gehen[21].“ Weil daher die formalistische Art Labandscher „juristischer Reinkultur“ nicht befriedigen könne, liege es nahe, Abhilfe bei der „Zweck- und Interessentheorie“ zu suchen. „Jedoch so berechtigt und gesund die hier zu Grunde liegende Tendenz ist,

---

zog, die sie für juristische hielt, die aber in Wahrheit von politischer Natur sind.“

[18] Hugo Preuss, Zur Methode juristischer Begriffskonstruktion, in: Schmollers Jahrbuch 24. Jahrgang, 1900, S. 359 ff.

[19] Preuss, S. 370.

[20] Ebd.; s. auch S. 369: „Das Zweckmoment löst jeden juristischen Begriff in flüssiges Wachs auf.“

[21] Preuss, S. 370 f.

so verfehlt und unfruchtbar ist der bisher meist eingeschlagene Weg: er führt nicht zu einer Verbindung der juristischen mit der historisch-politischen Betrachtung, sondern zu einer Verfälschung der einen durch die andere[22].“ Damit zielt Preuss konkret gegen die These von Hatschek, die gemeindliche Selbstverwaltung lasse sich als Rechtsinstitut nicht fassen; es handele sich um einen politischen, nicht um einen juristischen Begriff[23]. Preuss wendet sich also gerade gegen einen Verzicht auf genaue juristische Bestimmung von Verfassungsinstituten, gegen ein Sichzurückziehen der Jurisprudenz von politisch bedeutsamen Fragen, gegen die Resignation der grenzziehenden Arbeit der Jurisprudenz vor der Politik. Nur weiß Preuss keinen Weg, an dieser Zielsetzung festzuhalten, ohne die Grundthesen der juristisch-dogmatischen Methode Labands festzuhalten — und sie gleichzeitig für überholt zu erklären. Seine Befürchtung, die Anwendung des Zweckmoments verwandle jeden staatsrechtlichen Begriff in einen politischen, zeigt noch einmal die Scheu vor jeder Gefährdung der juristischen Autonomie, wie sie Laband im Bereich des Staatsrechts formuliert hatte.

Eine letzte ausführliche Parteinahme für Labands Methodenlehre findet sich bei Kelsen[24]. In den „Hauptproblemen der Staatsrechtslehre“ plädiert er dafür, das Zweckmoment aus der juristischen Arbeit zu eliminieren und damit die Rechtsbegriffe als lediglich „formale Kategorie“ gelten zu lassen: erklärtermaßen um der Selbständigkeit der Jurisprudenz willen[25]. Unter Jurisprudenz faßt Kelsen Rechtswissenschaft und Rechtsprechung zusammen; ihr stellt er die Politik als „Normsetzung“ gegenüber[26]. In dieser Dichotomie setzt Kelsen voraus, daß „Normsetzung“ einerseits und richterliche Rechtsanwendung bzw. wissenschaftliche Begriffsbildung andererseits prinzipiell wesensverschieden sind. Aber diese Voraussetzung hat einen fiktiven Charakter. Der Richter wie der dogmatische Rechtswissenschaftler ist schon wegen der Lückenhaftigkeit des positiven Rechts und der relativen Unbestimmtheit der vom Gesetzgeber verwendeten Begriffe immer zur Rechtsgewinnung, zur Normsetzung, also: zur Politik gezwungen. Das

---

22 Preuss, S. 371. Die darin liegende Warnung vor metaphysischer Überhöhung politischer Anschauungen durch eine auf absolute, letzte Zwecke des Staates oder des Menschen rekurrierende Jurisprudenz (S. 367 f.) ist berechtigt. Ein so verstandener Zweckbegriff bedeutet in der Tat „die souveräne Willkür des Autors“, der solche Zweckerkenntnis nur „in der Tiefe des eigenen Gemüts oder in göttlicher Offenbarung“ finden kann. Diese Polemik verfehlt allerdings vollständig den empirischen Zweckbegriff, wie er von Jhering zugrunde gelegt worden war.

23 Preuss, S. 362.

24 Kelsen, Die Hauptprobleme der Staatsrechtslehre entwickelt aus der Lehre vom Rechtssatz, 1911, hier zitiert nach der 2. Aufl. 1923.

25 Kelsen, S. 84 ff.

26 Kelsen, S. 91 ff., 94.

hat auch Kelsen später erkannt[27]. Wie stark die von Laband formulierte Autonomietendenz noch wirkte, zeigt sich am besten an den Konsequenzen, die Kelsen aus dieser Erkenntnis zog: Konnte er in seinen späteren Arbeiten die Aufgaben der dogmatischen Rechtswissenschaft und der Rechtsprechung nicht auf die Handhabung formaler, von allem Zweckdenken gereinigter Begriffe beschränken, so beschritt er den Ausweg, sich auf eine von allen Rechtsinhalten entleerte Strukturtheorie des Rechts zurückzuziehen. Eine solche Strukturtheorie des Rechts legte er in seiner „Reinen Rechtslehre" vor[28]. In der Angst vor dem immer in Bewegung befindlichen politischen Untergrund aller juristischen Tätigkeit, der sich durch die Lücken und Unbestimmtheiten des positiven Rechts unvermeidlich bemerkbar macht, schlug das juristische Autonomiedenken in eine Berührungsfurcht um, die sich von aller traditionellen juristischen Arbeit, Normanwendung und Rechtsgewinnung, als unreiner Vermischung von Recht und Politik in entsagungsvoller Askese fernhielt[29]. Als autonom wird dann nicht mehr — wie noch in den „Hauptproblemen" — die Jurisprudenz angesehen, sondern nur noch die in die Betrachtung der reinen *Rechtsformen* versenkte Strukturtheorie des Rechts[30].

Nach dem Wegfall der konstitutionellen Monarchie und der Etablierung des demokratischen Verfassungsstaates der Weimarer Republik war die endgültige Abkehr von der „rein logischen", formal-unpolitischen juristischen Methode im öffentlichen Recht unaufhaltsam. Die Wende zum teleologischen Denken bezeichnen etwa von Hippels „Untersuchungen zum Problem des fehlerhaften Staatsaktes"[31], die Verhandlungen der deutschen Staatsrechtslehrer 1924 und 1925[32] und Triepels Rektoratsrede „Staatsrecht und Politik"[33].

---

27 Kelsen, Allgemeine Staatslehre, 1925, S. 233 f.: Der Akt der Rechtsprechung sei „ebenso Rechtssetzung, Rechtsschöpfung, Rechtserzeugung wie der Akt der Gesetzgebung und beide nur zwei Stufen des Rechtserzeugungsprozesses"; das habe die traditionelle Lehre verkannt, die die „Rechtsanwendung in einen absoluten Gegensatz zur Gesetzgebung, als Rechtsschöpfung gesetzt" habe.

28 Kelsen, Reine Rechtslehre, 1. Aufl. 1934, 2. Aufl. 1960.

29 Vgl. Kelsen, Reine Rechtslehre, 2. Aufl., Vorwort S. III und S. 1. Betrachtet man die Entwicklung Kelsens von den „Hauptproblemen" bis zur „Reinen Rechtslehre", dann erweist sich, daß die neukantianische Erkenntnistheorie — Trennung von Sein und Sollen — weit weniger bestimmend war als bislang angenommen; entscheidend ist vielmehr die Tendenz zur Sicherung der „Autonomie", eine Tendenz, die durch den Neukantianismus lediglich eine gewisse Verstärkung, eine erkenntnistheoretische Untermauerung erhielt.

30 Ebd.

31 1. Aufl. 1924, 2. Aufl. 1960.

32 Vgl. VVDStRL Heft 3 (1927); vor allem die Referate von E. Kaufmann und Nawiasky „Die Gleichheit vor dem Gesetz im Sinne des Art. 109 der Reichsverfassung" und die anschließende Diskussion; VVDStRL Heft 4 (1928),

Den Durchbruch der teleologischen Methode förderte schließlich die Durchsetzung des Gedankens eines richterlichen Prüfungsrechts gegenüber der Legislative[34]. Das Reichsgericht nahm mit seiner Entscheidung vom 4. 11. 1925 das Recht in Anspruch, Gesetzgebungsakte des Parlaments auf ihre Gültigkeit zu überprüfen[35]. Mehr als alle eigentlichen methodologischen Stellungnahmen der Zeit zeigte diese — an der deutschen Tradition gemessen: kühne — Bejahung des richterlichen Prüfungsrechts, daß die Abkehr von einer juristischen Methode, die die niemals zu umgehende Wertung hinter der angeblichen Logik bloßer Rechtsanwendung versteckt hatte, unaufhaltsam geworden war. Mit der Inanspruchnahme des richterlichen Prüfungsrechts hatte sich die rechtsprechende Gewalt eine Stellung im politischen System zugewiesen, die mit einer juristischen Methodenlehre Labandscher Prägung nicht mehr erfaßt werden konnte.

Diese Hinwendung zu einer Auffassung vom öffentlichen Recht, die die Notwendigkeit politischer Wertung des Juristen anerkannte, war politisch „alles andere als gleichsinnig“[36]. Unbedingte Verteidiger des parlamentarischen Verfassungsstaates standen hier zusammen mit Männern, die — wie etwa C. Schmitt — ihr ausdrückliches Ziel in der Abschaffung des Verfassungsstaates sahen[37]. Diese Tatsache hat nicht die Deutung verhindert, die Hinwendung der Staatsrechtslehre zur Politik sei Ausdruck eines politischen Widerstands gegen den demokratischen Gesetzgeber gewesen[38]. Affekte gegen der Verfassungsstaat und

---

vor allem die Referate von R. Smend „Das Recht der freien Meinungsäußerung“ und von H. Heller „Der Begriff des Gesetzes in der Reichsverfassung“ sowie die anschließende Diskussion. Vgl. zu diesen Diskussionen W. Bauer, Wertrelativismus und Wertbestimmtheit im Kampf um die Weimarer Demokratie. Zur Politologie des Methodenstreits der Staatsrechtslehrer, 1968.

33 H. Triepel, Staatsrecht und Politik, 1927.

34 In den Beratungen der verfassungsgebenden Nationalversammlung war die Frage des richterlichen Prüfungsrechts aufgeworfen, aber nicht beantwortet worden: vgl. Anschütz, Verfassung des deutschen Reichs, 14. Aufl., 1933, Art. 70 Anm. 5.

35 RGZ Bd. 111, S. 323; dazu Anschütz, Art. 70 Anm. 3 - 5 mit weiteren ausführlichen Nachweisen.

36 Sontheimer, Politische Wissenschaft und Staatsrechtslehre, 1963, S. 21.

37 Vgl. die bei Anschütz angeführten Verfechter des richterlichen Prüfungsrechts, die durchweg zugleich auch Vertreter einer teleologischen Methode im Staatsrecht waren; ferner Sontheimer, a. a. O.

38 Hinsichtlich des richterlichen Prüfungsrechts vgl. W. Apelt, Geschichte der Weimarer Verfassung, 1946, S. 286 ff., 288: „Man sieht, es ist immer wieder das Mißtrauen gegen die Parlamentsmehrheiten, in denen zumeist der Einfluß der linksgerichteten Parteien überwog, das ein richterliches Prüfungsrecht gefordert und in der Praxis durchgesetzt hat. Während man ohne weiteres überzeugt war, daß in den Monarchien Willkür und Mißbrauch der Gesetzgebung ausgeschlossen blieben, glaubte man vor der Macht der politischen Parteien eines besonderen Schutzes zu bedürfen. Man befürchtete, mit unwillkommenen Eingriffen in die Individualrechte rechnen zu müssen, nannte dies Willkür und Mißbrauch und flüchtete hinter den Stuhl des Rich-

gegen den demokratischen Gesetzgeber mögen die Abkehr von der rein juristischen Methode, die sich ja als die gesetzestreueste verstand, erleichtert haben; eine grundsätzlich kritische Einstellung zum Parlamentarismus mag auch die Diskussion um das richterliche Prüfungsrecht gegenüber Gesetzen vorangetrieben haben[39]. Doch ist daran festzuhalten, daß solche Affekte nicht als ursächlich für die Wendung zum teleologischen Denken betrachtet werden können. Diese Wendung war vielmehr vorgezeichnet durch den Wandel des Gesetzesbegriffs sowie durch die Konstituierung des Verfassungsstaats und die in ihm angelegte judizielle Kontrolle gegenüber der Politik. Affekte gegen den parlamentarischen Gesetzgeber konnten diese Entwicklung also lediglich politisch akzentuieren, sie haben sie nicht hervorgerufen. Nicht anders ist es schließlich zu erklären, daß die teleologische Methode — im öffentlichen Recht wie in allen anderen Rechtsgebieten — zu eigentlich unumschränkter Geltung gelangt ist[40].

Den letzten Ausläufer des Widerstands gegen die teleologische Methode im öffentlichen Recht bildet Forsthoffs Ausführung über die Verfassungsauslegung[41]. Forsthoff will für den Bereich des Verfassungsrechts eine „Rückkehr zur juristischen Methode“. Diese Methode habe ihre gültige Darstellung durch Savignys Vier-Elementen-Lehre erfahren. Nur diese auf die Berücksichtigung des grammatischen, logischen, historischen und systematischen Elements beschränkte Hermeneutik werde der Verfassung als Gesetz gerecht[42]. D. h.: Das teleologische Argument ist im Verfassungsrecht illegitim. Warum? Forsthoff begründet das mit der Gefahr einer „Auflösung rechtsstaatlicher Formtypik“[43], mit der Notwendigkeit einer stabilen, von teleologischen Argumenten nicht zerfressenen Konsensgrundlage für das politische Leben. Solche

---

ters, von dem man nicht ohne Grund erwartete, daß er der Verfassung eine Auslegung geben würde, die allzu lästige Beschränkungen zumal der Freiheit des Eigentums durch den Gesetzgeber abwehrte.“ Vgl. auch die in dieselbe Richtung zielenden Ausführungen von F. Kübler, Der deutsche Richter und das demokratische Gesetz, AcP Bd. 162, 1963, S. 104 ff., 112 ff.; E. Franssen, Positivismus als juristische Strategie, JZ 1969, S. 766 ff., 770 ff.

[39] Vgl. die eindrucksvollen Belege bei Kübler und Franssen; ferner Th. Vogel, Praxis und Theorie der richterlichen Bindung an das Gesetz, 1969, S. 26 ff.

[40] Vgl. für das öffentliche Recht insbesondere Schwinge, Der Methodenstreit in der heutigen Rechtswissenschaft, 1930; Leibholz, Zur Begriffsbildung im öffentlichen Recht und Der Zweck im Recht, in: Strukturprobleme der modernen Demokratie, 3. Aufl., Neudruck 1974, S. 262 ff., 282 ff.

[41] Forsthoff, Zur Problematik der Verfassungsauslegung, 1961; hierzu Kriele, Theorie der Rechtsgewinnung, S. 15 f., 27 f., ferner Denninger, Rechtsperson und Solidarität, 1967, S. 33 f. Zu früheren Äußerungen Forsthoffs vgl. Hollerbach, Auflösung der rechtsstaatlichen Verfassung? AöR Bd. 85, 1960, S. 241 ff.

[42] Forsthoff, S. 39 f.

[43] Forsthoff, S. 22 ff.

Berücksichtigung politischer Folgen verfassungsrechtlicher Argumentationsweisen ist — auf der grundsätzlichen Ebene der Methodenwahl — selbst ein teleologisches Argument. Forsthoff hält der herrschenden, teleologisch orientierten Lehre der Verfassungsinterpretation das politische Telos der rechtsstaatlichen Verfassung entgegen. Warum sollte man aber nur auf der Ebene der grundsätzlichen Methodenwahl, auf der Ebene der Metamethodik, teleologisch argumentieren dürfen, warum nicht auch auf der methodischen Ebene, auf der Ebene der konkreten Rechtsgewinnung? Warum sollte man nicht auch in jedem einzelnen Rechtsfall dieses Telos der Verfassung, ihre Funktion als Konsenslage, zur Sprache bringen können — und vielleicht sehr viel wirkungsvoller, als wenn man die maßgeblichen Kriterien hinter der Fassade der Savignyschen Vier-Elementen-Lehre verschwinden läßt?

Forsthoffs Postulate zur Verfassungsauslegung kontrastieren im übrigen auffällig mit seinen Methodenanschauungen im Verwaltungsrecht[44]. Hier hat er gerade in der Einführung teleologischen Argumentierens „einen großen wissenschaftlichen Fortschritt" gesehen; der Begriffsapparat des Verwaltungsrechts sei weithin — und in höherem Maße, als dies bis heute erkannt und zugegeben werde — eine Zweckschöpfung, das Ergebnis zweckgerichteter praktischer Erfahrung. Aber gilt das nicht ebenso für die Institute des Verfassungsrechts? Sind sie nicht auch Konkretionen politischer Erfahrung, ja der politischen Grunderfahrungen von Generationen? Warum soll hier — anders als im Verwaltungsrecht — die Fiktion aufrechterhalten werden, das Verfassungsgesetz könne rein immanent, aus sich selbst heraus, ausgelegt werden ohne jeden Rückgriff auf „außerrechtliche", politische und ethische Maßstäbe? Es ist gerade die Nähe der Verfassung zum politischen Leben, die für Forsthoff ihre Entpolitisierung erforderlich macht. Hier wird noch einmal die Fassadenfunktion der rein juristisch-dogmatischen Methode Labands, der sie Forsthoffs Empfehlungen vorwegnehmend von Savigny übernahm und im Verfassungsrecht heimisch machte, beschworen. Diese Methode meint Forsthoff, wenn er fordert, die Entscheidung, die man in der Verfassung suchen und finden könne, dürfe nicht dem Verfassungsinterpreten zugespielt werden. Auch Forsthoffs Verfassungsinterpretation ist Verfassungsinterpretation durch Verfassungsinterpreten, nur: sie soll sich als das Reden der Verfassung selbst darstellen.

---

[44] Forsthoff, Lehrbuch des Verwaltungsrechts, 10. Aufl., 1973, S. 158 ff.; auch diese Diskrepanz verweisen auch Maunz / Dürig, in: Maunz / Dürig / Herzog, GG, Art. 20, Rdnr. 73; ferner Kriele, Theorie der Rechtsgewinnung S. 27 f.

V. Das wertende Element in der Rechtsgewinnung und die Aktualität der „juristischen Methode“

Das teleologische Argumentieren bringt das Element der eigenständigen Wertung des Richters zum Bewußtsein. Damit erschüttert es die Grundannahme der „juristischen Methode“, über Richtigkeit judizieller und jurisprudenzieller Rechtsbildungen könne unabhängig vom jeweiligen Streitgegenstand ohne eigene Wertung geurteilt werden. Je stärker die Position der „juristischen Methode“ gefährdet ist, um so mehr leugnet man einerseits, sozusagen zur Stabilisierung des erschütterten Selbstbewußtseins, daß man ihr jemals angehangen habe[1]. Andererseits versucht man, wenigstens Restbestände der „juristischen Methode“ zu retten; solche Auffangpositionen prägen auch heute noch das Bild der Methodenlehre.

Beispielhaft sei hier auf drei methodische Ansätze eingegangen: die neuere Theorie juristischer Logik, die Theorie einer juristischen Hermeneutik und die Theorie der „Konkretisierung“.

1. Der Versuch einer „teleologischen Logik“

Die „juristische Logik“, das rein logische Verfahren der Rechtsfindung, „das Rechnen mit Begriffen“, war nur eine andere Formulierung für „juristische Methode“. Durch den Ableitungszusammenhang hatte die Entscheidung teil an der Würde und Autorität dessen, woraus sie abgeleitet worden war: an der Würde der Grundbegriffe des Rechts, an der Autorität des Gesetzes. Nicht der Richter, sondern das Recht, das Gesetz trägt die Entscheidung. Diese hat den Charakter des Zwingenden, des Unausweichlichen: Es ist allein die unerbittliche Strenge des Gesetzes und des Rechts selber, die aus ihr spricht. „Nirgends wird die Logik so praktisch, so empfindlich als im Recht; der Kaufmann verliert im Rechtsstreit sein Vermögen, die Tür des Gefängnisses schließt sich hinter dem Übertreter des Gesetzes und das Fallbeil fällt auf den Hals des Mörders — in Kraft der Definition und des terminus medius[2].“ Diese „juristische Logik“ war der Versuch einer materialen Logik[3]; sie sollte ja Urteile über die sachliche Richtigkeit von Entscheidungen erlauben. Die logische Ableitung ersetzte die sachliche Rechtfertigung der Entscheidung[4]. Alle moderne Logik versteht sich indessen als formale

---

[1] Beispielhaft Larenz, Methodenlehre, 3. Aufl. 1975, Vorwort S. VII.

[2] Trendelenburg, Naturrecht auf dem Grunde der Ethik, 2. Aufl. 1868, S. 141.

[3] Engisch, Aufgaben einer Logik und Methodik des juristischen Denkens, in: Studium Generale, 1959, S. 76 ff., 78 ff.

[4] Eike von Savigny, Zur Rolle der deduktiv-axiomatischen Methode in der Rechtswissenschaft, in: Rechtstheorie, Beiträge zur Grundlagendiskussion, 1971, S. 315 ff., 342; vgl. ferner ders., Die Phausnahme und die Phregel oder

Logik[5]. Wird unter der Herrschaft dieses Logikbegriffes von „juristischer Logik“ gesprochen, so ist damit nicht mehr ein Weg zu materialer Rechtserkenntnis gemeint, sondern nur eine Analyse von Rechtssätzen unter logischem, d. h. formalem Aspekt; solche Analyse kann selbstverständlich nicht beanspruchen, ein Urteil darüber abgeben zu können, ob eine Entscheidung sachlich richtig oder falsch sei. Der die traditionelle juristische Logik kennzeichnende Versuch, durch formale Ableitungsverfahren sich der inhaltlichen Richtigkeit rechtlicher Entscheidungen zu versichern, ist damit aufgegeben. Selbstverständlich kann ein juristischer Schluß insofern logisch „falsch“ sein, als die formalen Schlußregeln fehlerhaft angewandt sind. Denn jede juristische Entscheidung beruht auf der Anwendung logischer Schlußregeln. Solche Subsumtion eines konkreten Sachverhalts unter einen Rechtssatz setzt indessen voraus, daß ein Rechtssatz vorhanden ist, der als Obersatz eines Syllogismus geeignet ist[6]. Bei der Auswahl und genauen Festlegung des Rechtssatzes, der als Obersatz verwandt werden soll, hilft die Logik nicht. Die überkommene juristische Logik wollte aber gerade eine Theorie der richtigen Prämissenfindung sein, eine Theorie, in der das logische Schließen das wertende Urteilen überflüssig machen sollte. Das aber kann die Logik nicht leisten[7]. Mit Schopenhauer: Schließen ist einfach, Urteilen schwer[8]. Logik dient nur dem richtigen Schließen, nicht dem richtigen Urteilen.

Die Faszination freilich, die bis heute vom Begriff der juristischen Logik ausgeht, liegt immer noch in der Hoffnung auf eine materiale Logik. Diese Hoffnung schlägt auch noch in den Darstellungen durch, die sich prinzipiell zur Formalität logischer Analyse von rechtlichen Schlüssen bekennen. So erklärt Klug anfangs seiner Untersuchungen über die „juristische Logik“, sie beschränkten sich auf formallogische Probleme[9]; seine Untersuchungen münden aber in Überlegungen zu einer „Teleologik“ des Rechts, einem System materialer Richtigkeitsmaßstäbe für das positive Recht[10]. Eine logische Analyse des positiven Rechts würde, so Klug, deutlich werden lassen, daß positive Rechtsordnungen, für sich betrachtet, nur relative Bedeutung haben können, da es, rein logisch gesehen, jederzeit möglich sei, an die Stelle eines Axiomensystems ein anderes zu setzen. Demgegenüber bestehe aber eine „te-

---

Was die Logik im Recht nicht leisten will, in: Rechtstheorie als Grundlagenwissenschaft der Rechtswissenschaft, 1972, S. 231 ff.

5 Bochenski, Formale Logik, 1956, S. 3 ff.

6 Kriele, Theorie der Rechtsgewinnung, S. 50 f.

7 Eike von Savigny, ebd.

8 Schopenhauer, Preisschrift über die Grundlage der Moral, 1840, Allgemeiner Rückblick.

9 Klug, Juristische Logik, 3. Aufl. 1966, S. 2.

10 Klug, § 18, Teleologik, S. 176 ff.

leologische Bindung“. Jeder Gesetzgebungsakt, d. h. also die Festsetzung der juristischen Axiome, setze, sofern er sinnvoll sein solle, voraus, daß er zweckmäßig sei. „Den Axiomen des positiven Rechts stehen somit teleologische Axiome gegenüber, aus denen die teleologische Richtigkeit der Setzung der ersteren abzuleiten ist[11].“ Ist es überhaupt denkbar, die sich täglich ändernde Welt der rechtlichen Erscheinungen in einem Axiomensystem zu erfassen[12]? Wohl kaum. Aber selbst wenn: Ist es dann möglich, die „teleologischen“ Gesichtspunkte, d. h. die unübersehbare Vielfalt der „Richtigkeitskriterien“, die auf das geltende Recht fortwährend einwirken, in einem Axiomensystem einzufangen? — In diesem Hinübergleiten formal-logischer Betrachtung auf eine materiale Teleologik und in der fraglos vorausgesetzten Möglichkeit, das teleologische, wertende Element der Rechtsbetrachtung in einem Axiomensystem einzufangen, zeigt sich noch einmal das Nachwirken der juristischen Tradition materialer Rechtslogik.

2. *„Hermeneutik“ und Gesetzestreue*

Auch ein Vertreter eher traditioneller Methodenauffassungen wie Larenz erkennt neuerdings an: „Es ist, im Gegensatz zu einer verbreiteten Meinung, nicht die Aufgabe einer juristischen Methodenlehre, gleichsam einen Codex von Verfahrensregeln aufzustellen, durch deren strikte Befolgung zutreffende Ergebnisse gewährleistet werden könnten[13].“ Die Methoden der Jurisprudenz seien „wertorientiertes“ Denken, aber keine logisch-zwingenden Regeln. „Für eine Methodenlehre der Jurisprudenz, die ihre Aufgabe in der angegebenen Weise versteht, liegt die Anknüpfung an die moderne Hermeneutik nahe[14].“ Diese Anknüpfung bietet sich vor allem an, seit Gadamer die Vorbildlichkeit der juristischen Auslegung für eine allgemeine Theorie der Hermeneutik betont hat[15].

Die juristische Hermeneutik ist nach Gadamer darin vorbildlich, daß sie sich einerseits ganz an den Sinn des vorgegebenen Textes gebunden halte, daß andererseits der zu verstehende Sinn sich erst im Vor-

---

[11] Klug, S. 176.

[12] Zur Frage der Axiomatisierbarkeit vgl. Simitis, Rechtliche Anwendungsmöglichkeiten kybernetischer Systeme, 1966; ders., Automation in der Rechtsordnung — Möglichkeiten und Grenzen, 1967; Raisch, Überlegungen zur Verwendung von Datenverarbeitungsanlagen in der Gesetzgebung und im Rechtsfindungsprozeß, JZ 1970, S. 433; Müller, Juristische Methodik, 2. Aufl. 1976, S. 178 f.

Zur neueren Rechtslogik vgl. noch die Darstellungen von Weinberger, Rechtslogik, 1970; H. Wagner / K. Haag, Die moderne Logik in der Rechtswissenschaft, 1970; Tammelo, Rechtslogik und materiale Gerechtigkeit, 1971.

[13] Larenz, Methodenlehre, Vorwort S. VII.

[14] Larenz, ebd.

[15] Gadamer, Wahrheit und Methode, 2. Aufl. 1965, S. 311 ff.

gang der Auslegung konkretisiere und vollende; das bedeutet: wenn der Jurist sich gegenüber dem ursprünglichen Sinn eines Gesetzestextes zur Rechtsergänzung oder gar zur ausdrücklichen Gehorsamsverweigerung legitimiert wisse, so bezeichnet das genau das Wesen der Rechtsanwendung, der Applikation, die in allem Verstehen vorliege.

Gadamer meint hierin das Wesentliche der juristischen Auslegung gefunden zu haben; in Wahrheit ist er aber nur der Selbsttäuschung der Juristen über ihre eigene Tätigkeit erlegen[16]: dem — wenn auch abgeschwächten — Dogma von der Ableitbarkeit der konkreten Entscheidung aus dem Gesetz bzw. aus den abstrakten Grundbegriffen des Rechts. Diesem Ableitungsaxiom hatte in seiner *strikten* Form ein Begriff von Hermeneutik entsprochen, den man etwa bei Platon so formuliert findet: Hermeneutik ist die Weitergabe von Anweisungen, nicht im eigenen Namen, sondern in der Autorität eines anderen[17] — eine Definition, die auf den sakralen Ursprung von Hermeneutik weist. In der säkularisierten juristischen Hermeneutik ist es die logische Ableitung der Entscheidung, die die Autoritätsableitung gewährleistet: Nicht der Richter hat entschieden, sondern das Gesetz. — Anders Gadamers Auffassung von Hermeneutik: Der Begriff der Applikation begreift die Erkenntnis von dem wertenden Element der Auslegung ein. Aber mit der Vorgabe einer Bindung an einen Text selbst da, wo die Entscheidung diesen Text modifiziert oder von ihm abweicht, ist auch die Gadamersche Hermeneutik immer noch eine Theorie des Umgangs mit heiligen Texten, einschließlich des Augurenlächelns.

Damit offenbart sich der Rückgriff auf die Hermeneutik als untauglicher Versuch, einen Restbestand „juristischer Methodik" gegenüber der Methodenkritik zu retten. Larenz will diesen Versuch mit dem Argument rechtfertigen, der Richter könne seiner Bindung an das Gesetz nur genügen, wenn ihm hierfür gewisse *verbindliche Auslegungsmethoden* zur Verfügung gestellt würden[18]. — So unverzichtbar der Grundsatz der Bindung des Richters an das Gesetz ist, so bedarf doch diese Bindung nicht des — jetzt von Gadamer neu belebten — Mythos, jede Entscheidung sei Gesetzesanwendung („Gesetzesapplikation") selbst da, wo sie vom Gesetz abweicht oder es modifiziert. Der Gesetzestext kann nicht — im Sinne eines theologischen Fundamentalismus — beanspruchen, abgeschlossene und vollständige Offenbarung zu sein, die prinzipiell aus sich selbst zu verstehen ist (scriptura sui ipsius interpres) und nur der verdeutlichenden Fruchtbarmachung für die jeweilige Situation bedarf — was eben Applikation bedeutet.

---

[16] Richtig H. Albert, Traktat über kritische Vernunft, 2. Aufl. 1969, S. 141.

[17] Epinomis 975 c.

[18] Larenz, Die Bindung des Richters an das Gesetz als hermeneutisches Problem, in: Festschrift für E. R. Huber, 1973, S. 291 ff., 308.

Die traditionelle Methodenlehre hat — bei Larenz wirkt das nach — den Grundsatz richterlicher Gesetzestreue zusammengedacht mit dem Vorhandensein von Methodenregeln, die zur richtigen Ableitung der Entscheidung aus dem Gesetz befähigen sollten. In diesem Sinne galt: „Eine richtige Entscheidung ist eine methodengerecht begründete Entscheidung[19]."

Man verwechselte Gesetzestreue mit dem Ableitungsaxiom. Gesetzestreue betrifft die Frage, ob man die erkennbaren Wertungen des Gesetzgebers bei der konkreten Entscheidung beachten will. Das Ableitungsaxiom dagegen bezeichnet ein Verfahren, bei dem man die Lösung eines Rechtsproblems, auch wenn sie sich nicht dem Gesetz hat entnehmen lassen, nachträglich hinter dem Gesetz verbirgt und behauptet, man habe sie aus dem Gesetz — mittels richtiger Methode — „abgeleitet".

Die verhängnisvolle Folge dieser fehlenden Unterscheidung zwischen Gesetzesgehorsam und Ableitungsaxiom ist: entweder stellt man — unter Berufung auf die Methodenreflexion — die Gesetzesbindung in Frage oder man ignoriert — um der Gesetzesbindung willen — die Methodenreflexion. Die erstere der beiden Möglichkeiten ist von der *Freirechtsbewegung* aktualisiert worden. Der Richter als aktiver Gestalter des sozialen Lebens, als „Sozialingenieur", folgt seinem Gerechtigkeitsgefühl; dessen einzige Schranke ist, wenn überhaupt, lediglich der bloße Wortlaut der gesetzlichen Vorschriften. Diese Überbetonung des wertenden Elements der Rechtsgewinnung führte zu einer Minimalisierung der Bedeutung des Gesetzes. Es galt — zumindest für manchen Anhänger der Freirechtsbewegung — als Progressivitätsmaßstab, wie lax man die Bindung des Richters an das Gesetz definierte[20]. Die abschreckende Wirkung dieses „fortschrittlichen Freirechts" hatte ihrerseits einen neuen *Methodenkonservatismus* zur Folge: Die Gesetzesbindung mußte gerettet werden und infolge der Verknüpfung von Gesetzestreue und traditionellen Methodenvorstellungen ging diese Rettung auf Kosten der Methodenreflexion. Bis heute wird noch jede Methodenreflexion mit dem Vorwurf bedacht, sie bezwecke nichts anderes als eine Freistellung des Richters von der Beachtung des Gesetzes[21]. In Wahrheit ist die Gesetzestreue des Richters keine Frage

---

[19] Engisch, Über Wahrheit und Richtigkeit im juristischen Denken, 1964, S. 14.

[20] Die Nachwirkungen lassen sich bis heute verfolgen, vgl. den Modellentwurf für die einstufige Juristenausbildung in Hessen, „Wiesbadener Modell", abgedr. in: JuS 1973, S. 794 ff., dem Coing zu Recht vorgeworfen hat, er erwähne nicht einmal mehr die Bindung des Richters an Gesetz und Recht, in: JuS 1973, S. 797.

[21] So ausdrücklich Larenz, Methodenlehre, 2. Aufl., S. 324, gegen Kriele entgegen Text und Sinn des dort Gesagten; abgemildert derselbe, Methodenlehre 3. Aufl. S. 144 ff. Denselben Einwand erhebt Larenz gegen Esser, vgl. Methodenlehre 3. Aufl., S. 146.

einer angeblich richtigkeitsverbürgenden „juristischen Logik" und „Methode", sondern die Frage, ob der Richter den Dezisionen des Gesetzgebers gerecht werden will. Der traditionelle juristische Methodenkanon vermischte die Instrumente zur Bedeutungsermittlung des Gesetzes mit denen zur rechtspolitischen Umformung des Gesetzes. Man unterschied nicht hinreichend zwischen „Verstehen" des Textes und seiner „Auslegung"[22]. Beiden: Verstehen und Auslegung ist *gemeinsam* ein Element der Wertung. Schon das Verstehen des Rechtstextes ist, wie die Theorie der Hermeneutik zutreffend dargelegt hat, nicht möglich ohne den Blick auf den jeweiligen Lebenssachverhalt und ohne Vorgriff auf das Gemeinte (Vorverständnis). Damit ist ein subjektives, wertendes Element bei der Perzeption jeder sprachlichen Mitteilung bezeichnet, auch wenn das Bemühen einzig darauf gerichtet ist, den Sinn des Mitgeteilten unverfälscht zu verstehen. Diese *Wertung* ist aber *von ganz anderer Art* als diejenige Wertung, die erforderlich ist, um den verstandenen Text an Hand teleologischer, geltungszeitlicher oder entstehungszeitlicher Erwägungen zu modifizieren, nämlich entweder einschränkend oder ausdehnend „auszulegen".

Mit der grundsätzlichen Unterscheidung zwischen „Verstehen" und „Auslegung" entfällt das Argument von Larenz, um der Gesetzesbindung willen müsse man an den traditionellen Auslegungsregeln festhalten. Für den Interpreten ist es sicherlich nützlich, beide Instrumentarien, das zur Bedeutungsermittlung des Gesetzes und das zur rechtspolitisch motivierten Umformung des Gesetzes, begrifflich ungeschieden zu lassen; es ermöglicht ihm einen freien Umgang mit dem autoritativen Text, ohne daß er sagen müßte, ob im Einzelfall die Freiheit der Rechtshandhabung oder das Autoritative des Textes maßgeblich war[23]. Bedenkt man allerdings die unheilvollen Folgen dieser Verknüpfung für das Verständnis von Gesetzesbindung und für die methodische Reflexion, so dürfte sich eine klarere Unterscheidung zwischen den verschiedenen Instrumentarien empfehlen. Man muß dann allerdings auch angeben, wann die richterliche Entscheidung nicht zwingend durch eine Norm des Gesetzgebers vorgezeichnet ist; man muß dann, mit anderen Worten, offen argumentieren, darf die guten sachlichen Gründe, warum in der einen oder anderen Richtung entschieden wird, nicht hinter dem Gesetz verstecken[24]. Nur auf dieser Ebene ist es möglich, Gesetzestreue und juristische Erkenntniskritik zu vereinbaren.

---

[22] Zutreffend Hruschka, Das Verstehen von Rechtstexten, 1972, S. 3.

[23] Das sieht Luhmann, Rechtssystem und Rechtsdogmatik, 1974, S. 16, gerade als Vorzug der juristischen Dogmatik.

[24] Hierzu meinen Beitrag „Offenes Argumentieren im Urteil", ZRP 1973, S. 281 ff.

3. *„Konkretisierung“*

Offenes Argumentieren ist auch eine der Kernforderungen Friedrich Müllers und doch löst sich auch sein groß angelegtes System einer juristischen Methodik, das rechtsstaatliche Präzision mit Erkenntniskritik verbinden will, nicht hinreichend aus der Tradition der erkenntnisvergewissernden juristischen Methode, selbst da, wo es sich weitestmöglich von dieser Tradition abzusetzen glaubt[25].

Der zentrale Begriff in Müllers Methodik heißt Konkretisierung. Dieser Begriff entstammt dem Versuch, das wertende Element der Rechtsgewinnung abweichend vom traditionellen Bild der „Rechtsanwendung“ zu begreifen[26]: Die Norm kann nicht einfach ohne Wertung des Interpreten „angewandt“ werden; sie bedarf vielmehr der „Konkretisierung“. So zutreffend dieser Begriff verwendet werden kann, um die Unmöglichkeit bloßer Subsumtion zu bezeichnen, so kann er doch auch mißbraucht werden, um die Reichweite des richterlichen Wertens zu verharmlosen: auch wo der Richter werte, konkretisiere er lediglich den objektiven Gehalt des Gesetzes. So hat Esser zu Recht den Begriff Konkretisierung zur „hergebrachten beschönigenden Sprache der Methodenlehre“ gerechnet[27].

Entgeht Müller der Gefahr der „Beschönigung“?

Er stellt klar: Konkretisierung ist kein rein kognitives Verfahren[28]. Er wendet sich kritisch gegen die „ontologisierende“ Grundannahme traditioneller Methodik, die Rechtsnorm „enthalte“ bereits die Lösung konkreter Streitfragen[29]. Die Textauslegung ist für ihn nur ein Konkretisierungselement; hinzu kommt eine Analyse des Normbereichs, des Regelungsgegenstandes (beides als unmittelbar normbezogene Konkretisierungselemente bezeichnet); und schließlich — neben den Elementen rechtswissenschaftlicher Systembildung und lösungstechnischen Elementen — rechts- und verfassungspolitische Elemente[30]. Die letzteren will er auf eine bloße „Hilfsfunktion“[31] beschränken. Damit aber bleibt er einer zentralen Illusion traditioneller Methodik verhaftet. Er versucht, das eigentliche Unruhe-Element im Auslegungsvorgang abzuschalten. Das rechtspolitische Element läßt sich vom Bereich der Interpretation und

---

[25] Müller, Juristische Methodik, 2. Aufl. 1976.

[26] Engisch, Die Idee der Konkretisierung in Recht und Rechtswissenschaft unserer Zeit, 1953.

[27] Dogmatik zwischen Theorie und Praxis, in: Funktionswandel der Privatrechtsinstitutionen, Festschrift für L. Raiser zum 70. Geburtstag, 1974, S. 517 ff., 532.

[28] Müller, S. 62.

[29] Müller, S. 20 f., 266.

[30] Müller, S. 265 ff.

[31] Müller, S. 266.

„Dogmatik“ nicht isolieren. Das Rechtspolitische steckt bereits in *jeder* Stufe des juristischen Argumentierens, besser gesagt: es lenkt jeden juristischen Denkschritt, weil es nämlich die Auswahl des für die konkrete Fallentscheidung als maßgeblich betrachteten Auslegungstopos beherrscht.

Die Folge: Müller neigt zu einer Überschätzung sowohl von Normtext als auch von Normbereich — weil er sie zuvor aus dem rechtspolitischen Kontext, in dem sie stehen, herausgenommen hat. Müller nimmt den Normbereich, d. h. den geregelten Lebenssachverhalt, in den Normbegriff selbst hinein[32]. Darin liegt das vielleicht bedeutsamste Moment seiner Überlegungen. Das von Engisch plastisch bezeichnete „Hin- und Herwandern“ des Blicks zwischen Normtext und geregeltem Sachbereich ist damit im Normbegriff verankert. Dem Realitätsbezug der Methodenlehre kann das nur dienlich sein. Wenn Müller allerdings die Norm als „ordnende und anordnende Folgerung aus dem geregelten Sozialbereich“ bezeichnet[33], sind Zweifel anzumelden. Droht damit nicht die Vorgabe traditioneller Methodik, es ergebe sich alles aus dem Gesetz, ersetzt zu werden durch die Vorgabe, es ergebe sich alles aus dem Sachbereich? Man wird Müller nun keinen umfassenden Glauben an die sachgesetzliche Determination der juristischen Entscheidung unterstellen dürfen; dennoch zeichnet sich hier die Gefahr ab, daß der Entscheidungswert einer „Normbereichsanalyse“ überschätzt wird. Eine solche Analyse wird man kaum als ein von der Rechtspraxis bislang ungenutztes Erkenntnispotential anzusehen haben. Man muß sich vor Augen halten, daß die „Normbereichsanalyse“ als Wissen, auf welche Realität sich denn Gesetz und Richterspruch eigentlich beziehen, welche Folgerungen sich dementsprechend für die zur Diskussion stehende Entscheidungsalternative ergeben, eine ganz selbstverständliche Seite des praktisch-juristischen Erkenntnisprozesses darstellt. Das schmälert nicht Müllers Verdienst, diese Seite nun auch in der Methodenlehre verdeutlich zu haben. Sein Hinweis auf den Normbereich ist eher geeignet, Realitätsdefizite der Rechts*theorie* zu beheben als solche der Rechtspraxis; sie wird dazu führen, daß die Rechtstheorie besser versteht, was die Rechtspraxis macht. In die Rechts*praxis* übersetzt könnte eine Formulierung wie: die Norm als „ordnende und anordnende Folgerung aus dem geregelten Sachbereich“ eher die negative Wirkung haben, daß sich bei einem bestimmten Problem die *eine* juristische Lösung der argumentativen Konfrontation mit *anderen* möglichen Lösungen unter Hinweis auf angebliche „sachgesetzliche Vorgegebenheiten“ entzieht.

Ein anderes Bedenken betrifft die Rolle, die Müller dem Normtext, dem Gesetzeswortlaut zuweist. Zwei Funktionen sollen nach seiner

[32] Müller, S. 117 ff., 269 ff.

[33] Müller, S. 118.

Ansicht dem Wortlaut zukommen. Eine positive: er ist „im Zweifel“ ausschlaggebendes Indiz für die Lösung[34]. Eine negative: er bildet die Grenze legitimer richterlicher Rechtsbildungen[35]. Das ist im Grunde ein rechtspolitischer Vorschlag, den Bereich legitimer richterlicher Rechtsgewinnung sehr viel enger zu fassen, als dies bislang in Rechtsprechung und Literatur geschah[36]. Dieser Vorschlag erscheint schon allein deshalb anachronistisch, weil er die eigentümliche Dynamik des teleologischen Elements, der heute für den Richter unumgänglichen Frage nach dem politischen Zweck einer gesetzlichen Regelung, außeracht läßt (auch dies eine Folge dessen, daß er das rechtspolitische Element als Hilfsfunktion der Konkretisierung gebannt zu haben glaubt). Eine Auseinandersetzung mit denjenigen Ansichten, die nicht den Wortlaut einer Regelung, sondern ihren Sinn und Zweck für maßgeblich erachten, findet sich bei Müller kaum. Er verweist apodiktisch auf die rechtsstaatlichen Gebote der Unverbrüchlichkeit der Verfassung und der Bindung an Gesetz und Recht[37]. Er verdeutlicht seinen Vorschlag der Wortlautgrenze anhand des Verfassungsrechts: „Findet man... die vom Fall aufgeworfene Fragen im geltenden Verfassungsrecht nicht hinreichend deutlich belegbar geregelt — das ‚Lückenproblem‘ der herkömmlichen Methodenlehre —, so ermächtigt das Verfassungsrecht keineswegs dazu, durch Lückenausfüllung, Analogiebildung, schöpferische Rechtsfortbildung und so weiter gleichsam auf Biegen und Brechen eine den Mangel einer Regelung ersetzende Entscheidungsnorm ohne positiv geltende Rechtsnorm zu substituieren. Je nach dem sachlichen Bezug der ‚Lücke‘ zum Antrags- oder Klagebegehren ist — wenn sonst nur noch methodisch nicht mehr zu rechtfertigende Unterstellungen und apokryphe Normerzeugungen zum Ziele führen würden — nach der prozessualen Lage zu entscheiden... *Methodenehrliches Vorgehen* muß davor haltmachen, die verfassungsrechtlich normierte Unterscheidung und Zuordnung der Funktionen von *Rechtskonkretisierung* zu überspielen[38].“

Müller vermischt hier unzulässigerweise zwei Ebenen. Es geht zunächst um die Frage: ob Rechtsgewinnung ohne deutlichen Anhalt im Gesetzes- bzw. Verfassungstext als legitim anzuerkennen ist oder nicht. Eine ganz andere Frage aber ist: ob apokryphe Normerzeugung oder offen als solche ausgewiesene Lückenfüllung; das ist das Problem, *wie* eine rechtsschöpferische Entscheidung begründet werden soll. Durch diese polemische Vermischung der Ebenen erspart es sich Müller,

---

[34] Müller, S. 153, 267.

[35] Müller, S. 153 ff., 202.

[36] Vgl. etwa Coing. Grundzüge der Rechtsphilosophie 3. Aufl. 1976, S. 314, 320; Canaris, Systemdenken und Systembegriff, 1969, S. 91 FN 23.

[37] Müller, S. 203.

[38] Müller, S. 207 f.

die Konsequenzen aus seinem Wortlautvorschlag zu ziehen, nämlich offen zu sagen: wo der Wortlaut der Verfassung nichts sagt, da hat der Verfassungsrichter zu schweigen. — Die Frage muß gestellt werden: Wo sagt denn die Verfassung, daß der Richter in dieser Weise an den Wortlaut gebunden sein soll? Wäre etwa die dahingehende Behauptung Müllers nichts anderes als — „apokryphe Normerzeugung“?

VI. Die Frage nach den Grenzen richterlicher Rechtsfortbildung

Die Dynamik teleologischer Betrachtung des Rechts sprengt die traditionelle Interpretationslehre als Lehre von der Ableitung der Entscheidung aus dem Gesetz. Der damit bewußt gemachte Raum richterlicher Gestaltungsfreiheit fordert die Frage nach den Grenzen dieser Gestaltungsfreiheit heraus. Wo liegen die Grenzen legitimer richterlicher Rechtsfortbildung und Rechtsschöpfung? Wie kann der nicht durch abstrakte Rechtsfindungsregeln determinierbare Raum richterlicher Rechtsgewinnung doch durch einen bestimmten Restbestand von verbindlichen Interpretationsgrundsätzen limitiert werden? Auf diese Fragen hat sich heute die Suche nach einer formalen Methode weitgehend zurückgezogen[1].

Noch ganz der herkömmlichen, rechtsimmanenten Interpretationslehre ist der Versuch verhaftet, aus der auszulegenden Norm selbst verbindliche Grenzen des Judizierens zu entwickeln.

Hier kommt zunächst der *Wortlaut der Norm* in Betracht[2]; dieser soll den Interpretationsspielraum des Richters zugleich konstituieren und limitieren. Bereits Philipp Heck hat darauf verwiesen, daß aus dem Wortlaut des Gesetzes keine normative Grenze richterlicher Interpretationsfreiheit entnommen werden kann[3]. Nicht allein wegen der

---

[1] Zu den Grenzen richterlicher Rechtsgewinnung vgl. neuestens Jörn Ipsen, Richterrecht und Verfassung, 1975, mit einer klaren Typologie von „Rechtsfortbildung“, leider auch mit einem m. E. ganz unzulänglichen Rückgriff auf eine unbedingt einzuhaltende „Wortlautgrenze“. Ohne solche vordergründigen Versuche, einen festen Halt zu gewinnen, die Abhandlung von Rolf Wank, Grenzen richterlicher Rechtsfortbildung, 1977; im wesentlichen auf der Esserschen Linie der Methodenkritik, läßt aber doch die Hoffnung auf eine erneuerte normative Methodologie durchscheinen, die einen Beitrag zur inhaltlichen Richtigkeit von Rechtssätzen bieten könnte.

[2] Kohler, Über die Interpretation von Gesetzen, a. a. O., S. 33, Kelsen, Reine Rechtslehre, 2. Aufl. 1960, S. 348; insb. für das Strafrecht Baumann, Die natürliche Wortbedeutung als Auslegungsgrenze im Strafrecht, MDR 1958, S. 394 ff., neuestens noch Müller, Juristische Methodik, S. 202 f. und Jörn Ipsen, S. 236 f.

[3] Heck, Gesetzesauslegung und Interessenjurisprudenz, AcP Bd. 112, 1914, S. 1 ff., 156 f.

Zu den Entscheidungsspielräumen aufgrund der Sprachlichkeit von Normen (semantische Spielräume) s. H.-J. Koch, Die juristische Methode im Staats-

Vieldeutigkeit der alltäglichen Sprache wie der juristischen Fachsprache; nicht, weil man die Entscheidung grundsätzlich nicht an den Wortlaut binden könnte (was dann allerdings in den Fällen, in denen sich aus dem Wortlaut keine hinlänglich sichere und brauchbare Lösung ergibt, eine Anfrage bei einer Hohen Gesetzgebungskommission erforderlich machen würde). Der Grund liegt vielmehr in folgendem. Zum einen: Interpretation ist Sinnermittlung. Ein wortlautverhaftetes Verständnis trifft nicht unbedingt den erkennbaren Sinn der auszulegenden Vorschrift[4]. Zum anderen kann die dem Richter aufgegebene „Gerechtigkeit der konkreten Entscheidung“[5] das Überschreiten des Wortlauts erfordern (— ein Gesichtspunkt, dessen Bedeutung weit über die Frage der Wortlautbindung hinausreicht). Unsere Anforderungen an den „Gerechtigkeitswert“ der richterlichen Entscheidung, unsere Erwartungen auf „sachliche Richtigkeit“, die dem Richter als Aufgabe gestellt ist, sind zu hoch, als daß eine Wortlautgrenze noch denkmöglich wäre.

Das gilt selbst in solchen Rechtsgebieten, die sich aus Gründen der Rechtssicherheit möglichst eng an den alltäglichen Sprachgebrauch anlehnen wollen, wie z. B. das Strafrecht, dessen Auslegung schon wegen des Analogieverbots in besonderer Weise auf den Gesetzeswortlaut bezogen ist[6].

So soll nach heute völlig herrschender Lehre unter den Unterschlagungstatbestand (§ 246 StGB: Wer eine fremde, bewegliche Sache, die er in Besitz oder Gewahrsam hat, sich rechtswidrig zueignet ...) auch der Fall der sogenannten Fundunterschlagung fallen, wenn der Täter die Sache, die er sich zueignet, noch nicht in Gewahrsam hat. Diese Auslegung ist vom Wortlaut der Vorschrift nicht gedeckt; sie findet ihren

recht, 1977, Einleitung; ders., Das Postulat der Gesetzesbindung im Lichte sprachphilosophischer Überlegungen, ARSP 1975, S. 27 ff., Wank, S. ebd.

[4] Vgl. Menger / Erichsen, Höchstrichterliche Rechtsprechung zum Verwaltungsrecht, VerwArch. Bd. 58, 1967, S. 80.

[5] Wieacker, Gesetzesrecht und richterliche Kunstregel, JZ 1957, S. 701 ff., 705.

[6] Vgl. Baumann, MDR 1958, S. 394 ff.; mit entgegengesetzter Tendenz Sax, Grundsätze der Strafrechtspflege, in: Bettermann / Nipperdey / Scheuner, Grundrechte, 3. Bd. 2. Halbbd., 1959, S. 909 ff. Sax nimmt an, Auslegung und Analogie seien nicht zu unterscheiden, „sobald man eine über den gesetzlichen Wortlaut hinausgehende teleologische (funktionale) Gesetzesauslegung anerkennt“; er zweifelt nicht an der Zulässigkeit solcher Auslegung im Strafrecht und plädiert für „eine Sicherung echter Auslegung, die, soweit sie die Wortlautgrenze überschreitet, immer in Gefahr steht, durch Beschwörung der Zauberformel des ‚Analogieverbots‘ in die Verteidigung gedrängt zu werden“. (S. 1002 FN 292.) Demgegenüber plädiert Hirsch, Richterrecht und Gesetzesrecht, JR 1966, S. 334 ff. für eine „Rückkehr zum Gesetz“. Vgl. weiter Schmidthäuser, Strafrecht, Allgemeiner Teil, 2. Aufl. 1975, S. 111 ff.; Herberger, Die deskriptiven und normativen Tatbestandsmerkmale im Strafrecht, in: Koch (Hg.), Juristische Methodenlehre und analytische Philosophie, 1976, S. 124 ff.; Priester, Zum Analogieverbot im Strafrecht, in: Koch, S. 155 ff.

[7] So Schönke / Schröder, StGB, 17. Aufl., § 246 Randnr. 9.

Grund darin, daß das Festhalten am Wortlaut zu einer rechtspolitisch (!) bedenklichen Lücke zwischen Diebstahl und Unterschlagung führen würde[7].

Unter den Tatbestand des § 148 StGB a. F. (Wer nachgemachtes oder verfälschtes Geld als echtes empfängt und nach erkannter Unechtheit als echtes in Verkehr bringt ...) fiel nach herrschender Lehre auch ein originärer Besitzerwerb (Dieb, Finder), obwohl hierbei von einem „Empfangen“ des Falschgeldes gerade nicht gesprochen werden kann[8]. Dies sind Beispiele[9] aus einem Rechtsgebiet, das interpretativer Großzügigkeit kaum verdächtigt werden kann.

Zur Eingrenzung richterlicher Rechtsschöpfung bietet sich auch der folgende Grundsatz an: Der Richter dürfe wohl *über den Wortlaut hinaus, aber nicht gegen den Sinn* eines Rechtssatzes entscheiden *(nicht contra legem)*[10].

Dies ist in der Tat die Grenze, an der sich richterliche und sonstige juristische Tätigkeit orientiert; dies ist — aus Gründen der Gesetzesbindung notwendigerweise — der Normalfall. Eine andere Frage ist, ob dieser Normalfall zur unbedingt und ausnahmslos geltenden Norm erhoben werden kann.

Eine spezifische Problematik der „Sinngrenze“ läßt sich am besten verdeutlichen anhand von Beispielen aus der strafrichterlichen Rechtsprechung. Hier stößt man gerade dann auf Argumentationen aus dem Sinn und Zweck der Norm, dem sogenannten Schutzzweck der Strafvorschrift, wo der Richter eine bislang nicht für strafbar gehaltene Handlung nunmehr als Gesetzesverstoß werten will.

So hatte der BGH zu entscheiden, ob für eine Strafbarkeit gemäß § 176 Abs. 1 Ziff. 3 StGB a. F. — Verleiten von Kindern unter 14 Jahren zur Verübung oder Duldung unzüchtiger Handlungen — auch bedingter Vorsatz ausreiche. Der BGH bejahte diese Frage und führte zur Begründung aus, andernfalls wäre der Schutz der Jugend, den das Gesetz anstrebe, unvollständig[11]. — Ein anderer Fall warf die Frage auf, ob eine Verabredung des Täters mit dem Kind, das er bei dem späteren Treffen zur Verübung unzüchtiger Handlungen bestimmen wollte, schon der Beginn des Verleitens (und damit als Versuch strafbar) sei; der BGH bejahte auch diese Frage mit der Begründung, diese Auslegung sei durch die Notwendigkeit bestimmt, Kinder vor unsitt-

[8] Schönke / Schröder, a. a. O., § 148 Randnr. 3; im Anschluß an RGSt. 67, 296.

[9] Weitere eindrucksvolle Belege bei Schmidthäuser, S. 111.

[10] Vgl. statt aller etwa Canaris, Die Feststellung von Lücken im Gesetz, 1964, S. 215.

[11] BGHSt. 4, 303.

lichen Anträgen nachdrücklich zu schützen[12]. — Diesen Beispielen ließen sich noch eine Reihe ähnlicher Entscheidungen hinzufügen[13].

In diesem Zusammenhang geht es nur um die Art und Weise der Begründung. Bei der Auslegung des Merkmals „Verleiten" greift der Richter zurück auf das durch die Strafnorm geschützte Rechtsgut „geschlechtliche Unerfahrenheit des Kindes" — ein Fall teleologischer Argumentation. Diese Argumentation mündet leicht, wie die Beispiele zeigen, in einen Zirkel. Denn: zwar ist durch die genannte Strafnorm die geschlechtliche Unerfahrenheit des Kindes geschützt, aber eben doch nur im Rahmen des gesetzlichen Tatbestandes. Legt man nun den gesetzlichen Tatbestand durch das Schutzgut aus, so bestimmt man die Begrenzung des strafrechtlichen Schutzes durch das zu begrenzende, eben das Schutzgut[14]. Dieser Zirkel erlaubt eine größtmögliche Freiheit in der Handhabung des Gesetzes[15]: Der Richter kann den Strafbarkeitsbereich ausdehnen durch Rückgriff auf das Schutzgut, er kann ihn aber auch restriktiv fassen, indem er gegebenenfalls einem Merkmal des gesetzlichen Tatbestandes, der die Grenze des strafrechtlichen Schutzes bezeichnet, größere Bedeutung beimißt als dem Schutzzweck.

Nicht zufällig verwischt sich hier der Unterschied zwischen dem Gesetzessinn und dem wichtigsten Hilfsmittel für seine Ermittlung, dem teleologischen Argument. Das Telos, der „Sinn und Zweck der Norm" ist in der Tat zugleich Ziel und Mittel der Auslegung. Hierin liegt der eigentliche Grund für die Formbarkeit, die das Gesetz im teleologisch orientierten Denken bekommt. Das erlaubt es, auch solche richterlichen Rechtsbildungen, die den ursprünglichen gesetzgeberischen Willen geradezu in sein Gegenteil verkehren, zumindest als Rechtsfortbildungen praeter legem, wenn nicht sogar als Ergebnisse teleologischer Gesetzesauslegung auszugeben.

So hat zum Beispiel die Rechtsprechung zu § 54 BGB, der den nicht rechtsfähigen Verein den Regeln über die Gesellschaft unterstellt, in den wesentlichen Fragen der Haftung auf die Regeln über den rechtsfähigen Verein statt auf die über die Gesellschaft zurückgegriffen[16];

---

[12] BGHSt. 6, 302 ff., 304.

[13] Vgl. die Entscheidungen RGSt. 76, 165 und BGHSt. 1, 173, nach denen die Exhibition bzw. das Erzählen von Zoten vor Kindern unter den Tatbestand des § 176 Abs. 1 Ziff. 3 StGB a. F. fällt.

[14] Eine Andeutung dieses Zusammenhangs findet sich bereits bei Mittasch, Die Auswirkungen des wertbeziehenden Denkens in der Strafrechtssystematik, 1939, S. 88 ff.

[15] Im Bereich des Verfassungsrechts konstituiert die Rechtsprechung des BVerfG zu Art. 5 II GG einen ähnlichen interpretatorischen Spielraum: Das Grundrecht der freien Meinungsäußerung, Art. 5 I GG, findet seine Schranke in den allgemeinen Gesetzen, Art. 5 II GG; die allgemeinen Gesetze müssen aber im Lichte der Bedeutung des Grundrechts interpretiert werden; BVerfGE 7, 198 ff., 207 ff. Auch hier liegt, logisch betrachtet, ein Zirkel vor.

diese Rechtsprechung müßte für einen unbefangenen Beobachter als contra legem erscheinen, wird aber seit langem als sinnvolle Rechtsfortbildung akzeptiert[17]. Ebenso wird etwa das besitzlose Fahrnispfandrecht — unter der Bezeichnung „Sicherungsübereignung“ — als Rechtsinstitut anerkannt, obwohl das Gesetz erkennbar von der Bindung des Fahrnispfandrechts an den Besitz ausgeht[18].

Auch als das BVerfG die von den Zivilgerichten entgegen § 253 BGB praktizierte Zuerkennung von Schmerzensgeld bei Eingriffen in das allgemeine Persönlichkeitsrecht als mit der Gesetzesbindung des Richters für vereinbar erklärte, sprach es lediglich davon, diese Rechtsprechung erweitere den Wortlaut des § 253 BGB[19]; eine Abweichung vom eindeutigen Sinngehalt — eine solche lag vor[20] — meinte es nicht feststellen zu müssen, weil die fragliche Rechtsprechung unter Berücksichtigung von Art. 1 und 2 Abs. 1 GG die Enumeration im § 253 BGB nur um einen weiteren Fall ergänzt habe[21]. Aber nach Wortlaut und Sinn stellt diese Vorschrift keine Enumeration dar, sondern eine abschließende Regelung[22]. Das BVerfG meinte offenbar, ein höherrangiges Telos — das der Art. 1 und 2 Abs. 1 GG — habe den Sinngehalt des § 253 BGB dergestalt verwandelt, daß von einer Rechtsprechung contra legem nicht mehr gesprochen werden könne.

Nun liegt der Einwand nahe, der tatsächliche Gebrauch (oder bewußte Nichtgebrauch) des Contra-legem-Arguments spreche nicht unbedingt gegen seine grundsätzliche Verwendbarkeit. In Wahrheit spiegelt sich in dieser Argumentationspraxis die Eigenart des teleologischen Denkens. Eine als „vernünftig“ und „praktikabel“ angesehene Rechtschöpfung wird offenbar durch den Contra-legem-Einwand nicht ausgeschlossen. Vielmehr ist dieser Einwand häufig nur Ausdruck dessen, daß man eine bestimmte Rechtsgewinnung nicht für wünschenswert hält.

Die Contra-legem-Grenze verweist notwendigerweise auf das Telos des Rechtssatzes; denn ohne das Telos läßt sich der Sinn des Rechtssatzes nicht ermitteln. Ein teleologisches Kriterium kann aber am allerwenigsten den interpretatorischen Spielraum beschränken, weil die Argumentation aus dem „Sinn und Zweck des Gesetzes“ gerade das Instrument einer ständigen rechtspolitischen Umformung des Ge-

---

16 Vgl. statt aller Palandt / Danckelmann, BGB, 34. Aufl., § 54, Anm. 2.

17 Vgl. Larenz, Methodenlehre, 3. Aufl. 1975, S. 409.

18 Larenz, Kennzeichen geglückter richterlicher Rechtsfortbildungen, 1965, S. 6 ff.; ders. Methodenlehre, S. 403 f.

19 BVerfGE 34, 269 ff., 292.

20 Vgl. Menger, Höchstrichterliche Rechtsprechung zum Verwaltungsrecht, VerwArch. Bd. 65, 1974, S. 195 ff.

21 BVerfG, a. a. O.

22 Vgl. Palandt / Heinrichs, BGB, 34. Aufl., § 253 Anm. 1.

setzes darstellt. Der Wille zur Rechtsschöpfung kann sich leicht hinter Erwägungen aus dem Sinn und Zweck des Gesetzes verstecken — und dabei den historischen Sinn und Zweck durchaus überspielen, wie die angeführten Beispiele zeigen. Hier zeigt sich einmal mehr die gesetzesumgestaltende Dynamik teleologischen Argumentierens[23], die der Vorwurf des „contra-legem" nicht einzudämmen vermag.

Die Realität sachlich unumstrittener, allgemein anerkannter Contra-legem-Entscheidungen zwingt dazu, auch ein Judizieren contra legem nicht grundsätzlich als methodisch unzulässig anzusehen. Daher kann sich die Methodenlehre nicht darauf beschränken, den Normalfall richterlicher Orientierung am Gesetzesinn zur alleinigen Norm zu machen; ihr ist gerade die Frage aufgegeben, inwieweit richterliche Rechtsgewinnung über diesen Normalfall hinaus legitim ist. Die Bewältigung des rechtsstaatlichen Ausnahmefalles der Abweichung vom Gesetzessinn ist der Prüfstein jeder Methodenlehre, die für den gesamten Bereich richterlicher Handhabung des Gesetzes „gewisse verbindliche Auslegungsmethoden" aufzustellen beansprucht.

So hat man eine neue Grenzziehung vorgeschlagen: Es dürfe zwar möglicherweise *contra legem* judiziert werden, aber die Entscheidung müsse *secundum ius* ergehen[24].

Secundum ius kann zum einen heißen: die Entscheidung muß den *Wertprinzipien der Gesamtrechtsordnung* entsprechen[25].

Dieser Versuch einer Grenzziehung knüpft also nicht mehr an den sachlichen Gehalt der positiven Einzelnormen an — diese Einzelnormen erweisen sich ja in der Contra-legem-Entscheidung gerade als flüssig und umbildbar —, sondern bemüht den Geist der Normengesamtheit[26]. So hat auch das Bundesverfassungsgericht ausgeführt: „Gegenüber den positiven Satzungen der Staatsgewalt kann u. U. ein Mehr an Recht bestehen, das seine Quelle in der verfassungsmäßigen Rechtsordnung als einem Sinnganzen besitzt und dem geschriebenen Gesetz gegenüber als Korrektiv zu wirken vermag[27]." Aber darin liegt

---

[23] S. oben S. 117 f.

[24] Z. B. Larenz, Methodenlehre S. 402 f., 419 f.; Flume, Richter und Recht, 1969, S. 20; Hans Galperin, Rechtsfortbildung im Arbeitsrecht, 1968, S. 20.

[25] Larenz, S. 403; Canaris, Die Feststellung von Lücken im Gesetz, 1964, S. 197.

[26] Den „Geist der gesamten Rechtsordnung" bezeichnet Zitelmann, Lücken im Recht, 1903, S. 6, ironisch als „einen der Geister, die bei den meisten Beschwörern nicht zu erscheinen pflegen".

[27] Das Gericht geht von der Frage aus, ob die Rechtsprechung der Zivilgerichte, wonach bei schweren Verletzungen des allgemeinen Persönlichkeitsrechts auch für immaterielle Schäden Ersatz in Geld verlangt werden kann, mit Art. 20 Abs. 3 GG (Bindung des Richters an Gesetz und Recht) zu vereinbaren sei (S. 280, 286). Die Antwort lautet: Die zu überprüfende Rechtsprechung ist selbst „‚Recht' im Sinne des Art. 20 Abs. 3 GG" (S. 291). Dies

— recht verstanden — nicht mehr als eine Berufung auf ein weit gefaßtes *regulatives Prinzip der Verträglichkeit.* Die Contra-legem-Entscheidung muß sich in den weiten Rahmen der Wertvorstellungen einfügen, die der gesamten verfassungsmäßigen Rechtsordnung immanent sind. Durch diese Wertprinzipien wird die Entscheidung niemals vollständig inhaltlich determiniert. Diese Wertprinzipien stellen ja nicht mehr als Maximen dar, die höchst verschiedenen konkreten Rechtsbildungen Raum lassen. Die Möglichkeit des Richters, sich gegen ein positives Gesetz auf den Geist der Gesamtrechtsordnung, der in der Verfassung und den Gesetzen aufzuspürenden Wertprinzipien, zu berufen, ist eher Vehikel als Bremse richterlicher Ermessensfreiheit, keinesfalls aber — und das ist hier ja allein entscheidend — bieten diese Wertprinzipien eine formale, vom sachlichen Gehalt des zu entscheidenden Problems unabhängige Abgrenzung zwischen legitimen und illegitimen Entscheidungen contra legem. Daran ändert es auch nichts, wenn die Auslegungstheorie solche Berufung auf die Wertprinzipien nur im extremen Fall eines „Rechtsnotstands“ gestatten will[28]. So sinnvoll der in dieser Notstandsformel enthaltene Appell an den Richter ist, von seinen Gestaltungsmöglichkeiten einen vorsichtigen Gebrauch zu machen — eine formal bestimmbare Grenze liegt hierin nicht.

Die Abgrenzungsformel „möglicherweise contra legem, aber dann nur secundum ius“ kann aber noch in anderer Weise verstanden werden: *Zum ius gehören diejenigen Rechtsfindungsregeln, die ein Judizieren contra legem erlauben*[29]. Werden die Rechtsfindungsregeln zum ius gerechnet, dann werden sie selbst zu Rechtsvorschriften, zu Normen. Gegenüber solcher Qualifikation der Methodenregeln als Rechtssätze sind Bedenken geltend gemacht worden: Damit werde der Maßstab für die judiziellen und jurisprudenziellen Rechtsbildungen gleichgesetzt mit dem Objekt der Messung; das Gemessene sei zugleich das Maß[30]. Man könnte demgegenüber einwenden, in solcher Gleichsetzung von Maßstab und Objekt der Messung komme lediglich der unvermeidliche hermeneutische Zirkel zum Ausdruck. Damit hätte man aber zu-

---

belegt, wie leicht das Argumentieren mit dem Sinnganzen der Rechtsordnung in einen — schlechten — hermeneutischen Zirkel führen kann.

[28] Larenz, Methodenlehre, 2. Aufl. 1969, S. 401; in der Formulierung zurückhaltender 3. Aufl., S. 417 ff.

[29] Die Normqualität der Auslegungsregeln bejahen Esser, Grundsatz und Norm in der richterlichen Fortbildung des Privatrechts, 1956, S. 121, Flume, Richter und Recht, 1967, S. 19; Wieacker, Gesetz und Richterkunst, 1958, S. 12; vgl. auch schon Carl Schmitt, Gesetz und Urteil, 1912, S. 91: „Die Herrschaft von Interpretationsmethoden ist eine reale Macht, sie schafft Rechtsauffassungen, die so wirksam sind wie die Inhalte formaler Gesetze.“

[30] Klaus Stern, Die Interpretation als existentielle Aufgabe der Jurisprudenz, NJW 1958, S. 695, 697 m. w. N.

gleich anerkannt, daß die Gleichsetzung von Maßstab und Objekt der Messung den Rahmen formaler Methodik sprengt; denn diese formale Methodik geht gerade von der Trennbarkeit zwischen Methodenregel und ihrem Objekt aus[31]. So zeigt der Versuch, die zweifelhaft gewordenen formalen Regeln, wie man Rechtssätze findet, selbst zu unanzweifelbarem geltenden Recht zu machen, am deutlichsten die Tendenz zur Auflösung formaler Methodik.

Selbst wenn man aber von diesen grundsätzlichen Überlegungen einmal absieht, so bleibt immer noch die Frage, ob es denn Methodenregeln gibt, die den Bereich des Contra-legem-Judizierens in klarer und eindeutiger Weise abzugrenzen vermöchten. An solchen brauchbaren Regeln fehlt es aber gerade, wie die Unzulänglichkeit der Bezugnahme auf die immanenten Wertprinzipien der Gesamtrechtsordnung zeigt; von einer anderen Möglichkeit aber wissen alle Methodentheorien nichts.

So bleibt als Hoffnung noch ein *Rekurs auf die Gerichtspraxis*[32]. Kann man vielleicht aus der Analyse der richterlichen Entscheidungstätigkeit Methodenregeln gewinnen, die den Raum richterlicher Wertungs- und Umgestaltungsmöglichkeiten begrenzen? Aber alle Versuche, auf diese Weise zu einem „Kanon guter richterlicher Urteilskunst" zu kommen, scheitern daran, daß die von den Gerichten jeweils entweder ausdrücklich herangezogenen oder in ihrer Spruchpraxis mitgedachten Rechtsfindungsregeln sich zu keiner „Summe", zu keinem verbindlichen „Kanon" zusammenfügen lassen[33]. Die entsprechenden Grundsätze reichen von „ausschlaggebend ist allein der klare Wortlaut des Gesetzes" bis „entscheidend sind aber allein Sinn und Zweck der Norm"[34]. Gerade der Methodensynkretismus, die Möglichkeit, frei unter allen angebotenen Auslegungskriterien zu wählen und eines dieser Kriterien im gerade vorliegenden Fall für verbindlich zu erklären, stellt dem Richter ein Arsenal zur Verfügung, aus dem er eine Begründung für das von ihm für gerecht und sachangemessen gehaltene Ergebnis immer wird finden können[35]. So muß der Versuch scheitern, die je nach der Sachlage des Einzelfalls verschieden angewandten topoi judizieller Auslegungskunst mit den Weihen formaler Methodik zu

---

[31] Vgl. oben S. 40 ff.

[32] Wieacker, Gesetz und Richterkunst, 1958, S. 12: „Summe der praktischen Regeln guter richterlicher Urteilskunst" als „verbindliche Weisung für richterliche Rechtsfindung".

[33] So anscheinend jetzt auch Esser, Vorverständnis und Methodenwahl in der Rechtsfindung, 1970, S. 124 ff., 197 ff.; a. A. Larenz, Methodenlehre 3. Aufl., S. 146 f.

[34] Vgl. Esser, S. 7.

[35] Esser, a. a. O.; Kriele, Theorie der Rechtsgewinnung, S. 26; hiergegen Larenz, S. 146 f.

versehen. Die Hoffnung, von der Gerichtspraxis her formale Abgrenzungskriterien zu rekonstruieren, bleibt unerfüllt.

Damit bleibt als letzte Möglichkeit der *Rückgriff auf die Verfassung*. Müssen nicht dem Contra-legem-Judizieren von der Verfassung her Grenzen gezogen werden? Lassen sich nicht von dem „aus Gründen der Rechtsstaatlichkeit unverzichtbaren Grundsatz der Gesetzesbindung der Rechtsprechung“[36] Grenzen einer richterlichen Umgestaltung des Gesetzes bestimmen?

Diese Frage ist unzweifelhaft zu bejahen. Doch lassen sich auch von der Verfassung her *keine formalen Regeln* über die mögliche Reichweite des Contra-legem-Judizierens angeben — und nur auf diese formalen Regeln kommt es in unserem Zusammenhang an.

Die Versuche, die verfassungsrechtliche Gesetzesbindung des Richters zu umreißen, lassen sich in 2 Gruppen unterteilen.

Nach der einen Ansicht ist das Verfassungsgebot der Gesetzesbindung inhaltlich auf die Regeln der juristischen Hermeneutik zu beziehen[37]. Damit schließt sich ein schlechter Zirkel: Die Methodenlehre verweist auf die Verfassung[38]; die Verfassungsinterpretation verweist auf die Methodenlehre[39]. Da das Phänomen der Contra-legem-Entscheidung von der herkömmlichen Methodenlehre nicht gelöst werden kann, steht jedenfalls fest, daß die Verfassungsauslegung das Problem der Gesetzesbindung nicht durch Verweisung auf die Methodenlehre lösen kann.

Damit ist die Verfassungsauslegung darauf verwiesen, die Gesetzesbindung des Richters vom Gesichtspunkt der verfassungsrechtlichen Funktionenverteilung zwischen Gesetzgeber und Richter her anzugehen[40].

Solche verfassungsrechtliche Funktionsanalyse muß ausgehen von der Verschiedenheit der Aufgabenbereiche: Der Gesetzgeber setzt Recht; der Richter wendet dieses Recht an. Diese Grundregel hat man als abschließende Normierung des Verhältnisses von Gesetzgeber und Richter ansehen wollen[41]. Der Gesetzgeber hat (im Rahmen seiner

---

[36] BVerfGE 34, 269 ff., 288.

[37] Vgl. Kriele, Theorie der Rechtsgewinnung, S. 33 ff.

[38] Z. B. Larenz, Kennzeichen geglückter richterlicher Rechtsfortbildungen, 1965, S. 3 f.

[39] Auf diesen Zirkel verweist schon Kriele, S. 26.

[40] Vgl. H. P. Schneider, Richterrecht, Gesetzesrecht und Verfassungsrecht, 1969, S. 31 ff.; ders., Die Gesetzmäßigkeit der Rechtsprechung, DöV 1975, S. 443 ff.

[41] Bettermann, Art.: Rechtsprechung, rechtsprechende Gewalt, in: Evangelisches Staatslexikon, Sp. 1711 ff., 1712: „Von der Gesetzgebung, die eine rechtssetzende Gewalt ist, unterscheidet sich die Rechtsprechung dadurch,

Kompetenz) volle Verfügungsbefugnis über das Recht. Der unabhängige Richter hat das vom Gesetzgeber erlassene Recht anzuwenden. Der Grund für die Unabhängigkeit des Richters, d. h. der Grund dafür, daß der Gesetzgeber nicht anders als über die Rechtsetzung auf die richterliche Entscheidung einwirken darf, liegt eben darin, daß der Richter „bloß subsumiert“, nichts anderes tut, als das Recht ohne eigene Zutat anzuwenden.

Dieses Mißverständnis, der Grundsatz der Gewaltenteilung fordere eine strikte Beschränkung der Rechtsprechung auf Gesetzesanwendung, ist in der Geschichte der Gewaltenteilungstheorie selbst begründet. Die vernunftrechtliche Lehre von der Gewaltenteilung hatte diese Aufgabenzuweisung als abschließend dargestellt[42]. Der Richter wendet lediglich das Recht an; die Schaffung des Rechts ist Sache des Gesetzgebers. Diese Vorstellung, die man besonders klar bei Montesquieu und bei den Vätern der amerikanischen Verfassung formuliert findet[43], vereinigt die erkenntnistheoretische Annahme der deduktiv-axiomatischen Methodik mit den politischen Grundtendenzen des späten Vernunftrechts, das auf die gesetzgeberische Positivierung des „vernünftigen Rechts“ drängte. Das Gesetz ist positivierte Vernunft; seine Vernunftstruktur fordert die Ableitung der Entscheidung aus dem Gesetz. Der Ableitungszusammenhang weist die richterliche Entscheidung als inhaltlich vernünftig aus.

Diese strikte Funktionsabgrenzung zwischen Gesetzgeber und Richter war ein Kunstgriff, um die Teilung der Gewalten — ein Kernstück des Verfassungsstaats — zu begründen. Die Gewaltenteilungslehre kleidete die politische Grundentscheidung für den rechtlich verfaßten, gewaltenteilenden Staat in die Form einer technischen Funktionsbeschreibung[44]. Aus diesem Grunde konnte die Gewaltenteilungslehre dahingehend mißverstanden werden, als ziele sie auf ein separates

---

daß sie, gleich der vollziehenden Gewalt, eine rechtanwendende Gewalt ist. Die Unterscheidung zwischen Rechtsetzung und Rechtsanwendung ist ebenso eindeutig wie einleuchtend“; das gelte auch im Hinblick auf richterliche Lückenergänzung und Rechtsfortbildung.

42 Vgl. oben S. 49.

43 Montesquieu, De l’esprit des lois, 1. Bd. Buch VI, 3. Kap. und Buch XI, 6. Kap.; Hamilton, Federalist Papers Nr. 78. Vgl. auch die Regelung des référé législatif im Allgemeinen Landrecht für die preußischen Staaten von 1794 (§§ 46 - 50 der Einleitung), wonach der Richter bei Unklarheit der Gesetze nicht selbst auslegen darf, sondern bei der Gesetzgebungskommission um eine authentische Interpretation nachzusuchen hat. In demselben Sinne das Décret sur l’Organisation Judiciaire, 1790, Tit. II, art. 1, no. 12; weitere Beispiele bei Vogel, Zur Praxis und Theorie der richterlichen Bindung an das Gesetz im gewaltenteilenden Staat, 1969, S. 20 f.

44 Besonders deutlich bei Montesquieu, der das Ideal des englischen Verfassungsstaats unter dem Deckmantel einer aus der Analyse des englischen Verfassungslebens gewonnenen Begrifflichkeit propagierte.

Nebeneinander der Staatsgewalten und nicht auf ein System gegenseitiger Hemmungen und Kontrollen. Die Gewaltenteilungstheorie war bemüht, den unpolitischen Charakter der richterlichen Gewalt zu betonen, weil sie deren Unabhängigkeit, die ein politisches Essentiale des gewaltenteilenden Verfassungsstaates ist, auf andere Weise nicht zu sichern wußte. So beschreibt Hamilton im „Federalist“ die Eigenart der rechtsprechenden Gewalt: „It may truly be said to have neither Force nor Will but merely Judgement[45].“ Montesquieu hatte das politische Gewicht der Rechtsprechung als „invisible et nulle“ bezeichnet; Hamilton schreibt unter ausdrücklicher Berufung auf diese Formel: „The judiciary is beyond comparison the weakest of the three departments of power“[46] — sie hat am wenigsten Macht; deshalb sind Übergriffe der Rechtsprechung in die Bereiche der anderen Staatsgewalten kaum zu befürchten; alle mögliche Aufmerksamkeit müsse man darauf richten, wie man die rechtsprechende Gewalt in ihrer Unabhängigkeit vor Übergriffen der Exekutive und Legislative schützen könne.

Ist erst einmal durch die Theorie des „merely Judgement“ die Unabhängigkeit der Rechtsprechung begründet, dann kann der Rechtsprechung ungehindert eine geradezu ausschlaggebende Stellung im politischen System eingeräumt werden: so fordert Hamilton denn nachdrücklich das richterliche Prüfungsrecht gegenüber Gesetzen[47]. Das Geschäft des Richters sei Gesetzesauslegung; die Verfassung sei aber nichts anderes als das Grundgesetz des Staates. Auch dieses Grundgesetz sei vom Richter auszulegen, Gesetze, die sich hiernach mit der Verfassung als unvereinbar erwiesen, seien für nichtig zu erklären. Und nicht einmal die Unbestimmtheiten der Grundsatznormen einer Verfassung bringen Hamilton auf den Gedanken, Rechtsprechung könne auch politisch-gestalterische Elemente haben. Durch die Annahme eines richterlichen Prüfungsrechts gegenüber Gesetzen wird aber in Wirklichkeit am nachdrücklichsten die These vom unpolitischen Charakter der Rechtsprechung dementiert. In solchem Prüfungsrecht[48] vollendet sich das System richterlicher Kontrolle von Hoheitsakten der anderen Staatsorgane; in dem so ausgebauten System des gewaltenteilenden

---

[45] Hamilton, Federalist Papers, (Ed. Rossiter 1961), S. 465.

[46] Ebd.

[47] Hamilton, S. 467. Ob dem Supremeent Court ein Prüfungsrecht gegenüber Gesetzen zustehen sollte, war bei der Beratung der Verfassung offen geblieben; s. Carstens, Grundgedanken der amerikanischen Verfassung, 1954, S. 94 ff.; H. J. Schäfer, Inhalt und Grenzen der richterlichen Gewalt nach der Verfassung der Vereinigten Staaten von Amerika, 1968, S. 9 ff.

[48] Der Supreme Court nahm dieses Prüfungsrecht zum ersten Mal in seiner Entscheidung Marbury vers. Madison 1 Cranch 137 (1803) für sich in Anspruch; zu dieser Entscheidung vgl. Carstens, a. a. O., Schäfer, a. a. O.; ferner Loewenstein, Verfassungsrecht und Verfassungspraxis der Vereinigten Staaten, 1959, S. 420 ff.

Verfassungsstaats gewinnt die Rechtsprechung eine politische Stellung, die späterhin zutreffend als „judicial supremacy“[49] beschrieben worden ist.

Die neuere Verfassungstheorie interpretiert die Gewaltenteilung, unter Berücksichtigung ihrer wirklichen Funktion im Verfassungsleben, als gegenseitige Hemmung und durch wechselseitige Kontrolle begründete Abhängigkeit der Staatsorgane[50]. Das Gewaltenteilungsprinzip gebietet nach dieser Interpretation nur, daß keine der drei Staatsgewalten in den Kernbereich einer anderen hinübergreifen darf[51]. Es impliziert also keineswegs eine ausschließende Zuordnung von Funktionen an eine der drei Gewalten, auch nicht in der Weise, daß etwa die Rechtsprechung nur auf „Normvollziehung“ verwiesen wäre[52].

Diese Interpretation des Gewaltenteilungsprinzips anzuerkennen bedeutet nicht, auf jede verfassungsrechtliche Grenzziehung zwischen richterlicher und legislativer Tätigkeit zu verzichten. Zur Beantwortung der Frage, wann eine rechtsschöpferische richterliche Entscheidung — insbesondere eine Contra-legem-Entscheidung — in den „Kernbereich“ der Gesetzgebung übergreift, lassen sich verschiedene Argumentationen und Gesichtspunkte nennen. Versuche, in einer vorsichtigen Kasuistik die sich aus der verfassungsrechtlichen Stellung der Gerichte ergebenden Schranken richterlicher Rechtsschöpfung zu bestimmen, müssen von dem Grundsatz ausgehen, daß in erster Linie das Parlament zur rechtlichen Ordnung und Gestaltung des politischen Gemeinwesens berufen ist[53]. Dennoch hat das Parlament eben nur die Gesetzgebungsprärogative, kein Gesetzgebungsmonopol[54]. Die verfassungsrechtlichen Grenzen richterlicher Rechtsschöpfung liegen in der Beachtung dieser Prärogative.

Wann eine richterrechtliche Rechtsschöpfung die Prärogative des parlamentarischen Gesetzgebers verletzt, hängt von den konkreten Umständen des Einzelfalls ab; sie bestimmen die verfassungsrechtliche

---

[49] Vgl. Schäfer, S. 196.

[50] Statt aller Maunz / Dürig, in: Maunz / Dürig / Herzog, Grundgesetz, Art. 20 Randnr. 78; v. Mangoldt / Klein, Grundgesetz, 2. Aufl. 1. Bd., 1966, Art. 20, S. 598; v. Hippel, Gewaltenteilung im modernen Staate, 1950, S. 10 m. w. N.

[51] Maunz / Dürig, Randnr. 81; Kägi, Zur Entstehung, Wandlung und Problematik des Gewaltenteilungsprinzips, 1937, S. 164; Mangoldt / Klein, S. 599; Fleiner, Institutionen des deutschen Verwaltungsrechts, 8. Aufl. 1928, S. 12 ff.

[52] Kriele, Theorie der Rechtsgewinnung, S. 60 ff.: „Rechtsetzungsprärogative des Gesetzgebers, nicht Rechtsetzungsmonopol“. Themistokles Tsatsos, Zur Geschichte und Kritik der Lehre von der Gewaltenteilung, 1968, S. 78.

[53] Vgl. Robert Fischer, Die Weiterbildung des Rechts durch die Rechtsprechung, 1971, S. 32; H. P. Schneider, Richterrecht, Gesetzesrecht und Verfassungsrecht, 1969, S. 32.

[54] Kriele, S. 60 ff.

Bedeutung und Tragweite der einzelnen Argumentationsgesichtspunkte. Darf der Richter in einem offenen Streit der politischen Meinungen über Grundsatzfragen unserer Rechtsordnung Partei ergreifen[55]? Ob der Richter sich darauf beschränken kann, den im Gesetz niedergelegten sozialen Konsens zu verwalten, wie sehr er zu dem Versuch genötigt ist, selbst Konsens zu schaffen, hängt auch von der Tätigkeit bzw. Untätigkeit des Gesetzgebers ab[56]. Inwieweit er diesen Versuch wagen kann und wagen sollte, das läßt sich nicht unabhängig von der konkreten Streitfrage sagen; „feste Grenzen“[57] des Richterrechts gibt es hier nicht. Sicherlich sollte der Richter nicht einer bevorstehenden Entscheidung des Gesetzgebers vorgreifen[58]. Wie aber, wenn sich der Gesetzgeber bewußt zurückhält[59]? Sollte der Richter nicht der Versuchung widerstehen, über den zu entscheidenden Einzelfall hinaus ein gesetzähnliches Grundsatzurteil zu fällen[60]? Und doch sind es oft gerade die Parteien des konkreten Rechtsstreits, die eine grundsätzliche Klärung durch eine abschließende höchstrichterliche Entscheidung begehren.

Aus der verfassungsrechtlichen Funktionenverteilung zwischen Richter und Gesetzgeber lassen sich keine formalen, von den Umständen des Einzelfalls unabhängigen Grenzen richterlicher Rechtsschöpfung — auch contra legem — angeben. Das Prinzip der Gewaltenteilung, so schreibt R. Fischer, kann „nur schwerlich eine geeignete Trennlinie zwischen der gesetzgebenden Gewalt bieten, um angesichts des Art. 20 GG das Phänomen des sogenannten Richterrechts gegenüber dem Bereich der rechtsprechenden Gewalt sicher abzugrenzen“[61].

Alle Versuche, den Bereich legitimer richterlicher Rechtsschöpfung zu bestimmen, führen zu einer *Umschreibung von Pflichten zur Rücksichtnahme des Richters auf den politischen Prozeß der Gesetzgebung, von Pflichten zu „gesetzgeberfreundlichem Verhalten“*. Das Verhältnis von Gesetzgeber und Richter ist damit als ein Zuordnungsverhältnis mit gegenseitigen Hemmungen begriffen. Der Gesetzgeber verfügt über das Recht; der Richter wendet es an. Die richterliche Rechtsschöpfung hat ihren Raum zunächst im gesetzesfreien Bereich, ist aber hierauf

[55] Fischer, S. 32; Schneider, S. 32.

[56] Zur Untätigkeit des Gesetzgebers im Arbeitsrecht vgl. Fischer, S. 22; Galperin, Rechtsfortbildung im Arbeitsrecht, 1968, S. 17 ff.

[57] So aber Schneider, S. 32 f.

[58] Fischer, S. 36.

[59] Fischer, S. 37, hat hier keine Bedenken gegen richterliche Rechtsschöpfung: erfahrungsgemäß bilde gerade ein richterlicher Hinweis auf eine notwendige gesetzgeberische Maßnahme den Beginn für die Einleitung einer neuen richterlichen Rechtsfortbildung. (Der Richter öffnet sich dann also den Weg zur Rechtsschöpfung durch ein vorbereitendes Signal an den Gesetzgeber.)

[60] Schneider, S. 32 f.

[61] Fischer, S. 10.

nicht beschränkt. Das vom Parlament erlassene Gesetz durchläuft in der Dauer seiner Anwendung durch den Richter ein rechtspolitisches Prüfungsverfahren. Damit ist dem Richter — vor allem im wachsenden zeitlichen Abstand vom Gesetzgebungsverfahren — ein Kontrollinstrument gegenüber dem Gesetz in die Hand gegeben. Die Prärogative des Parlaments erweist sich dann in der Möglichkeit, richterliche Rechtsschöpfung und Rechtsumgestaltung seinerseits zu korrigieren. Die Gesetzgebungsprärogative des Parlaments schließt in dieser Weise eine Art „Partnerschaft zwischen Parlament und Justiz“[62] ein.

Je näher damit die Rechtsprechung an die allgemeine Politik heranrückt, desto mehr ist sie in ihrem Abgrenzungsbemühen gezwungen, auf einen Teilbereich zu schauen, der vordem als untypisch für Rechtsprechung galt, ja der wegen seiner Nähe zur Politik aus dem Bereich der Rechtsprechung begrifflich ausgeschieden wurde: auf die Verfassungsgerichtsbarkeit[63]. Die Abgrenzung zwischen Rechtsprechung und Politik orientiert sich immer mehr an der Abgrenzung zwischen Verfassungsgerichtsbarkeit und Politik. In der Verfassungsgerichtsbarkeit tritt naturgemäß die politische Rolle der Rechtsprechung — vor allem in der Kontrolle der Gesetzgebungsakte am Maßstab der häufig nur Grundsatzhinweise gebenden Verfassung — am stärksten zutage. Hier ist auch die Gefahr am größten, daß der Verfassungsrichter in den Aufgabenbereich des Gesetzgebers übergreift. Hier wird am deutlichsten, daß sich die Legitimität richterlicher Rechtsgewinnung nicht nach einem starren Funktionsverteilungsschema beurteilen läßt. Die differenzierten Pflichten zu richterlicher Rücksichtnahme auf die Entscheidungs- und Beurteilungskompetenzen des parlamentarischen Gesetzgebers werden hier üblicherweise in der aus der amerikanischen Verfassungsgerichtspraxis entnommenen Formel „judicial self-restraint“ zusammengefaßt[64].

Diese in der Verfassungsgerichtsbarkeit entwickelte Rechtsfigur des „judicial self-restraint“ wird vorbildlich für den gesamten Bereich der Rechtsprechung[65]. *Das Gebot richterlicher Selbstbeschränkung gegenüber der Legislative bezeichnet die eigentliche Grenze legitimer richterlicher Rechtsschöpfung.* In dieser Allgemeinheit bedeutet „judicial self-restraint“: Nur solche richterrechtlichen Rechtsschöpfungen sind legitim, für die der Richter unter Beachtung der verfassungsrechtlichen Kompetenzordnung die Verantwortung übernehmen kann.

---

[62] Der Ausdruck stammt von Adolf Arndt, Das Bild des Richters, 1957, S. 14.

[63] Zur Qualifikation der Verfassungsrechtsprechung als „Rechtsprechung“, s. unten S. 172.

[64] Vgl. die zusammenfassende Analyse der Rechtsprechung des Supreme Court bei F. Scharpf, Grenzen der richterlichen Verantwortung, 1965.

[65] Vgl. Schneider, S. 34

Gegen diesen Verzicht auf die Bestimmung allgemeinverbindlicher abstrakter Grenzen der richterlichen Rechtsschöpfung mag man einwenden, hier werde aus einer gewissen Unschärferelation des Gesetzes, aus gewissen Randphänomenen richterlichen Umgangs mit dem Gesetz unzulässigerweise die Folgerung gezogen, der Richter stehe über dem Gesetz. Dieser Einwand verkennt die Dialektik der richterlichen Gesetzesgebundenheit: Der Richter steht unter dem Gesetz; was aber das Gesetz sagt, darüber befindet der Richter. Die Tatsache, daß keine verbindlichen Regeln angegeben werden können, wann eine Abänderung der gesetzgeberischen Dezision sinnvoll und zulässig ist, zieht die geforderte Gesetzestreue als den Willen zu einem wertenden Gehorsam nicht in Zweifel. Der Richter hat im Einzelfall die Möglichkeit, das Gesetz zu korrigieren. Er wird von dieser Möglichkeit nur Gebrauch machen, wenn er eine Korrektur für *sachlich unumgänglich* hält. Deshalb kann es auch keine formalen Regeln über die Grenzen richterlicher Umgestaltung des Gesetzes geben. Solche richterlichen Gesetzeskorrekturen stellen seltene Ausnahmen dar; daran kann kein Zweifel bestehen. Von diesen Extremfällen her fällt dennoch ein Licht auf den Charakter aller richterlichen Rechtsfindung: daß diese als ars boni et aequi nicht in den Rahmen abstrakter Rechtsfindungsregeln gespannt werden kann. Gerade an der Contra-legem-Entscheidung, bei der ein tragendes Prinzip des Verfassungsstaats: die richterliche Gesetzesbindung in Frage steht, zeigt sich die Unzulänglichkeit einer juristischen Methodik, die auf die Bestimmung solcher formellen Rechtsfindungsregeln zielt.

VII. Das Ende der juristischen Methode in ihrer ideologischen Funktion: die Aporie

Die gesamte neuere Methodendiskussion in der Jurisprudenz läuft auf zwei Sätze hinaus:

1. Es gibt kein formales, vom Sachgehalt der in Rede stehenden Streitfrage unabhängiges Verfahren, mit dessen Hilfe eine Aussage über die inhaltliche Richtigkeit einer Problemlösung gemacht werden könnte.
2. Ebensowenig besteht die Möglichkeit, die Richtigkeit juristischer Problemlösung anhand bloß rechtssatzimmanenter Kriterien zu beurteilen.

Beide Sätze stehen in einem inneren Zusammenhang. Der erste Satz bezeichnet das Ende der „juristischen Methode“ als Versuch einer formalen Erkenntnisvergewisserung. Daraus folgt: Über die inhaltliche Richtigkeit von Rechtsbildungen läßt sich nur anhand inhaltlicher Kriterien urteilen. Solche inhaltlichen Kriterien lassen sich weder allein aus dem positiven Gesetz, noch allein aus dem Gesamtgehalt des ius heraus entwickeln. Die Frage nach der Richtigkeit von Rechtsbildungen verweist letztlich auf ethische, wirtschaftliche, allgemein-politische Maßstäbe, auf Maßstäbe, die im traditionellen juristischen Denken als „außerjuristische" galten, die aber in Wirklichkeit die Rechtsgewinnung bestimmen.

1. Die Ansatzpunkte der Methodenreflexion

Es waren drei Momente, die die Methodendiskussion auf diese Erkenntnis zutrieben:

a) die Beobachtung, wie im judiziellen Rechtsfindungsprozeß Auslegungsregeln verwandt werden (Querschnitt durch die judizielle Praxis);

b) ein rechtshistorischer Überblick über die gesetzesverändernden Wirkungen „methodisch richtigen" Argumentierens (Längsschnitt durch die judizielle Praxis);

c) schließlich die Erfahrung, daß dem Einrücken politischer Kontroversen in die juristischen Diskussionen durch den Rückgriff auf formale oder rechtsimmanente Kriterien nicht begegnet werden kann.

Zu a): Die überkommene Vorstellung von einer formalen, richtigkeitsverbürgenden Methode hatte sich in der neueren juristischen Methodenlehre in dem Versuch niedergeschlagen, Reichweite und Rangfolge der einzelnen Auslegungsgesichtspunkte verbindlich festzulegen. So wollte man bestimmen, wann der geltungszeitlichen Methode der Gesetzesauslegung der Vorzug zu geben sei gegenüber der entstehungszeitlichen, wann der Richter der Entstehungsgeschichte einer gesetzlichen Vorschrift mehr Gewicht beizulegen habe als ihrem Wortlaut, dem Sinn und Zweck der Norm mehr als ihrer systematischen Stellung[1], wann eine echte oder unechte „Lücke" vorliege, unter welchen Umständen und anhand welcher Maßstäbe sie zu „füllen" sei[2]. Solche Methodenpostulate blieben aber im wesentlichen ohne Wirkung; die gerichtliche Praxis hielt sich nicht an solche — häufig genug einander widersprechenden — Rechtsfindungsregeln, benutzte die eine oder andere dieser Regeln allenfalls, um eine auf andere Weise bereits gefundene Entscheidung zu legitimieren, und griff dann in einem anderen Fall bedenkenlos auf ein konträres Methodenkonzept zurück, wenn sich das gewünschte Ergebnis besser damit begründen ließ[3]. Der selektive

[1] Vgl. Larenz, Methodenlehre, 3. Aufl., S. 232 ff.

[2] Insbesondere zum „Lückenproblem" s. Canaris, Die Feststellung von Lücken im Gesetz, 1964.

[3] Kriele, Theorie der Rechtsgewinnung, S. 85 ff.; Esser, Vorverständnis und Methodenwahl, S. 10, 124 ff.

Gebrauch dieser methodischen Vorschriften machte ihren Zweck zunichte, sichere Kriterien für die richtige Auslegung des Gesetzes anzugeben und richterliche Willkür in der Rechtsfindung auszuschalten[4].

Es war vor allem die Konfrontation der traditionellen Methodenanschauungen mit solcher gerichtlichen Praxis, die letztlich den Glauben an formale Regeln für die Richtigkeit von Entscheidungen aufgelöst hat. Statt nun immer neue kategorische Auslegungsnormen aufzustellen, die ohne alle Rücksicht auf ihre tatsächliche Handhabung Geltung beanspruchen, hat sich die Methodenlehre der gerichtlichen Praxis zugewandt. In erster Linie ist dabei Essers Abhandlung „Grundsatz und Norm in der richterlichen Fortbildung des Privatrechts“ zu nennen; diese Abhandlung hat durch den Vergleich zwischen angelsächsischem Richterrecht und kontinentaleuropäischem Gesetzesrecht eine unverstellte Erfassung der Wirklichkeit „judizieller Normsetzung“ im Bereich der privatrechtlichen Kodifikation ermöglicht[5]. Im Anschluß hieran hat Kriele in seiner „Theorie der Rechtsgewinnung“ eine Hermeneutik der juristischen Praxis entworfen, deren Kern der Versuch einer Analyse des tatsächlichen Rechtsgewinnungsprozesses ist[6]. Krieles Gedanken hat dann wiederum Esser aufgenommen und der Methodenreflexion den Weg einer „Theorie der Praxis der Rechtsanwendung“ gewiesen[7, 8].

Gegen diese Korrektur methodischer Konzepte anhand der gerichtlichen Praxis ist der Einwand erhoben worden, Rechtsfindungsregeln könnten nicht durch den Hinweis widerlegt werden, daß sie nicht beachtet würden[9]. Solcher Methodenrigorismus verkennt aber, daß dem praktischen Charakter der Jurisprudenz nur eine Methodenlehre gerecht wird, die das, was die Praxis tut, zu erklären vermag[10]. Das bedeutet

---

[4] Kriele, S. 85 ff.; Esser, S. 124 ff.

[5] 1. Aufl. 1956; zur Wirkungsgeschichte dieses Buches s. Dubischar, Rechtstheorie als Literatur, AcP Bd. 171, 1971, S. 440 ff.

[6] Kriele, S. 157 ff.

[7] Esser, Vorverständnis und Methodenwahl, Vorbemerkung.

[8] Daß die Methodenreflexion diese Richtung einschlagen konnte, war vor allem das Verdienst von Theodor Viehweg, dessen Abhandlung „Topik und Jurisprudenz“ (1. Aufl. 1953) eigentlich die Initialzündung der neueren Methodenreflexion war. Viehweg sah als erster die gesamte juristische Methodenlehre seit dem Vernunftrecht konstituiert durch die deduktiv-axiomatische Methode (s. hierzu oben S. 15); ihr stellte er das (tatsächliche) topische Vorgehen gegenüber. Wegen dieser Gegenüberstellung ist das topische Vorgehen häufig als ein mit der herkömmlichen Interpretationslehre konkurrierender normativer Methodenentwurf mißverstanden worden; so etwa von Diederichsen, Topisches und systematisches Denken in der Jurisprudenz, NJW 1966, S. 697 ff.

[9] Canaris, Systemdenken und Systembegriff in der Jurisprudenz, 1969, S. 143.

[10] Auf die Notwendigkeit, die juristische Praxis zu erklären, verweist

durchaus nicht, kritiklos die tatsächliche richterliche Entscheidungpraxis hinzunehmen. Eine an der gerichtlichen Praxis orientierte Methodenreflexion verzichtet nicht auf eine Kritik dieser Praxis; sie verzichtet nur auf eine Kritik anhand unrealistischer, wirklichkeitsferner und formaler Maßstäbe und ermöglicht daher erst eine wirkliche, nämlich inhaltliche Kritik.

Zu (b): Rechtsgeschichtliche Untersuchungen haben entscheidend beigetragen zu dieser Entwicklung der methodischen Diskussion. Bahnbrechend wirkte Wieackers Vergleich zwischen dem Sozialmodell der klassischen Privatrechtsgesetzbücher, insbesondere des BGB, und dem Sozialmodell, das dem heutigen Privatrecht zugrunde liegt[11]. Wieacker konstatiert eine „stille, aber vollkommene Umwälzung des Sozialbildes", nämlich eine Entwicklung von „formaler Freiheitsethik" zu einer „materialen Ethik sozialer Verantwortung"[12]. Er führt für diesen von der Rechtswissenschaft vorbereiteten und richterrechtlich vollzogenen Wandel fünf prägnante Beispiele an:

— Eine Übersicht über die Bewertung von Willenserklärungen zeigt den Weg vom Willensdogma der Pandektistik zur heutigen Vertrauenstheorie; zugleich zeigt sich eine Annäherung der Rechtswirkungen „faktischer" Rechtsverhältnisse an gewillkürte Rechtsverhältnisse sowie die größere Bedeutung des Rechtsscheingedankens[13].

— In der heutigen Auffassung des Schuldverhältnisses als „einer über den vereinbarten Leistungsinhalt weit hinausgreifenden Pflichtenordnung beider Vertragsteile" spiegelt sich eine dem BGB ursprünglich fremde „Ethisierung der juristischen Betrachtung, die sich aus der Orientierung an der Sozialfunktion des Leistungsaustauschs ergibt"[14].

— Die vertragliche Leistungspflicht wird begrenzt durch den — von den Verfassern des BGB verworfenen — Gedanken der clausula rebus sic stantibus, die eine aus sozialethischen Gründen erforderlich werdende Anpassung an gewandelte Verhältnisse erlaubt[15].

— Der Begriff „Sittenwidrigkeit" (§§ 138, 826 BGB), der zunächst definiert war als „individueller Mißbrauch sittlicher Freiheit", wird zunehmend verwandt zur „Aufstellung wirtschaftsethischer Anfor-

---

auch Robert Fischer, Die Weiterbildung des Rechts durch die Rechtsprechung, 1971, S. 11.

[11] Wieacker, Das Sozialmodell der klassischen Privatrechtsgesetzbücher und die Entwicklung der modernen Gesellschaft, 1953.

[12] Wieacker, S. 17 f.

[13] Wieacker, S. 18.

[14] Wieacker, S. 18 f.

[15] Wieacker, S. 19.

derungen“, in denen sich der Grundriß einer sozialen Verantwortungsethik“ erkennen läßt[16].

— Im Bereich des Grundeigentums zeigt sich ein „Vorstellungswandel vom unbeschränkten Privateigentum zum Grundeigentum als Sozialfunktion“ (privatrechtliche Zustandshaftung für die vom Grundstück ausgehenden Gefahren; Pflicht des Grundeigentümers zur Beachtung nachbarlicher Belange im Recht der Immissionen entgegen der ursprünglichen Regelung des § 906 BGB)[17].

Der Inhaltswandel dieser Basisinstitutionen des Privatrechts ist interpretatorisch vollzogen worden[18]; das beweist, in welchem Maße das im Privatrecht vergleichsweise engmaschige Netz gesetzgeberischer Dezisionen interpretatorisch umgestaltet werden kann, und zwar weniger durch eine richterrechtliche Abänderung positiv-rechtlicher Einzelnormen als vielmehr durch den Wandel der Grundanschauungen des „Sozialmodells“. Für den hier vollzogenen Vorstellungswandel ist kennzeichnend, daß er in der Regel mit den Mitteln der Interpretationslehre überhaupt nicht erfaßt werden kann. Der Weg vom klassischen Sozialmodell des BGB zu dem des heutigen Privatrechts ist die Summe methodisch unanfechtbarer, „gesetzestreuer“ Einzelentscheidungen. Der Wandel vollzieht sich gerade *unterhalb* aller Interpretationsvorschriften, deren Beachtung nach den Anschauungen der traditionellen Methodenlehre die „richtige“ Ableitung der Entscheidung aus dem Gesetz garantieren sollte. Im rechtshistorischen Überblick erweist es sich, wie wenig die Interpretationsergebnisse von den jeweiligen Interpretationsmethoden geformt werden.

Zum anderen hat dann Rüthers in seiner Untersuchung über den Wandel der Privatrechtsordnung unter dem Nationalsozialismus „die überraschende, fast unheimlich wirkende Wandelbarkeit der Auslegung unveränderter Vorschriften im Wandel sozialer und politischer Verhältnisse“ aufgezeigt[19]. Seine eingehende Analyse der Rechtsprechung im Dritten Reich führt ihn zu der grundsätzlichen Erkenntnis, die herkömmlichen Methodeninstrumente seien ein rein technisches Transportmittel für die grundlegenden politischen Wertanschauungen, die den unveränderten gesetzlichen Vorschriften andere Bedeutung gäben[20].

Rüthers hält aber trotz dieses Ergebnisses seiner Untersuchung an der Vorstellung einer verbindlichen juristischen Methode fest: dazu

---

[16] Wieacker, S. 19 f.

[17] Wieacker, S. 20.

[18] Zu den durch legislative Tätigkeit erfolgten Umgestaltungen, die natürlich auch den Weg der Judikatur beeinflußt haben, s. Wieacker, S. 22 ff.

[19] Rüthers, Die unbegrenzte Auslegung, Zum Wandel der Privatrechtsordnung im Nationalsozialismus, 1968, S. 445.

[20] Rüthers, S. 445.

zwinge die Bindung des Richters an das Gesetz[21]. Hierin liegt ein Bruch mit seiner eigenen Erkenntnis von Wirkungsweise und Charakter der Methodenregeln. Rüthers zeigt ja gerade, daß das Gesetz eine Funktion der jeweiligen Wertvorstellungen ist und daß die Auslegungsmethoden diese Wertvorstellungen in das Gesetz hineintragen: Je nach dem Wechsel der Wertvorstellungen gewinnt das Gesetz eine andere Gestalt, einen anderen Inhalt; dann aber ist die Bindung des Richters an das Gesetz notwendigerweise als Bindung an die jeweiligen politischen Grundwertungen zu interpretieren[22]. Deshalb muß Rüthers auch die Frage, ob die Urteile der nationalsozialistischen Zeit methodisch zu beanstanden seien, verneinen[23]. Indem er aber an der Vorstellung einer normativen Methode festhält und von „methodisch unzulässig“ oder „methodisch zutreffend“ spricht[24], fällt er hinter seinen eigenen Erkenntnisstand zurück. Denn wie kann man noch von *methodisch* richtig oder falsch sprechen, wenn es sich doch um das Problem inhaltlicher Übereinstimmung der richterlichen Erkenntnisse mit den politischen Grundanschauungen handelt? In Wirklichkeit meint „Methode“ hier nur noch die Benutzung herkömmlicher Begründungsfloskeln, die den Durchgang aller Wertungen erlauben. Die juristische Methode ist nur noch ein Darstellungsmittel der von ihr inhaltlich nicht gesteuerten politischen Wertung. Mit dieser Sicht des Methodeninstrumentariums ist aber die Annahme einer „verbindlichen“ Methode — und das müßte doch wohl heißen: einer Methode, die um ihrer inhaltlichen Steuerung willen verbindlich sein soll — unvereinbar.

Zu (c): Solcher methodologischen und rechtshistorischen Reflexion hat die neuerliche Tendenz zu einer „Politisierung“ der Jurisprudenz eine gewisse Breitenwirkung gegeben. Wo eine politische „fortschrittliche“ Jurisprudenz gegen eine „reaktionäre“ Jurisprudenz, eine „ideologiekritische“ Rechtswissenschaft gegen eine „ideologische“ gestellt wird, wo verschiedene gesetzliche Ausbildungskonzepte, verschiedene Konzeptionen von Rechtswissenschaft die Verschiedenartigkeit politischer Grundanschauungen spiegeln[25], dort sind die Grundfragen der Rechts-

---

21 Rüthers, S. 445 f.

22 Rüthers, S. 432, 435, 437.

23 Rüthers, S. 444.

24 Rüthers, S. 439.

25 Vgl. etwa die Kontroverse um den Modellentwurf für die einstufige Juristenausbildung in Hessen („Wiesbadener Modell“), abgedr. in: JuS 1973, S. 794; Stellungnahmen von Coing JuS 1973, S. 797 ff. und von Lüderssen, JuS 1974, S. 131 ff. Zu den Ausbildungskonzepten der Universität Bremen s. Roth, Reform als Prozeß — die Diskussion um die Bremer Juristenausbildung bis zur Universitätseröffnung, in: Kritische Justiz, 1972, S. 73 ff.; ferner: Der neue Jurist, Materialien zur reformierten Juristenausbildung in Bremen, 1973; Neues Recht durch neue Richter?, Beiträge von Püttner u. a., 1975. — S. auch Dürigs Kennzeichnung der „neuen Bremer sog. Staatsrechtslehrer“, in:

wissenschaft als *politische* Fragen gestellt. Der Glaube an eine richtigkeitsverbürgende juristische Methode drückte ein relativ einheitliches Gruppenbewußtsein der Juristen aus und stabilisierte es gleichzeitig.

Dieser Glaube spiegelte die Tatsache, daß die Homogenität des Juristenstandes für Konsens im Ergebnis (im großen und ganzen) sorgte[26]. Den Konsens im Ergebnis begründeten die Juristen vor sich und vor anderen als Konsens durch Methode. Dieser Glaube an eine „juristische Methode“ mußte sich in dem Maße als Illusion erweisen, als unterschiedliche gesellschaftlich-politische Anschauungen in die Jurisprudenz einrückten, als somit der Konsens im Ergebnis nicht mehr garantiert war. Man macht die Erfahrung, daß abweichende Antworten auf grundlegende juristische Fragen nicht etwa auf Methodendivergenzen beruhen, sondern auf die Verschiedenheit politischer Standpunkte zurückzuführen sind, die als Prämissen der juristischen Beweisführungen diese notwendigerweise lenken. Erlaubt das geltende Recht den Beamtenstreik[27]? Muß die Mitgliedschaft in verfassungswidrigen, aber nicht verbotenen Parteien und Organisationen zur Verneinung der Beamteneignung führen[28]? Welche Konsequenzen ergeben sich aus dem Grundgesetz für die Ausgestaltung der Mitbestimmungsregelung[29]? In allen diesen Kontroversen argumentieren die „linken“ Herausforderer in derselben Weise mit Wortlaut, Systematik, Entstehungsgeschichte und Telos wie diejenigen, die die herrschende Meinung vertreten. Gerade bei der Behandlung solcher politisch aufgeladenen, kontroversen Rechtsfragen, die durch das positive Gesetz- oder Verfassungsrecht nicht eindeutig

---

Maunz / Dürig / Herzog, GG, Art. 3 Abs. 3 Randnr. 8 FN 2. Die Polemik Dürigs in der gesamten Kommentierung des Art. 3 Abs. 3 GG belegt besser als alle anderen Äußerungen die hier im Text aufgestellte These.

[26] Vgl. Denninger, Besprechung von Friedrich Müller, Normstruktur und Normativität, AöR Bd. 94, 1969, S. 33: „Kritische Kommentierung der richterlichen Spruchpraxis war schon immer ein legitimes Geschäft der Rechtsgelehrten. Sie mochten es guten Gewissens betreiben, solange sie sich als Hüter und Mehrer eines unangefochtenen Schatzes von juristischen Kunstregeln verstehen konnten, welche der dogmatischen Argumentation das gewünschte Maß an kollegialem Konsens verbürgten. Mit dem Wegfall der gesellschaftlich-ideologischen Voraussetzungen solcher Übereinstimmung in legibus artis ... ist nicht nur das „gute Gewissen“ des theoretischen Kritikers fragwürdig geworden, sondern prinzipiell die Möglichkeit entfallen, Rechtswissenschaft fernab von allen weltanschaulichen „Anfechtungen“ und gesellschaftlich-politischen Einflußnahmen innerhalb eines schützenden Hags gemeinverbindlicher Erkenntnisprinzipien zu betreiben“.

[27] Ramm, Das Koalitions- und Streikrecht der Beamten, 1970; Däubler, Der Streik im öffentlichen Dienst, 1970, S. 258 ff.; R. Hoffmann, Beamtentum und Streikrecht, AöR Bd. 91, 1966, S. 141 ff.

[28] Einerseits Stuby, Funktionen und Folgen der antidemokratischen Berufsverbote in der BRD, in: Demokratie und Recht 1973, S. 152 ff. Andererseits Klaus Stern, Zur Verfassungstreue der Beamten, 1974; jetzt auch BVerfGE 39, 334 ff.

[29] Däubler, Das Grundrecht auf Mitbestimmung, 1973; Rupert Scholz, Paritätische Mitbestimmung und Grundgesetz, 1974, m. w. N.

entschieden sind und daher eine „wissenschaftlich abgesicherte", den politischen Streit neutralisierende juristische Lösung im besonderen Maße erfordern, wird deutlich, daß die Regeln formaler juristischer Methodik keine norm- und konsensbildende Kraft (mehr) besitzen.

Die herkömmliche Methodenlehre kann also das Phänomen inhaltlichen Wandels im Recht nicht erklären; sie vermag weiterhin den Streit divergierender rechtlicher Anschauungen nicht zu beenden. Worin auch immer die Rationalitätskriterien für die juristische Entscheidung zu finden sein mögen — die formale Methode sichert jedenfalls nicht die rationale Entscheidung. Das bezeichnet das Ende der juristischen Methode als Mittel der Erkenntnisvergewisserung bei der jurisprudenziellen und judiziellen Rechtssatzproduktion[30].

2. *Kritisierbarkeit der Entscheidung und Gesetzesbindung*

Der Anspruch der juristischen Methode, die Richtigkeit von Rechtsbildungen zu gewährleisten, beruhte auf — philosophisch gesprochen — begriffsrealistischen Prämissen. Die verschiedenen Entwürfe juristischer Methodik stellten nur Abwandlungen des deduktiv-axiomatischen Argumentierens dar. Der Grundsatz der Ableitbarkeit der Entscheidung wurde nicht in Frage gestellt; es wechselte nur die Anschauungen darüber, was die Axiome seien, aus denen abgeleitet werden sollte: die abstrakten Grundbegriffe des Rechts (gar der Begriff des Rechts selbst) oder — mit zunehmender Annäherung an den Positivierungsgedanken — das Gesetz. Das System der rechtlichen Grundbegriffe oder der gesetzlichen Regelungen wurde — vergleichbar einem theologischen Fundamentalismus — als vollständige und abgeschlossene Offenbarung behandelt, die prinzipiell aus sich selbst zu verstehen sei. Und selbst als der Glaube an eine „Heiligkeit des Rechts" und an die „Majestät des Gesetzes" schwand, blieb der Ableitungsgrundsatz gewahrt: In den Rang von Axiomen juristischer Deduktionen rückten ein die politischen Wertungen des Gesetzgebers (die im Gesetzestext zumindest angedeutet sein mußten) oder — zuletzt — die vom Gesetz ganz unabhängigen jeweiligen politischen Grundanschauungen[31].

Die juristische Methode war zuerst im Vernunftrecht entworfen worden; soweit sich die späteren Rechtsepochen auch von der vernunftrechtlichen Tradition entfernten, ja, sich bewußt gegen sie stellten — an der Grundform vernunftrechtlichen Argumentierens hielten sie fest. Bei aller Typenvielfalt möglicher Prämissen juristischer Deduktion galt: der Jurist macht die Entscheidung nicht, er leitet sie lediglich ab. Die

---

[30] Vgl. Esser, Vorverständnis und Methodenwahl, S. 7: unsere akademische Methodenlehre bedeute dem Richter weder Hilfe noch Kontrolle.

[31] Wie z. B. bei Rüthers, S. 434 ff.

juristische Entscheidung verschanzt sich hinter der Autorität eines Höheren. „Die Kunst, als abgeleitet in Erscheinung zu treten, also gleichsam die Maske aufzusetzen und sich selbst zu verleugnen, ist die wichtigste Fähigkeit der Autorität[32]." Diesem Zweck dient die deduktiv-axiomatische Darstellungsweise, die den Anschein einer „vorjudiziellen Existenz"[33] des in Wirklichkeit vom Juristen erst geschaffenen Rechts erweckt. Die naive Vorstellung, der Richter finde lediglich die Entscheidung, — „the childish fiction", wie Austin sagte[34] — ist der Nährboden der deduktiv-axiomatischen Methodik; diese prägt jene naive Vorstellung nur in besonderer Weise und in besonders starkem Maße aus: Der Richter findet die Entscheidung, und zwar mittels einer formalen Technik, die die sachliche Unanfechtbarkeit des gefundenen Ergebnisses garantiert[35].

Man könnte nun fragen: Liegt denn nicht die Vorstellung von der formalen Ableitbarkeit der Entscheidung auch dem unverzichtbaren Gebot der Gesetzesbindung zugrunde? Wird nicht durch die Kritik am Ableitungsgrundsatz zugleich die Gesetzesbindung abgebaut oder relativiert? Wenn gesagt wird, „statt formal-methodischer Ableitung nunmehr materiale Rechtfertigung der Entscheidung", besteht dann nicht die Gefahr, daß der interpretatorische Wille zur materialen Rechtfertigung mit den gesetzgeberischen Dezisionen kollidiert? In der Tat läßt sich die neuere Methodendiskussion so resumieren: Urteile über die Richtigkeit einer Entscheidung lassen sich nicht auf formale (methodische), sondern nur auf inhaltliche Kriterien stützen. Richtigkeit der Entscheidung bedeutet damit immer: inhaltliche Richtigkeit. Damit aber ist das Problem gestellt, wie sich die auf inhaltliche Richtigkeit bezogene Intention des Interpreten mit seiner Gesetzesbindung verträgt.

Unter inhaltlicher Richtigkeit versteht man oft eine von der Gesetzeslage unabhängig beurteilte Richtigkeit. So sagt man, ein Urteil sei zwar nicht dem positiven Recht nach, aber der Sache nach richtig. Dieser Sprachgebrauch ist jedoch irreführend. „Inhaltliche Richtigkeit", „mate-

---

32 Rehfeldt, Die Wurzeln des Rechts, 1951, S. 29.

33 Zum Glauben an ein „vorjudiziell bestehendes Recht" s. Ross, Theorie der Rechtsquellen, 1929, S. 181, 331 ff.

34 Austin, vgl. die Zitate bei Löwenhaupt, Politischer Utilitarismus und bürgerliches Rechtsdenken, 1972, S. 195 f.

35 Die deduktiv-axiomatische Methode ist also nicht die einzige, wohl aber die schärfste Ausprägung der Vorstellung, der Richter *finde* lediglich die Entscheidung. Die Ansichten darüber, wo er sie zu finden habe, sind sehr unterschiedlich in den Grundbegriffen des Rechts (Vernunftrecht, s. oben S. 40 ff.), im Gesetz (Gesetzespositivismus, s. oben S. 110 f.), in der Natur der Sache (Beispiele hierzu aus der neueren deutschen Rechtstheorie, s. oben S. 140 und unten S. 197 ff.), oder aber auch im Präjudizienmaterial (angelsächsischen Rechtstradition). Insbesondere zur angelsächsischen Tradition vgl. Friedmann, Legal Theory, 5. Aufl. 1967, S. 438 f.

riale Vernunft" darf nicht (zumindest nicht ohne weiteres) der gesetzgeberischen Vorschrift entgegengesetzt werden; *das Gesetz* ist zunächst als *ratio scripta* zu befragen. Das bedeutet: *Die juristische Betrachtung versucht in erster Linie die materiale Vernünftigkeit des Gesetzes zu erkennen, zu entwickeln und auszuschöpfen.* Was aber, wenn das Gesetz sich der Erklärung als vernünftiger Wertung eines Lebenssachverhalts entzieht? Dort folgt der Interpret entweder dem Gesetz, zwar auf Kosten materialer Vernünftigkeit im Einzelfall, aber zugunsten der materialen Vernünftigkeit, die in der Einhaltung der verfassungsrechtlichen Kompetenzordnung und der Wahrung von Rechtssicherheit liegt. Oder aber: er wandelt die gesetzgeberische Lösung ab, wenn sich das mit der Vernunft der verfassungsrechtlichen Kompetenzordnung und der Rechtssicherheit vereinbaren läßt, und kommt zu einem vernünftigen Ergebnis auf dem Wege teleologischer Restriktion oder Ausweitung oder — im Extremfall — contra legem. Ganz unbestritten ist, daß der Jurist in dem interpretatorischen Spielraum, den das Gesetz eröffnet, ohnehin materiale Maßstäbe entwickeln muß, nämlich „nach der Regel entscheiden, die er als Gesetzgeber aufstellen würde"[36]. In dieser Weise ist die juristische Argumentation immer Auseinandersetzung um Rechtsinhalte und deren Vernünftigkeit, auch und gerade da, wo sie eine gesetzliche Bestimmung zu verstehen sucht — das heißt nämlich: der gesetzlichen Regelung *und* der Sache, auf die sie sich bezieht, „gerecht zu werden" versucht.

In dem Maße, wie der Richter Verantwortung trägt — unter dem Gesetz, neben dem Gesetz oder zusammen mit dem Gesetz — für den Inhalt seiner Entscheidung, ist seine Entscheidung kritisierbar; genau dies verdeckte die juristische Methode.

3. Was nimmt die Methodenkritik der juristischen Praxis?

Diese Frage läßt sich auch so formulieren: Was war die praktische Bedeutung der juristischen Methode? Die juristische Methode gab sich aus als strikte Methode der Rechts*findung,* war aber in Wirklichkeit nur eine spezifische Form der Rechts*begründung.* Sie war nur eine *Theorie* praktisch-juristischer Arbeitsweise; eine Theorie, die den komplexen Vorgang der Orientierung an gesetzlichen Vorschriften und Präjudizien und der ihre Verwendung begleitenden und steuernden Gerechtigkeitserwägungen und Wertungen als „logische Ableitung" darstellte.

Die tatsächliche Rechtsfindung hat nie mit diesem Bild übereingestimmt, das die juristische Methode von ihr entworfen hat. Aber nicht

---

36 Vgl. Art. 1 Abs. 2 des Schweizerischen Zivilgesetzbuches: „Kann dem Gesetze keine Vorschrift entnommen werden, so soll der Richter nach Gewohnheitsrecht und, wo auch ein solches fehlt, nach der Regel entscheiden, die er als Gesetzgeber aufstellen würde."

einmal als Darstellungsform der Rechtsfindung konnte sich die juristische Methode in der Praxis vollständig durchsetzen. Die juristische Methode prägte zwar das Bewußtsein der Juristen über ihre Tätigkeit, aber (im wesentlichen) nicht die Tätigkeit selbst. Die juristische Methode war, nach einem treffenden Wort von Ernst v. Hippel *„die Methode des Nichtwissens um das eigene Tun“*[37].

So bemerkte Jerusalem, die Begriffsjurisprudenz, der Inbegriff der juristischen Methode, habe auch in der Zeit ihrer unangefochtenen theoretischen Geltung niemals ausschließlich geherrscht (gemeint ist: als Begründungsmethode)[38]. Neuere Untersuchungen über die Begründungspraxis des Reichsgerichts haben diese Feststellung bestätigt[39].

Schon Jhering, in seiner begriffsjuristischen Phase, unterschied eine „höhere“ und eine „niedere“ Jurisprudenz[40]. Zur „niederen“ rechnete er den praktischen (vor allem den richterlichen) Umgang mit dem Recht, die Interpretation der vorhandenen Rechtssätze, die Bildung von Grundsätzen und ihre Anwendung im Einzelfall. Die „höhere“ Jurisprudenz hingegen sei das Rechnen mit den Begriffen, das sich über die juristische Alltagswelt hinausschwinge. In dieser scharfen Unterscheidung spiegelt sich die Beziehungslosigkeit zwischen der lebendigen Praxis und ihrem methodisch-theoretischen „Überbau“.

Die juristische Methode hatte also keine Bedeutung für die praktische Rechtsfindung, nur geringe für die praktische Rechtsbegründung. Dementsprechend beantwortet sich die Frage, welche Auswirkungen die Methodenkritik auf die juristische Praxis hat.

Der Abbau der juristischen Methode als Mittel der Vorgabe von Erkenntnisgewißheit berührt, wie oben ausgeführt, keineswegs die *Gesetzesbindung* des Richters. Das unheilvolle Bündnis von Methodenkritik und freirechtlichen Tendenzen, das den gegenteiligen Eindruck hervorrief, war nur die Kehrseite der traditionellen Verwechslung der Gesetzestreue mit dem Ableitungsaxiom.

Unberührt von der Methodenkritik bleibt auch der *heuristische Wert der methodischen Topoi,* die die traditionelle Methodenlehre in ein verbindliches Rangverhältnis hatte bringen wollen. Wer das Gesetz verstehen will, muß den Wortlaut beachten, die Systematik der gesetzlichen Regelung zu erkennen suchen; er muß auf die Vorgeschichte des Gesetzes zurückgreifen, um zu erfassen, welche Streitfrage es beenden

---

[37] Ernst v. Hippel, Über Objektivität im öffentlichen Recht, AöR Bd. 12, 1927, S. 393 ff., 401.

[38] Jerusalem, Kritik der Rechtswissenschaft, 1948, S. 155.

[39] Mertens, Untersuchungen zur zivilrechtlichen Judikatur des Reichsgerichts vor dem Inkrafttreten des BGB, AcP Bd. 174, 1974, S. 333 ff.

[40] Jhering, Unsere Aufgabe, Jherings Jahrbuch Bd. 1, 1857, S. 8 ff.

sollte; er muß nach der politischen Absicht des Gesetzgebers fragen, um den sozialen Zweck der Vorschrift zu begreifen; er muß diese ratio legislatoris in Beziehung setzen zu dem inzwischen eingetretenen Wandel der tatsächlichen Verhältnisse und Anschauungen, um den möglichen Wert der ursprünglichen Regelungsabsicht für die jetzt zu fällende Entscheidung zu ermessen. Denselben heuristischen Wert hat die Frage, ob das Fehlen einer unmittelbar einschlägigen Regelung auf einer Absicht des Gesetzgebers beruht oder auf einem zufälligen Versehen[41].

Die Methodenkritik beraubt die Praxis auch nicht der Möglichkeit, sich formelhaft-kurz über bereits früher gewonnene Interpretationsergebnisse zu verständigen. Selbstverständlich kann man sagen: „§ 242 BGB enthält den Gedanken der Geschäftsgrundlage" oder „Nach § 246 StGB ist auch die Fundunterschlagung strafbar"; aber man muß sich darüber im klaren sein, daß hier „das Gesetz" als Kürzel für Rechtsprechungstradition gemeint ist[42]: Es geht nicht um Gesetzesbindung, sondern um die Verbindlichkeit von Präjudizien, die man der Möglichkeit abgekürzter Verständigung wegen ins Gesetz „hineingelesen" hat.

Die Methodenkritik berührt weiterhin nicht die Notwendigkeit, die am Einzelfall gewonnene Wertung umzusetzen in juristische *Begriffe,* durch die die Wertung für die weitere juristische Arbeit operabel gemacht wird. Sie berührt ebensowenig die Notwendigkeit, diese Begriffe in ein *möglichst konsistentes System* zu bringen[43]; denn nur so können Wertungsdiskrepanzen und -widersprüche — und das heißt nichts anderes als Ungleichbehandlungen und Ungerechtigkeiten — vermieden werden.

Nur eines leistet der jeweils herangezogene Auslegungstopos nicht: *er rechtfertigt nicht die Entscheidung;* und zwar um so weniger, je weiter er vom Wortlaut der gesetzlichen Regelung (der für sich zunächst eine gewisse Vermutung in Anspruch nehmen darf, den Willen des Gesetzgebers wiederzugeben) entfernt ist.

---

[41] Vgl. zum heuristischen Wert der Auslegungstopoi neuestens Esser, Über die Unentbehrlichkeit des juristischen Handwerkszeugs, JZ 1975, S. 555 ff.

[42] Vgl. meinen Beitrag: Offenes Argumentieren im Urteil, ZRP 1973, S. 281 ff., 283.

[43] Irrtümlich hat man der Methodenkritik eine besondere Begriffs- und Systemfeindlichkeit vorgeworfen — ein Irrtum, der durch Viehwegs (Topik und Jurisprudenz, 5. Aufl. 1974, S. 31 ff.) Entgegensetzung von topischem und systematischem Denken Nahrung erhalten hat; diesem Irrtum erliegt Diederichsen, Topisches und systematisches Denken in der Jurisprudenz, NJW 1966, S. 697 ff. Angriffsziel der Methodenkritik ist weder das „System" noch der „Begriff", sondern die Annahme, Begriff und System hätten generative, rechtserzeugende Kraft. Insbesondere zur angeblichen Begriffsfeindlichkeit der Interessenjurisprudenz vgl. Hönigswald, „Begriff" und „Interesse", neu abgedruckt in: Interessenjurisprudenz, Hg. Ellscheid und Hassemer, 1974, S. 254 ff.

Die Rechtfertigung der Entscheidung ergibt sich aus der Beantwortung der Frage, warum man dem im konkreten Fall für maßgeblich erachteten Auslegungstopos mehr Gewicht beilegt als den übrigen Topoi[44]. Diese Frage hatte die traditionelle Methodenlehre zu umgehen versucht durch den Entwurf eines für alle Einzelfälle verbindlichen Rangverhältnisses, war aber mit solchen Entwürfen gescheitert, weil sie das für die Rechtspraxis bestimmende Bedürfnis nach Berücksichtigung des sachlichen Gehaltes der jeweils zur Entscheidung anstehenden Frage nicht befriedigen konnte.

Das macht deutlich: Die Methodenkritik betrifft nicht die praktische Entscheidungsfindung, die Gesetzestreue mit einem „vernünftigen Ergebnis“ zu vereinbaren sucht; sie betrifft jedoch die *Entscheidungsbegründung*. Unsere Urteile erwecken immer noch weithin den Eindruck, als habe sich die getroffene Entscheidung zwingend aus dem Gesetz ergeben[45]. Warum wählt man diese und nicht jene rechtliche Konstruktion? Warum hält man dieses Ergebnis für angemessener als ein anderes? Im Hinblick auf welche Konsequenzen sieht man eine Weiterentwicklung bisheriger Rechtsprechung als untunlich an? Fragen dieser Art werden in der internen Beratung des Gerichts diskutiert; sie bilden nicht selten den Hauptgegenstand der Beratung. Die Urteilsbegründung aber weiß in der Regel nichts mehr von diesen „subjektiven“ Erwägungen.

Die Methodenkritik fordert dazu auf, die im Einzelfall maßgeblichen Entscheidungskriterien nicht hinter dem Gesetz oder hinter abstrakte Methodenregeln zu verstecken; sie richtet sich gegen den Versuch, der Entscheidung den Anschein einer Stringenz zu geben, die sie nicht hat. Methodenkritik läuft notwendig auf die Forderung nach „offener Argumentation“ hinaus, nach einer Offenlegung der wertenden Elemente der Rechtsgewinnung. Diese Forderung — schon von Philipp Heck erhoben, nahezu ein Gemeinplatz in der neueren methodologischen Diskussion[46] — erhält ihr volles Gewicht erst durch das Bewußtsein vom Ende der juristischen Methode in ihrer ideologischen Funktion.

---

[44] Vgl. meinen Beitrag: Offenes Argumentieren im Urteil, ZRP 1973, S. 282.

[45] Diese Feststellung von Less, Von Wesen und Wert des Richterrechts, 1954, S. 5, ist auch heute noch zutreffend.

[46] Nachweise in meinem Beitrag Offenes Argumentieren; weiterhin sind zu nennen: Coing, Grundzüge der Rechtsphilosophie, 1. Aufl. 1950 (2. Aufl. 1969) S. 247; F. Müller, Normstruktur und Normativität, 1967, S. 68 ff., J. Brüggemann, Die richterliche Begründungspflicht, 1971, S. 176 ff.; Horak, Zur rechtstheoretischen Problematik der juristischen Begründung von Entscheidungen, in: Die Entscheidungsbegründung, Hg. Sprung und König, 1974, S. 1 ff.; Berkemann, Gesetzesbindung und Fragen einer ideologiekritischen Urteilskritik, Festschrift für W. Geiger, Hg. Leibholz u. a., 1974, S. 299 ff.

4. Der „politische“ Charakter der Entscheidung und das Schicksal des Autonomieanspruchs

„Ende der juristischen Methode“ heißt also nicht Ende aller Methode, sondern Ende der Methode in ihrer ideologischen Funktion. Wir hatten oben zwei Methodenbegriffe unterschieden[47]:

a) Methode als Erkenntnisgewinnungsmethode (ihre Beachtung gilt als conditio sine qua non für das richtige Ergebnis),

b) Methode als bloße Begründungsmethode (ohne daß die Begründung auf die Erkenntnisgewinnung notwendig verweisen müßte).

Das Ende der „juristischen Methode“ heißt Ende der Methode in ihrer erkenntnisvergewissernden (assertorischen) Funktion. Aus einer richtigkeitsverbürgenden Methodenlehre wird eine weitgehend deskriptive Theorie der juristischen Begründungspraxis[48].

Die „juristische Methode“ ist insofern ideologisch, als ihr Anspruch auf Erkenntnisvergewisserung sich für den je zu entscheidenden konkreten Rechtsfall als hohl erweist und nur als eine Art „berufsständischer Metaphysik“[49] das Ergebnis der Kritik von außen entrückt. Die juristische Methode hatte — soweit sie überhaupt praktisch geworden ist — im wesentlichen eine negative Funktion: sie schloß ein offenes Argumentieren, eine offene Rechtfertigung der Entscheidung an Hand der für die Entscheidungsfindung maßgeblichen Erwägungen aus. Indem die Methode verhinderte, daß die maßgeblichen Gerechtigkeitskriterien in der Begründung der Entscheidung auftauchten, verhinderte sie eine Konfrontation mit anderen Gerechtigkeitsvorstellungen; die Entscheidungsfindung stellte sich idealiter dar als eine Sache technischer Subsumtion ohne jede Wertung des Richters. Wenn auch diese juristische Methode nur noch in ihren Abbauformen, in ihren Derivaten weiterlebt, so ist doch auch für diese Abbauformen der Versuch kennzeichnend, die eigentliche Frage, warum man dem einen Auslegungstopos gefolgt ist und nicht dem anderen, durch formale Rangfolgeüberlegungen zwischen den Auslegungstopoi zu eliminieren[50].

---

[47] Siehe oben S. 14 ff.

[48] Siehe oben S. 157 ff.

[49] Vgl. Geiger, Ideologie und Wahrheit, 2. Aufl. 1968, S. 88 ff. — Auch für die Grundbegriffe der Jurisprudenz einschließlich denen der juristischen Methodik gilt der Satz: „Alle Rechtsbegriffe sind Zweckbegriffe“ — sie haben nicht nur einen unmittelbar praktischen Regelungszweck im Hinblick auf eine durch Rechtsspruch zu gestaltende äußere Realität, sondern auch eine mittelbare, weniger praktisch als ideologisch bedeutsame Zweckrichtung — im Hinblick auf die Selbstdarstellung der Jurisprudenz nach außen und auf das Selbstverständnis der Juristen.

[50] Der jüngste Versuch bei Müller, Juristische Methodik, 2. Aufl. 1976, S. 198 ff., insbes. 202 f.

In der Kritik an dieser juristischen Methode begegnen sich innerjuristische Methodenreflexion und die von außen an das Rechtssystem herangetragene Ideologiekritik. Diese Konvergenz ist höchst bedeutsam. Die juristische Methode bildet die Schutzmauer gegen inhaltliche Kritik, die sich nicht der Form des „juristisch-dogmatischen“ Argumentierens zu bedienen weiß, also gegen jede außerjuristische Rechtskritik. Daher ist die Methodenkritik, d. h. die Kritik der Vorstellung, es gäbe eine formale, vom jeweiligen Streitpunkt unabhängige Möglichkeit, über die Richtigkeit von Rechtsbildungen zu befinden, der zunächst bedeutsamste, weil vorgängige Teil der Ideologiekritik des Rechts. Die Kritik an der juristischen Methode liegt im übrigen auch deshalb im Zuge ideologiekritischer Tendenzen, weil mit der Methodenkritik eine der wichtigsten Konstituanten des Gruppenbewußtseins der Juristen abgebaut wird. Wir hatten oben festgestellt, daß alle ideologiekritischen Tendenzen sich in einem Punkt treffen: sie lösen die Autonomie traditionell geprägter Lebensbereiche auf; sie ziehen sie ins „Politische“; sie lösen partikulares Bewußtsein auf in das (weitgehend von der Ideologiekritik bestimmte) Allgemeinbewußtsein der Gesellschaft. So wird das Recht, auch in seiner Anwendung, als „politisches“, „gesellschaftliches“ Phänomen begriffen[51].

Mag sich auch der Jurist gegen diese Kennzeichnung seiner Tätigkeit als „politisch“ wehren, so muß er sich doch die Frage stellen lassen, worin denn die „Andersartigkeit“ der juristischen Entscheidung begründet sei.

Die Schwierigkeit, diese Frage bündig zu beantworten, tritt unmittelbar zutage in den Ansätzen zu einer von ihren ideologischen Elementen entlasteten, erkenntnistheoretisch gereinigten juristischen Methode[52], die die eingebrachten Wertungen und die für die jeweilige Entscheidung maßgeblichen Kriterien nicht verbirgt, sondern sie offenlegt. Seit Jhering für die deutsche Jurisprudenz einem rationalen Rechtsbegriff Bahn gebrochen hat durch das Verständnis der Rechtsregel als eines aus seinen gesellschaftlichen Entstehungsbedingungen und den damit verbundenen Zweckrichtungen zu interpretierenden Sozialprogramms, ist für die juristische Auslegung die Berücksichtigung der sozialen Folgen, die die in Betracht kommenden Auslegungsalternativen haben können, unabweisbar geworden. Die *Folgenorientierung* tritt hier als das Rationalitätskriterium in der juristischen Entscheidung auf, soweit überhaupt eine Entscheidungsalternative in den Blick kommt[53]. Die Fol-

[51] Siehe oben S. 12 ff.

[52] Wie eine von ihren ideologischen Elementen gereinigte juristische Methodenlehre auszusehen hätte, ist nicht Gegenstand dieser Untersuchung, die die juristische Methode gerade in ihrer ideologischen Funktion als Abwehrmechanismus gegenüber der Ideologiekritik zu begreifen versucht.

[53] Zumindest also in allen Kontroversfragen, vgl. meinen Beitrag: Offenes Argumentieren im Urteil, ZRP 1973, S. 281 f.

genorientierung macht aber gleichzeitig auch das Wesen der *politischen* Entscheidung aus[54]. Damit ist die juristische Entscheidung als im Kern von gleicher Qualität wie die politische begriffen.

„*Politisch*“ *ist in diesem Zusammenhang für den Juristen ein aporetischer Begriff;* er besagt zunächst nur, daß die Eigenart der Rechtsentscheidung gegenüber den Entscheidungen anderer Staatsorgane grundsätzlich fraglich geworden ist[55].

Dieser Aporie kann man nicht durch die Feststellung entkommen, Rechtsentscheidung und politische Entscheidung stünden in einem unterschiedlichen institutionellen Rahmen. Denn durch die Methodenkritik ist ja gerade diese unterschiedliche institutionelle Zuweisung in Frage gestellt.

Ebenfalls liegt keine Lösung des Problems in dem Hinweis auf das verschiedene Ausmaß an eigenständigem Werten. Dieser Hinweis ist zutreffend, insofern er sich gegen eine sachliche unangemessene Gleichsetzung parlamentarischer und judizieller Normsetzung wendet[56]. Hier bestehen in der Tat unübersehbare Unterschiede, die ihren Grund in der *richterlichen Gesetzesbindung* haben. Das belegt aber nicht den behaupteten „unpolitischen“ Charakter der Rechtsprechung. Das wird deutlich, wenn man die Rechtsprechung, statt mit der „politischen“ Legislative, mit der gleichfalls „politischen“ Exekutive — Regierung und Verwaltung — vergleicht: die Exekutive ist, nicht anders als die Rechtsprechung, an das Gesetz gebunden. Stellt man das „wertende Element“ der richterlichen Entscheidung dem gestalterischen Freiraum der Exekutive gegenüber, so fällt vor allem als unterscheidendes Merkmal die „freie Zwecktätigkeit“ (im Rahmen der Gesetze) auf seiten der Exekutive ins Auge[57]. Diese Möglichkeit freier Zweckverwirklichung im Rahmen der Gesetze hat der Richter deshalb nicht, weil er, anders als die Exekutive, nur punktuell — auf die Klage eines Betroffenen hin — tätig werden kann; dies berührt aber nicht den gestalterischen Charakter seines Spruchs, *wenn* er auf eine Klage hin tätig geworden ist.

---

[54] Vgl. die Darstellung von Max Weber, Politik als Beruf, 1919, insbes. S. 57 ff.

[55] Vgl. Schuppert, Verfassungsgerichtsbarkeit und Politik, ZRP 1973, S. 257 ff.; ders., Die verfassungsrechtliche Kontrolle der auswärtigen Gewalt, 1973; ferner Grimm, Recht und Politik, JuS 1969, S. 501 ff. Zu den rechtstheoretischen und justizpolitischen Kontroversen über die Thesen vom „politischen Richter“ und vom „politischen Charakter des Rechts“, die spezielle justizpolitische Konsequenzen aus dem hier Gesagten zu ziehen versuchen, ist damit noch nicht Stellung genommen; siehe dazu unten S. 235 f.

[56] Böckenförde, Verfassungsfragen der Richterwahl, 1974, S. 92 ff., meint zu Recht, die judizielle Rechtssetzung müsse als lediglich komplementär zu der des Gesetzgebers verstanden werden, und wendet sich damit gegen Kübler, Amt und Stellung des Richters in der Gesellschaft von morgen, DRiZ 1969, S. 379 ff. und Wassermann, Der politische Richter, 1972, S. 17 ff., 32 ff.

[57] Vgl. Wolff / Bachof, Verwaltungsrecht I, 9. Aufl. 1974, § 18 I b.

Andere Versuche gehen dahin, durch Sprachregelungen das Phänomen des „Politischen" zu verdrängen.

a) Zwar sei anzuerkennen, daß der Richter notwendigerweise werte und rechtsschöpferisch tätig sei; aber diese „judizielle Wertung" und Normsetzung sei etwas anderes als „Politik", es handele sich trotz allem um nichts als „Rechtsanwendung"[58]. — Diese Vermeidungstaktik im Terminologischen ändert freilich an der Sache nichts[59].

b) Weil das politische Element der judiziellen Rechtsbildung im Verfassungsrecht besonders deutlich zum Ausdruck kommt, versucht man, die Verfassungsrechtsprechung aus dem Bereich der Rechtsprechung hinauszudefinieren, um dann diesen Bereich weiterhin als „unpolitisch" darstellen zu können. Das Bundesverfassungsgericht sei kein Organ der Rechtsprechung, sondern der Rechtsetzung[60]. — Die Konsequenzen dieser These zeigen ihre Unhaltbarkeit. Die Aufgabe des Bundesverfassungsgerichts, die Verfassung auszulegen, ist nämlich zugleich die Aufgabe jedes anderen Gerichts. Auch der Verwaltungsrichter, der Arbeitsrichter, der Zivilrichter hat in seiner alltäglichen Praxis die Verfassung zu beachten und ist daher notwendig darauf verwiesen, sie auszulegen. Da die Verfassungsrechtssätze die unterverfassungsrechtlichen Rechtssätze regieren, ihnen im Rang vorgehen und sie inhaltlich bestimmen, würde die Anerkennung des Satzes „Verfassungsfragen sind keine Rechtsfragen" das gesamte Rechtssystem sprengen: es gäbe danach überhaupt keine Rechtsfragen mehr (mit Ausnahme rein technischer Rechtsprobleme, bei denen eine prinzipielle Verfassungsneutralität angenommen werden könnte).

„Politisch" bedeutet, daß die juristische Entscheidung — ungeachtet ihrer funktionellen Zuweisung an bestimmte Rechtsprechungsorgane — nach dem Wegfall der spezifisch juristischen Methode nicht mehr

[58] So Flume, Richterrecht und Steuerrecht, Steuerberater-Jahrbuch 1964/65, S. 72 ff.; ferner Herzog in: Maunz / Dürig / Herzog, GG, Art. 92 Rdnr. 26: „Selbst wenn man einräumt, daß der Gesetzgeber bei der zugrundeliegenden Auffassung von der Rechtsnorm und damit auch vom Gesetz allenfalls einen Rahmen absteckt, innerhalb dessen die rechtsanwendenden Staatsorgane selbst schöpferisch tätig werden, bleibt es immer noch dabei, daß dieser Rahmen, d. h. das Gesetz, von dessen Legislativorganen erlassen, von den Judikativorganen aber nur angewandt wird."

[59] Treffend Rüthers, Die unbegrenzte Auslegung, 1968, S. 437.

[60] Vgl. Krüger, Allgemeine Staatslehre, 1964, S. 709 f.; Flume, Richter und Gesetz, 1967, S. 27. Vgl. ferner die Bemerkung von Esser, Vorverständnis und Methodenwahl, S. 201 f.: „Verfassungsgerichte ... nicht ein Stück Justiz im Verständnis der Rechtsverwaltung und Rechtsbildung". Zu den Zweifeln an der Gerichtsqualität des Bundesverfassungsgerichts siehe Roellecke, Verfassungsgericht und Politik, 1961, S. 133; Kriele, Theorie der Rechtsgewinnung, S. 14 ff.

nur dem Maßstab des consensus omnium doctorum unterliegt, sondern dem Konsens der Bürger anheimfällt[61]. Der Jurist ist nun am allerwenigsten zu einer Konsenseuphorie geneigt[62]. Seine professionale Erfahrung ist nicht der Konsens, sondern der Dissens, der Kampf der Meinungen und Interessen, der durch verbindlichen Richterspruch beendet werden muß. Jetzt aber sieht er sich aufgefordert, für seine eigene Rolle um Konsens zu werben[63].

Mit der Kennzeichnung der juristischen Entscheidung als „politisch" ist die Frage aufgeworfen, mit welcher Berechtigung die Lösung bestimmter gesellschaftlicher Konflikte (nämlich der „Rechtsstreitigkeiten") aus dem Bereich der allgemeinen politischen Konfliktlösung herausgenommen wird. So wie die juristische Methode die Zuständigkeit des Juristen für eine Auslegung und Bearbeitung des Rechts begründet hatte, so stellt der Abbau der juristischen Methode diese Zuständigkeit und damit die Autonomie der juristischen Problembehandlung zwangsläufig in Frage.

Diesen Zusammenhang erkannt zu haben ist vor allem der Verdienst derjenigen Juristen, die die „juristische Methode" zu verteidigen suchten. Forsthoffs Satz: „Nichts anderes kennzeichnet den Juristen als solchen als die von ihm befolgte Methode, über die er keine Verfügung hat"[64] meinte die *juristische Methode gerade als Legitimation der Eigenständigkeit juristischen Denkens*.

---

[61] Esser, Vorverständnis und Methodenwahl, behandelt „das Selbstverständnis der Justiz ..., die nunmehr in die politische Entwicklung hineingestellt ist und deshalb offensichtlich in dem gleichen Maße am gesellschaftlichen Konsens teilnehmen und von ihm unterstützt werden muß, wie es die legislativen Organe voraussetzen" (S. 87); daraus folgt für ihn die Notwendigkeit einer „Zurückführung eines jeden Urteils ... auf eine Plausibilität, die ein von den anerkannten Aufgaben des Rechts und der hier fraglichen Institutionen ausgehendes Bewußtsein schlechterdings nicht mehr bestreiten kann" (S. 27). Vgl. auch Häberle, Die offene Gesellschaft der Verfassungsinterpreten, JZ 1975, S. 297 ff.: „Der Verfassungsrichter interpretiert schon im Verfassungsprozeß nicht ‚allein'; mehrere sind am Verfahren beteiligt, die Verfahrensbeteiligungsformen dehnen sich aus. Im ‚Vorfeld' juristischer Verfassungsinterpretation der Richter interpretieren viele, d. h. potentiell alle öffentlichen pluralistischen Kräfte ... viele Problemkreise und Bereiche der materiellen Verfassung kommen mangels richterlicher Zuständigkeit und mangels Ausrufung des Verfassungsgerichts gar nicht zum Verfassungsrichter. Gleichwohl ‚lebt' hier materielle Verfassung: ohne Verfassungsinterpretation durch den Richter ... In die Zeit gestellt, geht der Instanzenzug der Verfassungsinterpretation ins Unendliche. Der Verfassungsjurist ist nur ein Zwischenträger."

[62] Eine solche Konsenseuphorie war nicht selten — im Gefolge der Studentenbewegung der 60er Jahre — in der Diskussion um die „Politisierung des Rechts" festzustellen; vgl. etwa Brückner / Krovotza, Was heißt Politisierung der Wissenschaft?, 1970. Zu Recht zweifelnd Albert, Traktat über kritische Vernunft, 3. Aufl. 1975, Vorwort.

[63] Esser, S. 87.

[64] Siehe oben S. 13. Hingegen neigen die Methodenkritiker dazu, den historischen Zusammenhang zwischen juristischer Methode und Autonomie-

So ist denn das vorläufige — und höchst problematische — Ergebnis der Methodenkritik dies: „Die besondere Abspaltung eines Bereiches gesellschaftlicher Machtverwaltung als ‚juristisch‘ erscheint nicht zwingend[65].“

anspruch weniger stark zu betonen, um nicht die unausweichliche und berechtigte Kritik an der erkenntnisvergewissernden Methode in einem allzu bedrohlichen Licht erscheinen zu lassen.

[65] So Struck, Rechtswissenschaft und Soziologie, in: Rechtswissenschaft und Nachbarwissenschaften, Hg. Grimm, Bd. 1, 1973, S. 13 ff., 33.

Fünftes Kapitel

Grenzen einer Ideologiekritik des Rechts?

I. Die ideologische Ideologiekritik und die politische Beschlagnahme des Rechts

Politik wurde in der Tradition der philosophia practica, die bis ins 19. Jahrhundert hineinreichte, als *vernünftige* Gestaltung und Verwaltung einer sozialen Ordnung verstanden[1]. Diesem Begriff von Politik war auch das Vernunftrecht als Lehre vom vernünftigen Recht verpflichtet; das Vernunftrecht galt als Teildisziplin der umfassend verstandenen Politik[2].

Wenn also das Vernunftrecht, das den heute noch wirksamen Autonomieanspruch der Jurisprudenz geprägt hat, selbst sich als „politisch" verstand, warum dann der Widerstand traditioneller Jurisprudenz gegen die Tendenz der Ideologiekritik, die Jurisprudenz wieder ins „Politische" zu ziehen[3]? Der wesentliche Grund für die heftigen Abwehrversuche der traditionellen Jurisprudenz gegen das Politische liegt in einer Neudefinierung des Begriffs Politik. Die Ideologiekritik hat den Begriff des Politischen neu geformt, indem sie die Tradition der philosophia practica unterbrach und die Möglichkeit einer ethischen Vernunft grundlegend anzweifelte. „Vernunft" wird als Ideologie diskreditiert. Politik heißt nicht mehr eine unter den Anforderungen der Vernunft stehende Gestaltung des Soziallebens; Politik ist (lediglich) Kampf um die Macht[4]. Anerkannt bleibt freilich, daß die ver-

---

[1] Vgl. Denzer, Moralphilosophie und Naturrecht bei Samuel Pufendorf, 1972, S. 296 ff.

[2] Vgl. Hans Maier, Die Lehre der Politik an den älteren deutschen Universitäten, in: Politische Wissenschaft in Deutschland, 1969, S. 15 ff.

[3] Man könnte versucht sein, diesen Widerstand als ein Nachwirken des deutschen Obrigkeitsstaates zu deuten; darin läge ein berechtigter Kern. In der deutschen konstitutionellen Monarchie des 19. Jahrhunderts galt weithin Savignys These vom unpolitischen Recht; s. oben S. 55 ff. „Politisch" war ein Schimpfwort: politisch waren nur die Angreifer, die liberalen Rechtstheoretiker; die juristischen Verteidiger des politischen Status quo waren es nicht, sie trieben reine Wissenschaft. So zutreffend dieser Hinweis an sich ist, so unterlegt er doch eine Kontinuität des Politikbegriffs, die in dieser Weise nicht besteht. Das wird im folgenden zu zeigen sein.

[4] So bedeutet Politik etwa für Max Weber „Streben nach Machtanteil oder nach Beeinflussung der Machtverteilung" (Politik als Beruf, Gesammelte politische Schriften, 2. Aufl. 1958, S. 494); „Macht bedeutet die Chance, den

schiedenen Vorstellungen über die Rechtfertigung von Mitteln und Zwecken der Machtausübung eine wesentliche Rolle im Kampf um die Macht spielen. Aber solche Vorstellungen über praktische Vernunft sind nur noch Rechnungsposten im politischen Kalkül, nicht Maßstäbe, denen sich die Machtausübung zu stellen hätte, mit denen sie sich auf eine Richtigkeitsdiskussion einzulassen hätte. Die Ideologiekritiken — das gilt sowohl für die positivistischen wie für die marxistischen Strömungen — haben zu einer Abwertung praktischer Vernunft geführt. Dabei kommt es nicht darauf an, ob damit die „wahren Intentionen" der Ideologiekritiken zutreffend interpretiert sind, sondern wie sie tatsächlich gewirkt haben. Grundlegend unterscheiden sich die beiden Hauptströmungen ideologiekritischen Denkens, Positivismus und Marxismus, in ihrem Vorgehen, aber nicht im Ergebnis.

Der Positivismus kommt durch die ihn kennzeichnende Verschärfung des empirischen, nominalistischen Ansatzes zu der These: Werturteile sind nicht wahrheitsfähig, da sie sich — anders als feststellende Sätze — nicht auf eine außerhalb ihrer selbst liegende Realität beziehen. Werturteile sind daher irrational[5]. Das Erstaunliche an dieser Kennzeichnung ist, daß zwischen den verschiedenen Arten von „Werturteilen" in keiner Weise unterschieden wird[6]. „Dieses Rot ist schön" steht auf demselben Niveau wie der Satz: „Die Tötung eines Menschen ist unsittlich." Dem sozial belanglosen ästhetischen Empfinden wird die auf allgemeine Anerkennung zielende moralische Maxime ohne jede Differenzierung gleichgestellt. Zuweilen wird sogar die Beliebigkeit des ästhetischen Werturteils zum Argument für die Irrationalität des Sittlichen[7]. Für *alle* Werturteile gilt der Satz: sie sind einer rationalen Begründung nicht zugänglich. Rationalität ist im Bereich der Werturteile nur denkbar als Zweckrationalität im Bereich der Zweck-Mittelrelation, d. h. bei Urteilen darüber, ob zur Erreichung des — irrational gewählten — Zieles ein bestimmtes Mittel tauglich ist[8].

---

eigenen Willen auch gegen das Widerstreben anderer durchzusetzen" (Wirtschaft und Gesellschaft, 1. Halbbd., 1964, S. 38). Das ist zunächst nichts anderes als eine empirische Beschreibung des politischen Machtkampfs. Seine besondere Färbung erhält dieser Politikbegriff erst durch die dabei mitgedachte These von der Irrationalität aller „Vernunft" — Maßstäbe, die sich dem Machtstreben gegenüber geltend machen könnten.

[5] Max Weber, Gesammelte Aufsätze zur Wissenschaftslehre, 2. Aufl., 1951, S. 149 ff., 311 ff., 468 f., 496 ff.

[6] Wie Norbert Hoerster, Normenbegründung und Relativismus, in: Philosophisches Jahrbuch, 81. Jahrgang, 1974, S. 247 ff., 248 zutreffend bemerkt.

[7] Vgl. die bei Hoerster angeführte Bemerkung von Sombart: „Alle Entscheidung über sittliche Werturteile steht auf der gleichen Linie wie die Geschmacksbevorzugung der Blondinen oder Brunetten durch die Männer." (S. 249).

[8] Auch Luhmanns „Systemrationalität" ist eine Ausformung solcher Zweckrationalität (wobei der Zweck die Erhaltung des Systems ist); siehe dazu unten S. 186 ff.

Für das Recht bedeutet das: formelle Rationalität ist möglich — insoweit nämlich die Ableitung eines Rechtssatzes aus vorgegebenen Zwecksetzungen möglich ist; außerhalb der Zweck-Mittelrelation gibt es keine Vernunft im Recht. Alle Versuche, Kriterien materialer Rationalität zu entwickeln, sind notwendigerweise vergeblich[9].

Ganz anders scheinbar *die marxistische Ideologiekritik*. Hier wird am Richtigkeitskriterium festgehalten: Die Entwicklung zum Kommunismus, zu einem Leben ohne Ausbeutung und Not in der klassenlosen Gesellschaft ist Richtschnur und Maßstab menschlichen Verhaltens. Aber dieses Richtigkeitskriterium wird als Niederschlag objektiver Entwicklungstendenzen angesehen; es ist gewonnen aus der angeblichen Teleologie des Geschichtsablaufes[10]. Das heißt: die (vermeintliche) Faktizität dessen, was sein wird, ist die Normativität der Gegenwart[11]. Die in die Zukunft verlegte „Vernünftigkeit des Wirklichen" ist als Entelechie des gesamten Geschichtsverlaufs so weit von dem entfernt, was sich als in Zukunft Wirkliches feststellen läßt, daß es sich der Verständigung mit anderen Prognosen des Geschichtsverlaufs verschließt und sich zugleich vor jeder Widerlegung durch geschichtliche Erfahrung absichert. Die „kontrafaktisch abgesicherte" Annahme über die zukünftige Geschichte führt dazu, daß sich die „Vernünftigkeit des zukünftig Wirklichen" in einen reinen Voluntarismus verwandelt. Anders ausgedrückt: Auf Marx folgt mit innerer Konsequenz Lenin. Die Antizipation der geschichtlichen Dialektik führt zu einem Dezisionismus, der den Geschichtsablauf nach seinem Willen zu bestimmen und zu korrigieren versucht.

---

[9] Hier wird ein wesentlicher Berührungspunkt zwischen philosophischem und juristischem Positivismus sichtbar. Der philosophische Positivismus sagt: Jede Wertung ist irrational, ob sie nun lautet, man solle den Nächsten lieben, oder, ob sie nun lautet, man solle alle Menschen einer bestimmten Rasse ermorden. Der juristische Positivist sagt: Gleichgültig, welche Wertung des Gesetzgebers, der Richter hat ihr zu folgen und sei es, daß ein Gesetzgeber die Ausrottung aller Menschen einer bestimmten Rasse befehlen würde. Ist nämlich jede Wertung irrational, dann darf dem Urteil des einzelnen Richters keine Korrektivfunktion gegenüber dem Gesetz zukommen; das für allgemein verbindlich erklärte Werturteil, das Gesetz, muß dem privaten Werturteil dessen, der das Gesetz anwenden soll, in jedem Fall vorgehen.

[10] Vgl. Popper, Die offene Gesellschaft und ihre Feinde, Bd. II, 1958, S. 243 ff.

[11] Die marxistische Haltung zum Problem des Ethischen erweist sich als eine spezielle Variation auf Hegels Satz: „Die Weltgeschichte ist das Weltgericht." (Rechtsphilosophie § 340). Lukacz hat — m. E. zu Recht — die ethische Unterbilanz im Marxismus Hegel angelastet: „Hegels System hat keine Ethik; bei ihm wird die Ethik durch jenes System der materiellen, geistigen und gesellschaftlichen Güter ersetzt, in denen seine Gesellschaftstheorie kulminiert. Die Form der Ethik hat der Marxismus im wesentlichen übernommen ..., ohne die Frage aufzuwerfen, ob das Begehren der gesellschaftlichen richtigen Ziele — ungeachtet der inneren Triebkräfte des Handelns — schon an sich ethisch sei." (Werke, Frühschriften II Bd. 2, 1968, S. 49).

Auf diese Weise lösen sich im Marxismus zum einen alle Fragen praktischer Vernunft, alle Fragen gerechten und ungerechten Handelns in Probleme zutreffender oder unzutreffender Geschichtsprognose auf; zum anderen erweist sich diese Geschichtsprognose als so weiträumig angelegt, daß sie vor Widerlegung gefeit ist. Der eigene idealistische Ausgangspunkt des Sozialismus erscheint als überwundene Frühform; bezeichnend der Titel der Engelsschen Schrift: „Die Entwicklung des Sozialismus von der Utopie zur Wissenschaft." Das Ideal eines Lebens ohne Ausbeutung und Not verbirgt seine moralische Natur und stellt sich dar als eine aus der Analyse bisheriger Geschichte erarbeitete wissenschaftliche Prognose[12]. Solche Wissenschaft, die die Dialektik der Geschichte begriffen hat, beansprucht eine höhere Dignität als alle moralischen Einwände: Ein moralisches Verhältnis zur Geschichte ist per se ideologisch, unaufgeklärt, es führt zwangsläufig zu nichts als zu utopistischer Weltverbesserei. Vor allem solche moralischen Urteile, die von den eigenen, „wissenschaftlich" abgeleiteten Handlungsdirektiven abweichen oder sich ihnen gar entgegenstellen, sind nur noch Objekt der „wissenschaftlichen" Erklärung.

Nicht, daß der Marxismus keine Ethik vorzuweisen hätte! Je länger der Marxismus als Herrschaftsideologie in den sogenannten sozialistischen Ländern benutzt wird, um so stärker wird der Gesichtspunkt einer spezifisch „sozialistischen Ethik" betont. Der Unterschied zu aller traditionellen Ethik liegt nun darin: die marxistische Ethik versucht, die Überzeugungskraft ihrer Forderungen ganz aus deren Adäquanz zu dem Unterbau der Produktivkräfte zu beziehen. Diese Ethik verweigert sich jeder Diskussion mit einer Auffassung, die das Ethische als Selbstzweck ansieht: Ethische Fragen lassen sich auf der Ebene der Ethik im Grunde gar nicht beantworten; alle dahin gehenden Versuche sind ideologisch, weil sie den Überbaucharakter aller Ethik, ihre Abhängigkeit von den Produktivkräften verkennen. Ethik wird lediglich als Mittel betrachtet, den jetzt schon als bewiesen geltenden Lauf der künftigen Geschichte zu fördern; hiernach haben sich alle Antworten auf ethische Probleme zu richten. So wie die sozialistische Ethik als Überbau der gesellschaftlichen Basis begriffen wird, in demselben Maße wird sie zu einem verfügbaren Instrument in der Hand derjenigen, die als „Avantgarde der Arbeiterklasse" über den Entwicklungsstand dieser Basis und die sich daraus ergebenden historischen Notwendigkeiten

---

[12] Zum Verschweigen der normativen Prämissen des Marxismus vgl. W. Paul, Der aktuelle Begriff marxistischer Rechtstheorie, in: Marxistische Rechtstheorie (Hg. H. Rottleuthner) 1975, S. 72 ff., 78; D. Böhler, Zu einer historisch-dialektischen Rekonstruktion des bürgerlichen Rechts, ebendort, S. 92 ff., 93 f.; derselbe, Metakritik der Marxschen Ideologiekritik, 1971, S. 12: der Theoretiker und Methodiker Marx sei dem Emanzipator Marx in den Rücken gefallen.

des Klassenkampfs zu befinden haben. Die objektivistische Leugnung der eigenen Ideale als Ideale, ihre Darstellung als wissenschaftliche Gesetze ermöglicht es, auch das Problem der Mittelauswahl seines ethischen Charakters zu entkleiden und rein technisch-zweckrational zu behandeln. Damit ist eine „Ethik" ermöglicht, die eine gegenwärtige Unmoral mit der Moralität zukünftiger Verhältnisse rechtfertigt. In den Mitteln darf man bedenkenlos sein, solange sie zur Erreichung des Ziels tauglich erscheinen; und über diese Tauglichkeit entscheidet autoritativ die Parteiführung. Ethische Richtigkeit verwandelt sich so in politische Zweckmäßigkeit.

Eine Handlung ist daher niemals „an sich" verbrecherisch. Es kommt auf die jeweilige Situation an, darauf, wem ein bestimmtes Verhalten nützt. Lenin hat das in einer Rede aus dem Jahre 1917 so ausgedrückt: „Ob dieser Gedanke verbrecherisch ist, weiß ich nicht; ich zweifele nicht daran, daß er vom Standpunkt derjenigen verbrecherisch ist, die heute zwar noch halb, aber morgen vielleicht garnicht mehr existieren, doch er ist der einzig richtige Gedanke. Er allein spiegelt die Interessen der unterdrückten Klassen, den Kampf gegen die Unterdrücker wider[13]."

„Was sein wird, soll auch sein" — das führt dann, auf die Vergangenheit bezogen, zu der Konsequenz: „Was geschehen ist, mußte und sollte auch so geschehen"; das führt zu einer Apologie alles dessen, was geschehen ist, wenn es nur auf der richtigen Seite geschehen ist. Für solche Haltung ließen sich viel typische Beispiele anführen; hier ein *untypisches,* das besonders aussagekräftig erscheint, weil es die Bannwirkung solcher Ethik selbst bei kritischen Marxisten zeigt. Ich beziehe mich hier auf eine Äußerung von Wolfgang Abendroth zur Rolle Wyschinskis, des Hauptanklägers in den stalinistischen Säuberungsprozessen der 30er Jahre[14]: Er bejahe zwar nicht Wyschinskis Wirken in den historischen Einzelheiten. „Ich bejahe aber, daß es einen Quasi-Wyschinski in reflektierteren Formen objektiv hätte geben müssen ... In dem Augenblick, als entschieden war, daß die proletarische und sozialistische Revolution in den hochentwickelten Industrieländern geschlagen und die UdSSR isoliert war, bedurfte es der Lösung des Grundproblems, das dabei entsteht, auch mit rechtlichen Mitteln." — Auch mit den Mitteln falscher Anschuldigungen, vorweggenommener Schuldsprüche gegen Unschuldige in Schauprozessen, auch mit den Mitteln Terror, Folter und Mord? — Abendroth gibt zur Antwort: „Daß dabei Verfälschungen auftreten, gerade wenn man das Problem in dieser Form zu spät begreift" (hatte etwa Stalin das Problem zu

[13] Lenin, Werke Bd. 25, 1960, S. 17.

[14] W. Abendroth, u. a., Diskussion über Probleme sozialistischer Rechtspolitik, in: Marxistische Rechtstheorie (Hg. Rottleuthner) 1975, S. 392 ff., 410 ff.

spät begriffen?) „ist wohl unvermeidlich“[15]. Abendroth bestreitet, daß mit dieser Unvermeidlichkeitserklärung der kritische Anspruch des Sozialismus aufgegeben werde: „Sobald ich sehe, daß der Export des Sieges des Sozialismus und der Arbeiterklasse nicht möglich ist, muß ich die historische Situation, die dann besteht, anerkennen und mich entsprechend verhalten[16].“

Der Satz Abendroths „Ich bejahe, daß es einen Quasi-Wyschinski in reflektierteren Formen objektiv hätte geben müssen“ läßt sich auf andere politische Verhältnisse übertragen. Denkbar wäre etwa: „Ich bejahe, daß es einen *Quasi-Freisler* in reflektierteren Formen hätte geben müssen.“ Ein solcher Satz wäre für Abendroth freilich unannehmbar. Denn nach seiner Ansicht ist der stalinistische Terror dem nationalsozialistischen nur formal vergleichbar; zwischen beiden besteht „eine qualitative Differenz“[17]. — Sicherlich besteht eine Differenz in der historischen Zweckrichtung des Terrors. Die Idee von der Herrschaft der nordischen Rasse unterscheidet sich in Genese und Wirkungsweise von der Vorstellung eines durch die Diktatur des Proletariats herbeigeführten Zustands der Humanität. Aber dieser Unterschied ändert nichts an dem moralischen Urteil, daß es sich in beiden Fällen um justizförmig organisierte Morde gehandelt hat, gleichgültig, welche Staatsideologie den Vorwand zu diesen Morden bot[18]. Oder soll etwa der *gegen* die Marxsche Geschichtsteleologie begangene Justizmord verwerflich sein, der Justizmord aber, der mit ihr im Einklang steht, („Quasi“ —) entschuldigt? Abendroth wehrt sich gegen eine solche Interpretation seiner Ansicht: Indem er den qualitativen Unterschied zwischen nationalsozialistischen und stalinistischen Verbrechen hervorhebe, werde er nicht zum Verteidiger Wyschinskis. Aber er sieht sich „auch in der moralischen Wertung“ gehindert, beide Verbrechen „über einen Kamm zu scheren“[19]. Das bedeutet zwar keine moralische Billigung von Terror, Folter und Mord durch Abendroth! aber es zeigt doch die Unfähigkeit, sich von solchen Verbrechen klar zu distanzieren, wenn sie von denen verübt worden sind, denen (nach marxistischer Geschichtsinterpretation) die Zukunft gehört[20]. Auf diese Weise zerstört der Sog der Marxschen Geschichtsprophetie die moralische Urteilsfähigkeit[21].

---

15 Abendroth, S. 410.

16 Abendroth, S. 410.

17 Abendroth, S. 412 f.

18 Zu Recht machte Rottleuthner im Gespräch mit Abendroth geltend, dessen Differenzierung bedeute „doppelte Moral“, S. 412.

19 Abendroth, S. 412.

20 Anzumerken bleibt: Abendroth ist ohne jeden Zweifel ein kritischer Marxist, der — wie er selbst hervorhebt (S. 412) — stets den Stalinismus politisch bekämpft hat. Wenn solche moralische Urteilsunfähigkeit bei ihm auftritt, was mag man dann von stalinistischen Dogmatikern erwarten können?

Die positivistische Annahme der Irrationalität von Wertsetzungen und die marxistische Verabsolutierung eines scheinrationalen Maßstabs für Wertsetzungen wirken also in gleicher Richtung: sie führen dazu, daß Werte, Normen, Sollensvorstellungen als nichtdiskutierbar betrachtet werden. Der Versuch, materialer Rationalität im Bereich des Sollens innezuwerden, gilt beiden als reine Ideologie; dem Marxismus, weil diese Versuche den Überbaucharakter von Ethik, Recht und Politik verkennen; dem Positivismus, weil für ihn „materiale Vernunft" nur als eine Art säkularisierter Priesterideologie denkbar ist[22]. Mit der ausdrücklichen oder impliziten These von der Nichtdiskutierbarkeit von Wertvorstellungen wird die Ideologiekritik entweder selbst ideologisch — wie die marxistische: Indem diese den Richtigkeitsmaßstab für politisches Handeln in eine endzeitliche Utopie verlegt und ihn damit aus dem kommunikativen Zusammenhang der Rechtigkeitsdiskussion löst, setzt sie ihre eigenen Wertungen gegenüber der Kritik absolut. Oder sie ermöglicht zumindest ideologische Abkapselungen — wie die positivistische Ideologiekritik —, indem sie den noch so irrationalen Wertungen wissenschaftliche Unangreifbarkeit bescheinigt. Gegenüber der positivistischen Ideologiekritik gilt: „Wo sich die Vernunft von der Lenkung der Gewalt zurückzieht, bewirkt sie nur, daß die Herrschaft der Unvernunft unvermeidlich wird[23]." Die Ideologiekritik schlägt auf diese Weise in eine neue Metaphysik um oder sie ermöglicht doch durch das, was sie ausspart, eine neue Metaphysik.

Durch die Ideologiekritik wird die politische Auseinandersetzung ein Kampf der Ideen. Nietzsche hat das so formuliert: Der Begriff Politik sei gänzlich in einen Geisterkrieg aufgegangen[24]. „Geisterkrieg" ist in

[21] Folgerichtig hat die Scheidung von demokratischem und totalitärem Sozialismus seit jeher beim Problem der Ethik angesetzt. In der Revisionismus-Debatte innerhalb der SPD (seit den 90er Jahren des vorigen Jahrhunderts) haben die Verfechter eines demokratischen Sozialismus das ethische Defizit des dogmatischen Marxismus als Ausgangspunkt ihrer Marxkritik genommen. Vgl. H. Cohen: „Der Sozialismus ist im Recht, sofern er im Idealismus der Ethik begründet ist. Und der Idealismus der Ethik hat ihn begründet." („Kant", in: F. A. Lange, Geschichte des Materialismus, 5. Aufl. 1896, S. 193 f.) 1918 setzte Georg Lukacz über seine Kritik an der Leninschen Diktatur die Überschrift „Die moralische Sendung der kommunistischen Partei" (Werke, Frühschriften II Bd. 2, 1968, S. 105 ff.). Nahezu überall, wo in der Folgezeit eine an den sozialistischen Idealen festhaltende Kritik marxistischer Staatspraxis entsteht, artikuliert sie sich als Antikritik marxistischer Idealismuskritik, so in Polen, in der CSSR, in Italien. (S. die Hinweise bei H. J. Sandkühler, Marxismus und Ethik, in: Sandkühler / Vega (Hg.), Marxismus und Ethik, 1974, S. XXXIII). Sandkühler beschimpft diese im Marxismus aufgebrochene Freiheitssehnsucht als „konterrevolutionär und repressiv" und hält den „revisionistischen Moralisten" in ihrem „geschichtsblindem Bewußtsein" vor, indem sie die geschichtlich notwendige Diktatur des Proletariats verteufelten, verlängerten sie nur die Dauer deren Notwendigkeit (S. L).

[22] Vgl. Max Weber, Wirtschaft und Gesellschaft, 1. Halbbd., 1964, S. 587.

[23] Leonhard Nelson, System der philosophischen Rechtslehre und Politik, 1924, S. 252.

zweierlei Bedeutung zu verstehen: Ein Kampf, der im Geistigen ausgetragen wird, der nicht zwischen Machtgebilden stattfindet; ein Kampf um das Bewußtsein der Menschen, um die Ideen, die die alten Machtgebilde tragen. — Ein Geisterkrieg aber auch deshalb, weil er — in den Augen der Ideologiekritik — ein gespenstischer Kampf zwischen Richtigkeitsillusionen ist, entweder weil das Problem der richtigen politischen Ordnung gar nicht rational lösbar ist oder weil die politischen Ideale nur verselbständigte Widerspiegelungen der tatsächlichen geschichtlichen Abläufe sind.

Politik als Geisterkrieg bedeutet eine Konkurrenz von Totalitätsansprüchen[25]. Es stehen sich verschiedene geistige Entwürfe gegenüber, die sich einer rationalen Diskussion verweigern. Die Folge ist die Unversöhnlichkeit und Totalisierung der Auseinandersetzung. Nietzsche: „Es wird Kriege geben, wie es noch keine auf Erden gegeben hat[26].“ Die Totalitätsansprüche ergreifen alle Lebensbereiche, vorzüglich aber das Recht, das als wichtiges Transportmittel dieser Totalitätsansprüche in die übrigen Lebensbereiche dient. Das Recht wird instrumentell verstanden: es wird zur Magd der Politik, einen anderen Wert kann es nicht beanspruchen. Das Recht ist in den Augen der Ideologiekritik nur Ausdruck eines politischen Willens, dessen Irrationalität auch das Recht zu einer irrationalen Größe macht.

Die instrumentelle Auffassung von Recht schließt die Leugnung des Begriffs „Gerechtigkeit“ ein. Gerechtigkeit ist nur ein anderer Ausdruck für „praktische Vernunft“, für materiale Rationalität im Bereich des Rechts[27]. Soweit die Möglichkeit praktischer Vernunft verneint wird, kann auch die Frage, ob eine Rechtsregel gerecht sei, nicht sinnvoll gestellt werden. Für die positivistischen Denkströmungen ist Gerechtigkeit entweder nur ein emphatischer Ausdruck für Rechtmäßigkeit, für die Übereinstimmung eines Verhaltens mit einer positiven Rechtsnorm oder es ist lediglich ein privates, beliebiges, irrationales Werturteil[28]. — Sofern etwa bei Marx von Gerechtigkeit überhaupt noch die Rede ist, dann nur in folgendem Sinn: Gerecht ist „ein Verhalten, das der Produktionsweise entspricht“[29]. Das entscheidende ist

---

[24] Nietzsche, Werke Bd. 2 (Hg. Schlechta), S. 1152 f.

[25] Vgl. die Äußerung von Carl Schmitt, politische Parteien könnten im modernen Staat nur Totalitätsansprüche erheben, die sich auf alle Gebiete des menschlichen Daseins erstreckten (Religion, Wirtschaft, Bildung); Der Hüter der Verfassung, S. 83, Der Begriff des Politischen, S. 21 ff.

[26] Nietzsche, a. a. O.

[27] Kriele, Kriterien der Gerechtigkeit, 1963, S. 8.

[28] S. Kelsen, Das Problem der Gerechtigkeit, in: Reine Rechtslehre, 2. Aufl. 1960, Anhang S. 357 ff.; vgl. auch Radbruch: „Sittliche Urteile, insbesondere solche über das richtige Recht, sind nicht einer rationalen Begründung, sondern allenfalls einer persönlichen Gewissensentscheidung zugänglich.“ (Der Relativismus im Recht, in: Der Mensch im Recht, S. 80 ff.).

hierbei nicht der einseitige Ökonomismus. In der marxistischen Tradition finden sich auch Stimmen, die sich für die Anerkennung einer „relativen Selbständigkeit“ des Rechts gegenüber der ökonomischen Basis aussprechen[30] — das aber nur, um die politische Verfügbarkeit des Rechts (nämlich in den Staaten, in denen eine marxistische Partei herrscht) zu betonen[31]. Gleichgültig, ob man nun das Recht unmittelbar aus der ökonomischen Basis hervorgehen läßt oder (entsprechend der Wirklichkeit „sozialistischer“ Politik) die Aktionsfreiheit politischer Instanzen dazwischenschaltet, — es bleibt bei der Leugnung eines autonomen Rechtsbereichs infolge der Leugnung der Möglichkeit praktischer Vernunft.

Wir sprechen hier von einer „Leugnung“ der Möglichkeit praktischer Vernunft im Recht — so als ob diese Möglichkeit, entgegen allen ideologiekritischen Annahmen, eigentlich mit Händen zu greifen sei, als ob wir Maßstäbe für „Vernunft“ hätten — haben wir sie denn?

II. Die falsche Sehnsucht zurück. Über einige Versuche zur Neubegründung der Autonomie juristischer Problembehandlung

Den gegenwärtigen Ansätzen zur Begrenzung von Ideologiekritik liegt die Befürchtung einer politischen Überwältigung des Rechts zugrunde. Diese Befürchtung hat, wie wir im vorigen Abschnitt gesehen haben, einen vernünftigen Grund. Im Bereich der deutschen Verfassungsgeschichte bot das nationalsozialistische und bietet das kommunistische Rechtssystem der DDR prägnante Lehrstücke einer totalen Ideologisierung und Politisierung des Rechts, eines von politischen Funktionären verwalteten neuen Priesterrechts, das eine Autonomie des juristischen Denkens nicht kennt.

Damit ist für die Jurisprudenz die Grundfrage gestellt: Wie kann nach dem Vordringen der Ideologiekritik noch der Satz begründet werden, das Recht habe seine eigene Vernunft, die von den Juristen lege artis ermittelt wird? Wie kann, m. a. W., die Autonomie der juristischen Problembehandlung neu legitimiert werden? Im folgenden soll einigen Antworten der neueren Rechtstheorie nachgegangen werden.

---

29 Marx, Das Kapital, 3. Buch, 1. Teil, MEW Bd. 25, S. 351 f.

30 Vgl. Nedbailo, Einführung in die marxistische Rechts- und Staatstheorie, 1973, S. 54.

31 Vgl. hierzu N. Reich, Marxistische Rechtstheorie, 1973, S. 8, 17, 20 ff.

1. *Die Theorien des „Als-Ob“*

Zunächst und in großer Zahl finden sich Versuche, hinter die Schutzmauer juristischer Methodentradition zurückzukehren. Die erkenntnisvergewissernde juristische Methode war das stärkste Bollwerk gegen die Ideologiekritik des Rechts gewesen. Wenn man den Verlust der juristischen Methode nicht einfach nur ignorieren will, so liegt es nahe, diesen Verlust mit einer Haltung des „Als-Ob“, mit der These von der „Nezessität der falschen Werte“[1], mit autonomiesichernden Methodenfiktionen zu kompensieren. Wenn auch solche Methodenfiktionen zumeist vordergründig bezug nehmen auf Betriebsbedürfnisse der juristischen Praxis, so ist doch ihre Tendenz eindeutig erkennbar: die Vorbehalte gegenüber der innerjuristischen Methodenkritik dienen zugleich der Abwehr der von außen an das Rechtssystem herangetragenen Ideologiekritik.

a) *Methodenfiktion und Gesetzesbindung des Richters*

Ist nicht zumindest der Schein einer richtigkeitsverbürgenden juristischen Methode notwendig, um die Gesetzestreue des Interpreten zu gewährleisten, um den Interpreten an das Gesetz zu binden?

Solche harte Fragestellung setzt bereits ein fortgeschrittenes Methodenbewußtsein voraus. Derselbe Grundgedanke kann sich aber auch in einer weicheren Formulierung niederschlagen: Es komme in erster Linie auf das Postulat der Gesetzesbindung an, und sehr viel weniger darauf, ob die Methodenlehre diesem Postulat Genüge tun könne[2].

In prägnanter Weise hat Kelsen[3] die Notwendigkeit eines solchen „Als-Ob“ geradezu zum Kern der juristischen Methodenlehre erklärt. So sei etwa die Vorstellung, Lücken im Gesetz könnten einwandfrei „festgestellt“, „erkannt“ werden, notwendig zur Sicherung der Gesetzmäßigkeit richterlichen Handelns. Die generellen Normen, die der Gesetzgeber aufstelle, könnten immer nur auf Durchschnittsfälle abgestellt sein; eben darum könne der Gesetzgeber selbst die Fälle nicht umschreiben, in denen er an seine Stelle den Rechtsanwender treten lassen wolle. Es bleibe ihm gar nichts anderes übrig, als die Entscheidung darüber (wann ein atypischer Fall vorliegt) dem Rechtsanwender zu überlassen, auf die unvermeidliche Gefahr hin, daß dieser als delegierter Gesetzgeber auch Fälle entscheide, in denen der ursprüngliche Gesetzgeber sein Gesetz angewandt wissen wolle, d. h. auf die Gefahr

---

[1] Nietzsche, Werke Bd. III (Hg. Schlechta), S. 831.

[2] Vgl. etwa Roellecke, Die Bindung des Richters an Gesetz und Verfassung, VVDStRL Heft 34, 1976, S. 38 f.; zustimmend Scheuner, ebenda, S. 95; demgegenüber kritisch Kriele, ebenda S. 90 f. und Krawietz, ebenda, S. 114 f.

[3] Kelsen, Reine Rechtslehre, 1. Aufl. 1934, S. 105.

hin, daß das Schwergewicht der Rechtserzeugung vom generellen Gesetzgeber zum individuellen Rechtsanwender verschoben zu werden drohe. „Um diese Gefahr möglichst einzuschränken, wird die Ermächtigung zur Ausschaltung des Gesetzes in der Weise formuliert, daß dem Rechtsanwender die außerordentliche Vollmacht nicht zum Bewußtsein kommen soll, die ihm damit tatsächlich übertragen wird. Der Rechtsanwender soll glauben, er dürfe nur in den Fällen das Gesetz nicht anwenden, in denen es nicht angewandt werden kann, weil es selbst keine Möglichkeit der Anwendung enthält. Er soll glauben, frei zu sein nur wenn er selbst als Gesetzgeber fungieren darf, nicht aber in der Hinsicht, wann er an die Stelle des Gesetzgebers zu treten hat. Daß er in Wirklichkeit auch in dieser Hinsicht frei ist, verhüllt ihm die Fiktion der ‚Lücke'[4]."

Wer zur Absicherung richterlichen Gesetzesgehorsams traditionelle Methodenvorstellungen aufrecht erhalten will, obwohl er selbst sie nicht mehr teilt, scheint zu meinen, die Fähigkeit des Richters zur Selbsttäuschung sei ein stabileres Fundament für seine Gesetzestreue als seine auf Einsicht beruhende Selbstbeherrschung[5]. Wenn man zudem von dem erreichten Stand der methodischen Reflexion ausgeht, dürfte es zweifelhaft sein, ob man den (wissenden) Richtern noch ein von den traditionellen Methodenvorstellungen geprägtes Bild ihrer eigenen Tätigkeit vermitteln kann. Als Adressat solcher Methodenfiktionen käme also allenfalls die politische Öffentlichkeit in Betracht. Aber auch der Versuch, die Stellung der Justiz im politischen System des Verfassungsstaats davon abhängig zu machen, daß man der Öffentlichkeit ein von der Wirklichkeit abweichendes Bild der juristischen Tätigkeit vorspiegeln kann, setzt ein größeres Maß von Unaufgeklärtheit voraus, als man unter dem Einfluß der Ideologiekritik erwarten kann; einem Vorwurf wie etwa dem der Klassenjustiz läßt sich wohl kaum mit der These der logischen Ableitung der Entscheidung aus dem Gesetz erfolgreich begegnen. Die juristische Methodenlehre würde schließlich weder die Irrtümer der Juristen über ihre eigene Tätigkeit noch die der politischen Öffentlichkeit sichern können, sondern nur die Irrtümer der Juristen über das, was die politische Öffentlichkeit über die juristische Tätigkeit denkt.

b) Methodenfiktion und Kontrollierbarkeit der Entscheidung

Eine andere Begründung dafür, daß der Schein einer richtigkeitsverbürgenden Methode aufrecht erhalten werden müsse, hat Wieacker

---

[4] Von „Fiktion" spricht hinsichtlich der Theorie der Lücke übrigens auch Wieacker, Privatrechtsgeschichte, S. 437.

[5] Zum Verhältnis von Gesetzestreue und „juristischer Methode" s. oben S. 136 ff., 163 ff.

gegeben[6]. Er meint: „Die Rechtsfindung selbst ist kein wissenschaftlicher Erkenntnisprozeß, aber sie würde ohne die Kontrolle durch wissenschaftliche, d. h. methodische Begründungsverfahren alsbald autoritär, emotional oder ideologisch entarten und sozial funktionsunfähig werden ... Für diese Leistung können aber deduktive, induktive und selbst axiomatische und topische Verfahren in gleicher Weise aufkommen, wenn sie nur die Anerkennung der Rechtsgemeinschaft finden und folgerichtig, d. h. willkürfrei angewandt werden[7]."

Wie aber soll einer Methode — gleich, welcher! — eine Kontrollfunktion gegenüber der Rechtsfindung zukommen, wenn die Rechtsfindung eben kein wissenschaftlicher, also methodischer Erkenntnisprozeß ist, wenn die Methode also nur *vorgibt,* den Weg zu weisen, der zu einem konkreten Ergebnis geführt habe? — Im übrigen kommt der Methode schon aus dem Grunde keine Kontrollfunktion zu, weil sich heute eine Vielzahl von Methoden dem Rechtsanwender anbieten und sich damit immer eine methodische Einkleidung für ein beliebiges Ergebnis finden läßt[8]. Es ließe sich daher allenfalls überlegen, ob man Wieackers Ansicht vielleicht doch unter einer (nach den jetzigen Gegebenheiten irrealen!) Bedingung zustimmen könnte: Unter der Bedingung nämlich, daß man sich auf *eine* Methode zu einigen vermöchte. Aber konnte nicht die eine deduktiv-axiomatische Methode dazu dienen, die absolutistischen Staatskonstruktionen und zugleich die entgegengesetzte Forderung nach dem Verfassungsstaat zu begründen[9]? Deshalb bleibt es bei der Erkenntnis, daß nicht die Methode, sondern allenfalls ein außer ihr liegender sozialer Konsens hinsichtlich des Ergebnisses die Rechtsfindung zu kontrollieren vermag.

c) Methodenfiktion und Freiheit in der juristischen Bearbeitung des Rechts

Daß die erkenntnistheoretische Brüchigkeit der traditionellen juristischen Methode latent bleiben müsse, wenn man nicht die Autonomie der juristischen Problembehandlung preisgeben wolle — das ist auch die Essenz der rechtstheoretischen Überlegungen Luhmanns.

---

[6] Wieacker, Rationes decidendi, SavZRom 88. Bd. 1971, S. 341.

[7] In ähnliche Richtung gehen übrigens schon die Ausführungen von Carl Schmitt, Gesetz und Urteil, 1912, S. 91: „Ist eine bestimmte Methode zu ‚interpretieren', zur Herrschaft gelangt, dann ist damit den Erfordernissen der Rechtsbestimmtheit zu einem großen Teil genügt und die Entscheidungsgründe, die sich an derartige Interpretationen halten, begründen richtige Entscheidungen."

[8] Zum Methodenpluralismus vgl. Kriele, Theorie der Rechtsgewinnung, S. 24 ff.; Esser, Vorverständnis und Methodenwahl, S. 10, 124 ff.

[9] Treffend Landsberg, Geschichte I 1, S. 194.

Seine Intention ist dabei nicht, dem Rechtsanwender den interpretatorischen Spielraum der vorhandenen Rechtsnormen zu verhüllen (was Kelsen wollte); auch nicht, seine Entscheidung kontrollierbar zu machen (was Wieacker will); sondern im Gegenteil: ihm die Freiheit der Entscheidung zu sichern, indem diese Freiheit nach außen hin verschleiert wird. Luhmanns Vermutung geht dahin: Die Autonomie der juristischen Problembehandlung hängt davon ab, daß im Einzelfall undurchsichtig bleibt, auf welchen Kriterien die Entscheidung beruht[10]. Diese Basis des juristischen Entscheidungssystems sieht Luhmann in Frage gestellt durch die juristische Methodenkritik[11]. Den Einigungspunkt aller methodenkritischen Tendenzen sieht Luhmann zu Recht in der Orientierung an den Entscheidungsfolgen[12]. Den entscheidenden Bruch mit dem traditionellen juristischen Methodenverständnis erblickt er dementsprechend im Jheringschen Zweckdenken[13].

Nach der Jheringschen Entdeckung des Zwecks als Schöpfer des Rechts und seiner leitenden Funktion bei der Gesetzesauslegung konnte, wie oben gezeigt wurde[14], die juristische Entscheidung nicht mehr legitimiert werden durch die Vorgabe eines logischen Ableitungszusammenhangs, sei es aus den juristischen Grundbegriffen, sei es aus gesetzlichen Vorschriften. In den Vordergrund trat vielmehr die Orientierung an den sozialen Folgen der Entscheidung, ihre Übereinstimmung mit den Zwecksetzungen, die im Gesetz ihren Niederschlag gefunden haben oder, falls das Gesetz keinen Anhaltspunkt bietet, die zumindest auf den Konsens der Rechtsgemeinschaft rechnen können.

Luhmann tritt gegen die Folgenorientierung der juristischen Entscheidung an, indem er den Begriff der „Entscheidungsfolgen" so weit faßt, nämlich als unabsehbare Kette der Folgen und der Folgen von Folgen[15], daß mit dem Versuch der Folgenberücksichtigung gleichzeitig immer eine Kompetenzanmaßung des Juristen imputiert wird. Diesen weiten Folgenbegriff, wie er in der juristischen Diskussion nie verwendet worden ist, unterstellt Luhmann allein zu dem Zweck, um seine Grundthese abzustützen, die Folgenorientierung führe zwangsläufig zu einer Verwischung fachlicher und organisatorischer Differenzierungen[16], d. h. zur Auflösung der juristischen Autonomie. Luhmann meint — zu Recht —, bei der Folgenorientierung sei nur gewährleistet, daß eine

---

10 Luhmann, Positives Recht und Ideologie, in: ARSP Bd. 53, 1967, S. 531, 561, FN 44.

11 Neuestens Luhmann, Rechtssystem und Rechtsdogmatik, 1974, passim.

12 Luhmann, Rechtssystem und Rechtsdogmatik, S. 7.

13 Luhmann, Rechtssystem und Rechtsdogmatik, S. 29.

14 S. oben S. 115 ff.

15 Luhmann, Rechtssystem und Rechtsdogmatik, S. 31 f.

16 Luhmann, Rechtssystem und Rechtsdogmatik, S. 30.

mehr oder weniger große Menge möglicher Entscheidungen bestimmten bewerteten „Constraints“ genüge[17]. Daran knüpft er die Befürchtung, mit der Masse der hiernach gleichwertigen Entscheidungsmöglichkeiten „fällt das Gerüst, das der Entscheidungsprozeß am Unterschied von Ausnahme und Regel hat“[18]. Diese Befürchtung jedoch verkennt den Prozeßcharakter der Rechtsgewinnung. Bei der Folgenabschätzung und -abwägung geht es nicht um eine Auflösung aller positiven Rechtssätze in beliebige Folgenprognosen[19]. Die Auswahl unter den Entscheidungsmöglichkeiten ist im einzelnen Fall insofern nicht beliebig, als das geltende Recht (einschließlich des Richterrechts) bereits eine Regel enthält; die Rechtsfortbildung, die Neubildung eines Rechtssatzes bleibt die Ausnahme, zu der dann gegriffen wird, wenn die Anwendung der vorhandenen Regel zu keinem akzeptablen Ergebnis führt. Die „Argumentationslast“ und das Absehbarkeitsrisiko hinsichtlich der Folgen hat immer diejenige Seite, die auf einen neuen Rechtssatz hindrängt[20]. Wenn der Richter glaubt, eine Abschätzung der Folgen eines neuen Rechtssatzes nicht verantworten zu können, dann muß er auf die Anwendung dieses Rechtssatzes verzichten, mit dem Ergebnis, daß es bei dem bisherigen Rechtszustand bleibt, daß eine auf die Folgenabwägung gestützte Weiterentwicklung des bisherigen Rechts durch die Rechtsprechung nicht stattfinden kann.

Warum sollte im übrigen die Zerstörung der Fiktion, es gäbe immer nur eine richtige Entscheidung, für das Rechtssystem unannehmbar sein? Ist nicht die Erfahrung, daß es nicht nur ein richtiges Ergebnis geben kann, sondern in vielen Rechtsfragen durchaus mehrere richtige, nämlich „vertretbare“, jedem praktischen Juristen ganz alltäglich? Und bestimmt nicht erst die letzte Instanz, welche von diesen vertretbaren Ansichten „die richtige“ ist? Diese Erkenntnis hat sogar Eingang in eine höchstrichterliche Urteilsbegründung gefunden: Das Bundesarbeitsgericht lehnte ausdrücklich die Auffassung ab, die Rechtsanwendung der Gerichte könne der Idee nach immer nur zu einer richtigen Entscheidung führen[21]: „Im Schuldrecht und auch im Personenrecht, damit aber auch im Arbeitsrecht, ist das aber nicht der Fall. Denn welche Entscheidung hier richtig ist — und das ist ausschlaggebend — steht im konkreten Fall für die streitenden Parteien erst durch die rechtskräftige richterliche Entscheidung, aber sonst niemals fest ...“. Die Frage, warum Luhmann diese Selbstverständlichkeit für unaussprechbar hält, ist zugleich die Frage nach dem Anstößigen an der Folgen-

---

[17] Luhmann, Rechtssystem und Rechtsdogmatik, S. 34.

[18] Luhmann, Rechtssystem und Rechtsdogmatik, S. 34.

[19] Das scheint aber Luhmann zu meinen, S. 30.

[20] Kriele, Theorie der Rechtsgewinnung, S. 258 ff.

[21] BAGE 2, 165, 174.

orientierung der juristischen Entscheidung. — Die Berücksichtigung der Folgen macht das Wesen der politischen Entscheidung aus[22]. Daher dementiert die juristische Folgenabwägung am nachdrücklichsten die These von der Verschiedenartigkeit juristischer und politischer Entscheidung. Die juristische Methodenkritik beweist, daß von einer solchen prinzipiellen und qualitativen Verschiedenheit keine Rede sein kann. Wer — wie Luhmann — in dieser Verschiedenartigkeit aber die Existenzbasis eines eigenständigen juristischen Entscheidungssystems sieht, muß, um die Autonomie der juristischen Problembehandlung zu retten, jene Verschiedenartigkeit fingieren und unter Mißachtung der Bemühungen der Methodenkritik die Folgenabwägung aus dem juristischen Bereich verweisen. Er muß ein Bild von der juristischen Tätigkeit zeichnen, in dem für eine Berücksichtigung der Folgen kein Platz ist. Dieses „zurück hinter Jhering" führt konsequent zu einem „zurück zur Begriffsjurisprudenz", zur begriffsjuristischen Methode. Es kommt für Luhmann nur darauf an, neue „gesellschaftsadäquate" Begriffe zu finden[23]; an ihnen anknüpfend soll sich die juristische Tätigkeit wieder als Begriffsableitung darstellen können, als Tätigkeit, deren stabilisierende Kraft nicht in Frage gestellt wird durch die Offenlegung der wahren Entscheidungsgründe.

Wird damit nicht die Autonomie der juristischen Problembearbeitung in der Irrationalität der Entscheidung begründet statt in deren Vernunft? In der Tat erschwert das Wiederaufgreifen der begriffsjuristischen Fassadenmethode die rationale Beurteilung der einzelnen Entscheidung. Dennoch darf Luhmanns Versuch nicht vordergründig mißverstanden werden als die Verteidigung einer Irrationalität juristischen Entscheidens. Die Latenz der Beurteilungsmaßstäbe, die im Einzelfall gewählt wurden, ist nach Luhmann notwendig zur Sicherung von Rationalität — nämlich von Rationalität derart, wie sie in komplexen Gesellschaften überhaupt nur noch denkbar sei: von Systemrationalität[24]. Für Luhmann ist *Rationalität* auf der Ebene des *Handelns* nicht mehr denkbar; damit entfällt der Sinn der Begriffe Wahrheit und Gerechtigkeit, die auf richtiges Handeln zielten[25]. Die juristische Entscheidung ist rational, weil und insofern sie zur Lösung von Systemproblemen und damit zur Erhaltung „reduktiver Strukturen" in einer äußerst komplexen Welt beiträgt[26]. Diese Systemrationalität ist aber „weder bewußtseinsfähig noch kommunikationsfähig"[27], weil Bewußt-

[22] S. oben S. 170 f.

[23] Luhmann, Rechtssystem und Rechtsdogmatik, S. 49 ff.

[24] Luhmann, Positives Recht und Ideologie, ARSP Bd. 53, 1967, S. 567 ff.

[25] Ebd.

[26] Luhmann, S. 533.

[27] Luhmann, Systemtheoretische Argumentationen, in: Habermas / Luhmann, Theorie der Gesellschaft oder Sozialtechnologie, 1971, S. 354.

sein und Kommunikation in ihrer beschränkten Kapazität notwendig auf der Ebene des Handelns bleiben.

Luhmann vermutet, das Rechtsanwendungssystem sei in dieser seiner Reduktionsleistung davon abhängig, daß die einzelne Entscheidung die für sie maßgeblichen Maßstäbe hinter einem Begriffsvorhang verhüllt. Dieser Begriffsvorhang täuscht — auf wenig überzeugende Weise — traditionelle Handlungsrationalität vor, um die Systemrationalität zu retten. Läge es da nicht näher, statt mit durchsichtigen Fiktionen den Vernunftcharakter des Rechts und damit die einzig mögliche Begründung für die Autonomie des Rechts zu dementieren, zunächst einmal Luhmanns Prämisse in Frage zu stellen, ob nämlich wirklich die Ausdifferenzierung des juristischen Entscheidungssystems durch Begründungsehrlichkeit zerstört wird?

Bemerkenswert bleibt: Gerade Luhmann hat immer wieder die *Positivität,* die Machbarkeit des Rechts als Grundmerkmal des modernen Rechts herausgestellt[27a]; für die richterliche Rechtsgewinnung trägt er dem keine Rechnung.

d) „Als-Ob", Betriebsbedürfnisse und gesellschaftliche Notwendigkeiten

Die Argumentationen des Als-Ob konservieren den Bestand sozialer Institutionen, deren traditionelle Begründungen sich als hinfällig erwiesen haben. Sie entziehen die Institutionen der Kritik, indem sie sie von diesen traditionellen Begründungen absetzen.

Die Theorien des Als-Ob stützen sich zum einen auf sozusagen „innerbetriebliche" Bedürfnisse des Rechtssystems. Die wichtigsten dieser Betriebsbedürfnisse wurden bereits genannt: die Gesetzesbindung des Richters, die Kontrollierbarkeit der Rechtsprechung, die Sicherung einer Legitimitätsbasis der juristischen Entscheidung; es wurde zugleich gezeigt, daß diese — in der Tat grundlegenden — Bedürfnisse keine Fiktion einer juristischen Methode, kein Als-Ob notwendig machen. — Zum anderen aber wird versucht, das Als-Ob als einen notwendigen Ausdruck gesamtgesellschaftlicher Bedürfnisse, nicht nur partikularer, innerbetrieblicher, zu legitimieren. In diesem Sinne schreibt C. J. Friedrich: „Und selbst wenn man das Gewebe des Rechts als ein großes Netz von wirkungsvollem Schein und Trug betrachtet, so hängt doch das Leben des Gemeinwesens und die Aufrechterhaltung der Staatsordnung davon ab, daß dieses Netz gesponnen wird[28]." Solchen Lebenswert des Rechts stellt auch die folgende Argumentation heraus:

[27a] Positives Recht und Ideologie, ARSP Bd. 53, 1967, S. 531 ff.; Rechtssoziologie 2, 1972, passim.

[28] C. J. Friedrich, Verfassungsstaat der Neuzeit, 1953, S. 221 f.

„Archäologische Interessen sind ja recht lobenswert, aber man stellt keine Ausgrabungen an, wenn man durch sie die Wohnstätten der Lebenden untergräbt, so daß sie einstürzen und die Menschen unter ihren Trümmern verschütten. Das Recht und seine Anwendung sind kein Gegenstand, über den man klügeln kann wie über einen beliebigen anderen[29]."

Der Verweis auf den Lebenswert der Institutionen stellt aber nicht etwa eine neue, bessere Begründung für sie dar; vielmehr wird das „Lebensnotwendige" als schlechthin irrationale Größe gesetzt, bedarf deshalb auch keines Nachweises im einzelnen und entzieht sich um so leichter einer genaueren Analyse, als diese ja gerade als „lebensfeindlich" apostrophiert wird[30].

Das Als-Ob bezeichnet die Stelle, an der früher einmal eine Begründung war — die aber inzwischen weggefallen ist. Möglicherweise ist die Fiktion auch „die Platzhalterin besserer Einsichten"[31], oder richtiger: die Platzhalterin besserer Begründungen für Einsichten, die durch an sich überwundene, aber in der Form des Als-Ob konservierte Vorurteile vermittelt werden. Aber welche Einsichten sind es, die die Fiktion einer juristischen Methode vor dem zerstörerischen Zugriff der Ideologiekritik retten soll? — Das vermag die These des Als-Ob nicht zu sagen; sie hält „einen Platz frei", aber ob sie eine Einsicht schützt oder lediglich ein Vorurteil, darüber kann sie selbst keine Auskunft geben. Das Als-Ob hat allenfalls einen dilatorischen, keinen problemlösenden Effekt: es vermag den Zeitpunkt hinauszuschieben, an dem eine Antwort auf die Herausforderung der Ideologiekritik unausweichlich wird — die Antwort selbst ist es nicht. Die Last einer Neubegründung der Autonomie juristischer Problembehandlung vermag eine Theorie des Als-Ob nicht zu tragen.

2. *Recht als formale Kategorie*

Ist der wesentliche Ansatzpunkt einer Ideologiekritik des Rechts die Erfahrung der wechselnden Rechtsinhalte, so liegt es im Zuge einer

[29] Vgl. Freud, Zukunft einer Illusion, Gesammelte Werke XIV, 4. Aufl. 1968, S. 325, 357. Ich habe Freuds Text nur insoweit geändert, als dieser sich auf die „religiösen Lehren" und nicht auf „das Recht und seine Anwendung" bezieht; dieser Kunstgriff mag um so verzeihlicher sein, als Freud selbst von der Anwendbarkeit seiner Überlegungen auf „die Voraussetzungen, die unsere staatlichen Einrichtungen regeln", spricht (S. 356). Der Text gibt im übrigen nicht Freuds eigene Ansicht über das „Als-Ob" wieder, sondern die eines imaginären Gesprächspartners, der Freuds Ansichten zu erschüttern versucht.

[30] Insofern erweist sich Luhmanns „weder bewußtseins- noch kommunikationsfähige" Systemrationalität als Nachfahr dieser „Lebensphilosophie".

[31] Merkel, zitiert bei Cn. Flavius, Der Kampf um die Rechtswissenschaft, 1906, abgedruckt in: Kantorowicz, Rechtswissenschaft und Soziologie, 1962, S. 13 ff., 17.

Abwehr ideologiekritischer Tendenzen nahe, die Rechtswissenschaft von allen wechselnden Rechtsinhalten abzukoppeln: Für die immer anfechtbare Vernünftigkeit der Rechts*inhalte* trage der *Gesetzgeber* die Verantwortung; die juristische Handhabung sei nur *Formgebung* eines Stoffes, den der Jurist lediglich vorfinde und hinzunehmen habe. *Für den Juristen sei das Recht* — ungeachtet aller wechselnden Inhalte — *eine formale Kategorie*[32]. Die Eigengesetzlichkeit und der Eigenwert der juristischen Behandlung des Rechtsstoffs sei in der bleibenden Rechtsform begründet.

Für solches Ausweichen auf die Rechtsform gibt es zwei Modelle:

1. Man kann Form sagen und doch Inhalt meinen.
2. Man kann nicht nur scheinbar, sondern wirklich auf Bestimmung der Rechtsinhalte absehen.

Das erste Modell hat seinen frühesten und klarsten Ausdruck in Anselms Feuerbachs Schrift: „Über Philosophie und Empirie in ihrem Verhältnis zur positiven Rechtswissenschaft"[33] gefunden. Unter dem Eindruck der Positivierungsbewegung erscheinen für Feuerbach alle Versuche, in der Art des älteren Vernunftrechts die Rechtswissenschaft als „Rechtsgesetzgebung der Vernunft ... über das Positive" zu begreifen, als überholt[34]. Das positive Gesetz beherrscht jetzt den Gang der Rechtsentwicklung. Das wirft die Frage auf. welche Aufgaben der Jurisprudenz nunmehr zukommen. Schrumpft sie angesichts der Vorherrschaft des positiven Gesetzes zu einer reinen Kunstlehre der Gesetzesanwendung? Wird der Richter zu dem Subsumtionsautomaten, als den ihn die vernunftrechtlichen Kodifikationen in der überschwenglichen Gewißheit, die Vernunft selbst positiviert zu haben, gezeichnet hatten? Löst sich die juristische Autonomie in der Positivierungsbewegung auf? Für Feuerbach gilt: Die Dignität des positiven

---

32 Kirn, Verfassungsumsturz oder Rechtskontinuität?, 1972, S. 101 wertet den juristischen Positivismus, für den diese „Verabsolutierung der Rechtsform" kennzeichnend ist, als das „innere Betriebsgesetz des modernen Rechtsstaates", betont aber andererseits, die rechtspositivistische Theorie werde dort falsch, wo sie den Bereich des rechtsstaatlichen Betriebes verlasse und den Anspruch erhebe, verfassungs- und geschichtsabsolute Rechtsaussagen zu machen. In dieser radikalen Trennung der Ebenen praktischer Bedürfnisse und theoretischer Aussagen liegt auch der Grund dafür, daß Kirn die von ihm aufgeworfene Frage „Autonomie oder Geschichtlichkeit des Rechts?" (S. 99) für die Rechtspraxis zugunsten einer die Geschichtlichkeit des Rechts ausblendenden Autonomie beantwortet. Im Gegensatz zu Kirn geht die vorliegende Untersuchung davon aus, daß die Trennung der beiden Ebenen — der praktischen und der theoretischen — nur vorübergehenden Charakter haben kann. Hierzu — auch zu den „Betriebsbedürfnissen" der juristischen Praxis — vgl. oben S. 191.

33 Antrittsrede Landshut 1804; Neudruck Darmstadt 1969 mit Vorwort von W. Naucke.

34 Feuerbach, S. 7.

Gesetzes verweist dessen juristische Bearbeitung in der Tat in den Rang bloßer „Darstellung“[35]; Rechtswissenschaft und positives Gesetz verhalten sich wie *Form* und *Stoff*[36]. Dieser formelle Charakter der rechtswissenschaftlichen Bearbeitung des vorgegebenen Rechtsstoffs ist aber bei Feuerbach die Mimikry für den Versuch, die Autonomie der juristischen Problembehandlung gegenüber dem Gesetzgeber zu retten. Das ergibt sich unmittelbar aus Feuerbachs Erklärung, worin denn die formelle Bearbeitung des Rechtsstoffes bestehe. Unter dem Schein der „Form“-Gebung werden in Wirklichkeit Inhalte eingeführt, und sie sind es, die die Autonomie tragen. Das tritt besonders zutage bei der ersten Aufgabe einer formellen Bearbeitung des Rechtsstoffs: bei der genauen Bestimmung der rechtlichen Begriffe[37].

Schon diese Erfassung der Rechtsbegriffe sprengt den angeblich formellen Charakter der rechtswissenschaftlichen Arbeit. Denn: „Mein Geschäft als Rechtsgelehrter kann ... bey der Darstellung dieser wissenschaftlichen Begriffe nur insoferne von den Erklärungen des Gesetzgebers ausgehen, als ich vor allen Dingen durch ihn selbst erfahren muß, von welchem Gegenstande er gesprochen, an welchen er wirklich gedacht habe ... Weiß ich aber, wovon er sprach und woran er dachte, so ist nun der Gegenstand mir, als Wissenschaftskünstler, anheimgegeben, um ihn selbst in seiner Totalität aufzufassen, und in seinem ursprünglichen wahren Wesen darzustellen[38].“ Solche „wissenschaftliche Autonomie des Rechtsgelehrten in Ansehung der Begriffe“ leidet durchaus keine Ausnahme: „Wenn auch der Gesetzgeber sich herabgelassen hat, die Begriffe, auf die er bauen muß, mit wissenschaftlicher Genauigkeit bestimmen zu wollen, so kann seine gesetzliche Definition gleichwohl nicht den Rechtsgelehrten binden[39].“ Das gilt für die im Gesetz verwandten Begriffe (Tatbestandsmerkmale) ebenso wie für die allgemeinen Grundbegriffe des Rechts, die als „höchste Principien für den Gesetzgeber“ über ihm stehen und „unabhängig von seiner Willkühr“ sind[40]. All das klingt wie ein Manifest des wissenschaftlichen Positivismus, unterscheidet sich aber von ihm in einem sehr wesentlichen Punkt: Feuerbach hat noch keine Bedenken, offen auszusprechen, daß die positive Jurisprudenz diese Begriffe nicht aus sich selbst auslegen kann, sondern der Hilfe der philosophischen Rechtslehre bedarf,

35 Feuerbach, S. 49.

36 Feuerbach, S. 33 ff.

37 Feuerbach, S. 50: Die formelle Bearbeitung des Rechtsstoffs erfordert nach Feuerbach neben der genauen Bestimmung der rechtlichen Begriffe die Darstellung des inneren Zusammenhangs der Rechssätze und die Darstellung des systematischen Zusammenhangs der Rechtslehren.

38 Feuerbach, S. 55 f.

39 Feuerbach, S. 59.

40 Feuerbach, S. 64 ff.

des Vernunftrechts[41]. Feuerbach versucht, das aufklärerische Vernunftrecht in der Jurisprudenz zu bewahren, um den Preis, daß es sich als lediglich formelle Bearbeitung des positiven Rechts darstellt.

Damit ist einer der wesentlichen Verwendungszwecke der Berufung auf den formellen Charakter der juristischen Arbeit bezeichnet: Gesagt wird Form, gemeint aber werden doch bestimmte Inhalte. Dieses Verfahren führte nach Feuerbach dann die Begriffsjurisprudenz zur Blüte; sie meinte freilich nicht mehr die vernunftrechtlichen Inhalte, auf die es Feuerbach ankam[42].

Einen Bedeutungsumschlag erfährt die Berufung auf den formellen Charakter allen Rechts bei dem spätesten Verteidiger des begriffsjuristischen Formalismus, bei Kelsen[43]. Erschien die Vorgabe, bei der Bearbeitung des Rechtsstoffs handele es sich bloß um die Handhabung formaler (und nicht inhaltlicher) Kategorien, nicht mehr glaubwürdig, so waren der Jurisprudenz zwei Wege eröffnet. Entweder sie gab zu, daß die juristische Problembehandlung sich nicht im Formalen erschöpfe (diesen Weg ging die Interessenjurisprudenz) oder sie zog sich tatsächlich aufs Formale zurück; das war der Weg der Kelsenschen Rechtstheorie, die sich konsequent von der praktischen Jurisprudenz entfernte und als Gegenstand der wahren — und allein autonomen — „Rechtswissenschaft“ die ewigen Rechtsformen ansah.

Der Vergleich der Positionen Feuerbachs und Kelsens zeigt die beiden Grundmöglichkeiten des Argumentierens mit dem Form-Gesichtspunkt. Entweder meint man mit Form letztendlich doch Inhalt, hat also die Einkleidung ins Formelle nur gewählt, um die inhaltliche (gleich politische) Auseinandersetzung zu vermeiden und zu unterlaufen; oder man sagt nicht nur, sondern meint auch wirklich Form, dann entfernt man sich von dem anfangs erstrebten Ziel: Die Autonomie der juristischen Problembearbeitung sollte neu begründet werden; begründet wird nun aber lediglich ein autonomer Umgang mit Begriffen, die für die juristische Problembearbeitung überhaupt keine Bedeutung haben. Die Welt der leeren Begriffshülsen wird zum Gegenstand einer wirklich „reinen“ (weil ganz formalen) Rechtslehre.

Ist erst einmal Form und Inhalt auseinandergerissen, so hat die praktische Jurisprudenz keinen Ort mehr. Das Form-Argument, ernst genommen, leugnet gerade die Autonomie der praktischen Rechtsarbeit, die sich ja nicht auf die Betrachtung der reinen Rechtsformen beschränken kann. Die Lehre von den Rechtsinhalten aber verselbständigt sich

---

41 Feuerbach, S. 51 f.

42 Feuerbach, S. 25 f.: „Jedes Positivgesetz ... soll freilich kein anderes Princip seines Daseyns haben als das Princip der Rechte, welches da war durch Vernunft, ehe noch Staaten wurden.“

43 Vgl. oben S. 128 f.

dann zur „Wissenschaft von den das Recht gestaltenden Kräften“[44], ist also nicht mehr Rechtslehre, sondern greift hinter sie zurück: auf Soziologie, Volkswirtschaft und Politik. Der von der Rechtsform emanzipierte Rechtsinhalt fällt nicht mehr in die Zuständigkeit des Juristen, sondern in die des Wirtschaftlers, Politikers, Technikers.

3. Dezision

Für die Juristen, die doch immer noch in der durch den strikten Methodenbegriff geprägten Tradition formaler Rationalität stehen, verbindet sich mit der nun auf sie zukommenden Anforderung materialer Rationalität ein Gefühl der Angst. Es ist die Angst vor einer Auflösung des Rechts *in Politik, in Diskurs*[45]. Was liegt näher, als das dezisionistische Element des Rechts gegen den Diskurs, gegen materiale Rationalität auszuspielen? So wird die Ansicht vertreten, das Recht sei letztlich nicht inhaltliche Vernunft, sondern Entscheidung — des Gesetzgebers oder des Richters[46]. Spielt man auf diese Weise die Entscheidung gegen die Vernunft aus, so bedeutet das den Versuch, traditionelle juristische Autonomie durch die Preisgabe ihrer Basis, des Wahrheitsanspruchs von Recht, zu retten.

Je weniger im Zuge der Auflösung bisheriger kultureller Selbstverständlichkeiten gemeinsame Überzeugungen eine fraglose Substanz der Rechtsbildung darstellen können, um so stärker muß der Geltungsanspruch des Rechts hervortreten. Die Dezision, durch Gesetzgeber oder Richter, beruht dann tendenziell nicht mehr auf der Erfahrung von Konsens, sondern auf der Notwendigkeit, den Dissens verbindlich zu beenden. Nicht zufällig entstammt das reinste Modell dezisionistischen Rechtsdenkens aus dem Zeitalter der religiösen Bürgerkriege: „auctoritas, non veritas facit legem“ — der Kernsatz des absolutistischen Vernunftrechts. Das parlamentarische Vernunftrecht hatte gegenüber

---

[44] Lorenz von Steins Versuch, die Jurisprudenz selbst als „Wissenschaft von den das Recht gestaltenden Kräften“ zu begreifen (Gegenwart und Zukunft der Rechts- und Staatswissenschaft, 1876, S. VII), unterlag dem Labandschen Formalismus; s. oben S. 101 Fn. 19.

[45] S. oben S. 169 ff.

[46] Der bedeutendste Vertreter des Dezisionismus ist Carl Schmitt (s. etwa: Der Leviathan in der Staatslehre des Thomas Hobbes, 1938, passim). Zu C. Schmitt s. Peter Schneider, Ausnahmezustand und Norm, 1957; Fijalkowski, Die Wendung zum Führerstaat, 1958; Hasso Hofmann, Legitimität und Legalität, 1964; Mathias Schmitz, Die Freund-Feind-Theorie Carl Schmitts, 1965; Rumpf, Carl Schmitt und Thomas Hobbes, 1972. Zu den Nachwirkungen Schmitts im heutigen Rechtsdenken vgl. E. Kaufmanns Kritik: Carl Schmitt und seine Schule, in: ders., Rechtsidee und Recht, Gesammelte Schriften Bd. 3, 1960, S. 375 ff. — Ein dezisionistischer Ansatz liegt auch der Warnung von Quaritsch vor den Gefahren materialer Rationalität zugrunde: Staat und Souveränität, 1970, S. 119; vgl. auch ebenda S. 341. Zu Quaritsch vgl. auch oben S. 37 Fn. 21.

diesem schroffen Entscheidungsdenken den Versuch einer Vermittlung von Entscheidung und Vernunft unternommen. Wenn man es in heutigen Begriffen ausdrücken will: Die Entscheidung steht nicht im Gegensatz zum kritischen Diskurs, sondern sie ist sein Ergebnis. Sie beendet den Diskurs nicht, sondern sie ist dessen Zwischenbilanz; der Diskurs wird auf dem neuen Niveau der Entscheidung fortgesetzt. Die Notwendigkeit der Entscheidung wird keineswegs in Frage gestellt; die Vernunft der Entscheidung wird aber nicht nur darin gesehen, daß entschieden wird, sondern auch, wie entschieden wird[47].

Wer hiernach die Entscheidung in einen Gegensatz zum kritischen Diskurs zu setzen versucht und von der Entscheidung her eine Grenze ideologiekritischer Betrachtung des Rechts konstituieren will, kann gar nicht die Notwendigkeit der Entscheidung meinen — denn die wird nicht bezweifelt. Er zielt vielmehr ab auf die Notwendigkeit einer bestimmten Begründung der Entscheidung, die diese nämlich in ihrer handlungsanweisenden Kraft und in ihrer Geltung nicht relativiert. Man erkennt an: die Entscheidung bedarf der Begründung. Selbst ein Dezisionismus, der die Rechtssätze als Ausfluß reiner Willkür ohne Möglichkeit sachlicher Rechtfertigung denkt, sieht sich gezwungen, diese Rechtssätze nach außen hin zu legitimieren; das Vorhandensein einer Begründung ist Geltungsbedingung der Entscheidung geworden. Aber gleichzeitig soll diese Begründung die Entscheidung nicht zu überprüfen gestatten; es ist jedoch gerade das Wesen der Begründung, daß man an ihr die Entscheidung messen kann. Es wird nach einer Begründung gesucht, die die Geltung der von ihr begründeten Entscheidung nicht zum Problem macht, sondern in jedem Fall ihren Geltungsanspruch stützt. Der rationale Diskurs befriedigt das Bedürfnis nach solchen absoluten Begründungen nicht; er liefert nur vorläufige Begründungen, die dazu bestimmt sind, durch bessere widerlegt zu werden. Da der Dezisionist diesen mühsamen Weg sachlicher Rechtfertigung verschmäht, rekurriert er notwendigerweise auf nicht überprüfbare, und damit den Geltungsanspruch der Entscheidung in jedem Fall legitimierende, metaphysische Begründungen. Das Ausspielen der Rechtsgeltung gegen die angeblich auflösende Wirkung sachlicher Argumentation endet so in einer schlechten Rechtsmetaphysik. Beispielhaft ist hierfür der Weg Carl Schmitts vom Entscheidungsdenken zum konkreten Ordnungsdenken, zu einer nationalsozialistischen Rechtstheorie, die die innere Struktur der befohlenen Ordnungen als überpersönliche Vorgegebenheiten verherrlichte[48]. Der Theoretiker der Entscheidung

[47] S. hierzu Kriele, Theorie der Rechtsgewinnung, S. 191 ff.: „Reflexion und Dezision". — „Gefahren" materialer Rationalität, von denen Quaritsch, a. a. O. spricht, bestehen nur dort, wo angebliche Vernunftmaßstäbe absolut gesetzt werden; dann aber ist die Ebene materialer Rationalität bereits verlassen (s. oben S. 175 ff).

wurde als Kronjurist des politischen Irrationalismus zu dessen Büttel[49]. Nach dieser historischen Erfahrung wird man fragen müssen: Welcher Art Rechtssätze sperren sich gegen die diskursive Einlösung ihres Geltungsanspruches? Die Vermutung liegt nahe, daß es diejenigen sind, die sich in der Tat sachlich nicht rechtfertigen lassen.

4. Die Übergeschichtlichkeit der eigentlichen Rechtssubstanz

Als naheliegendes Denkmodell zur Bewältigung von Geschichtlichkeit und damit auch von Ideologiekritik bietet sich die Aufspaltung der Realität in das wahrhafte, unbewegte Sein einerseits und andererseits die Welt der wechselnden Erscheinungen an[50]. Die Geschichtlichkeit des Rechts, der Wandel der Rechtsvorstellungen können mit Hilfe dieses Modells als Epiphänomene abgetan werden, die das eigentliche, wahre, unwandelbare Wesen des Rechts nicht betreffen.

Dieses Denkmuster lag zunächst den Wiederbelebungsversuchen des Naturrechts[51] nach den Erfahrungen des nationalsozialistischen Terrors zugrunde. Diese naturrechtlichen Impulse haben auf die allgemeine weltanschauliche und politische Grundhaltung der Nachkriegszeit sehr bestimmend eingewirkt. Sie bildeten den moralischen Hintergrund für die erneute Hinwendung zum westlichen politischen Denken und zum Verfassungsstaat der Neuzeit.

---

48 C. Schmitt, Über die drei Arten des rechtswissenschaftlichen Denkens, 1934, insbes. S. 63 f. Zur inneren Logik dieser Entwicklung s. Kriele, Die Herausforderung des Verfassungsstaates, Hobbes und englische Juristen, 1970, S. 99 FN 97.

49 Vgl.: Das Judentum in der Rechtswissenschaft, Bd. 1: Die deutsche Rechtswissenschaft im Kampf gegen den jüdischen Geist, Berlin 1936, Eröffnungs- und Schlußansprache von C. Schmitt, S. 14 ff., 28 ff.

S. 15: „Wir müssen den deutschen Geist von allen jüdischen Fälschungen befreien, Fälschungen des Begriffs Geist, die es ermöglicht haben, daß jüdische Emigranten den großartigen Kampf des Gauleiters Julius Streicher als etwas ‚Ungeistiges' bezeichnen konnten." S. 29: In seinem Schlußwort forderte Schmitt die „Säuberung der Bibliotheken" ... „Alle juristischen Schriften jüdischer Autoren gehören ... unterschiedslos in eine besondere Abteilung ‚Judaica'. Nach einer solchen Tagung ist es gar nicht mehr möglich, einen jüdischen Autor wie einen anderen Autor zu zitieren ... Ein jüdischer Autor ist für uns, wenn er überhaupt zitiert wird, ein jüdischer Autor. Die Beifügung des Wortes und der Bezeichnung ‚jüdisch' ist keine Äußerlichkeit, sondern etwas Wesentliches, weil wir ja nicht verhindern können, daß sich der jüdische Autor der deutschen Sprache bedient."

50 Die platonische Unterscheidung von τὸ ὄντως ὄν und τὰ φαινόμενα.

51 Nach der Erfahrung der nationalsozialistischen Zeit war das Bedürfnis nach festen Fundamenten für das erschütterte Rechtsdenken groß; groß war auch das Verdrängungsbedürfnis dieser Juristengeneration. Der Griff nach „ewigen Wahrheiten" im Recht war doppelt motiviert: Ein ungeschichtliches Naturrecht sollte das, was an Geschichte geschehen war, zudecken; zugleich war es aber auch die Moralität des Neubeginns, die sich in diesem Naturrecht formulierte. Eine vorzügliche Schilderung der Grundtendenzen des Rechtsdenkens in der Nachkriegszeit bei Kirn, Verfassungsumsturz oder Rechtskontinuität?, 1972.

Trotz der weitgehend christlich-scholastischen Färbung dieser Naturrechtsrenaissance konnte man doch in der säkularen Rechtstheorie nicht einfach auf metaphysisch-religiöse Ordnungsvorstellungen zurückgreifen[52]; man verarbeitete diese Impulse zumeist dahingehend, daß man versuchte, im Wechsel der Rechtserscheinungen überzeitliche Strukturen und sachgesetzliche Vorgegebenheiten des Rechts auszumachen und von hier aus die möglichen Inhalte eines positiven Rechts einzugrenzen[53]. Diese von der Jurisprudenz zu entwickelnde „Natur der Sache" bildet zugleich die Basis für eine Erneuerung des juristischen Autonomieanspruchs: Die Jurisprudenz hat wieder einen Maßstab für die Richtigkeit von Rechtsbildungen gewonnen und sieht sich nicht mehr der bloßen Positivität des Rechts ausgeliefert.

Mit der grundlegenden Gegenüberstellung vom wahren Wesen des Rechts (den wie immer formulierten naturrechtlichen Wahrheiten oder „Vorgegebenheiten") und der Welt der mannigfachen wechselnden Erscheinungen (dem positiven Recht) bleibt die Argumentation aus der „Natur der Sache" einer ungeschichtlichen Rechtsmetaphysik verhaftet. Das gilt auch, soweit die Vorgegebenheiten des Rechts dessen Geschichtlichkeit miteinbegreifen sollen, etwa als sich aus der jeweiligen geschichtlichen Situation ergebende „Natur der Sache"[54]; selbst in einem nur auf die konkreten Zeitumstände beschränkten Geltungsanspruch wird die geschichtliche Relativität des Rechts verkannt und die Pluralität möglicher Regelungen mit einem Trick aufgehoben. Soweit mit der Natur der Sache nicht die bloße empirische Beschaffenheit des Regelungsgegenstands gemeint ist, handelt es sich um eine Leerformel, die mit den verschiedensten rechtlichen Inhalten gefüllt werden kann[55]. So

[52] Die punktuellen Bezugnahmen auf das christlich-scholastische Naturrecht in der Rechtsprechung (siehe die Darstellung von Weinkauff, Der Naturrechtsgedanke in der Rechtsprechung des Bundesgerichtshofs, NJW 1960, S. 1689 ff.) blieben nicht ohne scharfe Kritik; vgl. Weischedel, Recht und Ethik, Zur Anwendung ethischer Prinzipien in der Rechtsprechung des Bundesgerichtshofs, 1956; Wieacker, Zum heutigen Stand der Naturrechtsdiskussion, 1965. Vgl. ferner die Darstellung der Problematik bei Welzel, Naturrecht und materiale Gerechtigkeit, 1. Aufl. 1951, 4. Aufl. 1962.

[53] Vgl. Maihofer (Hg.), Naturrecht oder Rechtspositivismus?, 1. Aufl. 1962; Arthur Kaufmann (Hg.), Die ontologische Begründung des Rechts, 1965 (insbesondere die Beiträge von Radbruch, Maihofer und Schambeck). Ferner Radbruch, Die Natur der Sache als juristische Denkform, 1948; Maihofer, Recht und Sein, 1954; Stratenwerth, Das rechtstheoretische Problem der Natur der Sache, 1957; Ballweg, Zu einer Lehre von der Natur der Sache, 2. Aufl. 1963; R. Dreier, Zum Begriff der „Natur der Sache", 1965.

[54] Vgl. die Einleitung von Arthur Kaufmann zu dem von ihm herausgegebenen Sammelband „Die ontologische Begründung des Rechts", 1965, S. 1.

[55] Auf diese Erkenntnis laufen auch die Überlegungen Ralf Dreiers hinaus. Dreier unterscheidet metaphysische und nicht-metaphysische Begriffe von der „Natur der Sache" (S. 83 ff., 125 ff.); aus erkenntnistheoretischen Gründen empfiehlt er den Verzicht auf die metaphysischen Begriffe, im Bereich der nicht-metaphysischen Begriffe fordert er statt der Berufung auf die General-

nützlich eine solche Formel für die juristische Argumentation sein kann (sie ist bequem bei der Hand und verdeckt das Fehlen einer Begründung), so wenig hält eine Berufung auf die Natur der Sache einer erkenntniskritischen Betrachtung stand. Die Natur der Sache als juristische Denkform grenzt nicht die möglichen Inhalte eines positiven Rechts ein, sondern ist selbst ein Mittel zur (judiziellen oder jurisprudenziellen) Positivierung beliebiger Rechtsinhalte.

Als Beispiel für eine solche säkulare Rechtsmetaphysik, mit der die Übergeschichtlichkeit der eigentlichen Rechtssubstanz begründet werden soll, sei auf Welzels Abhandlung „Naturrecht und materiale Gerechtigkeit" verwiesen[56]. Welzels Ausführungen verdienen in diesem Zusammenhang besondere Beachtung, weil gerade er die Geschichtlichkeit des Rechts gegenüber einem naiven Rückgriff auf naturrechtliches Denken betont hat — allerdings diese Erkenntnis selbst nicht durchgehalten hat.

Welzel stellt nach tiefgreifender Kritik am naturrechtlichen Denken die Frage, was denn der bleibende Ertrag der Naturrechtsdebatte sei. Er meint: zweierlei.

Zum einen: Mit der Sache Recht selbst sei immer schon mitgegeben ein „unbedingtes Verpflichtetsein", das nicht auf dem Zwang der überlegenen Macht beruhe, sondern „daseinstranszendentes Sollen" sei. „Gäbe es keine Transzendenz, d. h. wären das Verpflichtetsein und das daseinstranszendente Sollen nur die illusionäre Projektion psychologischer oder soziologischer Fakten, dann wäre der Mensch ohne jeden Rest mit Leib und Seele der überlegenen Macht ausgeliefert[57]." Ein solcher Satz mag heute, in saturierten Zeiten, als allzu emphatisch empfunden werden. Er ist noch unter dem unmittelbaren Eindruck der fürchterlichen Rechtsperversion des Nationalsozialismus geschrieben worden. Der Wunsch nach einer „daseinstranszendenten Verankerung" ist unter der Last dieser Erfahrung nur zu verständlich. Der noch so drängende Wunsch schafft aber noch nicht die Realität einer transzendenten Verankerung. Daran ändert auch nichts die Beschwörung der bitteren Folgen, wenn es eine solche Verankerung nicht gäbe. Gerade das nationalsozialistische Recht hat gezeigt, daß der Sollenscharakter des Rechts nicht vor der Pervertierung der Rechtsinhalte schützt.

Zum anderen sieht Welzel einen bleibenden Kern im Recht in den „ewigen Wahrheiten der sachlogischen Sphäre" begründet. Sie seien „das bleibende Objekt" der Rechtswissenschaft, „das sie von jeder gesetzgeberischen ‚Willkür' unabhängig stellt. Sie sind zwar kein geschlos-

klausel „Natur der Sache" die genaue Bezeichnung des Gemeinten (125 ff.). Vgl. ferner Denninger, Rechtsperson und Solidarität, 1967, S. 33 f.

[56] Welzel, Naturrecht und materiale Gerechtigkeit, 1. Aufl. 1951, 4. Aufl. 1962.

senes System, wie das Naturrecht meinte, sondern durchsetzen punktförmig den ganzen Rechtsstoff und geben ihm den bleibenden Halt innerhalb der nur im Hier und Jetzt zu treffenden Entscheidungen[58]."

Was ist mit diesen „ewigen Wahrheiten" gemeint? Es sind die der rechtlichen Regelung vorgegebenen „Seinssachverhalte"[59] als immanente Grenzen rechtlicher Ordnung. Nun kann Welzel natürlich wenig an der trivialen Einsicht liegen, keine Norm könne das physisch Unmögliche verlangen, etwa den Frauen gebieten, schon in sechs statt in neun Monaten lebensfähige Kinder zu gebären[60]. Was aber ist — über das physisch Unmögliche hinaus — als „Seinssachverhalt" zu bezeichnen, der als ewige Wahrheit der sachlogischen Sphäre die Rechtswissenschaft von aller gesetzgeberischen Willkür unabhängig stellt? — Welzel weckt hohe Erwartungen; die Enttäuschung bleibt nicht aus. Er nennt — den strafrechtlichen Handlungsbegriff: Der strafrechtliche Begriff der Handlung sei nicht nur als willensgetragenes menschliches Verhalten zu definieren, sondern umgreife auch das Moment der „Finalität", der zweckbewußten Steuerung[61].

Die Delikatesse auszukosten, die in der Heranziehung dieses Beispiels liegt, ist eigentlich dem Strafrechtler vorbehalten. Nur er übersieht so ganz den Streit um die „finale Handlungslehre", um die Zweckmäßigkeit des herkömmlichen strafrechtlichen Handlungsbegriffs — einen Streit, den Welzel, der entschiedene Vorkämpfer eines neueren, eben des „finalen Handlungsbegriffs", von vorneherein zu entkommen sucht, indem er die Finalität des Handelns zum Paradigma einer ontologischen Vorgegebenheit erhebt[62]. Das Wort von den ewigen Wahrheiten der sachlogischen Sphäre erweist seine praktische Verwendbarkeit nicht zufällig in einem bloßen Zweckmäßigkeitsproblem der Strafrechtsdogmatik[63] — mit anderen Worten: in einem typischen Positivierungsproblem.

Nun mag man über die ontologischen Vorgegebenheiten des strafrechtlichen Handlungsbegriffs denken, wie man will — angesichts des Anspruchs, der mit dem Begriff der sachlogischen Vorgegebenheiten verbunden ist: die daseinstranszendente Verankerung des Rechts, die Nichtverfügbarkeit des Rechts gegenüber dem politischen Machtwillen!

[57] Welzel, 4. Aufl. S. 237 f.

[58] Welzel, 1. Aufl. S. 198.

[59] Welzel, 4. Aufl. S. 243.

[60] Beispiel bei Welzel, 4. Aufl. S. 244.

[61] Welzel, 4. Aufl. S. 244.

[62] In derselben Weise von „ontologischen Vorgegebenheiten" aus für die finale Handlungslehre argumentierend, Welzel, Das neue Bild des Strafrechtssystems, 4. Aufl. 1961, S. X.

[63] Vgl. die insoweit klärende Kritik von Baumann, Strafrecht Allgemeiner Teil, 6. Aufl. 1974, S. 216 ff.

— angesichts dieses Anspruchs erweist sich das Beispiel des strafrechtlichen Handlungsbegriffs in jedem Fall als nichtig, belegt allenfalls, wie belanglos das möglicherweise „Unwandelbare“ im Recht ist.

Die These vom „unwandelbaren Kern“ des Rechts spiegelt die Tatsache, daß Handlungen von Menschen „zu so etwas wie einer eigenen Norm umschlagen und sich nun wie eine objektive Ordnung über ihnen verfestigen“[64]. Nur ist es vergeblich, verlorengegangene Selbstverständlichkeiten des mitmenschlichen Umgangs neu begründen zu wollen durch den Verweis auf solche objektiven, „natürlichen“ Ordnungen, die eben nur die Widerspiegelungen der selbstverständlichen Gewohnheiten sein können.

5. *Zusammenfassung*

Im Ergebnis bedeuten Versuche, die Autonomie der juristischen Problembehandlung gegenüber ideologiekritischen Auflösungstendenzen neu zu begründen, eine Flucht vor der Geschichtlichkeit des Rechts. Diese Grenzziehungsversuche verfallen demselben Fehler wie Ideologiekritik — oder sie fallen hinter diese zurück. In der „Als-Ob“ Argumentation, in der Auffassung vom „Recht als formaler Kategorie“, in der Verabsolutierung des dezisionistischen Elements verleugnet sich der Wahrheitsanspruch der Jurisprudenz; die Scherben der juristischen Tradition werden zu einem Häufchen kümmerlicher Fiktionen zusammengekehrt. Diese Versuche fanden unter den Juristen deshalb breite Gefolgschaft, weil sie gerade den Wert des positiven Rechts zu betonen schienen und den Juristen gegen alles ideologische Dreinreden zu schützen versprachen. In Wirklichkeit verfiel die Jurisprudenz damit genau derselben Abwertung materialer Rationalität, wie sie die ideologische Ideologiekritik propagiert hatte. Oder aber: Der Wahrheitsanspuch des Rechts zieht sich auf scheinbar unangreifbare Festungen zurück, mit der Behauptung eines unwandelbaren Kerns in allem Wechsel der Rechtserscheinungen. Dieser Weg zurück in die alte Rechtsmetaphysik hält zum einen einer erkenntniskritischen Überprüfung nicht stand. Der Versuch, einen Kernbestand ewiger Wahrheiten zu retten, bringt zum anderen inmitten eines stetig anschwellenden Stroms des rechtlichen Wandels die Gefahr mit sich, daß die Jurisprudenz in diesem Strom besinnungslos treibt und darauf verzichtet, die Bewegung des Stroms zu erfassen und — soweit in ihrem Verantwortungskreis möglich — zu lenken. Alle diese Varianten der Abwehr von

[64] Arnold Gehlen, Anthropologische Forschung, 1962, S. 71; Welzel kritisiert an dieser Erklärung für das Gefühl einer objektiven, vorgegebenen Ordnung, daß sie empirisch sei und nicht metaphysisch: Der daseinstranszendente Verpflichtungscharakter der Institutionen lasse sich nicht aus einem Sein ableiten, sondern sei ein ursprüngliches, konstitutives Element jeder (echten) Institution (Welzel, 4. Aufl. S. 244 FN 12).

Ideologiekritik stellen ein Zurückweichen vor dem dar, was man eigentlich aufhalten wollte, eine Preisgabe dessen, was man eigentlich bewahren wollte: die Preisgabe des Anspruchs, durch die fachjuristische Bearbeitung des Rechts werde Rechtsvernunft ermöglicht.

III. Ideologiekritik und Wahrheitsfähigkeit von Normen

In ihrer falschen Form stellen sowohl die Ideologiekritik des Rechts als auch der Autonomiegedanke Versuche dar, der Richtigkeitsdiskussion im Recht zu entkommen. In den ideologiekritischen Ansätzen sind aber — weitgehend unausgeschöpfte — Potentiale vorhanden, die es erlauben, die Frage nach der Wahrheit, nach der Rechtfertigungsmöglichkeit von Normen neu zu stellen. Daraus könnte sich dann auch ein zutreffendes Verständnis der Basis des juristischen Autonomieanspruchs ergeben: der Möglichkeit praktischer Vernunft im Recht.

1. Marxistische und positivistische Ansätze

a) Die Marxschen Thesen vom Überbaucharakter des Rechts, von seiner ideologischen Struktur als Klassenrecht, wie sie hauptsächlich historisch wirksam geworden sind, führten zu einer Leugnung praktischer Vernunft im Recht: über Wahrheit im Recht könne nicht verhandelt werden, solange nicht die ökonomische Basis verändert und die Klassengesellschaft, deren rechtlicher Widerschein immer nur ideologisch sein könne, abgeschafft sei. Alle Ideologiekritik des Rechts schien von daher auf die Notwendigkeit gesellschaftlich-ökonomischer Umwälzung zuzulaufen. In der Hitze des politischen Kampfes wurde die Ideologiekritik zum Schlaginstrument gegen die bestehenden Rechts- und Verfassungsverhältnisse benutzt; auf diese Weise gingen die Ansätze zur Scheidung der ideologischen Norm von den nichtideologischen, in denen sich nämlich ein allgemeines Interesse ausdrückt, verloren.

Dennoch war die Marxsche Rechtskritik in ihrer Zielrichtung auf ein Recht, das eben nicht nur partikulare Interessen, „Klasseninteressen" ausdrückt, gerade auf diese Unterscheidung zwischen ideologischen und nicht-ideologischen Normen angelegt[1]. Der Ausgangspunkt war der An-

---

[1] Vgl. hierzu W. Paul, Marxistische Rechtstheorie als Kritik des Rechts, 1974, insbes. S. 85 ff.; ferner die in FN 12 S. 178 Genannten. Damit soll nicht die kritische Intention des Marxschen Rechtsdenkens als seine „eigentliche", „wahre" Intention bezeichnet werden; damit würde man nur die innere Zwiespältigkeit dieses Rechtsdenkens — einerseits Ideologiekritik, andererseits Ideologisierung — verdecken. Es genügt festzustellen, daß das Marxsche Rechtsdenken die hier bezeichnete Komponente enthält. Demgegenüber die „Einheit" des Marxschen Rechtsdenkens betonend Baratta, Recht und Gerechtigkeit bei Marx, in: Karl Marx im Kreuzverhör der Wissenschaften, Hg. Büsser, 1974, S. 93.

spruch des Rechts, vernünftig und allgemeingültig zu sein; sein Einwand: es sei nur Klassenvernunft und spiegele durch die abstrakte Formulierung der Rechtssätze ein allgemeines Interesse der Mitglieder der Gesellschaft nur vor. Marx's Kritik an dem bloßen Schein vernünftiger Allgemeinheit des Rechts konfrontiert das Recht mit seinem eigenen Anspruch, eine gerechte Ordnung menschlicher Verhältnisse herzustellen und ihren Bestand zu garantieren. Seine Kritik richtet sich gegen die Annahme, die Einlösung dieses Anspruchs lasse sich normimmanent diskutieren, ohne also die Frage nach den realen Verwirklichungsbedingungen und -hemmnissen aufzuwerfen. Mit dieser Kritik ist erst die Wahrheitsfrage im Recht in voller Schärfe gestellt und hat die Dimensionen der Sozialgestaltung, auf die die Aufklärung gezielt hatte, überhaupt erst gewonnen. Damit hat sich das Recht endgültig aus metaphysischen Anschauungen gelöst; die Wahrheitsfrage ist sozusagen vom Himmel auf die Erde heruntergeholt und praktisch geworden. Marx's Kritik ist eine Kritik des abstrakten Rechts; nicht die Gerechtigkeitspostulate, die solches abstrakte Recht enthält, sind ideologisch, sondern die Abstraktionen von den gesellschaftlichen Verhältnissen, ohne deren Berücksichtigung das abstrakte Recht zum Zynismus wird. Solchen Zynismus hat Brecht in seinem „Kommentar zur Weimarer Verfassung" so ausgedrückt[2]:

„Ja, wenn wir eine Wohnung hätten, wäre unsere Wohnung unverletztlich. Da wir leider keine Wohnung haben, sind wir leider auch verletztlich."

Bei näherem Hinsehen zeigt sich also, daß die Marxsche Rechtskritik Möglichkeiten enthält, den Wahrheitsanspruch des Rechts durchaus ernst zu nehmen. Diese Ansätze zwingen dazu, sich auf Gründe einzulassen, sich auf konkrete Kritik von Normen zu besinnen, um die historische Vernunft von der historischen Unvernunft zu scheiden[3]. Daß diese kritischen, aufklärerischen Anstöße lange nicht in der Weise wirksam geworden sind wie die Ansätze zu einer szientistisch sich gebärdenden Ideologie, mindert nicht ihre Bedeutung in der Tradition der Kritik des abstrakten Rechtsdenkens.

b) Welche Möglichkeiten bestehen, von einer positivistischen Ideologiekritik des Rechts aus die Frage der Wahrheitsfähigkeit von Normen neu zu stellen? Geht man von den historischen Grundsätzen des Positi-

---

[2] Brecht, Drei Paragraphen der Weimarer Verfassung, § 115, Gesammelte Werke Bd. IV, 1967, S. 380. Bekannt ist auch eine ähnliche Kritik des abstrakten Rechtsdenkens, die sich bei Anatol France findet: Die majestätische Gleichheit des Gesetzes verbietet es Armen und Reichen, unter den Brücken zu schlafen, auf den Straßen zu betteln und Brot zu stehlen (le Lys rouge).

[3] Die Trennungslinie zwischen ideologischem und kritischem Rechtsdenken wird innerhalb der marxistischen Diskussion durch die Frage nach einem Automatismus von Vernunft und Revolution gezogen; nur wer nicht an solchen Automatismus glaubt, sieht sich gezwungen, sich auf konkrete Gründe einzulassen.

vismus aus: „Werte sind nicht begründungsfähig; praktische Urteile sind nicht möglich; aus dem Sein kann kein Sollen abgeleitet werden“, so scheint ein solcher Wertirrationalismus keinen Ansatz zur Neuformulierung der Wahrheitsfrage zu bieten[4]. Dieser Schein indessen trügt.

Bereits Max Weber, der den prinzipiellen Wertirrationalismus in die anschauliche Formel vom „ewigen Götterkampf der unversöhnlichen Werte“ gekleidet hat[5], räumte folgende Möglichkeit eines rationalen Umgangs mit Normen und Werten ein[6]:

— Die divergierenden Wertungen könnten auf ihre letzten Wertaxiome zurückgeführt werden.

— Es könne die Widersprüchlichkeit oder die Widerspruchslosigkeit der Wertvorstellungen festgestellt werden.

— Es könnten die Konsequenzen aufgezeigt werden, falls bestimmten Wertvorstellungen gefolgt werde; ebenso lasse sich die Tauglichkeit vorgeschlagener Mittel zur Ereichung eines als „Wert“ vorgegebenen Zwecks überprüfen.

Bereits diese einschränkenden Explikationen machen deutlich, daß der Wertirrationalismus der positivistisch-empirischen Tradition häufig allzu abstrakt interpretiert worden ist; übersehen wurde der dieser Negation der Wahrheitsfähigkeit von Werten entsprechende positive Grundzug: der Gedanke empirischer Erhellung. Wie sich auch in Max Webers Ausführungen beispielhaft abzeichnet, ist in der empiristischen Denktradition eigentlich nie bezweifelt worden, daß die Wertsetzungen von den in ihnen mitgedachten empirischen Annahmen her rationaler Überprüfung zugänglich seien[7]. Diese Ansätze lassen sich etwa so zusammenfassen: Die Wertsetzung, die Norm, die juristische Einzelfall-Entscheidung beruhen immer auf empirischen Annahmen, *auf Erklärungen vergangener und Prognosen künftiger Ereignisse* und insoweit sind sie rational überprüfbar. D. h.: Rechtssätze (als Wertsetzungen) mögen sich nicht allein durch empirisch nachprüfbare Gründe rechtfertigen lassen, aber sie haben doch solche Gründe. Wer einen Rechtssatz vorschlägt, hat eine bestimmte tatsächliche Situation im Auge, die er als änderungsbedürftig oder aber als perpetuierungsbedürftig wertet. Der Rechtssatz stellt sich als Mittel zu einem Zweck dar, nämlich

[4] S. oben S. 181. Vgl. noch neuestens Ota Weinberger, Studien zur Normenlogik und Rechtsinformatik, 1974, S. 11: „Aussagesätze sind Sätze, die sinnvoll als wahr oder unwahr (falsch) bezeichnet werden können. Normsätze haben diese Eigenschaft nicht.“

[5] Max Weber, Gesammelte Aufsätze zur Wissenschaftslehre, 2. Aufl. 1951, S. 589.

[6] Weber, S. 496 f.; vgl. auch Arnold Brecht, Politische Theorie, 1961, S. 275.

[7] Vgl. Hans Albert, Traktat über kritische Vernunft, 2. Aufl., 1969, S. 55 ff.; Konstruktion und Kritik, 1972, S. 172 ff.

zur Beibehaltung oder Änderung bestimmter gesellschaftlicher Zustände. Daraus ergeben sich zumindest zwei empirisch zu beantwortende Fragen: Welche Situation sollte durch diese Norm geändert oder bebehalten werden; in welchem Sinne sollte eine Änderung erfolgen? Ist das vorgeschlagene Mittel tauglich, diesen Zweck zu erreichen; m. a. W. was sind die voraussichtlichen Folgen?

Nicht zufällig sind mit der sozialen Zweckbestimmtheit des Rechtssatzes und der Folgendiskussion die Hauptthemen der neueren juristischen Auslegungstheorie benannt — nämlich seit der Hinwendung zu einem rationalen Rechtsverständnis, das das Recht nicht mehr als etwas Heiliges, Bleibendes, sondern als Ergebnis sozialer Kräfte interpretiert und den instrumentalen Charakter des Rechts betont; eine Wendung, die für die deutsche Tradition bei Jherings „Zweck im Recht" anzusetzen ist[8].

Die Frage, welche Situation geändert werden oder beibehalten werden sollte, ist der Kern der juristischen Argumentation aus dem „Normzweck", seit die Interessenjurisprudenz das Jheringsche Programm für die juristische Praxis der Rechtsgewinnung ausgeführt hat. Für die Auslegung kommt es hiernach auf die Beantwortung der Frage an, welche Interessen der Gesetzgeber vorgefunden habe, welchen der konfligierten Interessen er den Vorzug gegeben habe und gegebenenfalls inwiefern sich die Interessenlage seit Erlaß des Gesetzes verändert habe[9]. Mag auch die positivistische Erkenntniskritik den größten Wert darauf legen, daß solche tatsächlichen Feststellungen die Norm selbst nicht begründen, so stimmt sie doch mit der juristischen Auffassung überein, daß solche Erwägungen zu einer rationalen Erhellung von Normen führen könne.

Der zweite Fragenkomplex, bei dem rationale Antworten auf Wertungsfragen möglich sein sollen, ist die Berücksichtigung der Entscheidungsfolgen; dieser Komplex wurde zwar in der traditionellen Jurisprudenz immer schon im Prozeß der Normgewinnung implizit zumindest mitbedacht, hat aber erst in neuerer Zeit ausdrückliche Beachtung gefunden[10]. In dem Maße, als man entgegen der traditionellen juristischen Methodenlehre die Unmöglichkeit erkannte, formale Kriterien für die Auswahl unter mehreren Lösungsmöglichkeiten eines Rechtsproblems anzugeben, wurde ein Rückgriff auf die sozialen Wirkungen der jeweiligen Auslegungsmöglichkeiten unumgänglich.

Mit diesen beiden Fragen, der Frage nach dem sozialen Zweck von Normen und der Frage nach ihren voraussichtlichen Folgen, sind somit

---

[8] Zur Unhaltbarkeit der gegen diese Folgenorientierung von Luhmann vorgetragenen Bedenken siehe oben S. 186 ff.

[9] Siehe oben S. 115 ff., 119 ff.

[10] Siehe oben S. 115 ff., 170 f.

Bereiche eröffnet, in denen rationale Diskussion auch nach positivistischer Ansicht in jedem Falle möglich ist. Insofern wird also erheblich die positivistische Ausgangsthese modifiziert, Normen seien nicht wahrheitsfähig.

Mit der Interpretation des Rechtssatzes von seinem sozialen Zweck her und mit der Folgenabwägung hat die Jurisprudenz sei Jhering zumindest die Ansätze eines Instrumentarismus geschaffen, mit dem die empirischen Bezüge der Rechtssätze und ihrer Anwendung erfaßt werden können. Daß diese empirischen Bezüge in der juristischen Argumentation häufig in formelhafter Verkürzung vorkommen (etwa in der Argumentationsfigur „Sinn und Zweck der Norm"), ist allerdings nicht zu verkennen. In der Konfrontation mit dem empirischen Sinnkriterium wird die Jurisprudenz daran erinnert, wie weit der Abstand zwischen einer die empirischen Bezüge des Rechts einbegreifenden Auslegungs- und Rechtsgewinnungstheorie und der gegenwärtigen Rechtspraxis ist. Die Jurisprudenz muß sich daran erinnern lassen, daß die Notwendigkeit des Wertens keine Legitimation abgibt für eine unklare Vermischung von empirischer Feststellung und Wertung. Dort, wo im Prozeß der Normgewinnung Bezug genommen werden kann auf empirisch nachprüfbare Tatsachen, sollten nicht „Werte" voreilig beschworen werden[11]. Die Wertung ersetzt nicht die Empirie, sondern setzt sie voraus. In der Rechtsgewinnung ist klar kenntlich zu machen, von welchen Tatsachenannahmen und Prognosen die Wertung ausgeht[12].

2. *Die Rationalität des „Meinens"*

Als Ergebnis ist festzuhalten: Schienen sowohl die marxistischen als auch die positivistischen Strömungen der Ideologiekritik zunächst durch eine pauschale Leugnung der Wahrheitsfähigkeit von Normen gekennzeichnet, so erweist sich bei eingehenderer Analyse, daß sie die Möglichkeit einer Vertiefung der Wahrheitsfrage enthalten, sie zumindest aber nicht ausschließen.

Eine gerade unter praktischen Juristen weit verbreitete Annahme geht dahin, der Streit der Meinungen über das Recht und über Rechtsverwirklichung im Einzelfall beruhten eher auf unterschiedlichen tatsächlichen Annahmen als auf unterschiedlichen Wertprämissen[13]. „Judi-

---

[11] Zur empirischen Seite des Werturteils aus juristischer Sicht s. Lüderssen, Erfahrung als Rechtsquelle, 1972, passim; vgl. ferner Rüssmann, Die Begründung von Werturteilen, JuS 1975, S. 352 ff., 355 ff. Zum Beitrag des kritischen Rationalismus vgl. auch P. Schwerdtner, Rechtswissenschaft und kritischer Rationalismus, Rechtstheorie 1971, S. 67 ff., 86 ff.; Schünemann, JuS 1976, S. 560 ff.

[12] Vgl. Kriele, Theorie der Rechtsgewinnung, S. 218 ff., 315 f.; Esser, Vorverständnis und Methodenwahl, S. 216 und öfter; vgl. ferner die in FN 46 S. 168 Genannten.

zieren ist Kennen von Tatsachen"[14]; d. h.: man muß die Tatsachen kennen, der Wertkonsens wird sich dann finden. Dem liegt der Optimismus zugrunde, in praktisch wichtigen Fragen bestehe ein breiter Wertkonsens[15]; der Streit um Recht sei also schon deswegen letztlich doch kein ewiger Götterkampf unversöhnlicher Werte.

So berechtigt dieser Optimismus sein mag: Die Wertungsproblematik bleibt dennoch bestehen. Denn wenn und soweit sich unterschiedliche Wertungen nicht in divergierende Tatsachenannahmen auflösen lassen oder wenn eine Wertung die nach dem augenblicklichen Wissensstand noch nicht mögliche Beantwortung dieser Tatsachenfragen ersetzen muß, dann stellt sich doch die Frage nach der Rationalität des Wertens selber.

Diese Frage nach der Rationalität des Wertens, nach der Wahrheitsfähigkeit des Rechts und der Möglichkeit der Normrechtfertigung, verweist auf das philosophische Kernproblem der Ideologiekritik: *Wie verhält sich die ideologiekritische Frage nach den Ursachen von Gründen zur Frage nach der Richtigkeit der Gründe,* also zur traditionellen Wahrheitsfrage? Wird nicht mit der „Wahrheit über die Wahrheit" der Horizont des Wahrheitsbegriffs überschritten?

In der Tat ist diese These vertreten worden: Soweit Ideologiekritik sich etwa noch als Unterscheidung von falschem und richtigem Bewußtsein verstehe, also Wahrheit intendiere, erliege sie einem Selbstmißverständnis. Mit der Infragestellung aller feststehenden Maßstäbe, die jemals für die Beurteilung von wahr und falsch gelten konnten (— und diese Infragestellung geschieht unweigerlich in der ideologiekritischen Frage nach den Ursachen von Gründen —), habe sich die Wahrheit in „Meinungen" aufgelöst. Indem sich die Ideologiekritik gegen falsches Bewußtsein wende und somit für „Wahrheit" optiere, verdecke sie vor sich selbst ihr eigenes Wirkungsgesetz, daß durch sie alles Ideologie geworden sei[16]. — Diese Ansicht setzt voraus, daß von Wahrheit nur in einem ganz bestimmten, nämlich *ontologischen* Sinne gesprochen werden kann. Wenn Wahrheit das Vorhandensein *feststehender Maßstäbe* voraussetzt, dann kann es in der Tat nach dem Fraglichwerden aller feststehenden Maßstäbe — d. h. eben nach der ideologiekritischen Frage nach den Gründen solcher Maßstäbe — keine Wahrheit mehr geben.

---

[13] Ganz in diesem Sinne etwa auch Gustav Schmoller, Artikel „Volkswirtschaft, Volkswirtschaftslehre und -methode", in: Handwörterbuch der Staatswissenschaften, 3. Aufl., 8. Bd., 1911, S. 494 f.

[14] Otto Bähr, Jherings Jahrbücher Bd. 23, 1885, S. 39 ff.

[15] Otto Bachof, Grundgesetz und Richtermacht, 1959, S. 40; zustimmend Maunz / Dürig / Herzog, GG, Art. 20 Rdnr. 73.

[16] Luhmann, Positives Recht und Ideologie, ARSP Bd. 53, 1967, S. 531 ff., 567 f.

Der hier unterstellte ontologische Wahrheitsbegriff sieht einen solchen festen Maßstab in der *Übereinstimmung des Denkens mit dem Gegenstand*[17]. Im Bereich der praktischen Philosophie, bei der Beurteilung moralischer, politischer und rechtlicher Fragen, muß dabei vorausgesetzt werden, daß es einen solchen Gegenstand überhaupt gebe: nämlich die Idee des Guten, des Gerechten. Der ontologische Wahrheitsbegriff ist daher im Bereich der praktischen Fragen immer ein metaphysischer Wahrheitsbegriff.

Die Geschichte dieses ontologischen Wahrheitsbegriffs seit der Scholastik ist — zumindest im Bereich der Ethik und des Rechts — die Geschichte seiner Auflösung. Schon der mittelalterliche Nominalismus — die oppositionelle Gegenströmung zur idealistischen, metaphysischen Scholastik — bestritt die Prämisse dieses Wahrheitsbegriffs: daß den abstrakten Begriffen eigene Realität zukomme; die nomina seien lediglich konventionelle Benennungen. In der Tradition dieses Nominalismus steht im Grunde die gesamte Ideologiekritik. Dieser nominalistische Ansatz bedeutet für den Wahrheitsbegriff: Die Möglichkeit von Wahrheit hängt nicht von einer Diktatur vorgegebener feststehender Maßstäbe ab, sondern lebt aus der Möglichkeit gemeinsamer Entwicklung von Maßstäben[18]. Das aber heißt nichts anderes als: Wahrheit wird gemacht, nicht gefunden: „Verum est ipsum factum[19].“ Dieser Satz findet übrigens *im Recht* seine unmittelbare Entsprechung: Der Maßstab für das, was rechtens ist, wird gemacht, nicht gefunden. „Justum est ipsum factum“ — *der Positivierungsgedanke*[20].

Der Satz „Verum est ipsum factum“ ist zum einen die Basis für das ideologiekritische Infragestellen von „Wahrheit“ (— wenn Wahrheit „gemacht“ wird, gibt es keine —); es ist zum anderen aber auch der Ausgangspunkt für alle Bemühungen um die Entwicklung von Wahrheitskriterien, wie sie bis zur heutigen Ethik-Diskussion anzutreffen sind. Auf diese Bemühungen und ihre Bedeutung für die Jurisprudenz wird im folgenden einzugehen sein.

„Wahrheit wird nicht vorgefunden, sondern kommt zustande durch die Übereinstimmung der Denkenden“ — das ist die schroffe Ausprägung einer *konsensualen* Theorie der Wahrheit[21]. Der jeweilige Kon-

---

17 Zur adaequatio rei et intellectus als Wahrheitskriterium s. die umfangreichen Nachweise bei Eisler, Wörterbuch der philosophischen Begriffe, 4. Aufl. 1930, Bd. 3, S. 450 ff., Art. „Wahrheit“.

18 Vgl. schon Hobbes: verum esse per consensionem circa rerum appellationes, De Corpore, cap. 25.1.

19 Vico, De antiquissima Italorum sapientia ex linguae latinae originibus eruenda, Opera Latina, tom. I, 1835, p. 47 ff., 52 f.

20 Zum Zusammenhang zwischen Nominalismus und Positivierungsgedanken s. Wieacker, Diskussionsbemerkung, in: Positivismus im 19. Jahrhundert, Hg. Blühdorn und Ritter, 1971, S. 31; ferner Steinmüller, ebenda, S. 113.

sens erweist sich aber als der Irrtum von morgen. (War man sich nicht zu gewissen Zeiten einig über den Sinn der Hexenprozesse?) Führt also der konsensuale Wahrheitsbegriff nicht doch zu einer Auflösung der „Wahrheit“ in Ideologien?

Die Schwierigkeiten einer konsensualen Theorie der Wahrheit kommen sehr deutlich in einer Bemerkung Lichtenbergs zum Ausdruck[22]. Er setzt an: „Sätze, worüber alle Menschen übereinkommen, sind wahr; sind sie nicht wahr, so haben wir keine Wahrheit.“ Und zieht die Konsequenz: „Aberglaube selbst ist Lokalphilosophie“, d. h. Lokalwahrheit. Da der Aberglaube einmal Konsens gefunden hat, ist er (oder war er) wahr.

Will man nicht auf diese Weise die konsensuale Wahrheitstheorie ad absurdum führen, so muß man unter „Konsens“ als Wahrheitskriterium einen *gereinigten Konsens* verstehen. Der Konsens darf keine „besondere Philosophie“[23], keine Lokalphilosophie sein, er muß von seiner zeitlichen und örtlichen Beschränktheit befreit werden; in ihn gehen die Meinungen aller Menschen ein, aber notwendigerweise nicht in ihrer empirischen Gegensätzlichkeit, in der sie sich gegenseitig aufheben würden, vielmehr die Meinungen mit einem hypothetischen Inhalt: auf der Höhe des Wissens der Kundigen, unverfälscht von Irrtum, Interesse und Zwang. Einen solchen Entwurf eines gereinigten Konsenses hat in jüngster Zeit noch Habermas versucht[24]:

> „Ich nehme, um wahre von falschen Aussagen zu unterscheiden, auf die Beurteilung anderer Bezug, — und zwar auf das Urteil aller anderen, mit denen ich je ein Gespräch aufnehmen könnte (wobei ich kontra-faktisch alle die Gesprächspartner einschließe, die ich finden könnte, wenn meine Lebensgeschichte mit der Geschichte der Menschenwelt coextensiv wäre). Die Bedingung für die Wahrheit von Aussagen ist die potentielle Zustimmung aller anderen.“

Wird damit nicht die konsensuale Theorie der Wahrheit in Wirklichkeit zu einer Theorie der Unmöglichkeit von Wahrheit (nämlich einer Wahrheit am St. Nimmerleins-Tag)? Wie viele Sätze können nach dem so verstandenen Konsenserfordernis wahr genannt werden[25]? Anderer-

---

21 Die sich im Ansatz bereits bei Aristoteles findet (Nikomachische Ethik 1172 b 36 f.): ἃ γὰρ πᾶσι δοκεῖ, ταῦτ' εἶναί φαμεν.

22 Lichtenberg, Schriften und Briefe, 1. Bd. Sudelbücher, 1968, S. 39.

23 Ebd.

24 Habermas, Vorbereitende Bemerkungen zu einer Theorie der kommunikativen Kompetenz, in: Habermas / Luhmann, Theorie der Gesellschaft oder Sozialtechnologie, 1971, S. 124. Hier zeigt sich eine deutliche Verwandtschaft zum „consensus universalis“, wie ihn Herbert of Cherbury (De veritate) formulierte.

25 Am Konsenserfordernis könnte man nur festhalten, wenn „die Willkür des Zufalls, der die moralischen Anschauungen unter den Menschen säte, wenigstens eine getroffen hätte, die allgemeingültig wäre; der Scherz aber ist, daß sich die Menschen aus Laune so gründlich unterschieden haben, daß es keine gibt“. Pascal, Pensées, Nr. 294.

seits stellt sich die Frage, ob nicht das Erfordernis auch des gereinigten Konsenses doch wieder auf die bloße Subjektivität des gegenwärtigen Meinens verweist. Und schließlich: Hebt sich eine Theorie des hypothetischen Konsenses nicht selbst auf, weil die Konsens-Theorie doch in ihrem Ausgangspunkt immer nur die wirkliche, d. h. empirische Übereinstimmung zwischen Menschen meinte und meinen konnte?

Dieser Zwiespalt zwischen wirklichem und hypothetischem Konsens ist unüberbrückbar und dies läßt den Konsens als Wahrheitskriterium fragwürdig erscheinen. Der empirische Konsens ist in seiner vielfältigen Beschränktheit kein taugliches Wahrheitskriterium; das Kriterium des hypothetischen Konsenses eröffnet nur die spekulative Möglichkeit von Wahrheit, liefert aber keine Wahrheit.

Daß das Kriterium des Konsenses jedenfalls kein praktikables Instrument im Bereich der Rechtsgewinnung bilden kann, ist offenbar. Dieser Bereich ist durch fehlende Einhelligkeit der Auffassung geradezu definiert (schon die Tatsache, daß es zum Prozeß kommt, begründet eine Vermutung gegen die Annahme der Einhelligkeit); eine solche Einhelligkeit setzt das Konsenskriterium hingegen voraus.

Sehr viel näher als das Konsenskriterium steht dem juristischen Denken das *Evidenzkriterium*[26]; es unterliegt indessen ähnlichen Einwänden wie das Konsenskriterium.

Die unmittelbare Einsichtigkeit mag ein Kennzeichen der Wahrheit sein; die Frage ist nur, wie man vom subjektiven Evidenzgefühl zu einer intersubjektiven Gewißheit gelangt, ohne in den Fehler zu verfallen, das subjektive Evidenzgefühl schon für objektive Evidenz zu nehmen[27]. Im Grunde ist das wiederum ein Problem des Konsenses.

Die Gefahren des Evidenzkriteriums treten deutlich zutage in seinem juristischen Gebrauch. Bei dem Versuch, das wertende Element der Rechtsgewinnung, das vom Subsumtionsmodell außer acht gelassen worden war, nicht dem Bereich des schlechthin Irrationalen zuzuschlagen, ging man zurück auf die Evidenz außergesetzlicher Beurteilungsmaßstäbe (allgemeine Rechtsgrundsätze, Standards, Maximen, „Guides“, „Adages“)[28]. Nun zeigt sich der mögliche Gerechtigkeitswert solcher

---

[26] Zur Evidenz als Wahrheitskriterium vgl. Halbfass und Held, Art.: Evidenz, in: Historisches Wörterbuch der Philosophie, Hg. Ritter, Bd. 2, 1972, Sp. 829 ff.; insbes. zur neueren Diskussion s. Frankena, Analytische Ethik, 2. Aufl., 1975, S. 124 ff.

[27] Grundlegend Schlick, Allgemeine Erkenntnislehre, 1918, S. 129 ff.

[28] Esser, Grundsatz und Norm in der richterlichen Fortbildung des Privatrechts, etwa S. 73 ff., 96 ff. und öfter; s. auch Stichwortverzeichnis insbes. unter „ethische Wahrheiten und präjuristische Prinzipien“; vgl. hierzu auch die Besprechung von Wieacker, Gesetzesrecht und richterliche Kunstregel, JZ 1957, S. 701 ff., 704.

Maximen (als Beispiel: caveat emptor, venire contra factum proprium) immer erst im konkreten Anwendungsergebnis. Von daher ist es verständlich, daß die Evidenz exemplifiziert wird anhand dieser konkreten, als gerecht empfundenen Ergebnisse (nur: die Richtigkeit dieser Ergebnisse sollte ja eigentlich dargetan werden; jetzt wird sie unterstellt). Damit verschiebt sich die Funktion des Evidenzbegriffs. Evidenz ist dann nicht mehr Kriterium zwischen richtiger und falscher Rechtsbildung, sondern Ausdruck eines subjektiven Evidenzgefühls angesichts eines bestimmten Ergebnisses. An die Stelle des Evidenzkriteriums tritt so ein Gerechtigkeitsintuitionismus[29].

Der Frage nach den Kriterien der juristischen Entscheidung kann man aber nicht durch den Hinweis auf die „vernünftigen Ergebnisse" der tatsächlichen Rechtspraxis entgehen. Der Hinweis, daß unsere Rechtspraxis — zumindest im großen und ganzen — „vernünftige Ergebnisse" zeitigt, bildet keine tragfähige theoretische Basis für die Rechtfertigung juristischer Normbildungen. Die Gerechtigkeitsevidenz juristischer Ergebnisse reicht nur bis zur nächsten Entscheidung, deren Vernünftigkeit, etwa von einer bestimmten politischen Grundhaltung aus, bezweifelt wird. Gerade weil man im Ergebnis nicht von vornherein einig ist, braucht man die juristische Entscheidung. Die Evidenz ist demnach aus ähnlichen Gründen wie der Konsens als Kriterium der Rationalität juristischer Entscheidungen unbrauchbar — es wird das vorausgesetzt, was zu beweisen wäre —.

Der dritte Anweg, sich der Wahrheit von Wertungen (und damit auch von Rechtssätzen) zu vergewissern, ist die *Philosophie der normalen Sprache*[30]. Sie fragt: was meinen wir eigentlich, wenn wir den Begriff „X" gebrauchen?

Das ursprüngliche Anliegen dieser Philosophie ist dies: Unser Denken soll von der Verhexung durch die sprachlichen Mittel befreit werden[31]. Es soll sich von dem lösen, was man — durch die Vermittlung der Sprache — gemeinhin denkt. Dieses „gemeine Denken", der Konsens, wie er sich im Sprachgebrauch äußert, wird als Gegenspieler des richtigen Denkens gesehen[32].

[29] Dahin zielt die Kritik von Simon, Die Unabhängigkeit des Richters, 1975, S. 140, an Esser. Vgl. ferner Ebsen, Gesetzesbindung und „Richtigkeit" der Entscheidung, 1974, S. 41.

[30] Eine präzise Übersicht bietet der Sammelband: Philosophie und normale Sprache, Hg. Eike von Savigny, 1969; ferner Stegmüller, Hauptströmungen der Gegenwartsphilosophie, 4. Aufl. 1969, S. 504 ff.

[31] Vgl. Wittgenstein, Philosophische Untersuchungen, 2. Aufl. 1967, S. 47 Nr. 109.

[32] Vgl. auch schon Lichtenberg: „Unsere falsche Philosophie ist der ganzen Sprache einverleibt; wir können sozusagen nicht raisonieren, ohne falsch zu raisonieren. Man bedenkt nicht, daß Sprechen, ohne Rücksicht auf was, eine Philosophie ist. Jeder, der deutsch spricht, ist ein Volksphilosoph, und

Dieser Ausgangspunkt erfährt einen Bedeutungswandel, wenn man mit dem Mittel der Sprachphilosophie einen Zugang zur Problematik der Rationalität von Werturteilen sucht. Wird etwa in diesem Zusammenhang die Frage aufgeworfen: Was meinen wir, wenn wir sagen, ein Verhalten sei gerecht? Welchen Kriterien folgt dieser Sprachgebrauch[33]? — so geht es darum, den im Sprachgebrauch manifestierten Konsens als Wahrheitskriterium zu benutzen. Über die Kriterien des Sprachgebrauchs von Gerechtigkeit sollen die Kriterien der Gerechtigkeit selbst ermittelt werden. Es handelt sich in diesem Fall um eine spezielle Ausprägung der Konsenstheorie der Wahrheit — eine spezielle Ausprägung, die gegenüber der allgemeinen Konsenstheorie den Vorteil bietet, daß der Konsens nicht durch aktuelle Zustimmung konstituiert wird und damit auch nicht willkürlich aufgekündigt werden kann; im Sprachgebrauch manifestiert sich ein dauerhafter Konsens. — Der Einwand gegen diesen Versuch ergibt sich aus dem Ausgangspunkt der Sprachphilosophie: *möglicherweise* zeigt sich in der Sprache ein vernünftiger Konsens — aber wer steht dafür ein, daß der übliche Sprachgebrauch nicht das Denken verhext? Damit sind wir wieder auf die Frage nach einem Kriterium für Vernunft zurückgeworfen — was freilich nicht den heuristischen Wert des sprachphilosophischen Ansatzes ausschließt, vielmehr nur die Grenzen seiner Verwendbarkeit zeigt.

Im Zusammenhang mit den ideologiekritischen Ansätzen wurde auf die empirischen Gehalte und Implikationen von Sollenssätzen verwiesen[34]; hier ist unstreitig eine rationale Diskussion möglich. Das Prolem der Rationalität des Wertens selber aber blieb davon zunächst unberührt; es stellt sich als Problem der *Folgenabwägung* oder besser der *Folgenbewertung*. Gerade weil die Folgenorientierung der juristischen Entscheidung unumgänglich ist, muß nach den Kriterien gefragt werden, welche Folgen zu bevorzugen sind.

Das Problem der Folgenorientierung und -bewertung steht im Mittelpunkt der utilitaristischen Theorie der Ethik[35]. „Der Utilitarismus macht die Richtigkeit einer Handlung zur Funktion der Qualität ihrer Folgen... damit setzt er die Möglichkeit voraus, den vergleichsweisen

---

unsere Universitätsphilosophie besteht in Einschränkungen von jener. Unsere ganze Philosophie ist Berichtigung des Sprachgebrauchs...“; Lichtenberg, Schriften und Briefe, 2. Bd. Sudelbücher II, 1971, S. 197.

[33] Vgl. Kriele, Kriterien der Gerechtigkeit, 1963; diese Untersuchung benutzt einen sprachphilosophischen Ansatz zur Entwicklung einer (diesen Ansatz weit übersteigenden) „Theorie des fundamentaleren Interesses“.

[34] Siehe oben S. 204 ff.

[35] Hierzu Frankena, Analytische Ethik, 2. Aufl. 1975; George E. Moore, Grundprobleme der Ethik, 1975; Hoerster, Utilitaristische Ethik und Verallgemeinerung, 1971.

Wert verschiedener Handlungskonsequenzen zu kalkulieren[36]." Hinsichtlich der Folgenbewertung stellen sich insbesondere drei Fragen.

Zum einen: Soll es darauf ankommen, ob eine Handlung im allgemeinen schlechte Folgen hat (Handlungsutilitarismus) oder ob die allgemeine Ausführung einer Handlung im allgemeinen schlechte Folgen hat (Regelutilitarismus)[37]?

— Diese Frage ist für das Recht leicht zu beantworten, und zwar zugunsten des Regelutilitarismus. Denn die Rechtsgewinnung steht unter dem kategorischen Imperativ: ‚Entscheide den Einzelfall so, daß die daraus abzuleitende Maxime zur allgemeinen Regel erstarken kann[38].'

Zum anderen: Für den Utilitarismus richtet sich die Bewertung der Folgen nach dem Maßstab der größtmöglichen Bedürfnisbefriedigung (des Nutzens) aller. Entscheidend ist also zunächst nur die Summe der Bedürfnisbefriedigung. Darin liegt folgende Schwierigkeit: „Die Sache ist aber, daß eine bestimmte Regel zwar die Summe des Guten in der Welt maximal vergrößern mag, aber trotzdem ungerecht sein kann in der Art, wie sie diese Summe verteilt, so daß eine weniger ergiebige Regel, die gerechter vorgeht, vorzuziehen ist[39]." Das Nützlichkeitsprinzip des Utilitarismus muß also durch ein Prinzip der Verteilung des Nutzens ergänzt werden[40]. Ein solches Verteilungsprinzip liegt dem bereits genannten kategorischen Imperativ der Rechtsgewinnung zugrunde: Die im Einzelfall zu entwickelnde Maxime muß auf alle gleichgelagerten Fälle Anwendung finden können; die Maxime muß verallgemeinerungsfähig sein, sie steht unter dem Gebot des *Gleichheitssatzes*[41].

Zum dritten ergibt sich das Problem der Bedürfniskonkurrenzen. Welche Bedürfnisse sind vorrangig vor anderen zu befriedigen? Dies ist offensichtlich die schwierigste Wertungsfrage. Der Gesichtspunkt des größtmöglichen Nutzens aller bietet hier nur eine Leerformel. — Für den Juristen stellt sich das Problem insofern verhältnismäßig einfach dar, als er vom historischen Regelungszweck einer auszulegenden Norm einen Maßstab dafür entwickeln kann, welche Folgen herbeigeführt und welche vermieden werden sollen. Wie aber, wenn dieser Regelungszweck gerade dunkel ist, oder wenn der Jurist von dem histori-

[36] Hoerster, S. 16.

[37] Zur Unterscheidung von Handlungs- und Regelutilitarismus siehe Hoerster, S. 20 ff.

[38] Siehe meinen Beitrag: Offenes Argumentieren im Urteil, ZRP 1973, S. 281 ff., 282.

[39] Frankena, S. 59.

[40] Frankena, S. 60 ff.; vgl. hierzu auch das Vorwort von Hoerster zu Moore, S. 17.

[41] Hierzu auch Frankena, S. 60 ff.

schen Regelungszweck um einer sachgerechten Entscheidung willen, aufgrund geänderter Verhältnisse und Anschauungen abweichen will, oder wenn sich der zu formulierende Rechtssatz in einem vom Gesetzgeber nicht normierten Bereich befindet? Normative Stützpfeiler der Folgenabwägung gibt es freilich auch hier: das Geflecht der gesetzlichen und verfassungsrechtlichen Wertentscheidungen. Dieses Geflecht von Wertentscheidungen, der „Geist der gesamten Rechtsordnung" bietet aber, wie oben gezeigt wurde[42], keine Basis für eine Art juristischer Mathematik. Die vorgegebenen Wertentscheidungen haben in den meisten Fällen eine lediglich regulative Funktion. Sie schließen lediglich die Bevorzugung bestimmter Folgen aus; sie wirken als Korrektiv der Folgenabwägung, sie geben einen gewissen Rahmen, sie determinieren die Folgenabwägung *innerhalb* des Rahmens aber nicht. Das gilt auch insoweit, als man aus den Grundentscheidungen des Verfassungsrechts einen allgemeinen Folgenabwägungsgrundsatz herausdestilliert, wie den: den *fundamentaleren Interessen* gebührt stets der Vorrang vor den weniger fundamentalen[43]; ein Grundsatz, ohne den in der Tat ein weiter Bereich verfassungsrechtlicher Normierungen unverständlich bleiben müßte. Das bedeutet: zeigt sich in einem Rechtskonflikt etwa ein Widerstreit zwischen dem Rechtsgut „Leben" und dem Rechtsgut „freie Religionsausübung" (der Schulfall: eine Religionsgemeinschaft will eine Prozession in einem Seuchengebiet veranstalten), so gebührt dem fundamentaleren Rechtsgut „Leben" der Vorrang[44]. Es ist aber offensichtlich, daß der Bereich, in dem eine eindeutige Konkurrenz zwischen fundamentaleren und weniger fundamentalen Rechtsgütern festgestellt werden kann, sehr viel kleiner ist, als der Bereich, in dem nach juristischem Selbstverständnis ein „vernünftiges Abwägen der Urteilskonsequenzen" stattfinden soll[45].

Polemisch-drastisch, aber nicht ganz unzutreffend sind die Schwierigkeiten beschrieben worden, die dem erwachsen, der aus den Folgen urteilen will: „Er wird im Finstern herumtappen, und seinen Weg mit den Fingerspitzen suchen[46]." Der Philosoph, von dem dieser Ausspruch stammt, fand die Sicherheit seiner Überzeugung allerdings noch im vernunftrechtlichen Glauben an die Deduzierbarkeit von Entscheidungen aus den abstrakten philosophischen Grundbegriffen — ein Gefühl der Sicherheit, das uns versagt ist. Weil uns nur die Folgenorientierung

[42] Siehe oben S. 147 f.

[43] Hierzu Kriele, Kriterien der Gerechtigkeit, S. 70 ff.; ders., Theorie der Rechtsgewinnung, S. 228 ff.; ders., Einführung in die Staatslehre, S. 46, 50 ff.

[44] Vgl. Kriele, Theorie der Rechtsgewinnung, Nachwort zur 2. Aufl., S. 335 ff., 339 f.

[45] Hierzu Kriele, Nachwort S. 336.

[46] Fichte, Beitrag zur Berichtigung der Urteile des Publikums über die Französische Revolution, Leipzig 1922, S. 69.

als (einziger) Rationalitätsmaßstab geblieben ist, fehlt uns oft der Mut, die dabei auftauchenden Schwierigkeiten so klar zu sehen.

Die bisherige Durchsicht philosophischer Theorien über praktische Wahrheit führt zu einem enttäuschenden Ergebnis. Der „wissenschaftstheoretische Fortschritt" in der Philosophie liegt eher im Wechsel der Fragestellungen und Ansätze als in begründeten Ergebnissen. Es gibt eine — in neuerer Zeit sehr belebte[47] — Suche nach „Richtigkeitskriterien"; es gibt aber keine auf die Rechtsgewinnung einfach übertragbaren Anleitungen, wie „Richtigkeit" zu ermitteln sei. Die Einsicht in die Vergeblichkeit bisheriger Versuche, Kriterien für praktische Wahrheit zu finden, liegt auch dem letzten philosophischen Ansatz zugrunde, der nunmehr, statt Kriterien für Wahrheit, *Regeln des vernünftigen Redens* aufzustellen bemüht ist[48]. In diese Richtung geht auch die Weiterentwicklung der Konsenstheorie der Wahrheit durch Habermas[49]; das eigentliche Anliegen der konsensualen Wahrheitstheorie versteht man erst dann, wenn man die wesentlichen Bedingungen für das Zustandekommen eines „gereinigten" Konsenses — nämlich: keine Beschränkung der Teilnehmer, Vernünftigkeit der Teilnehmer und Freiheit von Handlungszwang und äußerer Einwirkung — als ideale Überhöhungen der für einen tatsächlichen Diskurs anzustrebenden prozessualen Bedingungen aufweist[50].

Gegen eine solche prozessuale Interpretation von „Wahrheit" läßt sich ein Einwand erheben: da werde immer nur das Gerüst beschrieben, nie das Gebäude vorgestellt — entweder verberge das Baugerüst, daß da gar kein Gebäude entstehe, oder „wenn nur das Gebäude dastünde, möchte doch das Gerüst abgetragen werden!"[51]. Diesem scharfsinnigen Einwand darf ein Kölner vielleicht mit einem Hinweis auf den Kölner Dom begegnen: das Gerüst bleibt immer stehen.

Eine Hinwendung zu den Prozeßregeln vernünftigen Redens hat einschneidende Konsequenz: Eine Wahrheitsgewißheit hinsichtlich der in

---

47 Zur Neubelebung praktischer Philosophie vgl. die Sammelbände: Rehabilitierung der praktischen Philosophie, Hg. Riedel, 1972 und 1974.

48 Kamlah / Lorenzen, Logische Propädeutik, Vorschule des vernünftigen Redens, 1967; Lorenzen, Normative Logic and Ethics, 1969; Schwemmer, Philosophie der Praxis, 1971; ders., Grundlagen einer normativen Ethik, in: Kambartel / Mittelstraß (Hg.), Konstruktive Logik, Ethik und Wissenschaftstheorie, 1973, S. 159 ff.; Lorenz, Der dialogische Wahrheitsbegriff, Neue Hefte für Philosophie, 1972, S. 111 ff.

49 Siehe oben S. 209.

50 Insofern treffend Habermas: „Vielleicht sollte ich besser von einer Diskurs- statt von einer Konsens-Theorie der Wahrheit sprechen, um Mißverständnissen vorzubeugen." Wahrheitstheorien, in: Wirklichkeit und Reflexion, W. Schulz zum 60. Geburtstag, 1973, S. 211 ff., 264 FN 33.

51 Fichte, Beitrag zur Berichtigung der Urteile des Publikums über die Französische Revolution (Ausg. Meiner 1922) S. 31.

diesem Prozeß gefundenen Sätze besteht nicht, auch nicht bei völliger Übereinstimmung aller Teilnehmer. Eine bestimmte Art des procedere ist niemals eine hinreichende Bedingung für die Wahrheit der gefundenen Sätze. Selbst ob Wahrheit überhaupt möglich ist, bleibt offen; aber wenn sie möglich ist, kann sie eher unter den günstigen Bedingungen eines durch diese Prozeßregeln bestimmten Verfahrens gefunden werden: bei einem offenen Kreis um Vernunft bemühter Teilnehmer, als ohne diese Voraussetzungen. Alle Wertsetzungen sind „Meinungen". Das heißt aber nicht, es gäbe keine Rationalität im Bereich des Meinens, keine Unterscheidung zwischen vernünftigem und vernunftlosem Reden im Bereich praktischer Fragen. Damit ist jedoch keine substantielle, inhaltliche Vernunft gemeint, sondern die Art und Weise des Redens.

Welchen Sinn hat es dann aber, am Begriff der „Wahrheit" im Bereich des praktischen Meinens festzuhalten? *Wahrheit ist das Symbol für die Möglichkeit, miteinander sinnvoll zu sprechen.* Das heißt: die Möglichkeit von Wahrheit ist Kommunikationsprämisse. „Wahrheit als Ziel des Diskurses" legt die prozessualen Bedingungen der im Diskurs zu erreichenden Konsens-Bildung fest. Die Blickrichtung auf die Bedingungen der Möglichkeit von Wahrheit schließt zum einen einen vernunftfeindlichen Voluntarismus aus, zum anderen einen Ontologismus, der so tut, als gäbe es einen „Besitz von Wahrheit"; deshalb ist auch die Befürchtung gegenstandslos, das offene Verfahren der Meinungsbildung könne jederzeit überwältigt werden, wenn man am Wahrheitsbegriff festhalte, durch die in der „Wahrheit" angelegten Totalität[52]. Nimmt man, um diese Gefahr auszuschalten, den Wahrheitsbezug des Verfahrens weg, dann nimmt man dem Verfahren selbst seinen Sinn[53].

An die Stelle der Frage nach der Wahrheit tritt die Frage nach den Bedingungen der Möglichkeit von Wahrheit. Das ist das vorläufige Ergebnis der ideologiekritischen Problematisierung von „Wahrheit". Die Wahrheitsfrage hat ihre ontologische Naivität verloren; sie ist nicht abgeschafft, sondern neu gestellt: über Wahrheit von Normen kann erst

[52] Vgl. Luhmann, Systemtheoretische Argumentationen, in: Habermas / Luhmann, Theorie der Gesellschaft oder Sozialtechnologie — was leistet die Systemforschung?, S. 352 „Gefahr begrifflicher Fusion von Wahrheit und Macht."

[53] Der naheliegende Einwand, der Wahrheitsbegriff werde in Wirklichkeit doch fallen gelassen, wenn Wahrheit „nur" als Symbol betrachtet werde, geht davon aus, das Symbol sei äußerlich, sei nur bildhafte Ausschmückung, auf die man auch verzichten könne. Das verkennt die Bedeutung des Symbols. Hierzu vgl. die grundlegenden Ausführungen von Cassirer, Logik der Kulturwissenschaften, 1971 S. 14; Philosophie der symbolischen Formen Bd. 1 1923, S. 55 ff.; Bd. 3 1929, S. 237 ff. Vgl. auch Stefan George („Das Wort"): „So lernt ich traurig den Verzicht: kein Ding sei, wo das Wort gebricht". Die Rede von „Richtigkeit" *stiftet* erst die Möglichkeit eines vernünftigen Konsenses; der Begriff „Wahrheit" *schafft* die Sache „Diskurs".

dann sinnvoll verhandelt werden, wenn jeder der Gesprächspartner bereit ist, die von ihm in das Gespräch eingebrachten Maßstäbe in Frage stellen zu lassen, und das heißt, vernünftig mit sich reden zu lassen[54]. Die Wahrheitsfrage kann heute gar nicht mehr anders als ideologiekritisch (in diesem Sinne) gestellt werden.

3. *Die Jurisprudenz und der vorkritische Begriff von Wahrheit*

Die Jurisprudenz ist durch ihren Autonomieanspruch unausweichlich auf die Wahrheitsfrage, auf das Problem der *Rechtfertigung von Rechtssätzen* verwiesen. Nichts anderes begründet die Zuständigkeit des Juristen zur Bearbeitung des Rechtsstoffs als das Vertrauen, durch diese Bearbeitung werde eine „vernünftige" Handhabung des Rechts ermöglicht.

Der Wahrheitsbegriff, der dem Autonomieanspruch zugrunde lag und noch zugrunde liegt, ist im wesentlichen durch die Tradition formaler juristischer Methode bestimmt. „Die richtige Entscheidung ist eine methodisch begründete Entscheidung[55]." — „Nichts anderes kennzeichnet den Juristen als solchen als die von ihm befolgte Methode, über die er keine Verfügung hat[56]." Die richtige Entscheidung ist die methodengerecht abgeleitete Entscheidung (abgeleitet aus dem Gesetz oder aus den von der Jurisprudenz entwickelten Grundbegriffen des Rechts).

Diese „rechtslogische" Deduktion ging, wie oben gezeigt, von metaphysischen Prämissen aus. Die Grundbegriffe des Rechts — und späterhin das Gesetz — werden als substanzhafter Inbegriff aller aus ihnen zu entwickelnden konkreten Rechtssätze verstanden[57]. Dieser juristische „Essentialismus" weist den Wahrheitsbegriff der Jurisprudenz als vorkritisch aus. Die wesentliche Konsequenz ist: Logische Ableitung ersetzt die materiale Rechtfertigung der Entscheidung[58].

Das relative Recht dieses vorkritischen Wahrheitsbegriffs liegt darin, daß er die Vorstellung einer vernunftlosen und vernunftfeindlichen „Dezision" abgewehrt hat. Die Vorstellung der „richtigen Ableitung der Entscheidung" ist die Larve, in der der Glaube an materiale Richtigkeit überwintert hat. Die Jurisprudenz wehrte mit Hilfe dieses vorkritischen Wahrheitsbegriffs alle Angriffe von seiten der ideologiekritischen Strömungen ab, die zur Leugnung praktischer Verunft

[54] Vgl. Kambartel, Ethik und Mathematik, in: Kambartel / Mittelstraß, Konstruktive Logik, Ethik und Wissenschaftstheorie, S. 115 ff., 126 ff.

[55] Engisch, Wahrheit und Richtigkeit im juristischen Denken, 1964, S. 14; siehe auch oben S. 12 ff.

[56] Forsthoff, Zur Problematik der Verfassungsauslegung, 1961, S. 40.

[57] Siehe oben S. 42 f.

[58] Siehe oben S. 133 f.

führten. Das zeigt, daß das viel beklagte[59] Nachhinken einzelner Wissenschaftszweige hinter dem allgemeinen wissenschaftstheoretischen Fortschritt auch gute Seiten haben kann, ja daß Widerstand gegen solche „Fortschritte" zur Pflicht eines Faches werden kann. Die traditionelle Jurisprudenz ließ sich durch alle auf der Leugnung praktischer Vernunft basierenden ideologiekritischen Rechtstheorien nicht von ihrem Arbeitsfeld — der wertenden Betrachtung und Verarbeitung von Rechtssätzen und dem Versuch „richtiger" Rechtsgewinnung — abdrängen. Die scheinbar atheoretische Trägheit hat so einen theoretisch durchaus zu rechtfertigenden Sinn.

Der Preis, der für das Festhalten an diesem vorkritischen Wahrheitsbegriff zu zahlen war, war hoch. Dieser Wahrheitsbegriff konnte nur da aufrechterhalten werden, wo die Möglichkeit formaler Ableitung bestand: in der Rechts*anwendung*. Der Wahrheitsanspruch des Rechts zog sich aus dem Bereich der *Rechtssetzung* zurück und beschränkte sich auf den der Rechts*anwendung*. Der Ideologiekritik wurde das Feld geräumt hinsichtlich der politischen Setzung von Normen, um desto sicherer ihr Übergreifen in die unpolitische Normanwendung zu verhindern. Der vernunftrechtliche Wahrheitsanspruch hatte das gesamte Recht umfaßt; er magert nun im Zeitalter des Gesetzespositivismus mehr und mehr ab zu einer Theorie richtiger Ableitung auf der Basis von Normen, die in ihrer Richtigkeit selbst nicht zu überprüfen sind.

Wenn aber die Rechtssetzung als Spielfeld der irrationalen Mächte der Politik, der Willkür des Gesetzgebers begriffen wird, dann kann auch die Rechtsanwendung davon nicht unberührt bleiben; sie kann auf die Dauer gleichfalls nur als irrational begriffen werden. Der gedankliche Hintergrund des Ableitungsaxioms bleibt immer die Zuversicht, daß das vorgegebene Rechtsmaterial, aus dem abgeleitet werden soll, selbst vernünftig sei, daß das positive Gesetz ratio scripta sei[60]. Wie soll ein in seiner Setzung als irrational verstandenes Recht aber in seiner juristischen Anwendung plötzlich zur ratio scripta werden können?

Der notwendig auf den Bereich der Rechtsanwendung beschränkte vorkritische Wahrheitsbegriff verstellte die Erkenntnis, *daß die Rationalitätsfrage für Rechtssetzung und Rechtsanwendung unteilbar ist.* Vernunft und Objektivität bei der juristischen Handhabung des geltenden Rechts sind nur dann denkbar, wenn das Recht selbst rechtferti-

---

[59] So umreißt Kelsen als Zweck seiner Reinen Rechtslehre „die Rechtswissenschaft, diese dem Zentrum des Geistes entlegene Provinz, die dem Fortschritt nur langsam nachzuhumpeln pflegt, durch einen unmittelbaren Kontakt mit der allgemeinen Wissenschaftslehre in eine etwas raschere Bewegung zu setzen"; Reine Rechtslehre, 1. Aufl., 1934, Vorwort.

[60] Wieacker, Privatrechtsgeschichte, S. 441.

gungsfähig ist. Deshalb kann die juristische Autonomie nicht dadurch gesichert werden, daß man sie beschränkt auf den Bereich der Rechtsanwendung, ja des bloßen Gesetzesvollzugs; die einzig mögliche Argumentationsbasis der juristischen Autonomie liegt vielmehr in der Rationalität des Rechts selber.

So zwingt schließlich die Logik des Autonomieanspruchs zum Aufgreifen der durch eine richtig verstandene Ideologiekritik neu formulierten Frage nach der praktischen Vernunft im Recht. Die Ideologiekritik verzichtet auf eine totale politische Instrumentalisierung des Rechts; die Jurisprudenz geht von ihrem vorkritischen, ontologisch gefärbten Wahrheitsbegriff ab und stellt sich der Kritik. Der Anschein, ein solches Aufeinanderzugehen von Jurisprudenz und ideologiekritischer Rechtskritik im Zeichen einer neu formulierten Wahrheitsfrage sei unproblematisch, täuscht. Vielleicht fürchten die Juristen mehr noch als die These von der Wahrheitsunfähigkeit der juristischen Sätze die Konsequenzen der Wahrheitsfähigkeit: nämlich deren Widerlegbarkeit. Wenn Rechtssätze wahr sein können, können sie auch falsch sein. Der vorkritische Wahrheitsbegriff ist affirmativ; ein kritischer kann es nicht sein. Es besteht gerade auf der Basis des vorkritischen Wahrheitsbegriffs eine Abneigung der Juristen, Rechtssätze überhaupt als der „Falsifikation" zugänglich zu denken. Der Jurist fragt: Verkennt denn nicht die Anwendung des Prinzips „trial and error" den notwendigen Geltungsanspruch des positiven Rechts, stellt es denn nicht — statt zu einem besseren Recht zu verhelfen — das Recht als solches in Frage? Im äußersten Fall scheint der Jurist mitunter eher geneigt — entgegen aller guten juristischen Tradition — Rechtssätze als Ausfluß dezisionistischer Willkür ohne Möglichkeit einer sachlichen Rechtfertigung zu denken, denn als widerlegungsfähige Sätze: Sit pro ratione voluntas[61]. Darin zeigt sich wie in einem Zerrspiegel die Funktion der Rechtssätze als Identitätsbasis der staatlichen Gemeinschaft und als deren Ordnungsgarant. Solches Ausspielen der Rechtsgeltung gegen die auflösende Wirkung der Falsifikation tritt als juristischer Konservatismus auf. In Wahrheit liegt aber der vernünftige Grund dieses Konservatismus in der Anstrengung, die im geltenden Recht angesammelte Vernunft sichtbar zu machen[62]. Wer um dieses Zieles willen das Recht grundsätzlich gegen jede Kritik zu feien versucht, verrät das Ziel selber. Die im geltenden Recht angesammelte Vernunft vermag nur der zu erkennen, der sie von Unvernunft zu unterscheiden weiß, der also von der Verbesse-

[61] In diese Richtung geht etwa die berechtigte Kritik von Erich Kaufmann an Forsthoffs Eintreten für Carl Schmitt; vgl. Erich Kaufmann, Carl Schmitt und seine Schule, in: Rechtsidee und Recht, Gesammelte Schriften Bd. 3, 1960, S. 375.

[62] Vgl. Kriele, Gesetzesprüfende Vernunft und Bedingungen rechtlichen Fortschritts, in: Der Staat Bd. 6, 1967, S. 45 ff.

rungsfähigkeit des geltenden Rechts prinzipiell ausgeht. — Es sei betont, daß hier nicht nur von der Verbesserung des Rechts durch den Gesetzgeber zu reden ist, sondern auch durch den Richter; wenn das Recht sich im Laufe seiner richterlichen Anwendung ändert, dann kann es sich auch insofern zum Schlechteren oder zum Besseren ändern! — Wer aber nicht an der Möglichkeit rechtlichen Fortschritts festhält, der macht sich zum vernunftlosen Verteidiger des jeweils geltenden Rechts; das läuft auf die dezisionistische Ansicht hinaus, Recht müsse sein, gleichgültig welches. Die Bereitschaft des Juristen, Rechtssätze als „falsifizierbar" zu denken, entscheidet mit darüber, ob die Frage nach der Richtigkeit von Rechtsbildungen doch in den Bereich vorkritischer Metaphysik gehört — wohin sie manche Ideologiekritiken für immer verweisen wollten — oder ob sie rationaler Erhellung zugängig ist.

Das Problem der Rechtfertigungsfähigkeit des Rechts, seiner veritas, ist das bleibende Erbe des (parlamentarischen) Vernunftrechts[63]. Der vernunftrechtliche Methodenentwurf, der einen gesicherten, formalisierten Zugang zu dieser veritas des Rechts zu geben versprach, ist dagegen zunehmend abgebaut worden[64]. Die Jurisprudenz kann deshalb weder zu einem vorkritischen Wahrheitsbegriff zurückkehren, noch kann sie den Wahrheitsanspruch des Rechts und seiner Handhabung ableugnen.

Das Recht und seine Handhabung ist verwiesen auf die Frage nach den Kriterien des „Richtigen" — und damit auf die Lösungsansätze der praktischen Philosophie als Grundwissenschaft vom „richtigen Handeln". Daß der Jurist von dort Wahrheitskriterien nicht einfach „importieren" kann, wurde bereits gezeigt. Hierin erweist sich: Das Recht steht gegenüber der praktischen Philosophie in einem eigenen Sinnbezug. Der Jurist muß verbindliche Entscheidungen fällen (oder vorschlagen), wenn auch die Kriterien für die Richtigkeit dieser Entscheidungen fraglich sind. Der Philosoph kann sich auf *Fragen* beschränken; der Jurist muß *Antworten* geben.

Mag jemand seine Hoffnung darin setzen, Kriterien richtigen Entscheidens seien von der Ausbildung einer umfassenden Rechts- und Gesellschaftstheorie oder von den Fortschritten der philosophischen Diskussion zu erwarten[65], so wird er doch einräumen müssen, daß bis dahin eine *„morale par provision"*[66] unumgänglich ist; und diese besteht eben in dem Versuch, zumindest *Bedingungen der Möglichkeit von Wahrheit* im Recht zu formulieren.

---

[63] Siehe oben S. 39 f.

[64] Siehe oben S. 40 ff.

[65] Vgl. Wiethölter, Rechtswissenschaft, 1968, S. 101.

[66] Der Begriff stammt von Descartes; er stellt die höchste und vollkommenste Moral (la plus haute et la plus parfaite morale), die eine gesicherte

An diesem Punkt bestätigt sich die Einheit der Relativitätsproblematik in Gesetzgebung und richterlicher und rechtswissenschaftlicher Rechtsgewinnung. Für den Bereich der Gesetzgebung lautet die Frage: Wie kann die Positivität des Rechts, die Tatsache einer autoritativen Setzung, begriffen werden, ohne daß man den Richtigkeitsanspruch des Rechts, auf dem seine Legitimität beruht, preisgeben müßte? Wie kann dieser Richtigkeitsanspruch begriffen werden, ohne in eine schlechte Metaphysik angeblich überzeitlicher, idealer Ordnungsstrukturen zu verfallen? — Die historische Antwort auf diese Fragen war der *Verfassungsstaat;* in ihm vereinigt sich die Erkenntnis von der Positivität des Rechts mit dem Streben nach materialer Vernunft. Der Verfassungsstaat definiert nicht den Maßstab des „Richtigen", sondern läßt unterschiedlichen Richtigkeitsentwürfen Raum zur Positivierung — innerhalb eines Rahmens, der gerade die Bedingungen für die Möglichkeit von Wahrheit festhalten will[67]. Der Verfassungsstaat begnügt sich insofern notwendigerweise mit einer „morale par provision".

Damit aber führt die *erkenntnistheoretische* Frage nach der Möglichkeit von „Wahrheit" und Richtigkeit im Recht zu einer *verfassungstheoretischen* Problemstellung: Der im Wahrheitsanspruch des Rechts wurzelnde Gedanke juristischer Autonomie ist nur zu rechtfertigen durch eine Rückbeziehung auf den Gesamtzusammenhang des verfassungsstaatlichen Entwurfs.

IV. Ideologiekritik des Rechts und Verfassungsstaat

Die Idee des Verfassungsstaats steht in unauflösbarem Zusammenhang mit der Erkenntnis von der Geschichtlichkeit des Rechts — und das heißt: mit der ideologiekritischen Tradition.

1. Bedenken gegen eine Zuordnung von Ideologiekritik und Verfassungsstaat

Gegen die Zuordnung von politischen Theorien und erkenntnistheoretischen Entwürfen, wie sie auch mit der hier aufgestellten These versucht wird, erheben sich folgende methodischen Einwände: Bei den nicht seltenen Versuchen, Erkenntnistheorien in Bezug zu setzen zu politischen Theorien und den ihnen entsprechenden Gestaltungen, geht es zumeist nicht um den schlichten Nachweis und die Darstellung geistesgeschichtlicher Zusammenhänge; die Analyse der politischen Folgen

---

Kenntnis in allen Wissenschaften voraussetzt, der provisorischen Moral gegenüber, die auf praktischen Wahrscheinlichkeitswerten beruht; vgl. J. Ritter, Art. „Ethik", in: Historisches Wörterbuch der Philosophie, Bd. 2, 1972, Sp. 759 ff., 769.

[67] Das ist im folgenden auszuführen.

philosophischer Entwürfe verfolgt vielmehr den Zwecke, diese Entwürfe entweder zu widerlegen oder zu verteidigen. So hat etwa Kelsen den erkenntnistheoretischen Relativismus gerade mit seiner Konkordanz zur parlamentarischen Demokratie legitimieren wollen[1]. Freilich *kann* man aus der Prämisse, es gebe keine objektive politisch-moralische Erkenntnis, die Folgerung ziehen, es sei Toleranz gegenüber anderen Meinungen angebracht (und ohne solche Toleranz ist in der Tat die parlamentarische Demokratie nicht denkbar), weil alle Meinungen gleicherweise vertretbar und achtenswert seien. Andererseits unterliegt es aber auch keinem Zweifel, daß man von der Theorie der Beliebigkeit moralischer Werte ausgehend zum Faschismus gelangen kann statt zur parlamentarischen Demokratie[2]. — Der Fehler in solchen Darlegungen liegt darin, daß sie mehr beweisen wollen als sie können. Historisch mögliche Zusammenhänge zwischen einer bestimmten Philosophie und einer politischen Haltung werden als logisch notwendige dargestellt; eine bestimmte philosophische Lehrmeinung, die sich in einer konkreten historischen Situation als Stimulus einer politischen Haltung erwiesen hat, wird als deren notwendige und hinreichende Bedingung ausgegeben. Das führt im Ergebnis zu willkürlich anmutenden Ausschließlichkeitszuweisungen zwischen politischer Theorie und Philosophie, die der inneren Vielfalt philosophischer Meinungen nicht gerecht wird und ihre daraus resultierende politische Ambivalenz unberücksichtigt läßt[3]. Vor solchen Einseitigkeiten schützt nur die Bescheidung in die beschränkte Reichweite historischer Erkenntnis. Alle Wirkungszusammenhänge zwischen Philosophie und Politik (wenn man deren Nachweis einmal unterstellt) sind geschichtlich-zufällige, nicht logisch-notwendige. Doch gibt es innerhalb des Geschichtlich-Zufälligen eine mehr oder weniger große Wahrscheinlichkeit, daß eine bestimmte Erkenntnistheorie bestimmte politische Folgen zeitigt. Von dieser Wahrscheinlichkeit her kann und muß argumentiert werden. Das bedeutet: Es gibt keine immanente Logik der Entsprechung zwischen Erkenntnis-

---

[1] Kelsen, Vom Wesen und Wert der Demokratie, Neudruck der 2. Aufl., 1963, S. 98 ff., 101 f.: „Wer absolute Wahrheit und absolute Werte menschlicher Erkenntnis für verschlossen hält, muß nicht nur die eigene, muß auch die fremde, gegenteilige Meinung zumindest für möglich halten. Darum ist der Relativismus die Weltanschauung, die der demokratische Gedanke voraussetzt ... Die Relativität des Wertes, den ein bestimmtes politisches Glaubensbekenntnis aufrichtet, die Unmöglichkeit, für ein politisches Programm, für ein politisches Ideal — bei aller subjektiven Hingebung, bei aller persönlichen Überzeugung — absolute Gültigkeit zu beanspruchen, zwingt gebieterisch zu einer Ablehnung auch des politischen Absolutismus ...".

[2] Auch Mussolini hat sich zum Relativismus bekannt; vgl. Kriele, Kriterien der Gerechtigkeit, 1963, S. 24.

[3] Ein abschreckendes Beispiel bieten die unversöhnlich einseitigen Ausführungen von Georg Lukacz über den Zusammenhang zwischen Nietzsches Philosophie und dem nationalsozialistischen Terrorregime; s. Zerstörung der Vernunft, Gesammelte Werke, Bd. 9, 1962, 3. Kap.

theorie und politischer Wirkung, oder konkret auf unser Problem bezogen, zwischen einer bestimmten Rechtserkenntnistheorie und dem Verfassungsstaat, wohl aber historische Zuordnungen, in denen sich die Wahrscheinlichkeit des Ursache-Folge-Zusammenhangs (mehr oder weniger deutlich) spiegelt.

2. *Die Geschichtlichkeit des Rechts und der Verfassungsstaat*

Der Gedanke der geschichtlichen Relativität des Rechts war zuerst im absolutistischen Vernunftrecht zum Ausdruck gekommen. Als nun das parlamentarische Vernunftrecht den Entwurf einer rechtlichen Bindung der Staatsgewalt durch „ewige" Menschenrechte und rechtliche Aufteilung der Staatsgewalt auf verschiedene Staatsorgane vorlegte, konnte es so scheinen, als bedeute das ein Zurückgehen hinter den Positivierungsgedanken, hinter die Erkenntnis von der Geschichtlichkeit des Rechts. Der äußeren Form nach stimmte das: die Aufstellung „natürlicher Rechte"; das Wiederaufgreifen des mittelalterlichen „lex facit regem". Dem inneren Gehalt nach stimmte es nicht: das parlamentarische Vernunftrecht führte in Wirklichkeit den zunächst vom absolutistischen Vernunftrecht entwickelten Gedanken der Geschichtlichkeit des Rechts weiter, führte erst zu einem vollen Verständnis dieser Geschichtlichkeit. Das absolutistische Vernunftrecht hatte die Geschichtlichkeit des Rechts in zwei Momenten gesehen; einerseits als Bedingtheit des Rechts (Determination durch äußere Kausalfaktoren und durch die gesellschaftliche Struktur)[4], andererseits als freie Verfügbarkeit des Rechts in den Händen des Souveräns[5], als Machbarkeit des Rechts und als Machbarkeit des Sozialen durch Recht. Dabei verweist der Gedanke der Bedingtheit des Rechts auf dessen Gesellschaftlichkeit, die denn ja auch in den Konstruktionen des „Gesellschaftsvertrags" ihren Ausdruck findet; dem widerstreitet aber die individuelle Verfügbarkeit in der Hand des Souveräns. Beide Momente stehen widersprüchlich gegeneinander; eine Verbindung wird mühsam versucht in der Konstruktion, alle Mitglieder der Gesellschaft hätten den Souverän zur freien Verfügung über das Recht berufen. Die wirkliche Versöhnung zwischen Positivität und gesellschaftlicher Bedingtheit des Rechts schafft erst das parlamentarische Vernunftrecht, indem es die Positivierung des Rechts als gesellschaftlichen Vorgang begreift: Mit der Forderung nach Beteiligung der durch das Parlament repräsentierten Bürger an der Rechtssetzung soll die Änderung des Rechts an den consensus der Bürger gebunden werden und durch die gewaltenteilende Kompetenzordnung soll diese Bindung der Staatsgewalt gesichert werden. Gerade die Er-

---

[4] S. oben S. 47 ff.

[5] So konstruierte Hobbes den Gesellschaftsvertrag als Vertrag zugunsten eines Dritten (des Souveräns); s. oben S. 50 f.

kenntnis der Möglichkeit beliebiger Rechtsänderung[6] machte die Bindung an den consensus notwendig; die Gefahr, daß souveräne Willkür den consensus verfehlen könne, stand nach dem Zeitalter der religiösen Bürgerkriege noch vor aller Augen.

Wird zwischen Positivität und gesellschaftlicher Bedingtheit des Rechts der consensus der Bürger als verbindendes Element gedacht, so ist auch der Weg frei für das Verständnis des moralischen Charakters des Rechts. Von der Moralität des Rechts hatte das absolutistische Vernunftrecht um den Gedankens der Positivität des Rechtswillens absehen müssen; sie galt nur als Relikt der überwundenen mittelalterlichen Rechtsontologie. Das parlamentarische Vernunftrecht vermochte die Moralität des Rechts bruchlos mit seiner Geschichtlichkeit zu vereinbaren, nämlich mit der Anknüpfung an den consensus in seinem geschichtlichen Wechsel. *In dieser Weise ist der Verfassungsstaat die politische Lösung des Problems, das mit der „Antinomie zwischen dem Anspruch jeder Lebens- und Weltansicht auf Allgemeingültigkeit und dem geschichtlichen Bewußtsein“[7] gestellt ist.*

Gerade dem parlamentarischen Vernunftrecht, auf dem der Verfassungsstaat beruht, hat man — seit dem 19. Jahrhundert bis heute — den Vorwurf eines platten Rationalismus und einer ungeschichtlichen Denkweise gemacht. Mit diesem Vorwurf der Ungeschichtlichkeit versuchte schon Savigny das Vernunftrecht zu widerlegen, ohne auf dessen Inhalte überhaupt einzugehen[8]. Die gegen den Verfassungsstaat eingeschworene restaurative Bewegung in Deutschland hat diesen Vorwurf vielfach wiederholt[9]; getroffen werden sollte die Idee des Konstitutionalismus, die das Ergebnis der vernunftrechtlichen Rechtsentwicklung war. Zuletzt hat Carl Schmitt, in dieser restaurativen Tradition stehend, den Nachweis führen wollen, die vernunftrechtliche Idee des parlamentarischen Verfassungsstaats beruhe auf dem naiven Glauben, durch parlamentarische Diskussion werde „Wahrheit“ erreicht; der Verfassungsstaat, so legt Schmitt nahe, beruhe also auf einem vorkritischen Apriori unmittelbarer „Rechtserkenntnis“[10]. In Wirklichkeit ist der Verfassungsstaat nicht das Ergebnis eines solchen vorkritischen Rechtsglaubens; er ist vielmehr das Ergebnis politischer Reflexion, die auf der Erfahrung der Pluralität der sich bekämpfenden politischen Anschauun-

[6] Das eben bedeutet „Positivität des Rechts“.

[7] Dilthey, Das geschichtliche Bewußtsein und die Weltanschauungen, in: Gesammelte Schriften Bd. VIII, 2. Aufl. 1960, S. 3.

[8] S. oben S. 59.

[9] Es handelt sich um einen durchgängig verwendeten Topos in der gesamten politischen, philosophischen und eben auch juristischen Diskussion; vgl. C. Schmitt, Politische Romantik, 3. Aufl. 1968, S. 91 ff.

[10] C. Schmitt, Die geistesgeschichtliche Lage des heutigen Parlamentarismus, 2. Aufl. 1926, S. 61.

gen beruht und auf der Einsicht, welche politischen Gefahren sich ergeben, wenn dieser Kampf durch ein zwar möglicherweise friedenstiftendes, aber gewalttätiges und intolerantes staatliches Machtwort beendet wird.

Die geistige Grundlage des englischen Verfassungsstaats des 17. Jahrhunderts — der frühesten Realisierung der gemeineuropäischen konstitutionellen Vorstellungen[11] — waren nach Kluxen „Empirismus und Säkularismus“[12]. Der englische Verfassungsstaat entwickelt sich aus ständischen Institutionen, die vernunftrechtlich erklärt und durch diese Erklärungen weiterentwickelt werden. Die Basis dieser Erklärung bildet eine säkulare Rechtstheorie, die Recht und Staat „enttheologisiert“ und damit den Weg frei macht für „vernünftige“, pragmatische, an der politischen Erfahrung orientierte Begründungen der überkommenen Institutionen, des rechtsfortbildenden Parlaments, der Bindung der Krone an das common law, der Unabhängigkeit des Richterstandes[13]. Vor allem das parlamentarische Element des Verfassungsstaats wurde nicht spekulativ legitimiert, sondern als „Möglichkeit zu legaler Kritik und Opposition“ begründet[14]. Die Verschiedenartigkeit der politischen und religiösen Standpunkte, die nur zwangsweise durch staatlichen Terror hätten vereinheitlicht werden können, galt es auszuhalten und sie unter dem gemeinsamen Dach einer „Verfahrensordnung“ zu integrieren[15].

Theoretisch noch ausgeprägter tritt bei Montesquieu die Einheit von Historismus und Konstitutionalismus hervor. Sein Hauptwerk „De l'esprit des lois“ wird von zwei Grundtendenzen beherrscht. Zum einen: Es geht Montesquieu darum, die Abhängigkeit der Gesetze und der Verfassungen von den natürlichen und gesellschaftlichen Gegebenheiten aufzuzeigen; mit diesem Versuch führt er die Ansätze geschichtlichen, d. h. relativierenden Rechtsdenkens weiter. So ansatzhaft dem heutigen Betrachter dieser Versuch in seiner Aphoristik vorkommen mag, so groß ist seine Bedeutung für die Entwicklung der kontinentalen Ideo-

[11] Etwa zur gleichen Zeit, als die Glorious Revolution die rechtliche Bindung des Königs verfassungsrechtlich verankerte, entwarf z. B. Althusius in seiner Politica seine Theorie der Gewaltenteilung und der in der Volkssouveränität begründeten Bindung der Staatsgewalt an den Konsensus der Bürger; zum gemeineuropäischen Charakter der verfassungsrechtlichen Idee siehe neuestens C. J. Friedrich, Johannes Althusius und sein Werk im Rahmen der Entwicklung der Theorie von der Politik, 1975, S. 131.

[12] Kluxen, Die geistesgeschichtliche Grundlage des englischen Parlamentarismus, in: Kluxen (Hg.), Parlamentarismus, 1967, S. 99 ff., 103.

[13] Kluxen, S. 102 ff.

[14] Kluxen, S. 100.

[15] Vgl. Kluxen, S. 100: „Eine disputierende Nation war in den Augen der Zeitgenossen eine freie Nation. Der vornehmste Ort dieses Disputes aber war jener erste „gentlemen club“, das Parlament, dessen Satzungen vor allem dem Schutz dieses Disputes dienten.“

logiekritik des Rechts[16]. — Zum anderen entwirft Montesquieu als Theoretiker des parlamentarischen Vernunftrechts und des gewaltenteilenden Verfassungsstaats in Anknüpfung an die englischen Verhältnisse ein verfassungsrechtliches Modell[17], das „in eminenter Weise praktisch wie theoretisch zur Wirkung gekommen ist, nicht nur in den geistigen Auseinandersetzungen, die zur Französischen Revolution führten, sondern auch in den rechtsstaatlichen Verfassungswerken in USA, Frankreich und sonst in Europa“[18]. In welchem Verhältnis stehen aber nun Montesquieus geschichtlicher Relativismus und sein Eintreten für den Verfassungsstaat? Beide Elemente dürfen nicht unter den Stichworten „Relativismus“ und „Dogmatismus“ gegeneinander gestellt werden[19]. Seine „Lehre von der Evolution aller menschlichen Einrichtungen“[20] ist gerade die Grundlage seines verfassungsstaatlichen Entwurfs: Der Verfassungsstaat ist die beständige politische Form, in der sich gesellschaftlicher Wandel — ohne Katastrophen und ohne krisenhafte Zuspitzung von Konflikten — vollziehen kann.

Das verfassungsstaatliche Denken ist beherrscht von der Alternative: rechtlich gebundene Staatsgewalt oder Despotie. Diese Alternative erscheint am Beginn des englischen Verfassungsstaats[21]; sie ist aber auch die Basisunterscheidung, von der alle Theoretiker des Konstitutionalismus ausgehen[22].

Die rechtliche Bindung der Staatsgewalt enthält zwei rechtstheoretische Implikate (die jeweils mehr oder weniger deutlich hervortreten):

a) Das Recht ist das Maß der Politik.

b) Das Recht ist als Maß wechselnder Verhältnisse kein statischer Begriff, sondern schließt die Positivierung wechselnder Inhalte ein; das Recht selbst ist politisch.

Beide Elemente stehen in einem Zuordnungsverhältnis; wird eines dieser Elemente verabsolutiert, wird der Verfassungsstaat verfehlt.

Eine totale politische Funktionalisierung des Rechts, die extreme Konsequenz einer ideologischen Ideologiekritik des Rechts, vermag den

---

[16] Über Herder vor allem hat er auf den deutschen Historismus gewirkt; vgl. oben S. 63 f.

[17] Vor allem in den Büchern XI und XIV.

[18] C. J. Friedrich, Die politische Wissenschaft, 1961, S. 147.

[19] So aber mißverständlich Friedrich, a. a. O.

[20] M. Göhring, Montesquieu, Historismus und Verfassungsstaat, 1956, S. 47.

[21] Friedrich, Politische Wissenschaft, S. 147, verweist auf Fortescue und Sir Thomas Smith; auch Richard Hooker wäre hier zu nennen (zu ihm Friedrich, Die Philosophie des Rechts in historischer Perspektive, 1955, S. 41 ff.).

[22] Zu Montesquieu Friedrich, Politische Wissenschaft, a. a. O., zu Althusius vgl. Otto Gierke, Johannes Althusius und die Entwicklung der naturrechtlichen Staatstheorien, 4. Auflage, 1929, S. 284.

Gedanken rechtlich gebändigter Macht nicht mehr zu denken und durchbricht damit die Kompetenzverteilung des gewaltenteilenden Verfassungsstaates. Die (an sich zutreffende) Prämisse der ideologischen Ideologiekritik ist: Das Recht selbst ist gesellschaftliche Machtausübung. Daraus wird die (falsche) Schlußfolgerung gezogen: Da das Recht Herrschaftsinstrument ist, so muß folglich die Grundthese des Verfassungsstaats, nach der das Recht selbst herrschen soll (rule of law and not of men), bloßer Schein sein. Damit ist der Weg zum Verständnis des Verfassungsstaats verbaut.

Wer andererseits die Idee des Rechts zum Unbewegten erklärt — sei es, daß er den Ordnungs- und Entscheidungswert des Rechts gegenüber ideologiekritischer Auflösung betont, sei es, daß er in einem vorkritischen Sinne den Wahrheitswert des Rechts gegenüber ideologiekritischer Relativierung festhalten will —, der verkennt ebenso Funktion und Wirksamkeit des Rechts im Verfassungsstaat. Eine in dieser Weise „unpolitische" Auffassung vom Recht und seiner Anwendung gefährdet gleichermaßen den Verfassungsstaat wie eine total politisierte Auffassung. Der grundsätzliche Charakter der Unterscheidung von Rechtsstaat und Despotismus, die sich gegenüber den vielfältigsten historischen Konstellationen geltend zu machen hat, setzt voraus, daß Recht nicht als statisch, und damit als inhaltlich festgelegt, begriffen wird, sondern als ein sich mit den jeweils wandelnden politischen Verhältnissen selbst wandelndes Maß, als prozedurale Festlegung. Die Rechtsbildungen sind die jeweils wechselnden Antworten auf die jeweils wechselnden Herausforderungen, die in den jeweiligen konkreten historischen Situationen liegen. Dennoch ist das Recht mehr als „bloße Form" der sich im Wandel befindlichen Anschauungen, mehr als die Form wechselnder Moralvorstellungen, denen es im Grunde nichts hinzuzufügen und wegzunehmen vermag. Wenn der Verfassungsstaat auch im wesentlichen *„Verfahrensordnung"* ist[23] — und das heißt notwendig: inhaltlich nicht festgelegt, „formal" ist —, so hat er doch *werthafte, inhaltliche Prämissen*. Diese schützen gerade den „offenen" Prozeß der Meinungsbildung und -auseinandersetzung. Das Abstellen auf den historisch wechselnden „consent" setzt prinzipiell Beteiligungsfähigkeit jedes Menschen voraus, die Anerkennung der allen Menschen gleichermaßen zukommenden Menschenwürde und der aus ihr fließenden grundlegenden Freiheitsrechte. Diese inhaltlichen Festlegungen unterliegen zwar in ihrer Interpretation und im Ausmaß ihrer Realisierung dem geschichtlichen Wandel, sind aber in ihrer Grundtendenz dennoch eindeutig zu bezeichnen. Diese inhaltliche Seite des Verfassungsstaats stellt keinen Bruch mit der Erkenntnis von der Pluralität und Relativität möglicher

---

[23] Dieser Gedanke ist besonders betont und ausgeführt bei Kriele, Einführung in die Staatslehre, 1975, S. 181 ff., 184; 318 ff., 335 ff.

Ordnungsvorstellungen dar; vielmehr setzt der Verfassungsstaat diese Erkenntnis gerade voraus. Der Verfassungsstaat soll das Forum sein, innerhalb dessen die verschiedenen politischen Anschauungen miteinander um die Vorherrschaft ringen. Der Verfassungsstaat ist der Versuch, das geschichtliche Bewußtsein politisch fruchtbar zu machen, indem er Politik als Prozeß begreift. Die inhaltlichen Prämissen des Verfassungstaats stehen solcher „verfahrenshaften" Auslegung des Politischen nicht entgegen, sondern sie sind deren materiale Voraussetzung; sie dienen, vor allem in der Gestalt der Freiheitsrechte, dem Schutz des Disputes. Sie schützen das Verfahren vor dem Rückfall in starre Ideologien, die ihrer Relativierung durch den Sprung aus dem Verfassungsstaat entgehen wollen.

3. Die Notwendigkeit der Ideologiekritik im Verfassungsstaat

Die rechtstheoretische Grundprämisse des Verfassungsstaats: *„das Recht als bewegliches Maß der Politik"* macht eine ideologiekritische Betrachtung des Rechts in dreierlei Hinsicht notwendig. Dabei können wegen der nahezu unerschöpflichen Komplexität dieses Zusammenhangs, in dem die ganze Geschichte des Verfassungsstaats enthalten ist, hier nur Leitlinien gezogen werden.

Die *Wahrheit im Recht* ist ein Problem fortlaufender Einigung. Als „offenes Verfahren der Einigung" verzichtet der Verfassungsstaat auf die Definition einer „materialen Rationalität" des Rechts; in *diesem* Sinne gibt es also kein „veritas facit legem". Gerade weil der Verfassungsstaat auf eine im consensus begründete Vernünftigkeit des Rechts zielt, muß er darauf verzichten, sie zu definieren. Das „offene Verfahren" wird aber auch insofern geschützt, als es niemals durch eine etwa mit noch so großer Mehrheit erfolgende Einigung auf eine bestimmte „Wahrheit" außer Kraft gesetzt werden kann. Die Grundrechtssicherungen sind ein bleibender Minimalschutz, der nicht überspielt werden darf. Der Verfassungsstaat hält insofern am geschichtlichen Bewußtsein fest, als er auf Skepsis gegenüber allen Entwürfen materialer Rationalität gegründet ist; er fürchtet den Despotismus nicht nur in der Gestalt des nackten Machtwillens, sondern auch in der Gestalt totaler „Wahrheitsentwürfe". Auch um der höchsten Zwecke willen sollen keine willkürlichen Verhaftungen, keine Beschränkungen der Meinungsfreiheit usw. geduldet werden. Daß der Despotismus in der Gestalt der „Wahrheit" in der Gefahr steht, in besonderer Weise total zu sein, dürfte die wesentliche Erfahrung mit den diktatorischen Regimen marxistischer Herkunft sein. Es bleiben — wenn es der Parteiführung nur opportun zu sein scheint — nicht mehr die geringsten Freiräume für abweichende Meinungen: Dissidenten werden verbannt oder in Irrenhäusern unschädlich gehalten; indem man sich auch noch der privatesten Vorformen der Meinungsäußerung bemächtigt, versucht man sogar, das forum internum zu okkupieren[24].

Der Verfassungsstaat schließt alle Versuche aus, von einer bestimmten „Wahrheit" her das Verfahren der fortlaufenden Einigung abzubrechen; er steht insofern im Gegensatz zu allen politischen Entwürfen, die auf einer „Rechtsontologie" fußen. Wie schnell sich Rechtskritik in Rechtsontologie verwandeln kann, zeigen die ideologischen Spielarten einer marxistischen Ideologiekritik, die im dialektischen Umschlag zu einer neuen Rechtsontologie führen, zu staatlich verordneten Rechtsmetaphysiken; unter dem Anspruch, im Alleinbesitz des geschichtlichen Denkens zu sein, legen sie das Recht still und weisen jede Anpassung an den Konsens der Bürger hochmütig ab.

Die Notwendigkeit fortlaufender Einigung betrifft vor allem das *parlamentarische Element* des Verfassungstaats. In der Haltung zum Parlamentarismus spiegeln sich die unterschiedlichen rechtstheoretischen Grundanschauungen über die Geschichtlichkeit des Rechts.

Wird die Erkenntnis der Geschichtlichkeit des Rechts unterschritten in einer vorkritischen Rechtsontologie, so gerinnt der Wahrheitsanspruch des Rechts und die Wahrheitsanforderung gegenüber dem Recht zu einer Theorie des unpolitischen Rechts. Das ist — kurz zusammengefaßt — die rechtstheoretische Entwicklung bei der restaurativen Abwehr des parlamentarischen Verfassungsstaats in der deutschen Verfassungsgeschichte des 19. Jahrhunderts. „Das Recht" steht nicht zur Verfügung des parlamentarischen Gesetzgebers, weil über „Wahrheit" nicht verhandelt werden kann. „Das Recht selbst ist das Heilige im Recht und nicht, daß es das Volk so gewollt[25]." Das Recht befindet per definitionem „außerhalb der Volksabstimmung"[26]. Andererseits: Der Dezisionismus, in den die ideologische Übersteigerung der Ideologiekritik mündet, führt zu einer neuen Rechtsontologie und stellt damit ebenso das Recht außerhalb der Diskussion: Über Wahrheit kann nicht verhandelt werden. Wo sich dieser Dezisionismus mit dem zentral verwalteten Wahrheitsanspruch einer Machtelite verbindet — in den politischen Realisationsformen marxistischer Ideologiekritik —, da bedeu-

---

[24] Ein Beispiel für viele: die FAZ vom 25. 6. 1975 veröffentlichte eine Erklärung, in der zahlreiche Wissenschaftler gegen Maßnahmen der CSSR-Behörden gegen Karel Kosik protestiert haben. Der Aufruf lautet: „Am 28. April ist die Polizei in die Prager Wohnung des bekannten marxistischen Philosophen ... Karel Kosik eingedrungen und hat dort umfangreiche Manuskripte beschlagnahmt, die Vorarbeiten zu zwei geplanten Büchern enthalten. Kosik hat diesen Vorgang in einem verzweifelten Brief an seinen Freund Jean Paul Sartre bekanntgemacht. Dieser Übergriff der tschechoslowakischen Behörden verhöhnt das Recht auf freie Meinungsäußerung: hier werden noch die Wurzeln der privaten Äußerungen des Gedankens ausgerottet ..."

[25] Stahl, s. oben S. 90 f.

[26] Von Moy de Sons, Das Recht außerhalb der Volksabstimmung, 1867.

tet dieser Satz: Über Wahrheit befindet die Parteiführung. Ein „Parlament“ kann hier nur die Rolle des Vollzugsorgans spielen, das die als Wahrheit anzuerkennenden Dezisionen der Parteiführung in Gesetzesform zu kleiden hat. — Der reine Wertirrationalismus, der — wie im Positivismus — zu einem mit Wahrheitsansprüche unvermischten Dezisionismus führt, bezweifelt dagegen nicht die Möglichkeit der Diskussion, aber ihren Sin. Warum sollte man eine Diskussion über richtiges Recht führen, wenn sich in allen wichtigen Kontroversfragen doch nur der unpersönliche Kampf der letzten Werte spiegelt? Wenn auch der einzelne Verfechter dieses Wertirrationalismus in einer Art „persönlicher Glaubensentscheidung“ den Sinn des Parlamentarismus bejaht (wie etwa Kelsen), so weiß er doch keine Antwort auf die Herausforderung seines politischen Gegners, der den parlamentarischen Verfassungsstaat ablehnt, außer der einen Antwort: den Hinweis auf seinen — wie er selbst einräumt: irrationalen — „Glauben“.

Nur wo die Geschichtlichkeit des Rechts festgehalten und nicht in einen ungeschichtlichen Dezisionismus aufgelöst wird, wo also die geschichtliche Relativität des Rechts und dessen Wahrheitsbezug, der Teil seiner Geschichtlichkeit ist, zusammen gesehen werden, kann das Parlament sinnvoll als institutionelle Ausprägung einer friedlichen Form gesellschaftlicher Konfliktaustragung begriffen werden.

Die politische Auseinandersetzung im *Vorfeld der Rechtsgewinnung* bedarf ebenso einer ideologiekritischen Reinigung. Nach der unüberholbaren Einsicht von Marx ist Ideologie gerade dadurch bezeichnet, daß partikulare Interessen sich als allgemeine darstellen[27]. Die politische Auseinandersetzung zielt auf Ermittlung dessen, was im allgemeinen Interesse liegt, also konsensfähig ist und als Konsens in der parlamentarischen Rechtsbildung verbindlich festgehalten werden kann. Eine nicht-idealisierte Betrachtung der politischen Auseinandersetzung lehrt, daß in sie zunächst immer ideologische Kampfpositionen einge-

---

[27] Karl Marx, Deutsche Ideologie, Frühe Schriften, 2. Bd. (Hg. Lieber), 1971, S. 56.

Vgl. auch schon Fichte, Beitrag zur Berichtigung der Urteile des Publikums über die Französische Revolution, Ausg. Leipzig 1922, S. 16: „Von dem Hange unserer Neigung hängt, und besonders bei der Frage vom Rechte, sehr oft unser Urteil ab. Ungerechtigkeiten, die *uns* widerfahren, scheinen uns viel härter, als ebendieselben, wenn sie einem anderen widerfahren. Ja, die Neigung verfälscht unser Urteil öfters in einem noch weit höheren Grade. Bemüht, die Ansprüche unseres Eigennutzes anderen und endlich auch uns selbst unter einer ehrwürdigen Maske vorzustellen, machen wir sie zu *rechtlichen* Ansprüchen und schreien über Ungerechtigkeit, oft, wenn man nichts weiter tut, als uns verhindert, selbst ungerecht zu sein. Glaubt dann ja nicht, daß wir euch täuschen wollen; wir waren selbst längst vor euch getäuscht. Wir selbst glauben in vollem Ernste an die Rechtmäßigkeit unserer Ansprüche; wir machen an euch nicht den ersten Versuch, euch zu belügen; wir haben längst vor euch uns selbst belogen.“

schoben werden; daß die Gruppeninteressen gerade in „holistischer Überhöhung“ als Allgemeininteressen auftreten, auch wenn sie diesem Allgemeininteresse widerstreiten. Die Auseinandersetzung muß also bei den ideologischen Verzerrungen der Interessen beginnen; aus diesem Grunde ist für die Konsensbildung — besonders wo sich der Konsens in einer verbindlichen Regelung niederschlagen soll: im Bereich der Rechtspolitik — eine ideologiekritische Unterscheidung der Interessen und ihrer Wertigkeiten notwendig.

In diese Untersuchung einbezogen werden müssen aber auch die *geltenden Normen;* sie müssen sich rechtfertigen lassen als Niederschlag allgemeiner Interessen. Schließlich gerät auch die *„Normanwendung“* in die Diskussion — als einer der letzten Bereiche, die sich einer ideologiekritischen Befragung bislang entzogen. „Unser Zeitalter ist das eigentliche Zeitalter der Kritik, der sich alles unterwerfen muß. Religion, durch ihre Heiligkeit, und Gesetzgebung, durch ihre Majestät, wollen sich gemeiniglich derselben entziehen. Aber alsdenn erregen sie gerechten Verdacht wider sich, und können auf unverstellte Achtung nicht Anspruch machen, die die Vernunft nur demjenigen bewilligt, das ihre freie und öffentliche Prüfung hat aushalten können[28].“ Noch lange nachdem die parlamentarische Rechtssetzung in die allgemeine Kritik und Diskussion geraten war, konnte sich die judizielle und jurisprudenzielle Rechtsgewinnung, getarnt durch das Ableitungsaxiom, dieser Kritik entziehen[29]. Mit der Erkenntnis der schöpferischen, wertenden, politischen Elemente jeder „Rechtsanwendung“ wird diese auf eine neue Begründung ihrer Legitimität verwiesen; ihre „Heiligkeit“ und „Majestät“ gewinnt sie aus einer Offenlegung ihrer Gründe.

4. Der verfassungsstaatliche Kern des Autonomiegedankens

Das dem Verfassungsstaat immanente Verständnis des Rechts als bewegliches Maß der Politik findet seine institutionelle Ausprägung in der *Unabhängigkeit des nur dem (positiven, veränderbaren) Gesetz unterworfenen Richters.* Von allen Grundelementen des Verfassungsstaats — Parlamentarismus, Grundrechte, richterliche Unabhängigkeit — hat die richterliche Unabhängigkeit am frühesten Eingang gefunden in das deutsche Staatsrecht des 19. Jahrhunderts. Diese selektive Übernahme spiegelt sich wider in Savignys Interpretation der Autonomie des Rechtsbereichs, seiner Formel vom „selbständigen Daseyn des Rechts“, in der sich zwei Tendenzen gleichzeitig darstellten. Zum einen der Wille, die eigenverantwortliche Bearbeitung des Rechts in den

[28] Kant, Kritik der reinen Vernunft, Vorrede zur ersten Auflage, Werke (Hg. Weischedel) Bd. II, S. 13.

[29] S. oben S. 163 ff.

Händen des Juristenstandes sicherzustellen — womit auch die Unabhängigkeit des Richters von den Machtsprüchen des Souveräns begründet war[30]; zum anderen die Absicht, das parlamentarische Element des Verfassungsstaats abzudrängen[31]. Dieses Herausreißen des Prinzips der richterlichen Unabhängigkeit aus dem ideengeschichtlichen Zusammenhang des Verfassungsstaats machte das Recht zu einem starren Maß und führte zwangsläufig zu einer Rechtsontologie, die das Recht als in sich selbst ruhendes Wesen verstand.

Nicht zuletzt hat dieses Rechtsverständnis die ideologiekritische Verneinung eines autonomen Rechtsbereichs provoziert: das Recht habe keine substantielle Selbständigkeit, es sei lediglich gesellschaftliches Produkt[32]. Diese These — die einseitige Antwort auf das einseitige Verständnis vom selbständigen Dasein des Rechts — verführte dann zu der Schlußfolgerung, wegen der Gesellschaftlichkeit des Rechts und seiner Anwendung sei jede institutionelle Ausgrenzung der rechtlichen Entscheidungsfindung aus den Formen der allgemeinen politischen Problemlösung abzulehnen; die Ideologiekritik des Rechts führte auf diese Weise zur Forderung nach Beseitigung richterlicher Unabhängigkeit. So beschreibt Savignys rechtstheoretischer Antipode Marx anläßlich seiner Betrachtung über den „Bürgerkrieg in Frankreich" die Grundprinzipien der „Regierung der Arbeiterklasse"[33], die nach seiner Ansicht die „Rücknahme der Staatsgewalt durch die Gesellschaft"[34] bedeutet:

„Die Polizeibeamten sollten, statt Werkzeuge einer Zentralregierung, Diener der Kommune sein, die wie die Beamten aller anderen Verwaltungszweige von der Kommune ernannt werden und jederzeit absetzbar sein mußten; alle Beamten sollten ebenso wie die Mitglieder der Kommune ihre Arbeit für Arbeiterlohn verrichten. Die Richter sollten ebenfalls gewählt, absetzbar und verantwortlich sein. Die Initiative in allen Fragen gesellschaftlichen Lebens sollte der Kommune vorbehalten sein. M. a. W. alle öffentlichen Funktionen, sogar die wenigen, die zur Zentralregierung gehören würden, sollten durch kommunale Beamte und daher unter Kontrolle der Kommune ausgeführt werden[35]."

Diesem ideologiekritischen Schluß von der Gesellschaftlichkeit des Rechts auf den scheinhaften Charakter richterlicher Unabhängigkeit liegt folgende Voraussetzung zugrunde: Die richterliche Unabhängigkeit ist eine Farce, weil es keine Neutralität im politischen Prozeß geben kann; unter dem Schein der Unabhängigkeit verbirgt sich in Wirklichkeit politische Parteinahme. Den Verfechtern richterlicher Un-

---

30 Siehe oben S. 76 f.

31 Siehe oben S. 56 f.

32 Siehe oben S. 25 ff., 77 ff.

33 Marx, MEW Bd. 17, S. 595.

34 Marx, S. 543.

35 Marx, S. 596.

abhängigkeit unterstellt die Ideologiekritik die erkenntnistheoretische Naivität, an die Möglichkeit „neutraler" Beurteilung gesellschaftlicher Fragen zu glauben. Diese Unterstellung ist indessen falsch. Ausgangspunkt der für den gewaltenteilenden Verfassungsstaat konstitutiven Forderung nach richterlicher Unabhängigkeit ist gerade die Erfahrung der Korrumpierbarkeit des Machthabers und der Notwendigkeit, diese Möglichkeit durch Rechtssätze zumindest einzuschränken; der unabhängige Richter sollte über die Einhaltung der Rechtssätze wachen. Die Annahme, daß man dabei notwendig ein unmittelbares Gerechtigkeitsvermögen des Richters unterstellt und den gesellschaftlichen, d. h. politischen Charakter der Rechtsprechung außer acht gelassen habe, ist historisch unzutreffend.

Einen ersten Anhaltspunkt liefert bereits die philosophische Diskussion im England des 17. und 18. Jahrhunderts, in der die Möglichkeit gerechten Entscheidens auf dem Hintergrund der Annahme von der Interessengebundenheit menschlichen Handelns erörtert wird[36]. Der durchgängige Topos dieser Diskussion ist die Rolle des „unbeteiligten Dritten"; dieser kann gerecht entscheiden. Dem liegt nicht etwa eine naive Theorie der Gerechtigkeit, ein Rekurs hinter die Entdeckung des „Interesses" zugrunde, sondern eine Theorie der relativen Interessendistanz: derjenige, der dem Streitfall ferner steht, dessen Interessen nicht unmittelbar betroffen sind, wird gerechter und unparteiischer entscheiden als ein unmittelbar am Ausgang des Konflikts Interessierter. Um das damit gemeinte Verhältnis von „wisdom and interest", von Interessenbefangenheit und Fähigkeit zu gerechter Abwägung, zu verdeutlichen, wird man auf ein ganz anderes Bild von Harrington verweisen dürfen[37]: Zwei Mädchen wollen sich einen Kuchen teilen. Wie ist eine gerechte Teilung möglich? Indem das eine den Kuchen schneidet und das andere wählt; das eine wird gerecht teilen, weil es weiß, daß sich das andere das größere Stück aussuchen wird. Ebensowenig wie die Annahme eines gerecht teilenden Mädchens beruht die Figur des „unparteiischen Dritten" auf der metaphysischen Unterstellung einer über aller Interessenbefangenheit erhabenen Gerechtigkeit, sondern impliziert eine *Theorie des künstlich neutralisierten Interesses.*

Der schlagende Beweis gegen die „Naivitätsthese" findet sich bei Montesquieu, der die dem mittelalterlichen Rechtsdenken entstammende, zu seiner Zeit in England und Frankreich in verschiedener Weise noch lebendige Tradition des nur dem Recht verantwortlichen Richters in seine Theorie des gewaltenteilenden Verfassungsstaats einbaut. Montesquieu gründet die Weisungsunabhängigkeit des Richters auf zweierlei[38]:

---

[36] Vgl. Kluxen, S. 105 ff., 449 FN 45.

[37] Siehe Kluxen, S. 105.

— Strikte Gesetzesbindung.

Die Gesetze müssen so präzise abgefaßt sein, daß die Urteilssprüche des Richters niemals etwas anderes sind als eine genaue Formulierung des Gesetzes. Dann (nur dann!) ist der Richter lediglich der Mund, der die Worte des Gesetzes ausspricht.

— Besetzung der Gerichte nur auf Zeit und nur mit Nicht-Juristen.

„Die richterliche Gewalt darf nicht an einen dauernden Senat gegeben, sondern muß von Personen ausgeübt werden, die zu bestimmten Zeiten des Jahres in gesetzlich vorgeschriebener Weise aus der Mitte des Volks entnommen werden, um einen Gerichtshof zu bilden, der nur so lange besteht, wie die Notwendigkeit es erfordert. Auf diese Weise wird die unter den Menschen so schreckliche richterliche Gewalt, losgelöst von der Bindung an einen bestimmten Stand oder zu einen bestimmten Beruf, sozusagen unsichtbar und zu einem Nichts[39].“

Rechtsprechung ist also für Montesquieu Ausübung gesellschaftlicher Gewalt: „die unter den Menschen so schreckliche richterliche Gewalt“. Die Rechtsprechung soll der politischen Beeinflussung und den Auseinandersetzungen um die Macht entzogen werden; sie soll zu einem politischen nullum *werden* vermittels eindeutiger gesetzlicher Regelungen und durch den Ausschluß von Berufsrichtern, die Montesquieu verdächtigt, obrigkeitshörig und dem Machthaber willfährig zu sein[40]. Er geht also nicht vom unpolitischen Charakter der Rechtsanwendung aus, sondern im Gegenteil von ihrem politischen Charakter. Die Unparteilichkeit des Richters als Basis seiner Unabhängigkeit ist kein natürliches Vermögen, sondern sie muß geschaffen werden durch Institutionen. Gerade weil es im politischen Prozeß keine neutrale Instanz gibt, ist die Gewaltenteilung nötig, ist nach den Worten Montesquieu für die Freiheit alles verloren, wenn Legislative, Exekutive und Judikative nicht getrennt sind[41]. Der gegen die Theoretiker des Verfassungsstaats erhobene Vorwurf erkenntnistheoretischer Naivität fällt auf diejenigen zurück, die diesen Vorwurf erhoben haben: Nicht die Furcht vor dem Despotismus ist naiv, sondern die fehlende Furcht vor dem Despotismus[42].

[38] Montesquieu, De l'esprit des lois, Buch XI, 6. Kap.

[39] Ebd.

[40] Jefferson, ein begeisterter Montesquieu-Leser, formuliert die Abneigung gegen die Berufsrichter so: „But we all know, that permanent judges acquire an esprit de corps; that, being known, they are liable to be tempted by bribery; that they are misled by favor, by relationship, by a spirit of party, by a devotion to the executive or legislative power; that it is better to leave a cause to the decision of cross and pile than to that of a judge biased to one side.“(Jefferson, Political Writings, Ed. Dumbauld, 1955, S. 89).

[41] Montesquieu, a. a. O.

Versucht man, diese Überlegungen für ein zutreffendes Verständnis der Grundlagen richterlicher Unabhängigkeit fruchtbar zu machen, so ergibt sich folgendes: Der für den Verfassungsstaat konstitutive Primat des Rechts vor der Politik beruht nicht auf einem vorgegebenen Wesensunterschied zwischen Recht und Politik.

a) Die Unterscheidung zwischen Recht und Politik im Modell der Gewaltenteilung ist selbst eine politische Entscheidung.

b) Das Recht besteht aus Konkretionen vergangenen politischen Handelns.

c) Selbst die Rechtsprechung läßt sich ohne das gestalterische, schöpferische Element nicht begreifen, das — wesensgleich dem Politischen — „durch Regeln nicht bestimmt“ ist[43].

Nur wo man diesen komplexen Zusammenhang — Trennung von „Recht“ und „Politik“ selbst als Politikum — nicht versteht, kommt es zu der unfruchtbaren Gegenüberstellung „politischer oder unpolitischer Charakter des Rechts?“ — „politischer oder unpolitischer Richter?“[44]. Die mit diesen Fragen verknüpften justizpolitischen und rechtstheoretischen Kontroversen der letzten Jahre haben auf beiden Seiten lediglich zur Verabsolutierung von Teilwahrheiten geführt.

Die These vom *unpolitischen Charakter des Rechts* und seiner Anwendung begreift richtig den Dualismus von Recht und Politik im Verfassungsstaat[45], erklärt ihn aber unzutreffend — im Grunde ein Rückfall in die Savignysche Rechtstheorie — als Wesensverschiedenheit und sieht sich infolgedessen genötigt, zu Fiktionen zu greifen. Die Gefahr, die in dieser Verzeichnung liegt, ist die: Die fiktive Begründung des Primats des Rechts vor der Politik, und damit unmittelbar zusammenhängend, der Freiheit der Rechtsprechung von politischen Weisungen macht das, was begründet werden soll, erst recht zweifelhaft.

---

42 Kriele, Einführung in die Staatslehre, S. 133 ff.

43 Wie selbst Georg Jellinek, Allgemeine Staatslehre, S. 619 f. trotz seiner Verbundenheit mit der Tradition des Ableitungsaxioms eingeräumt hat.

44 Wiethölter, Recht und Politik, ZRP 1969, S. 155 ff.; P. Schwerdtner, Wie politisch ist das Recht?, ZRP 1969, S. 136 ff.; R. Litten, Politisierung der Justiz, 1971; R. Wassermann, Der politische Richter, 1972.

Es war das Schicksal der Bahnbrecher für einen politischen Rechtsbegriff wie Wassermann, Wiethölter und Rasehorn (Xaver Berra, Im Paragraphenturm, 1966), daß ihre — notwendig einseitigen — Herausforderungen im Grunde keine sachlich adäquaten Antworten gefunden haben — weshalb ihren Herausforderungen etwas Vergebliches anhaftet; darin sind sie vergleichbar den Freirechtlern nach der Jahrhundertwende und den liberalen Juristen wie Beseler und von Kirchmann um 1848.

45 Schroff zeichnet Fikentscher, Rechtswissenschaft und Demokratie bei Justice Oliver Wendell Holmes, 1970, das Recht als Maß der Politik: „Das Recht ist keine politische Funktion der Gesellschaft, wenn man Stalin und Hitler vermeiden will.“ (S. 35). In reicher Komplexität der Problembehandlung nunmehr ders., Methoden des Rechts, Bd. I—IV, passim.

Die entgegengesetzte These basiert zwar auf der zutreffenden Erkenntnis vom *politischen Charakter des Rechts,* läuft letzten Endes aber Gefahr, die Kompetenzverteilung des Verfassungsstaats zu überrennen. Wer dem Richter den unvermittelten Zugriff auf die Gestaltungsprobleme des Gemeinwesens empfiehlt, der stellt nicht nur die Bindung des Richters an das Gesetz in Frage, sondern gefährdet damit auch die Legitimationsbasis der richterlichen Unabhängigkeit. Je stärker der Richter mit der Erwartung überlastet wird, von seinem Spruch könne — oder müsse sogar — ein politischer Impetus ausgehen, um so weniger wird es verständlich sein, warum der Bereich der Rechtsprechung aus dem Bereich der allgemeinen Politik ausgegliedert ist. Das System der gegenseitigen Balancierung und Moderation der Gewalten setzt auch die Mäßigung und Selbstbeschränkung der Dritten Gewalt voraus. Die Preisgabe der Fiktion von der gesellschaftlichen Neutralität des Richterspruchs stellt also keine Rechtfertigung für eine „Gesetzgebung kurzer Hand" dar, die die kontroversen Fragen dem parteipolitischen Meinungskampf und der Entscheidung im Parlament entreißt.

5. *Der Verfassungsstaat als institutionelle Sicherung des Diskurses*

Den juristischen Befürchtungen, der kritische Diskurs störe die gewaltenteilende Kompetenzordnung und die ihr zugrunde liegende Auffassung vom Primat des Rechts, entspricht auf der Seite der Ideologiekritik die Befürchtung, die Gewaltenteilung behindere — oder verhindere sogar — den kritischen Diskurs. Beispielhaft kommt das zum Ausdruck in Habermas' These, Gewaltenteilung habe nur da ihren Sinn, wo partikulare Interessen zum kompromißhaften Ausgleich gebracht werden müßten[46]. Das heißt: Gewaltenteilung habe keine Berechtigung, wenn ein vernünftiger Konsens über verallgemeinerungsfähige Interessen möglich sei. — Damit werden vernünftiger Diskurs und die in das Gewaltenteilungssystem eingebundene Entscheidung einander gegenübergestellt. Habermas schiebt das Prinzip der Gewaltenteilung an die Peripherie eines vernünftig organisierten Entscheidungsprozesses: Gewaltenteilung sei nur da legitim, wo es sich um den Widerstreit lediglich partikularer (nicht verallgemeinerungsfähiger) Interessen handele. Die gewaltenteilenden Entscheidung wird damit abgewertet als Lösung eines durch Vernunft nicht lösbaren Restsatzes des Diskurses. Im Bereich der verallgemeinerungsfähigen Interessen soll nach Habermas nicht Gewaltenteilung herrschen, sondern das Prinzip der Identität von Diskutierenden und Entscheidenden. Damit ist der Grundsatz der Gewaltenteilung im Kern getroffen. Denn Gewaltenteilung bedeutet nicht nur die Aufteilung staatlicher Macht auf institutionell unterschiedene Machtträger, sondern in der Folge auch die Trennung von

[46] Habermas, Legitimitätsprobleme im Spätkapitalismus, 1973, S. 154.

(staatlicher) Entscheidung und (gesellschaftlichem) Diskurs — eine Trennung von Staat und Gesellschaft als Entscheidungssystem und Diskussionssystem.

Durch die abwertende Interpretation der Gewaltenteilung gerät Habermas in *Widerspruch zu seiner eigenen Anschauung vom Diskurs,* der nur dann als vernünftig anzusehen sei, wenn er vom Handlungszwang freigestellt werde[47]. Die Identität von Diskutierenden und Entscheidenden stellt aber gerade den Diskurs in die Entscheidungsnotwendigkeit hinein und müßte infolgedessen zur Verzerrung des Diskurses selbst führen. Damit der Diskurs frei bleibt, muß er von den Machtinteressen an der Entscheidung institutionell abgekoppelt sein. Er kann nur solange zur Auflösung von Ideologien und zur Feststellung verallgemeinerungsfähiger Interessen führen, solange in ihm keine Notwendigkeit für Ideologiebildung besteht. Der Diskurs ist nur solange herrschaftsfrei, als er nicht selber unmittelbar zu herrschen unternimmt. Er ist nur so lange vernünftig, als die „Interaktionskompetenz"[48], d. h. im Habermas'schen Sprachgebrauch: die Vernünftigkeit der Teilnehmer, nicht in eine rechtliche Regelungskompetenz umgedeutet wird. Der Diskurs ist nur so lange der Prozeß beständiger Prüfung, als er keine „letzte Instanz" und keine Rechtskraft kennt; würde er als Entscheidungssystem interpretiert, stünde er in Gefahr, daß solche Entscheidungselemente die diskursiven überlagerten. Nur wenn das gewaltenteilende Entscheiden, das notwendig auf eine Identität von Diskutierenden (deren Kreis prinzipiell unbegrenzt ist) und Entscheidenden verzichtet, erhalten bleibt und nicht in die Totalität eines handlungsanweisenden Diskurses aufgelöst wird, ist die Freiheit des Diskurses gewährleistet. Gewaltenteilender Verfassungsstaat und Diskurs schließen sich nicht aus. Der gewaltenteilende Verfassungsstaat ist in Wirklichkeit die institutionelle Sicherung des Diskurses.

6. Idealität und Realität des Verfassungsstaats

Wesentliche Aufgabe der Ideologiekritik des Rechts ist es, das Bewußtsein der Spannung zwischen Idealität und Realität des Verfassungsstaats wachzuhalten. In dieser Spannung liegt der Grund für die historische Flexibilität des Verfassungsstaats, für seine innere Dynamik, kraft deren er sich von seiner „besitzbürgerlichen" Herkunft aus den Revolutionen des 17. und 18. Jahrhunderts loslösen und den Gedanken des „consent" auf die breite Basis einer Demokratie mit allgemeinem Wahlrecht umstellen konnte.

---

[47] Habermas, Vorbereitende Bemerkungen zu einer Theorie der kommunikativen Kompetenz, in: Habermas / Luhmann, Theorie der Gesellschaft oder Sozialtechnologie, 1971, S. 101 ff., 138.

[48] Habermas, S. 130.

Gerade für den Juristen, dessen Geschäft der Umgang mit Normen ist, besteht die Gefahr, den Begriff des Verfasungsstaats normativistisch zu verkürzen; die Gefahr, die Grundentscheidungen der Verfassung schon für ihre politische Realisierung zu nehmen, die Idealität des Verfassungsstaats nicht mehr als Maßstab zu betrachten, an dem seine Realität zu messen ist, sondern als ideologische Verhüllung dieser Realität zu benutzen. Gegen diese Gefahr schützt nur, um mit Savigny zu sprechen, die Wendung des geschichtlichen Sinns gegen uns selbst. Der Verfassungsstaat ist nicht überzeitliche Wahrheit, sondern ein Vorrat an Wahrheit, der erst im politischen Prozeß zu aktualisieren ist.

Der Abstand zwischen Idealität und Realität des Verfassungsstaats hängt wesentlich von der Arbeit der Juristen ab. Das ist die Konsequenz der legalistischen Grundprägung, die den Verfassungsstaat mehr als alle anderen politischen Ordnungen auszeichnet[49]. Daß sich — in Deutschland mehr als in anderen Ländern — diese politische Verantwortung der Juristen in die Theorie einer politikfernen Autonomie des Rechts verflüchtigt hat, liegt an der deutschen Verfassungstradition, in der nie die Möglichkeit bestand, das von den Juristen bearbeitete und erarbeitete Recht als Teil der politischen Verfassung zu verstehen, in der es vielmehr als Verfassungsersatz verstanden worden ist. Von dieser Tradition her besteht die Neigung, die politischen Grundentscheidungen des Verfassungsstaats als politische Sachgesetzlichkeiten anzusehen, als selbsttragendes System, das nicht erst durch das verantwortliche Handeln der Beteiligten kontituiert wird. Sind aber durch die Ideologiekritik des Rechts die Grundentscheidungen des gewaltenteilenden Verfassungsstaats infrage gestellt, so sind auch die Grundprobleme der Jurisprudenz als politische Probleme gestellt. *Der Mythos vom unpolitischen Rechtsstaat gefährdet heute den Rechtsstaat selbst.* Ist der politische Sinn des Verfassungsstaats in Frage gestellt, dann reicht der bloße Verweis auf eine angebliche Sachgesetzlichkeit der Trennung von „Recht" und „Politik" nicht aus.

Nimmt die Jurisprudenz somit eine bedeutende Rolle im politischen Meinungskampf ein, so taucht fast notwendig das Mißverständnis auf, als sei damit der Weg gebahnt für eine Subsumtion aller Rechtsfragen unter politische Bekenntnisse. *Solche* Betrachtung des Rechts ist aber gerade die Gefahr, die den Verfassungsstaat zu zerstören droht. Es geht vielmehr darum, *den politischen Sinn der Ausklammerung von Rechtsfragen aus dem politischen Problemlösungsmechanismus* aufzuzeigen. Die Vernünftigkeit des Rechts besteht nicht in seiner Übereinstimmung mit dem oder jenem gesamtgesellschaftlichen Entwurf oder mit überkommenen sozialen Leitbildern, sondern in seiner Funktion, eine vor-

[49] Siehe oben S. 30 f.

läufige Friedensordnung zu garantieren, innerhalb deren frei und offen um die materielle Vernunft der politischen Entwürfe gestritten werden kann. „Denn es ist ja eben der notwendige Zweck aller positiven Gesetzgebung, einen Frieden im Handeln zu begründen während des Kriegs der Meynungen, während des Kampfs der Philosophen.“[50]

So wie die Gesetzgebung sich unter Verweis auf ihre Friedensfunktion diesem Krieg der Meinungen nicht entziehen kann, genauso wenig die richterliche Rechtsverwirklichung und die jurisprudenzielle Dogmatik. Die Kritik an der juristischen Methode vollzieht im Bereich der „Rechtsanwendung“ denselben Aufklärungsprozeß, der im Bereich der „Rechtssetzung“ seinen Ausdruck im Begriff der Positivität des Rechts gefunden hat. Auch für die *Anwendung* des Rechts gilt: Recht wird nicht gefunden, sondern gemacht, und dementsprechend sind die, die es machen, dafür verantwortlich. Die Ideologiekritik sieht — zutreffenderweise — nicht nur die „politische“ Rechtssetzung, sondern auch die „unpolitische“ Rechtsanwendung als Form politisch-gesellschaftlicher Machtausübung. Sie verfällt dabei allzu leicht dem Fehlschluß, ein Primat des Rechts vor der Politik, Government of Law and not of men, sei bloßer Schein. Dieser rechtstheoretische Fehlschluß liegt noch aller aktuellen Grundsatzkritik am Verfassungsstaat zugrunde. Im Gefahrenbereich dieses Fehlverständnisses steht denn auch die unumgängliche Reflexion über den Wert des juristischen Instrumentariums, über den ideologischen Charakter des immer noch fortwirkenden traditionellen juristischen Methodenverständnisses.

[50] Anselm Feuerbach, Über Philosophie und Empirie, S. 29.

Abgekürzt zitierte Literatur

Esser, Josef: Grundsatz und Norm in der richterlichen Fortbildung des Privatrechts. Rechtsvergleichende Beiträge zur Rechtsquellen- und Interpretationslehre, Tübingen 1956.

— Vorverständnis und Methodenwahl in der Rechtsfindung. Rationalitätsgrundlagen richterlicher Entscheidungspraxis, 2. Aufl. Frankfurt 1972.

Gagnér, Sten: Studien zur Ideengeschichte der Gesetzgebung, Uppsala 1960.

Huber, Ernst Rudolf: Deutsche Verfassungsgeschichte seit 1789. Bd. I: Reform und Restauration 1789 bis 1830, Stuttgart 1957; Bd. II: Der Kampf um Einheit und Freiheit 1830 bis 1850, Stuttgart 1960; Bd. III: Bismarck und das Reich, Stuttgart-Berlin-Köln-Mainz 1963.

Kriele, Martin: Theorie der Rechtsgewinnung entwickelt am Problem der Verfassungsinterpretation, Berlin 1967; 2. Aufl. 1976.

— Einführung in die Staatslehre. Die geschichtlichen Legitimitätsgrundlagen des demokratischen Verfassungsstaates, Reinbek 1975.

Landsberg, Ernst: Geschichte der deutschen Rechtswissenschaft, 3. Abteilung, 1. Halbbd. München-Leipzig 1898, 2. Halbbd. München-Berlin 1910.

Larenz, Karl: Methodenlehre der Rechtswissenschaft, 2. Aufl. Berlin u. a. 1969, 3. Aufl. 1975 (wo nicht anders vermerkt, nach der 3. Aufl. zitiert).

Müller, Friedrich: Juristische Methodik, 2. Aufl. Berlin 1976.

Wieacker, Franz: Privatrechtsgeschichte der Neuzeit, 2. Aufl. Göttingen 1967.

Das Manuskript wurde im wesentlichen Ende 1975 abgeschlossen.

Abkürzungen sind verwandt nach Kirchner, Abkürzungen der Rechtssprache, 2. Aufl. Berlin 1968.

Auf die ausführlichen Nachweise der methodologischen Literatur bei Kriele, Theorie der Rechtsgewinnung, 2. Aufl. 1976, und Friedrich Müller, Juristische Methodik, 2. Aufl. 1976, sei hier verwiesen.

Personenverzeichnis

Sachverzeichnis

Schriften zur Rechtstheorie

1. **Untersuchungen zur Struktur der Rechtswidrigkeit.** Von H.-R. Horn. 183 S. 1962. DM 29,60.

2. **Person, Persönlichkeit und juristische Person.** Von G. Nass. 93 S. 1964. DM 17,60.

3. **Die Feststellung von Lücken im Gesetz.** Von C.-W. Canaris. 219 S. 1964. DM 35,60.

4. **Die Konstitution des Rechtsfalles.** Von J. Hruschka. 76 S. 1965. DM 15,60.

5. **Die Theorie der Institutionen** und zwei andere Aufsätze von Maurice Hauriou. Übersetzung aus dem Französischen von H. und J. Jecht. Mit Einleitung und Bibliographie hrsg. von R. Schnur. 122 S. 1965. DM 19,80.

6. **Zu Hans Kelsens Anschauung über die Rechtsnorm.** Von A. Vonlanthen. 92 S. 1965. DM 17,80.

7. **Stellvertretung beim sozialtypischen Verhalten.** Von H.-H. Hitzemann 92 S. 1966. DM 17,80.

8. **Normstruktur und Normativität.** Von F. Müller. 232 S. 1966. DM 44,—.

9. **Das positive Recht und seine Funktion.** Von W. Krawietz. 131 S. 1967. DM 27,—.

10. **Juristischer Realismus und politische Theorie im amerikanischen Rechtsdenken.** Von G. Casper. 206 S. 1967. DM 44,—.

11. **Die Vorstellung der Eigenständigkeit in der Rechtswissenschaft.** Von H. Wagner. 104 S. 1967. DM 23,80.

12. **Das Denken in Standards.** Von K.-H. Strache. 133 S. 1968. DM 28,80.

13. **Gestaltungsrechte, Rechtsgeschäfte, Ansprüche.** Von K. Adomeit. 41 S 1969. DM 8,80.

14. **Systemdenken und Systembegriff in der Jurisprudenz,** entwickelt am Beispiel des deutschen Privatrechts. Von C.-W. Canaris. 169 S. 1969. DM 39,80.

15. **Rechtspositivismus und sprachanalytische Philosophie.** Von H. Eckmann. 137 S. 1969. DM 29,60.

16. **Die Interpretation des Gleichheitssatzes als Willkürverbot oder als Gebot der Chancengleichheit.** Von H. Scholler. 114 S. 1969. DM 24,60.

17. **Der Adressat des Rechtsgesetzes.** Von U. Krüger. 125 S. 1969. DM 26,60.

18. **Verfassungsprinzip und Privatrechtsnorm in der verfassungskonformen Auslegung und Rechtsfortbildung.** Von D. Ch. Göldner. 275 S. 1969. DM 54,—.

19. **Abgrenzung und rechtliche Relevanz nicht rechtsgeschäftlicher Vereinbarungen.** Von D. Willoweit. 106 S. 1969. DM 19,80.

20. **Gesetz und System.** Von H. Eichler. 136 S. 1970. DM 24,—.

21. **Das Prinzip der Rechtmäßigkeitsvermutung.** Von G. Meder. 76 S. 1970. DM 15,80.

22. **Entfremdung.** Von F. Müller 91 S. 1970. DM 19,60.

23. **Die Juristische Enzyklopädie des Nikolaus Falck.** Von K. Volk. 139 S. 1970. DM 26,60.

24. **Die Rechtsfiguren einer „Normativität des Faktischen".** Von K. Grimmer. 166 S. 1971. DM 33,60.

25. **Die richterliche Begründungspflicht.** Von J. Brüggemann. 201 S. 1971. DM 39,60.

26. **Typus und Rechtsfindung.** Von D. Leenen. 204 S. 1971. DM 48,—.

27. **Zur Logik der Normen.** Von H.-H. Keuth. 113 S. 1972. DM 38,60.

28. **Politischer Utilitarismus und bürgerliches Rechtsdenken.** Von W. Löwenhaupt. 386 S. 1972. DM 79,60.

29. **Die Zumutbarkeit — ein Beurteilungsmaßstab?** Von L. Gusseck. 115 S. 1972. DM 24,60.

30. **Auslegungstheorie und Auslegungspraxis im Zivil- und Arbeitsrecht der DDR.** Von H. M. Pfarr. 169 S. 1972. DM 32,60.

31. **Gewissensfreiheit.** Von G. U. Freihalter. 265 S. 1973. DM 49,60.

32. **Das staatstheoretische und rechtstheoretische Problem des Beliehenen.** Von E. V. Heyen. 162 S. 1973. DM 39,80.

33. **Der Begriff der Natur und das Naturrecht.** Von E. Zacher. 178 S. 1973. DM 44,60.

34. **Vertragsfreiheit als Verfassungsproblem.** Dargestellt am Beispiel der Allgemeinen Geschäftsbedingungen. Von F. Roscher. 121 S. 1974. DM 29,80.

35. **Gesetzesbindung und „Richtigkeit" der Entscheidung.** Von I. Ebsen. 66 S. 1974. DM 18,60.

36. **Legitimation durch Begründung.** Von F. Eckhold-Schmidt. 126 S. 1974. DM 33,60.

37. **Methodische Wertung im Recht.** Von R. Westerhoff. 385 S. 1974. DM 78,—.

38. **Das Eigentum als subjektives Recht.** Von J. Aicher. 97 S. 1975. DM 24,60.

39. **Recht — Sprache — Gewalt.** Von F. Müller. 43 S. 1975. DM 12,60.

40. **Richterrecht und Verfassung.** Von J. Ipsen. 252 S. 1975. DM 63,60.

41. **Bewußtseinsverfassung und Gesellschaftsverfassung.** Von D. Suhr. 373 S. 1975. DM 78,—.

42. **Hegels Strafrechtstheorie.** Von O. K. Flechtheim. 2. Auflage. 133 S. 1975. DM 28,60.

43. **Elemente und Grenzen des zivilrechtlichen Denkens.** Von W. Rother. 54 S. 1975. DM 15,80.

44. **Die Rechtsordnung.** Von S. Romano. Mit einem Vorwort, biographischen und bibliographischen Notizen, hrsg. von R. Schnur. 117 S. 1975. DM 48,—.

45. **Das Würde-Konzept.** Von B. Giese. 112 S. 1975. DM 29,60.

46. **Rechtserkenntnis und Gewaltstrukturen.** Von W. Gast. 183 S. 1975. DM 44,60.

47. **Die Formel vom Anstandsgefühl aller billig und gerecht Denkenden in der Rechtsprechung des Bundesgerichtshofs.** Von H. Haberstumpf. 138 S. 1976. DM 38,60.

48. **Zur Methode der Rechtsfindung.** Von F. Schmidt. Aus dem Schwedischen und Englischen übertragen von J. Heilmann. 233 S. 1976. DM 49,—.

49. **Rechtsgeltung und Konsens.** Im Auftrag der Dr. Otto Bagge-Gedächtnisstiftung hrsg. von G. Jakobs. 139 S. 1976. DM 36,—.

50. **Naturrecht und Natur der Sache.** Von G. Sprenger. 160 S. 1976. DM 48,60.

51. **Juristische Methodik und Politisches System.** Von F. Müller. 127 S. 1976. DM 36,—.

52. **Die Entfaltung der Menschen durch die Menschen.** Von D. Suhr. 233 S. 1976. DM 68,—.

53. **Die Bedeutung von Zweckbestimmungen in der Gesetzgebung der Bundesrepublik Deutschland.** Von H. Höger. 124 S. 1976. DM 32,60.

54. **Der rechtsfreie Raum.** Von H. Comes. 142 S. 1976. DM 39,80.

55. **Gewohnheitsrecht und Rechtssystem.** Von H. O. Freitag. 183 S. 1976. DM 44,80.

56. **Die kognitiv-praktische Situation.** Von D. Suhr. 133 S. 1977. DM 48,—.

57. **Zur Fachsprache in der Juristenausbildung.** Von Th. M. Seibert. 167 S. 1977. DM 49,60.

58. **Das subjektive Recht im Prozeß der Rechtsgewinnung.** Von J. Schapp. 204 S. 1977. DM 56,—.

59. **Die analytische Rechtstheorie: Eine „Rechts"-theorie ohne Recht?** Von K.-L. Kunz. 142 S. 1977. DM 42,60.

60. **Strukturen juristischer Argumentation.** Von Ch. Clemens. 171 S. 1977. DM 54,—.

61. **Argumentation und Begründungen in der Ethik und Rechtslehre.** Von Ch. Westermann. 215 S. 1977. DM 58,—.

62. **Grundzüge einer Normentheorie.** Von F. Lachmayer. 116 S. 1977. DM 38,60.

63. **Zur Theorie der juristischen Argumentation.** Von G. Struck. 162 S. 1977. DM 48,—.

64. **Legitimität und Rechtsgeltung.** Von H. Hofmann. 103 S. 1977. DM 36,—.

65. **Untersuchungen zur Stufenbaulehre Adolf Merkls und Hans Kelsens.** Von J. Behrend. 103 S. 1977. DM 33,60.

66. **Typuskonzeptionen in der Rechtstheorie.** Von L. Kuhlen. 177 S. 1977. DM 56,—.

67. **Verfassung und Methodik.** Von H. P. Prümm. 310 S. 1977. DM 78,—.

68. **Privatrechtsbegriffe in den Tatbeständen des Steuerrechts.** Von W. Maaßen. 292 S. 1977. DM 88,—.

69. **Der Begriff der „Sphäre" in der Rechtswissenschaft.** Von D. v. Schenck. 279 S. 1977. DM 78,—.

70. **Die gesellschaftlichen Grundlagen der juristischen Entscheidung.** Von E. Döhring. 227 S. 1977. DM 66,—.

71. **Rechnen und Entscheiden.** Hrsg. von A. Podlech. 300 S. 1977. DM 98,—.

72. **Die Ordnung der Ehe.** Von Ch. Greiff. 137 S. 1977. DM 48,—.